U0861836

国家出版基金项目
NATIONAL PUBLICATION FOUNDATION

欧亚历史文化文库

总策划 张余胜

兰州大学出版社

西域史汇考

（下）

丛书主编 余太山

薛宗正 著

图书在版编目（CIP）数据

西域史汇考 / 薛宗正著. -- 兰州 : 兰州大学出版社, 2014.12
（欧亚历史文化文库 / 余太山主编）
ISBN 978-7-311-04665-1

Ⅰ. ①西… Ⅱ. ①薛… Ⅲ. ①西域—地方史—研究
Ⅳ. ①K294.5

中国版本图书馆CIP数据核字(2014)第301851号

策划编辑　施援平
责任编辑　武素珍　施援平
装帧设计　张友乾

书　　名　西域史汇考(下)
主　　编　余太山
作　　者　薛宗正　著
出版发行　兰州大学出版社　(地址:兰州市天水南路222号　730000)
电　　话　0931-8912613(总编办公室)　0931-8617156(营销中心)
　　　　　0931-8914298(读者服务部)
网　　址　http://www.onbook.com.cn
电子信箱　press@lzu.edu.cn
网上销售　http://lzup.taobao.com
印　　刷　兰州人民印刷厂
开　　本　700 mm×1000 mm　1/16
印　　张　22.75(插页2)
字　　数　304千
版　　次　2014年12月第1版
印　　次　2014年12月第1次印刷
书　　号　ISBN 978-7-311-04665-1
定　　价　136.00元(上、下)

(图书若有破损、缺页、掉页可随时与本社联系)

目录

卷一　流沙东、西的政治凝合

1　西汉的使者校尉与屯田校尉 / 3

1.1　西域屯田的起源与首任使者校尉赖丹 / 3

1.2　从使者校尉到都护西域使者校尉 / 5

1.3　屯田校尉与北胥鞬屯田 / 8

1.4　屯田校尉演变为戊己校尉 / 14

2　大行令、大鸿胪与鸿胪卿——汉唐时期的主管外事、蕃务的行政建制 / 19

2.1　西汉时期的大行令 / 19

2.2　大鸿胪的创立及其取代大行令 / 23

2.3　魏晋南北朝时期的大鸿胪 / 27

2.4　隋朝的四方馆与唐朝的鸿胪寺 / 30

3 护羌校尉考 / 39
3.1 护羌校尉的起源 / 39
3.2 东汉时期的护羌校尉 / 41
3.3 魏蜀相争时期的护羌校尉 / 49
3.4 西晋、前凉时期的护羌校尉 / 52
3.5 十六国时期的护羌校尉 / 54
4 河西诸凉、北魏王朝与西域 / 59
4.1 前凉对西域主权的维护与开拓 / 59
4.2 吕光西征与前秦、后凉号令西域 / 62
4.3 西凉与后西凉 / 68
4.4 沮渠氏北凉与后北凉 / 72
4.5 北魏与西域 / 74
5 隋朝与西域 / 79
5.1 击败突厥的进犯，
催化东、西突厥的分裂 / 79
5.2 击败吐谷浑，建置
且末、鄯善、河源诸郡 / 85
5.3 臣服高昌，控制碛口，
击破铁勒，建置伊吾郡 / 90
5.4 余论二题 / 95

6　北庭都护赵崇玭考 / 100
6.1　疏勒军镇守使赵崇玭与赵节度、赵都护 / 100
6.2　封常清入朝后，赵崇玭继为北庭主将 / 105

卷二　历史地理考证

1　金蒲、疏勒、且固、务涂谷考 / 113
1.1　汉与匈奴的车师争夺 / 113
1.2　金蒲城应即今泉子街贼疙瘩梁古城 / 117
1.3　且固城即今大龙沟古城 / 121
1.4　务涂谷即今吉木萨尔县五塘沟 / 123
1.5　疏勒城即今奇台县石城子古城 / 127
2　柳中—田地城考 / 135
2.1　己校尉与西域长史治所的汉柳中城 / 135
2.2　高昌郡、高昌国前期的田地县 / 141

2.3 麴氏高昌时期的
田地郡、平远府、田地公 / 146
2.4 高昌田地城与佛教 / 153
2.5 入唐田地复名柳中 / 158
3 盐泽、蒲昌海、唐蒲昌县考 / 161
3.1 有关唐蒲昌县记载的正误辨析 / 161
3.2 唐蒲昌县乃高昌横截郡改置，
但治所并非横截城 / 165
3.3 唐蒲昌县治所在
即高昌横截郡治下的白芳城 / 171
3.4 唐蒲昌县、蒲昌府与蒲昌郡 / 177
4 安西大都护府治所考
——兼论豆勒豆尔奥库尔古建筑群 / 184
4.1 豆勒豆尔奥库尔古建筑群
即今渭干河东西的玉曲吐尔、夏和吐尔 / 184
4.2 豆勒豆尔奥库尔古建筑群
既非单纯的佛寺，也非柘厥关
或白寺城 / 188
4.3 龟兹王城仅为存在四年的
安西大都护府初期治所 / 193

4.4 安西建置级别与治所的变迁 / 198
4.5 定型后的安西大都护府
应设治于龟兹国境
汉人聚居区的中心 / 204
4.6 出土文书证实豆勒豆尔奥库尔
遗址即唐之明府城 / 215
4.7 文献学的有关证据 / 229
5 唐碎叶建置诠索 / 233
5.1 碛西归唐前的碎叶 / 233
5.2 碎叶的归唐及其
备列安西四镇 / 235
5.3 安西治下的碎叶镇 / 239
5.4 碎叶转隶北庭及其返归安西 / 244
5.5 碎叶镇的交通地位与
行政级别 / 248
5.6 吉尔吉斯斯坦发现的
唐碎叶文献 / 255
6 唐轮台的定位与庭州—碎叶道 / 259
6.1 地当庭州—碎叶道的
唐轮台县 / 260

6.2 轮台县非创置于贞观年间，
而是长安末年庭州—碎叶道
危机的产物 / 270
6.3 北道收税雄关的轮台及其
考古学证据 / 277
6.4 辽宋蒙元时期的轮台
已改称昌八里、彰八里 / 285
6.5 张堡(仰吉八里)定点的地里反证 / 291
7 唐蒲类县及其领城考 / 297
7.1 唐蒲类县址及其出土文物 / 297
7.2 唐蒲类县的建置沿革及其
领城蒲类镇、郝遮镇考 / 303
8 天山北麓几座西辽古城的定性研究
——兼论耶律大石的复国行动及其
与别失八里回鹘的关系 / 308
8.1 玛纳斯楼南古城踏勘记 / 309
8.2 楼南古城与奇台东地东大墩
存在时间的文物对比研究 / 312
8.3 乌鲁木齐乌拉泊古城实为西辽古城 / 318
8.4 西辽屯城是防止毕勒哥叛辽附金、
维护东返复国通道的历史产物 / 324

卷三　佛教北弘西域、神州

1　古代于阗与佛法初传 / 337

1.1　于窴、于阗名称考辨 / 337

1.2　瞿萨旦那国即于阗塞种尉迟氏王朝 / 339

1.3　于阗的早期信仰与佛教初传 / 345

1.4　由大众法脉到大乘佛国 / 351

2　疏勒、渠沙与伽师祇离——兼论佛教传入喀什绿洲 / 365

2.1　疏勒雄霸喀什绿洲 / 366

2.2　渠沙人臣槃入主疏勒王统 / 371

2.3　魏晋南北朝时期的疏勒国实为渠沙国 / 377

2.4　隋唐喀什绿洲巨变与伽师祇离裴氏王朝的创立 / 381

3　龟兹王统更易与佛法初传 / 385

3.1　佛教初传龟兹二说辨误 / 385

3.2　西汉龟兹王统出自绛宾系羌化小月氏人 / 387

3.3 龟兹白氏王朝是新朝、东汉交替时期
西域塞人崛起的历史产物 / 390
3.4 佛教初传龟兹时间蠡测及其历史恢宏 / 396
4 鸠摩罗什说法龟兹到弘法长安
——从彼岸世界的超越历程与
此岸世界的复归 / 404
4.1 背叛小乘说一切有部，
皈依大乘般若空宗 / 405
4.2 宣扬“总破一切法”的中观思想，
领导龟兹的宗教改革 / 408
4.3 弘法长安与鸠摩罗什晚年
“不应执著一经”的佛学思想修正 / 415
5 唐玄奘译经与世俗皇权
——三藏法师与李世民、李治二帝的
往来文献研究 /422
5.1 释解玄奘偷越出关，
却归国荣宠之谜 / 422
5.2 进献《西域记》、梵译《道德经》与
辩机伏诛事件 / 428
5.3 天皇李治佛教地位的上升与
玄奘译经大慈恩寺 / 436

5.4 辅政大臣被杀，玄奘重请入山与
玉华寺译经 / 447

6 唐朝六遣使天竺考
——李义表、王玄策等出使事迹辑要 / 453
6.1 唐使李义表第一次赴天竺 / 453
6.2 唐朝第二次遣使天竺，
王玄策出任副使 / 455
6.3 唐朝第三、第四次出使 / 459
6.4 王玄策入竺"前后三回"与
唐朝第五、第六次出使 / 464

7 《大云经疏》的编撰与废弃
——兼论唐、周易代时期的佛学思潮 / 470
7.1 武周革命的舆论引导 / 470
7.2 武周革命与《大云经》的
有关记载 / 477
7.3 《大云经》及其衍生《宝雨》诸经 / 482
7.4 《大云经疏》及其内容、撰者 / 488
7.5 《大云经疏》的罢废与
慈氏越古名号的中止 / 494

8 庭州高台寺考
——天山北麓唯一现存的石窟寺 / 503

卷四 西域汉人与汉文化

1 龙兴年号与李宝后西凉政权 / 519

1.1 李宝在伊吾创立后西凉与龙兴年号 / 520

1.2 龙兴年号与高昌阚爽的关系 / 524

1.3 李宝归属北魏与龙兴年号的废止 / 528

2 高昌建郡时间考辨

——兼论汉人从西域屯田军户到民户的历史演变 / 530

2.1 高昌建郡的两种史料出处与三种时间坐标 / 530

2.2 东晋咸和二年乃赵贞自立为高昌郡守之岁,非张骏始置高昌郡之年 / 534

2.3 赵贞自立为高昌郡守,标志着高昌屯田世袭军户解放为自由民户 / 537

2.4 东晋咸和五年庚寅非高昌郡始创之岁,实乃李柏伐赵贞兵败之年 / 542

2.5 张骏追认既成事实与高昌列名沙州三郡 / 547

3 麴嘉考
——兼论麴氏王朝的内外政策 / 553
3.1 国人之变与白棘城之变中的麴嘉 / 553
3.2 投倚强权、以变求生存的对外政策 / 558
3.3 弘文固本、认祖归宗的对内政策 / 561
3.4 麴嘉创立的二元化国策成为麴氏高昌的政治传统 / 564
4 麴伯雅朝隋变服、归国改元解谜 / 570
4.1 延昌与延和初期专臣木杆系突厥的高昌 / 570
4.2 延和后期的政策调整与麴伯雅入隋 / 577
4.3 变服令、义和改元是否"政变" / 585
4.4 "重光复辟"抑"重光政变" / 594
5 高昌国的汉文化传统 / 599
5.1 血缘情结与古老信仰 / 599

5.2　高昌儒学的古文经特色 / 603
5.3　《孝经》的流行及其社会蕴涵 / 607
5.4　汉传大乘佛教及其反传西域 / 613
6　高昌出土的伏羲、女娲像与昊天上帝崇拜 / 619
6.1　古代汉人崇祀的本土天神乃昊天上帝 / 621
6.2　高昌出土伏羲、女娲合体像即昊天上帝 / 625
6.3　高昌的汉土传统多神崇拜与丁谷山祭典 / 632
6.4　高昌胡人信仰的祆教天神 / 635
7　丝路贸易中的汉式铜币与丝绸——兼论丝绸贸易中的帛本位制度 / 641
7.1　东西丝绸贸易的兴起，与中原铜币的通行西域 / 641
7.2　魏晋南北朝西域的多元化货币体系与丝绸对铜币的保值作用 / 646
7.3　唐代铜币通行碛西与帛本位货币的历史尾声 / 650
索引 / 658

卷三

佛教北弘西域、神州

1　古代于阗与佛法初传

于阗古史，素称显学，中外学者，著述甚丰[1]，然迄今仍有许多问题扑朔迷离，其中城邦名称和佛教传入时间，尤为学术界争论多年的难解之谜，涉及古国于阗的种族结构、王统更易和文化变迁等一系列重大问题。本文不揣浅陋，试图解读这一千古之谜。

1.1　于窴、于阗名称考辨

当这个昆仑古邦出现于我国史书记载时，曾有三个名称：于阗、于窴和瞿萨旦那。在此三名中，于窴出现最早，而仅见于《史记·大宛列传》，此书的作者司马迁与第一个凿通西域的汉朝使者张骞同时，所据就是其西行归来奏报的原始资料。而张骞两次出使都没有亲身到过昆仑山北麓，该传明确记载，“骞身所至者大宛、大月氏、大夏、康居，而传闻其旁大国五六，具为天子言之”。因此，《大宛列传》虽被推崇为有关西域的第一部史书专传，但《大宛列传》所记西域诸国远不如《汉书·西域传》详尽，其中仅提到扜罙（汙弥、扜弥）、于窴、乌孙、奄蔡、安息、条枝、黎轩等有限西域国名，也都是得自出访大月氏、乌孙的传闻。因此，于窴之名究竟是本地人的自称，还是仅为中亚大月氏人所建贵霜皇朝，以及游牧于伊犁河及七河流域的乌孙一带特有的他称，殊成疑问。

---

[1]向达译：《斯坦因西域考古记》，中华书局、上海书店联合出版，1987年。R. E. 海默瑞克，田卫疆译：《于阗文献指南》，新疆社会科学研究，1987年。R. 贝利，荣新江译：《于阗王国》，新疆社会科学研究，1989年。羽溪了谛，贺昌群译：《西域之佛教》，商务印书馆，1956年重印本。张广达、荣新江：《于阗史丛考》，上海书店，1993年。T. 贝利，王广智译：《新疆出土佉卢文残卷译文集》，新疆族群研究所内部刊行，收入《尼雅考古资料》，1988年。林梅村：《藏文古籍所述于阗王谱系迄始年代研究》，《新疆社会科学》，1985年。林梅村：《沙海古卷》，文物出版社，1988年。殷晴：《于阗尉迟王家世系考述》，《新疆社会科学》，1983年。李吟屏：《佛国于阗》，新疆人民出版社，1991年。贾应逸、祁小山：《印度到中国新疆的佛教艺术》，甘肃教育出版社，2002年。

现代考古学和古人类学的研究成果证实,包括昆仑山北麓在内的古西域地区,存在着三大人种,即操印欧语、具有白色人种体质特征的塞人,操古藏语、具有东亚人种体质特征的羌人,以及由此两大人种衍生出来的混血型人种。而于寘,音同于《逸周书》中向周天子献玉的"禺知",禺知又音同于月氏。学术界现已公认,月氏是一支黄、白混血型人种。可见于寘实为族名,不过反映这个昆仑山古邦境内曾经存在着为数不少的月氏人。及班固著《汉书·西域传》,于寘之名已不再使用,一律被"于阗"取代。"于阗国,王治西城,去长安九千六百七十里。户三千三百,口万九千三百,胜兵二千四百人。辅国侯、左右将、左右骑君、东西城长、译长各一人。东北至都护治所三千九百四十七里,南与婼羌接,北与姑墨接。于阗之西,水皆西流,注西海;其东,水东流,注盐泽,河原出焉。多玉石。西通皮山三百八十里。"这时西域都护府早已创立,西域诸城邦、行国,都已并入汉朝版图,所据资料要比《史记》翔实得多。于阗应即佉卢文书中"khotan",佉卢文变体 khotana 的音译,自汉迄宋,历代相沿。元、明时期之斡端、忽炭,清之和阗,今之和田,实质上都是此名的千古遗音,使用时间最长。余如"匈奴谓之于遁。诸胡谓之豁旦。印度谓之屈丹(婆罗谜文之 hvatana,晚期婆罗谜文之 hvamna,hvam)"[1],以及藏文之 hadam,hathan[2] 等称谓,亦皆由此衍生。无疑乃其本地居民古老的自称。而不同的名称必定反映不同的语言、种族蕴涵,于阗倚昆仑而建国,以盛产美玉知名。早在丝绸之路开通之前,就是贯通流沙东西的玉石之路的起点,我国古史中所记周穆王西巡西王母部,以及禺知献玉的记载无不与玉有关。日本人白鸟库吉最先将于阗解读为古藏语 gyutong 的译音,意为玉的都邑。[3] 足以说明操古藏语的族群曾是古代于阗的主体居民及王统所出。而羌藏同源,西羌乃我国西部大族,其分布地区东起关陇,向西一直延伸到河西、河源、巴蜀,以及今西藏地区。晋汲郡出土的古本《穆天子传》证实,周之后

〔1〕《大唐西域记校注》卷12《瞿萨旦那》,中华书局本,页1001。

〔2〕《大唐西域记校注》卷12《瞿萨旦那》,中华书局本,页1001。

〔3〕白鸟库吉:《于阗国考》,载《西域史研究》下,岩波书店。

族姜姓实即羌人，周穆王西巡的动因在于联羌制戎，所访西王母部就位于昆仑山北，穆王与此部语言相通，赋瑶池白云之歌，这支西王母部似乎就是出自羌人。汉史中所记的婼羌，“种类羌氐”的西夜、子合、乌秅、蒲犁、依耐、无雷，佉卢文书所记的苏毗羌也都生活于昆仑山北麓，足相印证。以上婼羌、苏毗后来大都并入于阗，直至前凉仍将这个昆仑古邦称为“南羌于阗”[1]。《魏书》《北史》中记载高昌以西诸国大都高鼻、深目、多须，“唯此一国，貌不甚胡，颇类华夏”，说明直到十六国时期，于阗境内具有东亚型人种体质特征的羌人仍占相当比重。至于禺知、月氏虽然另属混血型人种，却在其历史演变过程中分化为体质特征更近于印欧人种，并改操印欧系语言的大月氏人以及同羌人混居、改操羌语的小月氏人两大亚种。魏晋居延出土简牍证实，这种小月氏人，肤色偏黑，身仅中人，与羌人体质特征类似，在文献中也常将他们混不可分。以此推论于阗境内的月氏人无疑就是这类羌化的小月氏人，而与创建贵霜皇朝的中亚大月氏人，早已分源别流。

应当指出的是，直到汉通西域之初的和田绿洲，仍然城邦林立，存在着婼羌、皮山、且末、扜弥、精绝、戎卢、小宛等诸多国名，这些不同的城邦由不同的种族、不同的语言构成，以羌人为主体的于阗国初本这片绿洲林立的城邦之一。则又说明羌人和羌化小月氏人虽然曾是古于阗国的主体居民，却不能代表整个和田绿洲，其中扜弥、精绝、戎卢、小宛似乎都或多或少与印欧种的塞人有关，塞人所建的强大城邦莎车也距此不远。可见在上古时期，这片绿洲并非清一色，实乃由多元种族，操多种语言的大、小城邦构成，与今考古发现及古人类学研究成果完全相符。

1.2　瞿萨旦那国即于阗塞种尉迟氏王朝

古国于阗在其历史发展过程中，又出现了另一个名称：瞿萨旦那，

〔1〕屠乔孙、项琳辑崔鸿：《十六国春秋》卷72《张骏》。

佉卢文作“kustana”,印欧语色彩极浓。汉文献《大唐西域记》和藏文《于阗国授记》《于阗教法史》中保存的瞿萨旦那建国传说,都共同印证了这是一支来自北印度的释迦种(Saka,即塞人)战胜当地土著东土帝子后裔的历史产物,反映于阗历史上发生过重大的主体族群更易与王统变迁。

据《大唐西域记》记载,古代于阗的原始居民本属东土帝子的后裔,“昔者此国……东土帝子蒙谴流徙,居此东界。群下劝进,又自称王”[1]。这个“东土帝子”部族所指显然不是远在中原的华夏人,而是体质特征同属东亚型人种的于阗原住居民,亦即羌人或与羌人相近的小月氏人。其后,一支出自北印度呾叉始罗国的释迦种北徙定居,“无忧王太子在呾叉始罗国。被抉目已,无忧王怒谴辅佐,迁其家族,出雪山北”。初本与原住居民东西分界,后来因会猎冲突,发生战争:“岁月已积,风教不通。各因田猎,遇会荒泽。更问宗绪,因而争长。忿形辞语,便欲交兵……校习戎马,督励士卒。至期兵会,旗鼓相望,旦日合战。西主不利。因而逐北,遂斩其首。东主乘胜,抚集亡国。遣都中地,方建城郭。”斗争的初次结局本是西方入侵者毗沙门天胤裔失败,王死国亡,东土帝子为了统治新的臣民,择地建立新都,兴修城堡。在叙述这一过程中,传说中的故事虽嫌荒诞,说是老国王对此毫无经验,全靠一个外来的“涂灰外道”指点,新都才得落成,却共同印证了古国于阗初本分为东、西二国,及其合并为一之后仍然存在着东、西二城。这在两汉书《西域传》中都有明确的印证。[2] 而国王晚年无嗣,毗沙门天大神利用国王的信任,剖额取婴,将自己的胤裔变为了老王的后嗣,“城非崇峻,攻击难剋。自古以来,未能有胜。其王迁都作邑,建国安人。功绩已成,齿耋云暮,未有胤嗣,恐绝宗绪。乃往毗沙门天神所,祈祷请嗣。神像额上,剖出婴孩。捧以回驾,国人称庆。既不饮乳,恐其

[1]唐玄奘、辩机著,季羡林、张广达等校注:《大唐西域记校注》卷12《瞿萨旦那国》,中华书局1985年,页1046。

[2]如《汉书》卷96《西域传》,页3881:“于阗国,王治西城……东、西城长……各一人。”《后汉书·西域传》亦记:“于寘国,居西城。”可见于阗有东、西二都,其中西城为正都。

不寿。寻诣神祠,重请育养。神前之地,忽然隆起,其状如乳。神童饮吮,遂至成立。智勇光前,风教遐被。遂营神祠,宗先祖也。自兹已降,奕世相承,传国君临,不失其绪。故今神庙,多谙珍宝。拜祠享祭,无替于时,地乳所育,因为国号"。我们无须重视显然出自后人编造的离奇情节,传说要点在于证实了入侵者初败终胜,赢得了这场斗争的最后胜利,导致于阗王统的更替。自此于阗的王统由原来的羌化小月氏人变为释迦种的毗沙门天胤裔。藏文《于阗国授记》(见《丹珠尔》)、《于阗教法记》(S·T960号文书)所记与此大同小异。其中《于阗国授记》更明确记载这位入继王统的剖婴就是出自毗沙门天胤裔,并得其护佑的地乳王 Sa-nu,瞿萨旦那国即为此王所建。而毗沙门天(vaisravana)意为多闻,本是自号为瞿萨旦那国创始家族尉迟氏的始祖神与保护神。研究者注意到其藏语译名 bizha、bzhah、byizha,与后来世代君临于阗的王姓尉迟氏(佉卢文 Vijaya,于阗塞语 visa)同一塞语词源,实质上,尉迟氏本身就寓有毗沙门天后裔的含义。可见瞿萨旦那建国传说反映的内容就是昆仑山北麓种族结构发生的沧桑巨变与塞人尉迟氏入主于阗王统。而瞿萨旦那新国名的出现并未完全取代于阗这一传统国名。此后 kustana 与 khotan 二名一直同时出现在佉卢文书中。后来我国史书中也出现了"于阗,或曰瞿萨旦那,亦曰涣那,曰屈丹,北狄曰于遁,诸胡曰豁丹",[1]承认了这一新国名,可见事实上于阗、瞿萨旦那二名一直长期并存。则又昭示着于阗仍是正统的国名,瞿萨旦那不过是于阗历史上一个塞人王朝的名称。更确切地说,瞿萨旦那的建国亦即于阗尉迟氏王朝的正式创立。

长期以来,瞿萨旦那王朝的创建总是同佛教的传入联系在一起,是由于这一传说的记录者大都是佛教僧徒所致,其实,瞿萨旦那王朝建立之初,佛教尚未传入,说明同瞿萨旦那之名存在必然联系的并不是佛教,而是塞人尉迟氏王朝君临于阗。其具体时间也绝不是后世佛教徒所追溯的佛灭后一二个世纪或阿育王在位时期,而是西汉末东汉初的

[1]《新唐书》卷221上《西域传》,页6235。

公元前后。

在羌人于阗与塞人莎车之间的西域争霸的历史事件中,不难发现瞿萨旦那建国传说中释迦种的毗沙门天之裔与东土帝子族群斗争的影子,而为塞人莎车所册拜的第一位于阗王位侍,正是尉迟氏的最古汉字译名。

据《后汉书·西域传》记载,西汉末东汉初年,莎车一度雄霸西域。而莎车之名就是 Saka 音译,西域塞人所建城邦不止此国,皮山、精绝、扜弥等无不与塞人有关,唯独此国以族名为国名,乃塞人所建城邦中最强大的一个。两汉易代之际,莎车王贤,以尊汉室、攘匈奴为号召,恣行兼并,东灭龟兹,西并大宛,国势臻于极盛。古国于阗一度为其所灭,羌人于阗的最后一位国王俞林被迫离开本国,改徙为骊归王,另立位侍为于阗王。"位侍",与"尉迟"古今读音都完全相同,且为莎车王所册立,昭示着出自塞种,但未必是莎车人,很可能是于阗本地的塞人。《穆天子传》记载早在公元前 10 世纪,昆仑山北麓除西王母部落之外,还有名为西膜的部落,似即古塞人的一支 Similian(今译西密利安人)的古译,又如希腊罗马作家克泰夏斯、梅拉、白里内等人所记以丝绸转贩者闻名于世的"Seres"人,身材高大,红发碧眼,住在两座大山之间的一条大河流域[1],其地无疑就介于天山、昆仑之间的于阗故境。自此于阗王统发生了由羌人到塞人的历史巨变。位侍应当就是于阗尉迟氏王朝的第一代君,亦即瞿萨旦那建国传说中的地乳王,则位侍的全名应是地乳王尉迟萨努(Vijaya Sa-nu)。自此于阗王统一直在释迦种尉迟氏中世代传承,直到北宋时期天寿王亡于宗教战争。位侍主政于阗之后,全面结好当地土著,联合周邻拘弥、姑墨、子合诸王,力图摆脱莎车的统治,结果全部被杀。莎车王贤遂在以上诸国中不再册拜新王,"但遣将镇守其国。位侍子戎亡降汉。封为守节侯"。[2]但我国史料大都将位侍之死记为东汉初年,则位侍在位时间很短,未必可信。依笔者判断,

〔1〕冯承钧译:《中西交通史资料汇编》第 1 册,中华书局,页 19~21。

〔2〕《后汉书》卷 88《西域传·莎车》,页 2925。

此王在位时期应当在西汉末年至王莽新朝易代之际。其后于阗反抗莎车统治的斗争一直继续，东汉初年，蔓延为大规模暴动，“莎车将君得在于窴暴虐，百姓患之……其大人都末出城，见野豕，欲射之。豕乃言曰：‘无射我，我乃为汝杀君得。’都末因此即与兄弟共杀君得”。[1] 这位率先起兵杀死莎车监国大将君得的都末兄弟，似出自于阗羌人贵族，但不久塞人休莫霸又起兵，与汉人韩融等杀都末兄弟，“复与拘弥国人攻杀莎车将在皮山者，引兵归”[2]，自立为于窴王。关于这个休莫霸，《后汉书》卷88《西域传》谓为“于窴将”，而《资治通鉴》卷44谓为“大人”，即贵族。这个出身于“大人”而兼“大将”的休莫霸未必是于阗土著，应当也出身于莎车豪门，很可能是前被杀的于阗王位侍的家族成员。《资治通鉴》将这一事件统统记为东汉明帝永平三年(60)，肯定是错误的。依此，这位继位侍入主于阗的休莫霸只是一个在位时间不过一年或不足一年的昙花一现人物，显然不足凭信。因为休莫霸夺取于阗王位借重了汉人韩融的力量，而汉人在西域继续保持政治权威只能发生于西汉末年和王莽柄国前期，至新朝中期以后，这种权威早已不复存在，说明休莫霸在位时期应始于王莽前期。此王初立，曾有效地击败了莎车的进攻，莎车王贤曾“遣其太子、国相，将诸国兵二万人击休莫霸，霸迎与战，莎车兵败走，杀万余人。贤复发诸国数万人，自将击休莫霸，霸复破之，斩杀过半，贤脱身走归国”。[3]休莫霸进而与拘弥国人共同攻杀莎车在皮山的监国将军，于阗自是重新复国。莎车王遣将率兵二万攻于阗，大败，贤又亲自统兵数万征于阗，再次兵败，休莫霸乘势大举反攻，“进围莎车，中流矢死”。[4] 则休莫霸在位时期很长，至少存在于新朝前期至东汉明帝永平三年。根据此后于阗王统一直在尉迟氏家族中间传承的事实，足以证明这位休莫霸也是出身于这一家族，其全名应为尉迟休莫霸，是于阗尉迟氏王朝历史上一位极为重要的人物。

[1]《后汉书》卷88《西域传·莎车》，页2925。
[2]《后汉书》卷88《西域传·莎车》，页2925。
[3]《后汉书》卷88《西域传·莎车》，页2925。
[4]《资治通鉴》卷44，明帝永平三年，页1441。

今和田地区发现的两件于阗塞人像与吉祥天女像、东国公主传丝于阗木版画之间的形貌区别，鲜明地反映出古于阗国由印欧人种的塞人与蒙古利亚种两大族类长期共存，合为一国的史实。

图 3-1-1　于阗塞人像 1

图 3-1-2　于阗塞人像 2

图 3-1-3　于阗吉祥天女图

1.3 于阗的早期信仰与佛教初传

佛教传入于阗之前当地土著居民究竟信仰何种宗教？佛教何时初传于阗？这是于阗古史中另一难解的谜。

前已论及,塞人瞿萨旦那王朝(尉迟氏王朝)创立之前的于阗,当地的土著居民主要是羌人和羌化小月氏人。有迹象表明,他们的传统信仰本是北方蒙古利亚人种广泛流行的原始巫教。我国史书中也印证"其俗信巫",这一信仰一直延续到东汉初期。巫教相信宇宙存在"三界"之分。上界为神灵所居,中界为人类及世间万物生息之地,下界则为妖魔鬼怪出没之所。有圣山接近神界宅第,支撑天地,沟通人神,而人神之间的沟通要以巫师为中介,通过神秘的巫术实施。尼雅发现的佉卢文书底牍背后,写有"祭司德木斯梵陀"字样;佉卢文 248 号皮革文书出现了"女巫"。可见于阗、楼兰等使用佉卢文地区都存在着专业巫师。班超初至于阗,见其巫犹干预国政,巫师通过神秘的巫术实现人与神之间的天人沟通。于阗南倚昆仑,国中美玉都出自此山,所崇拜的圣山必定是昆仑山。对此,本族群的传说虽然久已失传,但却在同操汉藏语的中原华夏族中得到奇怪的传承。《楚辞·离骚》记载山上有醴泉、瑶池、悬在空中的花园县圃,相信这里是神界所居。司马迁的《史记·禹本纪》中记载"河出昆仑。昆仑其高二千五百馀里,日月所相避隐为光明也。其上有醴泉、瑶池"。昆仑还是支撑天界的擎天柱与实现天人沟通的登天梯,成为中原华夏人追溯远古时期的古老神话而广泛流行于中原大地和江南楚域。班固《汉书·西域传》中还记载"河有两源,一出葱岭,一出于阗……潜行地中,南出积石,为中国河",被视为中华母亲河——黄河的发源地。后世被分隔在流沙东西的华夏人与西域羌人,在古代原是世代姻族,汲郡出土的《穆天子传》中穆天子与昆仑山下西王母之间亲情洋溢的对歌,反映了汉、羌二族这种悠远的姻亲关系。《汉书》卷 12 记汉武帝封禅,始以泰山取代圣山昆仑,其重建的明堂制度则模拟昆仑悬圃的五城十二楼,其复道命名为昆仑道,模拟昆仑的登天梯。这些都属于原始巫教的宗教礼仪,很可能其中反映了于阗古代巫教信仰残存。上述古籍记录下来的圣山昆仑神话同古代于阗羌人必存在着某种文化上的渊源关系。

原始巫教中的万物有灵观念还包含着动物崇拜的成分。洛浦县山普拉古墓1号墓和16号墓旁各葬马一匹,头插翎毛,显然同巫术有关。[1] 巫教信仰万物有灵、动物神崇拜。《大唐西域记》中记载于阗还存在着鼠神崇拜,被称为鼠壤坟的圣地位于王城西百五六十里,当大沙碛正路,其地曾爆发大战,群鼠助其国咬坏敌军铠甲,得以挫败入侵。"故上自君王,下至黎庶,咸修祀祭,以求福祐。行次其穴,下乘而趋,拜以致敬,祭以祈福。"《北史》卷97《于阗传》也证实,迟至隋世,于阗王仍戴"金鼠冠……其王发不令人见,俗言若见王发,其年必俭云"。这一崇拜一直延续到佛教化之后,融入为一种地方性神祇。故事的原始形态必有所改变。从战场在王城西判断,很可能这一故事反映了瞿萨旦那建国传说中东土帝子同西方毗沙门天胤裔之间的大战。则被挫败的入侵者并非匈奴,而是西方释迦种,则鼠神应即作为东土帝子后裔的传统保护神。龙神崇拜也是羌人于阗中的重要信仰。敦煌壁画中《毗沙门天王决海》故事,大意为古代于阗本为一大海,神龙为害,后改恶从善,化沧海为良田,民受其利,遂世代祭祀神龙,垂为定制,自称龙族。至佛教传入,祭祀停止,神龙发怒,良田复化为湖泊。佛以363道光芒绕湖3次,毗沙门天王以锐矛刺湖,放出积水,于阗复为陆地,因而建寺363座以庆佛法普度于阗。这一纯属于阗自身创作的故事也证实在佛法传来以前,于阗本地曾盛行神龙崇拜,并自称龙族。毗沙门天参与制服神龙的传说恐怕也是出自后世的附会。过去流行着一种错误的观念,似乎瞿萨旦那的建国与佛教的传入是一回事,其实,并非如此。《宋云行纪》等汉藏佛教载籍共同印证,毗卢折那弘法之前,于阗境内并无佛法,以瞿萨旦那为皇朝名号的尉迟氏君临于阗之后,所带来的塞人传统信仰并非佛教,而是其家族保护神毗沙门天的信仰,这一信仰虽

[1]阿合买提·热西提:《洛浦县山普拉古墓》,载《新疆文物》,1985年第1期。

与于阗羌人固有的巫教诸动物神灵有异，但仍不过属于塞人系统的一种地方神祇。最先建于牛角山上的毗沙门天神庙，就是塞人尉迟氏在于阗境内兴建的第一个宗教建筑，后世也将它附会为佛寺，其实，起初，它仅仅是一个神庙，更确切地说，它实质上不过是塞人尉迟氏祭祀本身祖先神的一座家庙。此外，带来的宗教文化还有“涂灰外道”，也同佛教的教义旨异趣歧。

过去，有关于阗佛法始传于阗的时间，学术界一直异议纷纭，但几乎全部出自后世佛教徒的历史追溯或讹译的佛典。例如，塞人入主于阗，建立梵化国号瞿萨旦那的时间，依藏文《于阗国授记》中记载为地乳王 19 岁时，时为佛涅槃前 234 年。依据汉传佛教典籍《历代三宝记》中《众圣点记》所记佛涅槃于前 485 年计，为前 251 年。佛教传入稍晚于此。关于佛教初传于阗的时间，于阗本国佛教徒的记载也不足为据。如藏文《于阗国授记》载佛涅槃于瞿萨旦那建国前 234 年，建国后 165 年佛法开始在这里传播。埃默瑞克《于阗文献指南》援引藏语文献《李域悬记》[1]，所记年代与此相同，折合公元为前 86 年（汉昭帝始元元年）。乃至有人证引《阿育王息坏目因缘经》中阿育王赐予其子法益的封地中就包括“新头河表，至娑伽国，乾陀越城，乌特村聚，剑浮安息，康居乌孙、龟兹于阗，至于秦土。此阎浮半，赐予法益，纲理生民，垂名后世”，将于阗佛教追溯到阿育王时期。此书为苻秦建初六年天竺沙门昙摩难提所译，序中强调因为由梵文译为汉文，“情义实难”，因此，“或离文而就义，或正滞而旁通，或取解于诵人，或事略而曲备”。换句话说，这个译本实乃不尽忠实于原文的意译，经文中法益王子的封地名称未必真实。而且这一经文与于阗本地的瞿萨旦那建国传说明显矛盾，经文中所述法益，即传说中被剜去双目的阿育王太子，由毗沙门天衍生的尉迟氏家族就是因为受其株连，北徙昆仑山北的，又过了许多年，才与东土帝子部落发生战争。可见经文中传说的阿育王子法益的

[1]按 Visasambhava（尉迟娑缚波）以尉迟氏附会唐皇姓李氏，自名李圣天，故尉迟氏领地的于阗国，也被称为李域，或李氏领地，旧译为“黎域”，欠妥。

封地根本不存在,更谈不上佛教的传入于阗。可见这些理论的制造者多为后世于阗佛教僧侣,其时间记述皆属虚夸,不值得纠缠。

其实,关于佛教传入于阗的时间,汉、藏载籍皆共同印证乃始自迦湿弥罗(克什米尔)的弘法高僧毗卢折那(Vairocana,意为遍照),其汉译名《宋云行纪》作毗卢旃,《大唐西域记》作毗卢折那,又有译名作毗卢遮那。取路古之皮山—罽宾—乌弋山离道,即今之巴基斯坦的洪札河谷道到达于阗,弘法于王城南杏树下。《宋云行纪》载于阗王本"不信佛法","怒即往看毗卢旃"。听此僧说法后,率先皈依佛法,"五体投地,即于杏树下置立寺舍",兴建了于阗第一座佛教建筑毗卢旃伽蓝,亦即赞摩寺。《大唐西域记》所记略同:"昔者此国佛法未被。而阿罗汉自迦湿弥罗国。至此林中宴坐习定。时有见者骇其容服。具以其状上白于王。王遂躬往观其容止……因即诚信弘扬佛教。"大约直至此时,作为巫教特征的神龙祭祀活动才完全停止。对于这位于阗王的名字,以上汉文载籍中皆未记载。唯藏文文献《于阗法授记》明确记载率先皈依佛法的于阗王名 Vijaya Sambhava,法名普胜生,且乃"弥勒菩萨化身",毗卢遮那则为文殊菩萨化身,其弘法地点为杂沐尔玛局里之园。此书还详细记述了此王修建瞿摩帝寺的过程:"Vijaya Sambhava 国王到于阗碉楼城之东南方向巡视,见城外面有一金、银色麋鹿,国王乃与随从等尾追,至牛头山下塔处,见那麋鹿却又变为夜叉王遍胜,夜叉王遍胜向于阗国王说道:'啊,大王,您在这里建一大塔很合适啊。'国王说:'为谁修塔?''为佛的使者阿罗汉布达和僧伽斯达、僧伽菩扬、僧伽斯达纳这四位,他们是作为您的善知识者而来的。为他们建塔呀。'[向王]讲经,王顿生敬信,于是就在此地树立起塔的橛子,修起了瞿摩帝寺庙大宝塔。"至此,于阗的佛教化始正式完成。至尉迟氏王朝第二代君尉迟休莫霸继位以后,开始正式皈依佛教。早在 20 世纪初挪威学者柯诺(Sten Konow)就将休莫霸比定为这位率先皈依佛法的于阗王 Vijaya Sambhava,以《于阗研究》为题,刊于 1914 年《皇家亚洲学报》。休莫霸正是 Sambhava 的译音,其全名即为尉迟休莫霸。这一比定确证了佛教传入于阗的准确时间并非地乳王位侍始创瞿萨旦那王朝或尉迟氏王朝的西汉末年，而是完成于这一皇朝的第二代王尉迟休莫霸在位之世。随着佛教的传入，于阗国的经济文化有了飞跃的发展，佉卢文的使用就是例证。开始使用希腊铸币传统的打压方法，铸造本国货币，背面有马像，周围有佉卢文铭文，正面有汉文篆文一圈，今称和田马钱。此外，中原的铜币、波斯萨珊皇朝的银币等也同时在境内流通，反映出商业的高度发展。这就是于阗佛教兴隆的强大经济后盾。根据西方学者的研究成果，于阗故境发现的佉卢文主要使用时间为179—330年之间，而佉卢文只记录了两位于阗王的名字，惜未明确记录其在位时间，其中第一位国王名 Gugramaya，疑即位侍，其时佛教尚未正式传入，其后即为 Vijaya Sambhava，正是休莫霸，与我们的考证相符。

佛教传入之初，传统的巫教仍然残存，这种宗教斗争实质上乃是残酷的政治斗争，双方都必定不遗余力地争取群众，并争取外部强权的支持。于阗王广德默许班超剪除大巫的行动反映了这一兴佛灭巫的斗争。此王降汉叛匈奴的政治抉择也与此有关。汉文史料记载，休莫霸死后，"于窴国相苏榆勒等共立休莫霸兄子广德为王。匈奴与龟兹诸国共攻莎车，不能下。广德承莎车之敝，使弟辅国侯仁将兵攻贤。贤连被兵革，乃遣使与广德和。先是广德父拘在莎车数岁，于是贤归其父，而以女妻之，结为昆弟，广德引兵去"。《资治通鉴》卷44系之于东汉二代君明帝永平三年(60)。如果承认柯诺休莫霸即为尉迟森缚瓦的考证，广德乃其兄子，必出身于同一家族，应即释迦种尉迟氏王朝的第三代王。此王的雄才大略又超过前王。他巧妙地利用匈奴与莎车的矛盾，先称臣于匈奴，接受匈奴派来的监国使者，与这一漠北游牧强权联兵，不断向莎车王贤发动攻势，次岁(61)广德又勾结莎车相且运，"将诸国兵三万人攻莎车，诱莎车王贤，杀之，并其国"[1]，灭亡了莎车，结束了其西域霸权，并取而代之。自此，于阗取代了莎车的西域霸权，开始称雄南道。"其国转盛。从精绝西北至疏勒十三国皆服从。"[2]正是

[1]《资治通鉴》卷45，永平四年(61)，页1443。

[2]《后汉书》卷88《西域·于窴传》，页2916。

此时,汉明帝开始对匈奴展开全面的反击。永平十七年(74),班超奉使西赴于阗,当时巫教的势力犹未全衰。当地大巫坚持亲匈奴的立场,干预朝政,《后汉书·班超传》完整地记述了班超果断除巫、争取广德附汉的全过程:“超既西,先至于寘。广德礼意甚疏。且其俗信巫。巫言:‘神怒何故欲向汉?汉使有騧马,急求取以祠我。’广德乃遣使就超请马。超密知其状,报许之,而令巫自来取马。有顷,巫至,超即斩其首以送广德,因辞让之。广德素闻超在鄯善诛灭虏使,大惶恐,即攻杀匈奴使者而降超。超重赐其王以下,因镇抚焉。”这段其俗信巫、大巫干政的记载常为否定东汉初年佛教已传入于阗的根据,但宗教乃精神生活的支配者,不可能出现任何真空。班超仅率36人,入其国境,如此轻易地剪除大巫,未致激起群众骚乱,足以说明巫教的群众基础已很薄弱,反衬出新兴的宗教已夺取了其大部分信徒,而且这种新兴的宗教背后,有执政者的支持。反映广德在位时期,佛教早已传入。而且班超剪除大巫的行动,与广德兴佛灭巫的志向暗合。在这个意义上,广德叛匈奴降汉的政治选择也同这场宗教斗争不无关联。如果说休莫霸在位时期佛教初传于阗,那么,广德在位时期在汉使班超的有力协助下,佛教赢得了对巫教斗争的全面胜利,奠定和稳固了其国教地位。可见随着释迦种入主于阗,尉迟氏王朝的建立,佛教开始传入于阗,至其第三代君广德,新兴的佛教始全面战胜了传统的巫教。于阗的政治、文化面貌为之大变。一代雄主尉迟广德不仅完成了佛教战胜巫教的胜利,而且接过了昔日莎车王贤尊汉攘匈奴的大旗,通过支持班超,再定西域的斗争,扩展自身的势力,奠定了雄霸南道的政治地位。章帝建初三年(78)与康居、扜弥联兵助班超攻破亲匈奴的姑墨,章和元年(87)班超率领以于阗为主的诸国兵2.5万人破莎车,败龟兹,重新确立了汉朝的西域政治权威。可见班超西域经略的核心力量就是于阗,反转来说,广德也在协助班超重新确立汉朝在西域政治权威的同时,确立了自身在西域的政治霸权。至班超召还,为了继续保持这一霸权,转而臣于北匈奴。班勇再开西域,又再度附汉,巧妙地利用汉与匈奴的矛盾,扩张自身的势力。顺帝永建四年(129)放前任于阗王,一度灭亡了扜弥国,此后见于史书记载的名王还有质帝时期的于阗王建及其子安国，安国在位时期再度兼并了扜弥。反映随着塞种入主于阗，经济、文化的飞跃，国势也空前强盛起来。至迟汉末乱世，南道诸国相继为其兼并，成功地实现了这片地区的政治统一。《三国志》卷30，引鱼豢《魏略·西戎传》透露了这一重要信息："南道西行……戎卢国、扜弥国、渠勒国、穴山国[皮山国]皆并属于寘。"于阗初本丝路南道林立城邦之一，至此已完成了和田绿洲的政治统一。以上城邦不少都是塞人所建，印欧人种的比重增加，塞人的势力更加强大，羌人与羌化小月氏人的势力日益衰微，佛教进一步普及于整个和田绿洲。

1.4 由大众法脉到大乘佛国

早期佛教原本只有上座与大众之分，后世的大乘、小乘两派都是从大众部分化出来的。其中坚持佛教唯礼释迦基本教义的一派实为大众部的主流派，而对上述基本教义多所修正的非主流派实为大众派异端。在教义争辩中，主流派被诋为"小乘"，非主流派则自誉为"大乘"，率先弘法于阗的迦湿弥罗高僧毗卢折那就是传承大众部主流派法脉。在汉传佛教看来，佛教初传时期于阗曾是小乘佛教一统天下，赞摩寺、牛角山寺就是小乘佛寺的代表[1]。今天虽然仅余断垣残塔，却仍有遗址可寻。

赞摩寺的兴建乃佛教初传于阗的历史标志，又名椤摩寺、匝摩寺、利刹寺、毗卢折那伽蓝。初仅简陋的土砌佛塔，逐渐扩大为规模宏大的佛寺，成为于阗小乘佛教的中心。惠生、宋云、玄奘等高僧都曾造访此寺。《隋书》卷83亦记"于阗国……城南五十里有赞摩寺者，云是罗汉比丘比卢旃所造，石上有辟支佛徒跣之迹"。道圆法师于961年（于阗王李圣天天兴十二年）1月8日在赞摩寺为于阗人曹清静授戒。吐蕃统治时期又同藏传佛教进一步融合，演变为西域密宗基地。宗教战争

〔1〕张广达、荣新江：《于阗佛寺志》，收入《于阗史丛考》，上海书店1993年。

中被毁。其旧址在今和田市东南 25 公里处。南望昆仑山,东临玉龙喀什河。地名买里克阿瓦提。今佛塔形制尚存,附近有烧黑的巨型木梁残块等,都有火烧痕迹。民国时期已化为和田大地主买买提·尼牙孜·阿里木阿訇的私人庄园。笔者在 1992 年参加中国、瑞典共同组织的西域考察中曾亲历其地。今已多称为买里阿瓦提寺,实即赞摩寺故址。

牛角山佛寺也是于阗最早兴建的寺院之一,此山则被长期奉为圣山。北距和田市 26 公里,位于拉依喀乡喀拉喀什河畔,两峰对峙,状若牛角,又名牛首山。牛角、牛首都是瞿室楞伽山的意译,下有乌贾提村,意为彼岸,也充满了佛教色彩。本为毗沙天神庙的始建地,随着毗沙门天演变为四大护法神而融入佛教,被附会为毗卢折那亲选的圣址,神庙也随之演变为佛寺。玄奘《大唐西域记》记载了这座圣山,"城西南二十余里有瞿室餕伽山(唐言牛角)。山峰两起岩隒四绝。于崖谷间建一伽蓝。其中佛像时烛光明。昔如来曾至此处。为诸天人略说法要。悬记此地当建国土。敬崇遗法"。笔者在参加中国、瑞典联合西域考察时曾登此山。遗址建于山腰沿坡处,背崖临河,南北长约 1000 米,东西宽约 100 米,有建筑残壁、石膏墙泥等物。19 世纪末叶,俄国驻喀什总领事彼得洛夫斯基、法国的杜特雷依等人购得的佉卢文小乘经典《法句经》,应即发现于此寺。说明这里也是一座重要的小乘中心。此寺附近断崖上,还并排有序地开凿了 16 座拱形石窟,分上下两层,以木梯相连。上层高 5 米,宽 2.5 米,深 4 米,洞呈锥形;下层高 3 米,宽 2.5 米,深 11 米。当年窟中应绘有精美的壁画,乃于阗国中少见的石窟寺。今壁画无存,充满烟熏痕迹,残存有烧焦的木柱,宗教战争中曾有不少佛教僧人死于烈火。现已改称蛇山(Kohmari),音译为库玛尔山。以上佛教传说进而演变为此山乃一位穆斯林修道士遭佛教徒焚烧,灵魂升天之所,山顶上兴建了清真寺与麻札,今已成为伊斯兰教徒朝拜的圣地。

于阗小乘教派的统治从王莽时期尉迟休莫霸初皈佛法,一直持续到魏、晋易代之世。在此期间,大乘经典虽已传入,国中大、小乘齐备,

图 3－1－4　于阗牛角山佛寺

小乘僧团仍控制着全国教权,并对国王具有强大的影响力。我国内地第一位西行求法者朱士行的遭遇反映了这一现实。朱士行,曹魏时期颍川(今河南洛阳市)人。"自依《僧祇戒本》受戒,研习大乘《道行般若经》",[1]"志业方直,劝沮不能移其操"。[2] 苦于当时所传竺佛朔译本义理不明,甘露五年(269)远出西域,立志西行求其原本,果在于阗访得梵文原本《放光般若经》,凡 90 章,20 卷,60 余万字。本遣弟子法饶(不如檀)送梵本返洛阳。而当地小乘僧团视大乘为异端,上言国王:"汉地沙门欲以婆罗门书惑乱正典。王为地主,若不禁之,将断大法,聋盲汉地王之咎也。王即不听赍经。"不许携此经出境。朱士行却被迫以身为质,长留于阗,客死其境。换取弟子法饶携经东归,于晋惠帝元康元年(291)返至陈留仓垣水南寺,译出此经,成为我国般若学的

〔1〕慧皎:《高僧传》卷 4《义解》。
〔2〕《大唐内典录》卷 2。

重要基石。但参加翻译此经的仍有"于阗僧无罗叉、竺叔兰等",[1]可见于阗的大乘僧人也已存在。这似乎是大乘将兴的征兆,小乘教派渐近尾声了。按《后汉书》卷9《献帝纪》:"[建安]七年,夏五月,袁绍薨,于阗国献驯象。"此人应即《梁书》中的尉迟山习。则朱士行西行受阻时的于阗王应即尉迟山习。

此外,从丹丹乌里克南行,经雅艾勒克、哈达拉克、巴拉瓦斯特等地,都散布着佛教寺院,而且分布密集,斯坦因在丹丹乌里克南北长约1公里范围内挖掘了16座佛寺。雅艾勒克已发现的佛教寺院遗址12处,哈达拉克有5座。这些佛寺中出土的雕塑、壁画等甚多。这些佛寺、佛塔形制大都比较古老,与印度形制相似,大约也是小乘佛寺。[2]

佛教乃印度文化的载体,古代于阗羌族文化水平不高,尚无表达自身语言的文字,只能使用汉文为其书面语言。随着塞人入主于阗,开始把印度文字引入塔里木绿洲,其中最先使用的乃是表现犍陀罗语言的佉卢,乃佉卢虱吒的简称,词源来自梵文,具有驴唇文字的含义,出自古代西亚阿拉美文字系统,却用以写犍陀罗语。由于于阗塞人主要因袭着犍陀罗文化传统,因此这种语文非常流行,而且东向传入楼兰。斯坦因先后三次来华,掠走佉卢文书达758件之多,其中仅出土尼雅(精绝)遗址者即达703件,可见于阗地区这种文字的流行和兴盛。斯坦因最先释读了这一文字,现在我国也拥有马雍、黄振华、林梅村等一批能够独立解读这一文字的学者,从而将研究工作大大向前推进了一步。于阗还仿照汉五铢钱形制铸造了汉、佉二体钱作为本地发行的货币,特点是圆形方孔,正面铸汉文篆文一圈,背面有马像,周围有佉卢文铭文,中有花纹,使用了希腊铸币传统的打压方法。在安得悦遗址还发现了一批世俗文书,从中得知于阗也同中原皇朝一样,按照国王在位时期纪年,例如一张契券书写格式为:"于阗大王,王中之王夷那·提婆·尉

〔1〕《大唐内典录》卷2。

〔2〕贾应逸、祁小山:《印度到中国新疆的佛教艺术》,甘肃教育出版社2002年。

迟·陀信诃在位之第三年，十月十八日。”[1]但佉卢文字尽管是官方文字，却局限于上层分子和宗教人士使用，未必深入民间，因为它同民间使用的于阗俗语仍有很大距离，至迟公元5世纪已衰。自6世纪于阗塞文勃兴，始取得了文字与语言的基本一致。对于这种于阗塞文学术界的看法尚未尽一致，例如贝利认为，它可分为前、后两期，托姆舒克塞语流行时间较早，依古代规则用花体字写成，晚期则依新规则使用草体。早期于阗塞语与佉卢文并行。

但是，小乘法脉在于阗持续的时间不长，就被大乘佛教所取代。藏文《于阗教法史》记佛教传入之后，于阗先后在牛头山、贡邦、杂玛、卓帝尔、达玛帝、桑帝、桂仲等地兴建了333座寺院，留下了赞摩寺、瞿摩帝寺、牛头山寺、娑摩帝寺（王新寺）、毗沙门天王神庙、麻射寺、地迦婆缚那寺、萨迦耶寺、毗摩寺等众多名刹，佛法之盛，冠绝西域。这些兴建于不同时期的佛寺分别属于不同教派，而绝大多数属于大乘，反映大乘佛教的兴起。这已进入东晋南北朝时期了。

小乘佛教衰落的契因似起于教权干政对王权的威胁，以及此派排斥具有广泛群众基础的传统地方神祇信仰。为了遏制小乘僧团势力的膨胀及其干政倾向，于阗王尉迟氏家族开始尊崇大乘，小乘转衰。可考的倡导大乘佛教名王尉迟毗梨耶和尉迟信诃，逾雪山伐迦湿弥罗的尉迟讫多，以及兴建麻射寺的尉迟亚伽，他们大约都生活于南北朝时期，见于藏文载籍。其中尉迟毗梨耶兴建了瞿摩帝寺，作为大乘佛教的中心，此寺逐渐取代了小乘圣地赞摩寺的国寺地位。至尉迟信诃之世，又兴建了娑摩若僧伽蓝为其新国寺，汉名王新寺。此王在位第三年十月十八日的一件世俗文书已在安得悦遗址发现，末署此王全称为“于阗大王，王中之王夷那·提婆·尉迟·陀信诃之第三年”，此寺历王三

[1] A Translation of the Kharosthi Document from Chinese Turkestan by T. Borrow，伦敦英国皇家亚洲协会。新疆民族研究所已故研究人员王广智译名为《新疆出土的佉卢文残卷译文集》（初稿），新疆族群研究所内部打印本，1号文书。初译本人名都有原文对照，新疆考古研究所内部铅印本《尼雅考古资料》收录该译本，原译本“希那札·德伐·毗夷多尸没河”，不是规范译名。Vijtasimha，藏文史料中VijayaSimha，一般译作尉迟信诃，故据王译稿之人名原文对照，重加改译，余皆用王译文。

代、80年始成,规模的宏大又胜于瞿摩帝寺。自此进入了大乘佛教的全盛时代。

以上名刹古寺,通过现代考古普查已相继发现。虽然大多已成颓塔残垣,但遗迹尚存,依稀可见当年景象。今和田东南玉龙喀什河东岸什斯比尔南十余公里的南有库马提的地名,发音同瞿摩帝非常相像,英人斯坦因在此掘得大量佛像,并注意到这个地名就是瞿摩帝的古音遗留,应即古刹所在地。东晋法显西过于阗,挂锡此寺。法显《佛国记》中记"僧伽蓝名瞿摩帝,是大乘寺。三千僧共揵搥食。入食堂时威仪齐肃次第而坐。一切寂然器钵无声。净人益食不得相唤。但以手指麾",僧人极众,而戒律森严。寺内有大乘僧人3000余人,法仪规整,有劳役侍奉。于阗王每年4月1日至14日行像节期间,此寺最先行像。北凉王族沮渠京声曾到此寺听天竺大乘法师佛马达斯那讲授《禅法要解》。后唐同光三年(925)此寺僧人作于阗使臣出使沙州、甘州、西夏乃至中原,将仿制的瞿摩帝寺大塔赠予沙州都督。五代及宋代仍香火不断,11世纪宗教战争中焚毁。

另一座大乘名刹汉名王新寺的娑摩若僧伽蓝,似即今和田市西10公里处的巴格其乡艾格拉曼村的约特干遗址。其使用年限由两汉一直延续至宋初。19世纪末法人格伦纳、瑞典人斯文·赫定、英人斯坦因都曾来此挖掘,出土了大量金器、陶器、古钱、玉器、玻璃、珍珠、古文书等,大都流失海外。佛寺中盛行金箔饰像,穷极豪奢,直到近代,那里盛行的淘金热仍长达半个世纪之久,足见当年用金量的巨大。佛像造型也与其他地区不同,希腊式风格占主导地位,大都高鼻、深目、卷发,顶有髻,圆脸,至今仍有大量发现,和田文管所里就保存着不少这类佛像。尉迟输罗王在位时期(967—977)此寺住持提婆所著《佛本生赞》已在敦煌遗书中发现,并译为英文。法显、玄奘等高僧都曾至此礼佛。《佛国记》中记述"其城西七八里有僧伽蓝。名王新寺。作来八十年经三王方成。可高二十五丈。雕文刻镂金银覆上众宝合成。塔后作佛堂庄严妙好。梁柱户扇窗牖皆以金薄。别作僧房亦严丽整饬。非言可尽。岭东六国诸王所有上价宝物多作供养"。当年这座大乘佛寺规模宏伟,高25丈,雕纹刻镂,上面覆盖金银,镶嵌宝石,窗饰金箔,奢丽豪华。这一遗址一度被误认为古于阗国都。

麻射寺,位于洛浦县东北50公里处的丹丹乌里克。唐玄奘曾来瞻礼该寺,见有枯桑数株。英国斯坦因20世纪初在这里发现有描述这一历史故事的刻板画等遗物。乃为纪念蚕丝公主而建,其实并不是真正意义上的佛寺。养蚕及丝织业的传入是于阗重大历史事件。焉耆似先于于阗传入蚕种,但并未掌握丝织技术,只能将所养的蚕作丝绵使用,这一技术在于阗则得到发扬光大,并留下一个美丽的故事。传说瞿萨旦那王想得到蚕桑技术,而东国国君对这种技术严加保密,在关防上严加封锁、缉察,不准蚕种出境,"昔者,此国(瞿萨旦那)未知蚕桑,闻东国君秘而不赐,严敕关防,无令蚕种出也。瞿萨旦那王乃卑辞下礼,求婚东国,国君有怀远之志,遂允其请"。[1] 因密告东国公主将蚕种藏在帽子里,秘携蚕种入于阗。藏文史料也印证,尉迟亚伽之世,娶了中国公主Gpunyesvava为妻,公主藏蚕种于发中,躲过关吏检查,遂传播于阗。《新唐书》卷221中也记于阗"初无桑蚕,丐邻国,不肯出,其王即求婚,许之。将迎,乃告曰:'国无帛,可持蚕自为衣。'女闻,置蚕帽絮中,关守不敢验,自是始有蚕。女刻石约无杀蚕,蛾飞尽得治茧"。这一技术在于阗得到发扬光大,很快演变为西域的丝绸之乡。这个"东国"或"中国"所指断非远在中原的诸皇朝,而应指素有秦人城或中国城之称的高昌,或即发生于北凉王朝时期。为此修建了麻射寺。斯坦因1914年在此发现了一幅上绘东国公主帽中藏有蚕种,背后绘有木制纺车,以及盛满蚕茧的筐篮的画面,洛浦县的阿克斯皮尔古城发现了长5.2米的陶蚕, 和田地区文管所出土了蚕茧、丝绵,都是这一重大历史变革的生动记录。

由此可见,于阗大乘佛教盛行的主要原因,除了大乘佛教的世俗化色彩以外,还在于这一教派的兼容性。在大乘佛教的名义上,无论是羌人于阗的鼠神崇拜、圣寺崇拜,还是塞人的毗沙门天信仰,乃至因蚕丝

[1]《大唐西域记校注》卷12《瞿萨旦那国》,中华书局本,页1006~1008。

图 3－1－5　东国公主传丝于阗木版画

技术的传播，而产生的蚕神崇拜，都可以纳入大乘佛教的体系之内，而海纳百川，其容乃大，大乘佛教由之在于阗得到了辉煌的发展。在此期间，河西前凉张骏曾遣将和璘、谢艾统兵两次西征，取得于阗的臣服，保证了昆仑山北麓的丝路畅通，内地的佛教热也正在兴起，大批高僧取道于阗，西赴印度求法，所留行纪记录了于阗这一大乘佛国盛况。东晋高僧法显西行求法，在于阗逗留 15 日，归著《佛国记》："其国丰乐，人民殷盛。尽皆奉法。以法乐相娱。众僧乃数万人。多大乘学。"几乎家家门前都修建了小塔，最小的也有 2 丈多高。国中还设有四方僧房，招待过往客僧。国中大寺有 14 座，其中最大的数瞿摩帝寺与王新寺，瞿摩帝寺僧众达 3000 人，王新寺寺院建筑高 25 丈，雕纹刻镂，上面覆盖金银，镶嵌着多种宝石，窗上都装饰着金箔，塔后建立着佛堂，梁柱、户扇、窗牖，皆用金箔装饰，僧房也非常严丽整饬，难以描绘。北魏孝明帝神龟元年（518）随同高僧惠生偕同客居洛阳的敦煌人宋云赴西域取经，522 年返回洛阳，东归后各自留下了西经于阗的记录。其中惠生的《使西域记》中记载此行发自洛阳，越赤岭，借道吐谷浑国境，"至于阗国。有国王所造覆盆浮图一躯。有辟支佛靴。于今不烂"。《宋云行纪》记于阗东境捍麿城南 15 里有一座拥众 300 僧人的大寺，内有金质佛像一躯，有 1.6 丈高，仪容超绝，相好炳然，面东而立，传说是由于阗国王亲从南方礼拜载归，"即起塔封四百户供洒扫……后人于像旁造丈六像者。及诸宫塔乃至数千"，外悬彩幡盖无数。其中不少是出自中原的供奉，幅上书有隶书太和十九年、景明二年、延昌二年等字样。"唯有一幅。观其年号。是姚秦时幡。"这一于阗佛教盛况，乃至历代正史中也不乏记录。如《魏书》卷105记“于阗国……俗重佛法，寺塔僧尼甚众，王尤信尚，每设斋日，必亲自洒扫馈食焉。城南五十里有赞摩寺，即昔罗汉比丘卢旃为其王造复盆浮图之所，石上有辟支佛趺处，双迹犹存”。《北史》卷97所记全同。可见魏晋南北朝时期，于阗已成为西域众所公认的大乘佛教中心。

于阗佛教全盛时期兴建的佛寺不仅限于王都，而是遍及于阗全境。诸如今皮山县藏桂乡北约7公里的沙漠边缘的布特列克佛寺，这一地名维吾尔语就是佛陀之地的含义，遍地散布着陶片、石膏雕塑残块，包括开元通宝等古钱币。雕塑残块中有佛、菩萨人物衣饰与建筑装饰图案等，佛塔的形制与喀什莫尔佛塔相似，方形基座，边长约20米，圆柱形塔身，覆湖和田文管所在此采集到一件完整的泥质飞天塑像。墨玉县扎瓦乡西北约15公里处的沙漠中的库木拉巴特佛寺遗址，俗称鸽子玟，发现了佛殿、动物本生画、有莲花座的坐佛、披有通肩红色袈裟的立佛。墨玉县城西南方向34公里荒漠中的斯合台勒克佛寺，约2000平方米范围，遗物集中散布在约30平方米的一处废遗址上，主要有陶片、佛像残片等。墨玉县雅瓦乡阿克切克村，东南距县城28公公里的班勒库木佛寺，遗址在一片荒滩上，约2平方米的范围内有大量零散的陶片、毁坏的壁土和一些铜钱，还曾发现过佛像、壁画等物。今于田县城北面220多公里的“喀拉墩”遗址也发现了两座佛寺的台基，堆积着许多坍塌下来的壁画碎片，内容有披袈裟的立佛，左臂赤袒，赤脚立于莲花上，时代较早，具有小乘色彩。于田县希吾勒乡境内，东距县城20多公里喀孜那克佛寺，北距羊场场部5公里，据考证初步断定为魏晋时期的佛教寺庙。佛寺坐北朝南，遗址长11米，宽8.4米，今存残墙高60多厘米。佛寺分内外二室，断垣呈回字形，外室靠墙有数枚莲花座，内室有四方形高台佛座，墙上有壁画残迹，用单线平涂手法绘成。出土文物有壁画、佛像、钱币等，其中8个小佛像高约0.5米，神态端庄慈祥。策勒县老达码沟乡以北沙漠中也有佛寺、佛塔的遗存，形制保存较好，并有壁画、雕塑与木版画的发现。近年于田县大漠沟还发现了一座未为人知的佛寺，有高大的佛塔、残佛像、佛石座，石座旁散落着壁画残片、精美的陶制小佛像,以及泥塑汉人坐像等。

图 3-1-6　洛浦热瓦克佛寺(缩件)

图 3-1-7　热瓦克佛塔泥塑佛像原件,斯坦因摄

热瓦克佛寺，乃唯一劫后仅存的佛寺。位于洛浦县城西北方向508多公里的库拉·坎斯曼沙漠中。热瓦克，维吾尔语，意为“楼阁”。因其残存壮观土塔而得名，乃印度风格的寺院建筑。以佛塔为中心，围以正方形院落，院外有庙宇遗址。覆钵式佛塔坐北朝南，残高约9米，直径约9.6米，土坯砌筑，十字形基座向四面延伸出台阶。残存大佛塔共分三层，头两层为正方形，第三层为圆形，顶部直径9米，为新疆残存最完整的佛塔建筑。正方形院落残存院墙东49米，北46米，残高约3米，墙内每隔15公分就有一尊佛像，南墙有大门遗迹，门的两边有真人等高的两尊罗汉塑像。院墙内外壁上均有泥塑佛像、菩萨像的残体、残迹，西、北墙居多，最高的塑像有3米，共有91尊，身着犍陀罗风格的通肩式衣，塑像身后的墙上布满彩色壁画和贴壁影塑。寺院内外散布有少量彩釉陶片、泥塑像残体和剪轮五铢铜钱等，附近还有房舍遗迹。寺中人骨累累，且有火烧痕迹，毁于宗教战争。今为县级文物保护单位。20世纪初以来，英人斯坦因、德人椿克尔均在此掘获文物。1929年黄文弼亦来此考察。1942年洛浦县政府掘获涂金塑像3尊，泥塑佛像20尊，以及钱币、珠子等。法相庄严，法器辉煌，足以反映佛教全盛时期的气象。直至唐初玄奘至于阗，仍然看见有寺院百余所，僧侣5000余人。可见南北朝时期实乃于阗佛教的全盛时代。

大漠沟佛寺，又作达玛沟佛寺，位于塔克拉玛干大沙漠至昆仑山之间。2000年，一个牧童在此不经意间一脚踢出个泥菩萨来。随后，考古人员发现了小而精致的托普鲁克墩佛寺。进沿大漠沟水系哈德里克、克科吉格代、老大漠沟等大型佛寺陆续发现，长约100公里，宽20余公里，大型佛教建筑遗址就有20多处。发现了仅缺头部的残佛像、精美的壁画、千手观音、小千佛等，密宗色彩很重，还发现了唐装汉女、泥塑汉人坐像等，汉风色彩很浓，很可能是一座汉人修建的佛寺。

图 3－1－8　大漠沟一号佛寺主佛像

图 3－1－9　大漠沟出土菩萨像

图 3－1－10　大漠沟佛寺出土小千佛像

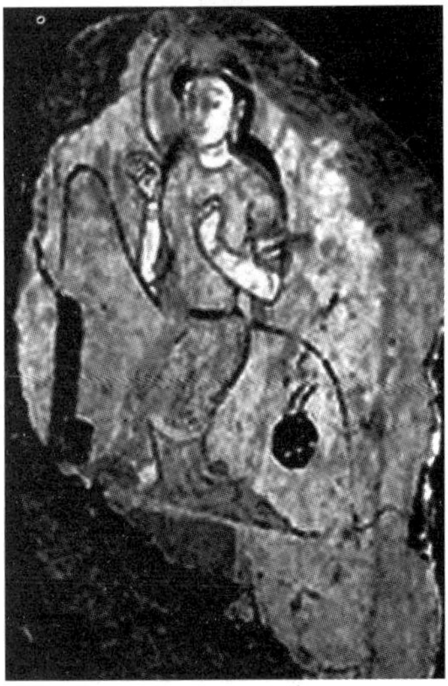

图 3－1－11　大漠沟汉装女壁画

图 3－1－12　大漠沟 1 号佛寺出土千手观音像

图 3－1－13　大漠沟一号佛寺壁画

图 3－1－14　大漠沟出土佛画

（原载《西北民族研究》，2005 年第 2 期《古代于阗与佛法初传》，有删改）

2　疏勒、渠沙与伽师祇离

——兼论佛教传入喀什绿洲

根据汉文正史记载，自汉至唐疏勒国始终是今喀什噶尔绿洲的主要城邦，似乎经此千年岁月这一地区并未发生可以察觉的任何变化，至于今喀什噶尔地名更是到了宋元时期才迟迟出现。参稽僧徒行传等非正史载籍，不能不对疏勒国名千古未变、一脉相承至唐汉文正史记载产生怀疑。非但疏勒王统未曾延祚至唐，而是仅至东汉中世，便戛然而止，继为喀什绿洲城邦盟主者已是报应法名王臣槃所出的渠沙国。而据反映在重要佚书《魏略·西域戎传》中，同渠沙国名同见一书的还有竭师国之名，与今喀什之名语音相近，显然就是此名的起源及其古译。虽然南北朝时期内地有大批求法僧人远行西域，留下的众多僧徒行传所记途经今喀什地区时所留国名几乎都是奇沙、佉沙，而鲜见竭石之名的再现，而以上诸名分明是渠沙的同名异译，这只能说明自东汉中末世以降，以渠沙、奇沙、佉沙名其国者王统皆出自虔诚的佛教徒臣槃一脉，而竭石国则为其宗教另类。入唐以后，西行高僧更加众多，这些僧人不但不承认今喀什绿洲有疏勒国存在，而且也不再出现上述喀什地区诸佛国名，而且伴随着这一地区祆教的骤然兴盛，几乎有取代佛教之势，与此同时，期盛、伽师、伽师祇离、伽师佶黎等国名随之涌现于史册，无疑就是今喀什、喀什噶尔之名的起源，更资证实今喀什噶尔之名并非始于宋元时期，而是早在唐朝就已出现了，且已成为喀什绿洲诸城邦的盟主。不过随着唐在西域全面推行羁縻州府化，西域四大城邦悉行改名，其中伽市祇离则被改名为疏勒都督府，因此，疏勒之名长存至唐，而伽或祇师、祇离之名却让人逐渐淡忘，这正是入唐后"改国名"的误导。这一被误导的历史必须还原其本来面貌，其中蕴涵着喀什噶尔绿洲种族变迁、文化转轨等复杂历史演变，有必要纠误还真。

2.1 疏勒雄霸喀什绿洲

疏勒乃古代西域重要城邦,位扼丝路北道咽喉地段,早在两汉时期已雄霸喀什绿洲。《汉书·西域传》中多次提及该国。如记述丝路北道时言及“自玉门、阳关出西域有两道:从鄯善傍南山北,波河西行至莎车,为南道……自车师前王廷随北山,波河西行至疏勒,为北道。北道西逾葱岭则出大宛、康居、奄蔡焉”。又记:“疏勒国,王治疏勒城,去长安九千三百五十里。户千五百一十,口万八千六百四十七,胜兵二千人……有市列,西当大月氏、大宛、康居道也。”早在西汉时期疏勒已拥众18647人,拥兵2000余人,这在人口寡少的古代西域已是一支相当强大的力量。《后汉书·西域传》中疏勒的人口又有了进一步的增长:“疏勒国,去长史所居五千里,去洛阳万三百里。领户二万一千,胜兵三万余人。”除国都疏勒城外,又出现了盘橐城等著名城堡,班超就是以盘橐城为据点,主要凭借疏勒的武装力量,再建汉朝的政治权威,重新号令西域。

班超,扶陵人,是出身于史学世家的一代名将,自从父亲班彪修纂《汉书》起,兄长班固、小妹班昭都参加了这部史学名著的写作,班超却是以行动创造了东汉的历史。东汉第二代君明帝永平十六年(73),名将窦固受任主持对北匈奴的全面反攻。班超投笔从戎,佐幕于窦固大营,初任假司马,率兵攻伊吾,蒲类海之战首立功勋。深得窦固赏识,派他随同郭恂出使西域,先至鄯善,斩匈奴使者,胁迫鄯善王向汉纳质入贡。继又持汉节深入于阗。击杀反汉的于阗大巫及北匈奴驻于阗的监国使者,说服于阗王广德绝匈降汉,在于阗取得了第一个立足点,进趋疏勒。而这时,亲匈奴的龟兹王建正霸有北道,同年,“龟兹王建攻杀疏勒王成,自以龟兹左侯兜题为疏勒王”。[1] 至第二年春(永平十七年,74),班超已取捷路进入疏勒国境,距离兜题所驻的磐橐城约90里

[1]《后汉书》卷47《班超传》,页1574。

的地方，派出部将田虑前往招降。班超明智地判断，“兜题本非疏勒种，国人必不用命”[1]，田虑入城后，发现兜题并无降意，乘其无备，果断地将其劫持，开门迎汉军入城。班超“悉召疏勒将吏，说以龟兹无道之状，因立其故王兄子忠为王，国人大悦，忠及官属皆请杀兜题，超不听，欲示以威信，释而遣之”。[2] 这条史料是有关疏勒王统传承的最初记载。被龟兹王杀害的疏勒王成是最早见于史册的疏勒王。其后王统变易，由龟兹人兜题入主其国，班超至疏勒，始逐兜题，重新扶立疏勒人、前王成之兄子忠为王。这位疏勒王忠必是其本国名，很可能是所赐汉名，寓有始终忠于汉室的含义。

东汉重开西域并非一帆风顺。永平十八年(75)，锐意开拓西域事业的汉明帝死，章帝新立，西域局势全线逆转。北匈奴全力反攻天山北麓的汉军据点，附匈奴反汉的焉耆、龟兹等国则自天山南麓响应，攻陷高昌、柳中，汉西域都护陈睦、己校尉关宠俱全军战殁，北道耿恭在金满、疏勒孤军苦守，最后也在汉援军到来之后东返。唯班超一军，依凭疏勒王忠与之密切配合，坚守盘橐城一年多，多次挫败了龟兹、姑墨等匈奴属国的猛烈进攻，保住了疏勒这一汉军在西域的据点。至章帝即位放弃西域，命令班超率部返师。疏勒亲汉派首领黎弇当场自刎，于阗亲汉势力也抱马哭阻，班超遂重返疏勒，“捕斩反者，击破尉头，杀六百余人，疏勒复安”[3]，汉军大势拔而复立。建初三年(78)，班超率领所部有限汉兵，发动疏勒、康居、于阗、拘弥等诸国联军一万余人进攻姑墨石城(后世之大石城)，夺取了这一东西交通要塞。上书朝廷，要求增兵，全面规复西域。建初五年(80)假司马徐幹所率第一批千人援军到达疏勒，元和元年(84)假司马和恭等四将所率第二批援军八百人也赶赴疏勒大营，西域汉军实力大增。而疏勒王忠叛变，原本附汉的莎车也与龟兹合流。在此困难形势下，班超从容指挥，击番辰，败莎车，平叛乱，结好月氏，说服康居退兵。

[1]《后汉书》卷47《班超传》，页1574。
[2]《后汉书》卷47《班超传》，页1574。
[3]《后汉书》卷47《班超传》，页1575。

班超可以说是我国历史上罕见的文武全才,不但精于军事,而且精于外交。这时,康居与月氏刚刚结为和亲,而月氏仍持亲汉立场,班超利用这一关系,遣使月氏,厚赠金帛,通过月氏劝康居退师。康居遂携疏勒王忠返师,乌即城也归降于汉。元和三年(86)疏勒王忠自康居东归,复降于汉,为班超所杀,全歼其所率亲信兵卒700余人。汉朝所册立的新王成大牢牢掌握了国政,安定了疏勒。章和元年(87)班超又征发疏勒、于阗诸国联军2.5万人,平定了莎车,全面巩固了汉朝在喀什噶尔绿洲的统治地位。这时,正面战场上汉军大将窦固、耿秉等也凯歌入云。在此宏观历史背景下,始终负隅顽抗的龟兹、姑墨、温宿等国都于此年冬降汉。于是汉朝复置西域都护、西域长史、戊己校尉,正式册拜班超为西域都护,驻龟兹北它乾城,徐幹为西域长史,驻疏勒,戊己校尉索頵领兵500人,屯兵车师前部高昌壁,又置戊部侯,驻车师后部侯城。废龟兹王尤利多,派遣司马姚先押送尤利多到京师,册拜原龟兹侍子白霸为龟兹王,汉朝派兵护送他赴国就职。至此,西域诸国中除焉耆、危须、尉犁等国以外,都已归属西域都护的治下。至永元六年(94)班超又发西域八国兵,合7万人,平定了最后几个负隅顽抗的反汉城邦——焉耆、危须、尉犁等国,另立先曾入质京师的焉耆左侯元孟为焉耆王,全面实现了西域的政令统一。七年(95)汉朝册封班超为定远侯,邑千户。

班超在疏勒的主要活动地点有二,一是盘橐城,另一是疏勒王城。今喀什地区发现的以下两座古城废墟引人注目。艾斯克萨古城,一作诺合脱热西特古城。位于喀什市东南郊,南临克孜勒河,东濒吐曼河,地扼两河交汇之处。艾斯克萨,维吾尔语破城子之意。今遗址大部为工厂单位占用,仅有一段长七八米、残高近3米的旧城残垣留下来。据20世纪初法人伯希和实地勘测图纸标示,古城呈梯形,占地总面积近13.33公顷。北墙长287米,西墙长205米,墙基厚约7米。出土了大量无孔铜钱,古城附近为一古墓地。清咸丰年间,徐松来此考察时仍见有人居住,1957年定为自治区级重点文物保护单位。有学者推断这就是班超驻守的疏勒盘橐城。至于疏勒王城,似即喀什市东北28公里的汗诺依古城。规模宏大，范围约东西长 10 公里，南北宽 6 公里。城垣、残堡、房舍、作坊、寺庙、田畴、沟洫皆清晰可辨。中央为一座方形小城，占地 9000 平方米。城垣残高 5.6 米，土筑，厚约 7 米。为王宫所在，四周为居民区。小城下又有一座古城遗址相重叠，可能历史上同一地点先后筑过两座古城。城西北隅有一戍堡，东北角有城垛，东南与西北方向各开 5 米宽城门。城内遍布各类陶器及残片，出土了高 0.8 米的两口陶缸。其一内装半缸高粱面，另一内存 120 公斤古钱。并有铜器、铁器、玉器、金印、珠宝饰品出土。这是喀什地区起源最早、发展历史最长的古城。出土了两件红陶纺轮，其一状若小饼，另一形似小桃，中心都有小孔，为安装纺锤之处，乃新石器晚期人类的纺织工具，形制酷似黄河流域新石器时代遗址出土的纺轮，反映了古城的文化上限。7—13 世纪的唐宋时期是古城的鼎盛阶段，出土了大量唐、宋古钱及当地所铸无孔圆形铜钱，其最晚的出土物为清中期铜钱，反映了古城的使用下限。有学者推断此城可能是疏勒古都城的所在地和哈剌汗朝早期王都，现为自治区重点文物保护单位。此外，英吉沙县西北约 50 公里的阿合图古城，也是一座重要遗址。城为方形，每边长 120 米，地面散存陶片很多。旧记载谓此即汉时的桢中城所在，未得实物证据。当地农民呼之为阿克巴西汗城，为自治区重点文物保护单位。

综上所述，通过班超经营西域的全过程，可以看出，疏勒乃是他所率领的这支汉军的主要基地。后来班超虽移治龟兹它乾城，但其副手徐干仍驻节疏勒。借助汉朝的政治威信，疏勒在西域的政治地位也得到空前的提高，进一步巩固了其喀什绿洲中的盟主地位。

其实，喀什绿洲城邦、行国林立，疏勒不过是这些林立城邦之一，并非独一无二的城邦，其余城邦、行国留载于史者还有渠沙、竭石、桢中、莎车国、西夜、依耐、满犁、亿若国、榆令、捐毒、休脩、蒲犁、尉头、无雷、琴等国名，至少也有 15 个之多，种族复杂，分别属于高鼻、深目、多须髯的印欧人种的塞人，黑发、黑睛的蒙古利业种的羌人和介于这二者之间的混合型人种的月氏人等三大支。其中塞人即西方载籍中的 Sacae，波斯文献中的 Saka，又被称为西胡，莎车乃最典型的塞人所建城邦。其国名莎车就是 Sacae 或 Saka 另一汉字音译,《汉书·西域传》中对此国留有详尽的记载:"王治莎车城,去长安九千九百五十里。户二千三百三十九,口万六千三百七十三,胜兵三千四十九人……有铁山,出青玉。"物饶人众,乃西域塞人中最强大的一支。此外,《汉书·西域传》中还留有如下一段文字:"昔匈奴破大月氏,大月氏西君大夏,而塞王南君罽宾。塞种分散,往往为数国。自疏勒以西北,休循、捐毒之属,皆故塞种也。"说明休循、捐毒也是塞人所建之国。但"疏勒以西北"并不包括疏勒本身在内,不可理解为疏勒本身也属塞种。西夜、蒲犁、依耐、无雷等四国,则属于羌人所建行国:"西夜国,王号子合王,治呼犍谷……西与蒲犁接。蒲犁及依耐、无雷国皆西夜类也。西夜与胡异,其种类羌氐行国。"羌人具有黑发、黑睛的蒙古利亚人种体质特征,行国,即逐水草而居的游牧部落。余之疏勒、渠沙、竭石等国则既不属塞种,也不属羌人,应是兼具塞、羌二种混合型的月氏人。

疏勒,又名沙落迦和须赖国。前者见于《大唐西域记》,后者见于《高僧传·僧伽罗刹传》,其中疏勒与沙落迦之间读音相似,显然是同名异译,必定存在着相应的古音对应关系。

疏勒复原上古音似为 Salok,沙落迦则为 Saloga,两相比较,疏勒之名短漏了一个"迦"字,似应以沙落迦(Saloga)之名最为完整,可以代表两汉时期疏勒人的真正自称,大约沿袭着以城名为国名的历史传统,由于其王城称疏勒(沙落迦),故以此自称。有人以突厥语解释疏勒的词源为 sulik,意即多水的地方,此乃以今音妄测古音,不足为据。至于须赖之名无论与疏勒,还是与沙落迦都不存在任何对音关系,肯定不是同名异译,而是存在着自称与他称的区别,非常类似于阗与于寘的关系,似为贵霜人对疏勒的他称。按"须"复原上古音当 ku,"赖"之上古音为 lak,二字合读当为 kulak,与姑墨(Kuma)、龟兹(Kuca)、姑师(Kushi)、贵霜都具有相同的首音节 ku,说明同属一族,研究者认为这正是月氏人的重要指征。其中又分为白色人种占优势的大月氏人(贵霜人)和羌化色彩较浓的小月氏人两大亚种。据此判断,疏勒的种族归属既非羌人,亦非塞人,而是黄白混血的小月氏人。史书中所载早期疏勒王名如成、忠、成大等都同印欧系的塞语有异。传文中只字未提疏勒人的种族特征，说明其人与汉人近而同塞人远，足以证实本文的论断。

2.2 渠沙人臣槃入主疏勒王统

臣槃(？—170)入主疏勒是一划时代历史事件。此人本疏勒王安国的舅父，安帝元初三年(116)入质于月氏贵霜王朝迦腻色迦王二世(78—120年在位)。元初六年(119)安国死，无子，贵族共立臣槃同产弟子遗腹为疏勒王，大政实由母后把持。贵霜遂介入疏勒内争，武装护送臣槃至疏勒，夺取了王位，改以遗腹子为磐橐城侯。正是这位一代名王皈依了佛教，初步统一了喀什噶尔绿洲，自此，疏勒王统中断，渠沙、奇沙、竭叉的新国名开始浮现水面。

按臣槃的身份为王舅，而舅属母系，必非疏勒国人，说明自此疏勒王统已发生了变易。按照西域贵族联姻制的古老风俗，能与王室联姻者，亦必被兼并的小国王裔，臣槃的出身必属以上《魏略·西戎传》中所列被疏勒兼并的十一国王裔之一。值得注意的是，渠沙，古音kusak，与疏勒异名须赖古音kulak，都有相同的首音节ku，与其他月氏族群所建之国贵霜、龟兹、姑墨、车师都带有类似的首音节，说明同属羌化小月氏人。推测作为疏勒姻族的渠沙曾与疏勒结为政治同盟，在推动疏勒成为西域强国的历史进程中曾起着非常重要的作用。以故臣槃成为国王之后，疏勒王统实已为渠沙王统所取代。因此，至东晋时期，《出三藏记集》中记内地僧人智猛途经这片绿洲，已不称疏勒，而另记其国名为奇沙，与智猛时代相近的晋人法显行纪中另记为竭叉，而前引《魏略·西戎传》中则有渠沙的记载，奇、竭、渠、佉，古皆属见纽，明明是同音异译。臣槃必定出身此国王裔。虽然此后疏勒国名仍然在当地使臣与中央王朝的政治交往时继续沿用，因而继续保留在汉文官方记录中，但实质上这一名称已成为纯粹的他称，其自称早已变为渠沙、奇沙、竭叉或佉沙了。

皈依佛教乃臣槃入主疏勒后的重大文化建树。班超主政西域时期还没有看到佛教流行的任何痕迹。但这一地区毗邻中亚的佛教中心月氏人建立的贵霜王朝,佛教的传入是迟早的事。

汉安帝元初三年(116)疏勒国内部发生政争,被国王安国入质于月氏贵霜王朝迦腻色迦王二世的国王安国舅父臣槃,率先皈依佛教。《大唐西域记》中明确记载贵霜名王迦腻色迦王在位时期曾送“葱岭东,河西蕃维的质子”“冬居印度诸国,夏还迦毕试国,春、秋止健驮逻国”学习佛法,臣槃当是疏勒国的质子。还有史料说明这位质子曾在迦毕试国捐资修建了部派佛教佛寺沙落迦寺。“沙落迦”就是疏勒的别译。

可见这位在迦腻色迦王在位时期皈依佛教的疏勒质子应当就是臣槃。他重用高僧僧伽罗刹。《高僧传》中记载此人是须赖国人,亦即疏勒人,出家学佛,游学犍陀罗,又至贵霜,师于贵霜王迦腻色迦(130—153),返国弘法,成为疏勒佛教的最早倡导者与护法王。当其继承疏勒王位之后就大力倡导佛法,定为国教。佛教自此在疏勒大盛。

有人推测,今阿图什著名的三仙洞应即臣槃在位或稍后时期开凿的一座石窟寺,僧伽罗刹很可能就是此寺的开凿者与寺院住持。这座石窟寺位于喀什市北约 18 公里的恰克玛克河边的崖壁上,一作脱库孜吾克拉佛窟。高出河床十余米,削壁绝险,难于攀爬,东西排列,开凿三窟,每窟皆高 2 米许,宽 2 米许,深 2.7 米。左侧洞窟壁画、藻井保存较好,洞壁四周画有形象各异的佛像数十尊,顶部藻井为矩形莲花图案,中间莲子仍清晰可辨。后室绘有一幅立佛身像,上身袒露,左手下垂,右手平托腹前,造型优美,表情生动。中间洞窟仅留有一石胎坐佛残躯,左右各有一尊立佛。原始粗犷,构图简单,是我国开凿最早的石窟和我国最西部的佛教洞窟。

莫尔佛塔,又名莫热墩,位于今喀什市东北 30 余公里古玛塔格山中段濒临恰克玛克河古河床的崖岸上。又作“莫拉提木”,维吾尔语意为烟道、烟囱,曾被误认为古代烽燧,其实是佛塔,乃用以安放高僧骨骸(舍利子)的佛教建筑,梵语称为“堵窣波”。遗址现有两座佛塔残存,东南方面的高台残高 12 米左右,为三层递缩的方形佛塔,底如方形托

图 3－2－1　阿图什市三仙洞

盘，圆柱形腰，上有一蛋糕形圆顶。其底座长宽各 12.3 米，总高 8.4 米，分为逐次递缩的三层。座上圆柱形塔身高 2 米，圆顶高 2.4 米，佛塔从底到顶通高 12.8 米。塔身用麦草调和黄土脱出的方形和梯形土坯砌成。塔体中空，上部可见攀登的踏脚坑，顶上有圆孔，以收藏安放“舍利子”。西北面的另一座佛塔，形如倒置的大斗。底大顶小，底面长 25 米，宽 23.6 米，顶平，顶部边长 14.2 米，宽 12.5 米，塔身残高 7 米。以麦草混合泥土的土坯砌成，塔身正面和四周侧壁上皆为佛龛。内中当年有雕塑的小佛像，应是当年寺院的中心建筑物。

塔的东部有一组僧房遗址，坡下的沙地上有一排古代坎儿井，蜿蜒排列约 1 公里，为当年寺僧的水源。其南面隔恰克玛克河古河道与几公里外的汗诺依古城相望。古寺院遗址下层的一段夹有烧为炭灰的木料，估计该寺院毁于一场大火。附近有大片古代村落遗址，还出土陶器碎片、古钱币和不少石膏塑像残片，其中的一片佛像面部极为生动逼真，有很高的艺术水平。喀什为古疏勒国，高僧道安、智猛、鸠摩罗什等都曾到过此地。公元 644 年，唐高僧玄奘返程抵达疏勒国时，称这里

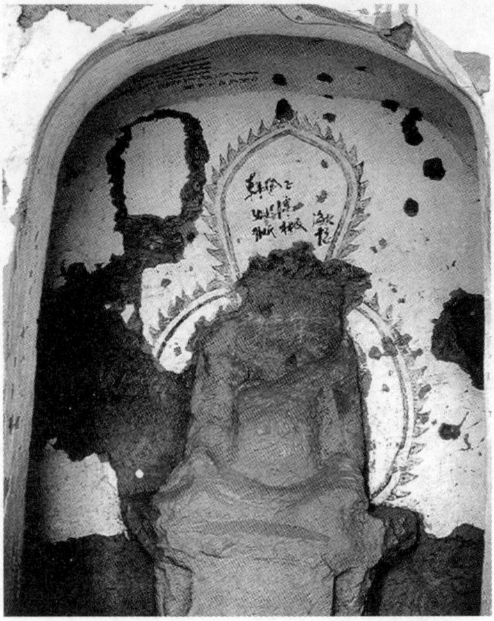

图 3-2-2　阿图什市三仙洞石佛座

图 3-2-3　照莫尔佛塔

“淳信佛法,勤营福利”。伽蓝数百所,僧徒万余人。入唐置为疏勒都督府。武周天授元年(690),武则天令诸州兴建大云寺。1882 年沙俄喀什噶尔总领事彼得罗夫斯基曾在喀什发现了一件梵语写本《法华经》,正是唐代最为流行的大乘佛典,有学者推断有可能即疏勒大云寺址。寺院一直保存到 10 世纪初叶,当伊斯兰教正式传入喀什噶尔后,才在战火中消亡。存在历史达千年之久，可作为了解东西方文化交流的一个窗口。

此外，古疏勒境内现存在佛教遗迹还有疏附县乌帕尔乡的艾孜毛拉山佛寺，位于艾孜毛拉山中腰，范围很广。出土了石质佛像、梵文贝叶经、陶质婆罗门像等遗物。遗址东南区似为当年僧房，北区似为洞窟壁龛。时代约相当于我国南北朝时期。莎车县的努尔肉孜墩佛塔，当地维吾尔群众称为“和卓木墩”，相传645年唐玄奘路经莎车曾在此讲经说法。初步统一喀什噶尔绿洲乃臣槃的不朽政治建树。当其在位时期，全面引进贵霜王朝先进的军政制度，富国强兵，败于阗，并莎车，国势日盛，与龟兹、于阗并立，成为西域最强大的三个城邦国家。正是利用这一形势，班超少子班勇上书要求重开西域，但未为安帝采纳。至延光二年（123）敦煌张珰也上书重开西域，始引起朝廷重视。遂于敦煌置西域校尉，任命班勇为西域长史，率弛刑士500人，破车师前部，西屯柳中。三年（124）正月，班勇至楼兰，引起鄯善归降。凭借其父在西域的崇高威信，很快取得了龟兹王白英及姑墨、温宿等国的归降。班勇乘势率领归降诸国兵步骑万余人，东进处于北匈奴控制下的车师前王庭，驱逐了匈奴伊蠡王，还师屯田柳中，西域复通。在这次重开西域的斗争中，疏勒王臣槃自觉地站在汉朝一边，显然应当归功于班超在那里多年树德的结果，也是此王利用汉朝声威乘势扩大自身政治影响、抵消匈奴势力的绝好机会。四年（125）班勇征发敦煌、张掖、酒泉6000骑及鄯善、疏勒、车师前部兵进攻匈奴在天山北麓的主要据点车师后王部，俘车师后部王军就及北匈奴持节使者。永建元年（126），改立后部前王子加特奴为王，进灭东且弥，车师六国全部归汉。是年冬，班勇又征发诸国兵进攻北匈奴呼衍王，呼衍王败走，北单于亲自统领主力来救，又被击退。二年（127），班勇上书请朝廷增兵进攻焉耆王元孟。同年，臣槃遣使朝汉，顺帝册立为西域大都尉，与班勇及敦煌太守张朗配合，平定了焉耆。永建五年（130）班勇下狱，西域亲匈奴势力却由之遭受了惨重打击。

随同佛教信仰一起传入疏勒的还有贵霜王朝先进的军政管理制

度,因而很快国富兵强,从于阗手中夺回了莎车,独立称雄于喀什噶尔绿洲,国势日盛,及汉军退出西域之后,臣槃正好借助汉朝声威,进一步实现自身实力的扩张,仍送侍子入汉为质,进一步表示对汉朝的忠诚。阳嘉元年(132)臣槃又受敦煌太守徐由征召,"发二万人击于窴,破之,斩首数百级,放兵大掠",[1]助扜弥复国。阳嘉二年(133)贡狮子、巨牛。至迟在班勇经营西域的安帝、顺帝时期,臣槃已基本上实现了喀什噶尔绿洲政治统一的伟业。前引《后汉书·西域传》所记喀什噶尔绿洲的城邦、行国仅仅七国,远不足以反映东汉时期这一地区的实际状况。对此,《三国志》卷30所引佚书鱼豢《魏略·西戎传》以下一段记载弥足珍贵:"中道西行……桢中国、莎车国、竭石国、渠沙国、西夜国、依耐国、满犁国、亿若国、榆令国、损毒国、休脩国、琴国皆并属疏勒。"总十二国一起并入疏勒的时间应即发生在臣槃主政时期,至少这一历史进程是从臣槃主政时代开始的。易言之,至迟在班勇经营西域的安帝、顺帝时期,疏勒已基本上实现了喀什噶尔绿洲政治统一的伟业。

西域诸国的传统信仰本是原始巫教,佛教传播必定引起国内激烈的宗教冲突,臣槃之死就同这场宗教斗争有关。《后汉书·西域传》记臣槃建宁元年(168)狩猎时为侄儿和德射杀。而陕西合阳中平二年(185)十月所立《曹全碑》则记为:"建宁三年,举孝廉,除郎中,拜西域戊部司马,时疏勒国王和德,弑父篡位,不供职贡,君兴师征讨,有率脓之仁,分醪之惠,攻城野战,谋若涌泉,威牟诸賁,和德面缚归死,还师振旅,诸国礼遗,且二百万,悉以簿官,迁右夫风槐里令。"则臣槃实乃死于建宁三年,时为八旬老翁,断难外出狩猎。曹全时任东汉戊部司马,政变发生后率兵干预,距事件发生仅15年,其可信度自然远胜于官定史书《后汉书·西域传》。《曹全碑》所记年代更为可信。可见弑君的和德并非他的侄子,实乃其亲生子。这场政变反映了佛教与反佛势力一次激烈的斗争。

这场变故发生后,政变首领和德夺权后必定实施大规模宗教清洗,

[1]《后汉书》卷88《西域传》,页2915。

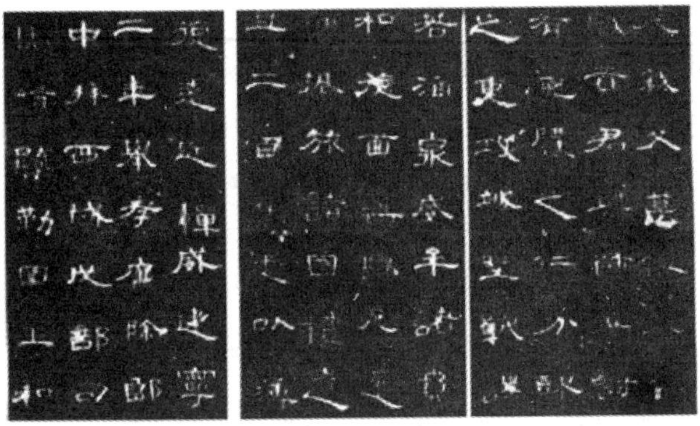

图 3-2-4　曹全碑

此王乃疏勒反佛教势力的首领，死后佛教一度转衰，国中佛教信徒纷纷逃往邻国龟兹、焉耆，导致佛教在天山南麓地区广泛传播开来。

2.3　魏晋南北朝时期的疏勒国实为渠沙国

自魏晋南北朝至隋，与我国内地王朝官方文书、历代正史中继续沿用疏勒国名的同时，民间僧徒载记中却与渠沙、奇沙、竭叉等新国名相伴生，说明这一时期的疏勒国早已不复存在，其名所指，实为渠沙国。

疏勒国名在汉文官方文书中的长期延续很可能同班超的不朽伟业与疏勒密不可分有关 。因此，尽管臣槃以降，这片绿洲的主宰早已易为一度被疏勒兼并的渠沙（奇沙、竭叉、佉沙），但被中央王朝承认的合法王统仍然是疏勒，导致渠沙使臣在对内地王朝的交往中仍以疏勒相称，出现了他称与自称长期共存的复杂表象，掩盖了这一时期喀什噶尔地区王统变易、种族变迁与文化转轨的实质与真相。

我国正史历来重视政治事件，对于这类记载务尽翔实，且不绝如缕，仍记其国名为疏勒，其实所记皆为渠沙国的内部叛乱。诸如汉灵帝建宁元年（168）：

> 是岁，疏勒王季父和得杀其王自立。[1]

〔1〕《资治通鉴》卷56，桓帝建宁元年（168），页1813。

至灵帝建宁三年疏勒正式叛汉：

凉州刺史扶风孟佗遣从事任涉将敦煌兵五百人，与戊己司马曹宽、西域长史张宴将焉耆，龟兹，车师前、后部，合三万馀人讨疏勒，攻桢中城，四十馀日不能下，引去。其后疏勒王连相杀害，朝廷亦不能复治。[1]

进入魏晋南北朝时期，由于中央王朝势力都不及西域，同喀什噶尔绿洲的官方来往逐渐稀少，而疏勒与中原的距离较楼兰、车师、焉耆、龟兹、于阗等为远，因此，以官方记录为依据的正史中似乎已不再注意疏勒。《晋书》卷97《西戎传》中仅有关于焉耆、龟兹、大宛三国的记录，而没有疏勒国名。《北史》卷97《西域传》所记亦然。《周书》卷50《异域》下，所记西域诸国有高昌、鄯善、焉耆、龟兹、于阗，而无疏勒。仅在北魏王朝盛世，仍以疏勒国名与内地保持着密切的朝贡关系，故《魏书》中留下的记录较多，但大部分见于诸帝本纪，如：

太延……三年(437)……龟兹、悦般、焉耆、车师、粟特、疏勒、乌孙、渴槃陀、鄯善诸国各遣使朝献。[2]

太延……五年(439)……夏四月丁酉，鄯善、龟兹、疏勒、焉耆诸国遣使朝献。……是岁，鄯善、龟兹、疏勒、焉耆、高丽、粟特、渴槃陀、破洛那、悉居半等国并遣使朝贡。[3]

太平真君……十年(449)……十有一月，龟兹、疏勒、破洛那、员阔诸国各遣使朝献。[4]

兴安……二年(453)……三月……乙未，疏勒国遣使朝献。[5]

太安元年(455)……冬十月，波斯、疏勒国并遣使朝贡。[6]

和平……三年(462)……三月……高丽。蓰王、契啮、思厌于

[1]《资治通鉴》卷56，桓帝建宁三年(170)，页1825。
[2]《魏书》卷4上《世祖纪》，太延三年(437)，页88。
[3]《魏书》卷4上，太延五年(439)，页89~90。
[4]《魏书》卷4下，太平真君十年(449)，页103。
[5]《魏书》卷5《高宗纪》，兴安二年(453)，页112。
[6]《魏书》卷5《高宗纪》，太安元年(455)，页115。

师、疏勒、石那、悉居半、渴槃陀诸国各遣使朝献。[1]

景明……三年(502)……是岁,疏勒、罽宾、婆罗捺、乌苌、阿喻陀、罗婆、不仑、陀拔罗、弗波女提、斯罗、哒舍、伏耆奚那太、罗般、乌稽、悉万斤、朱居般、诃盘陀、拨斤、厌味、朱沴洛、南天竺、持沙那斯头诸国并遣使朝贡。[2]

正始……四年(507)……九月……疏勒、车勒阿驹、南天竺、婆罗等诸国遣使朝献。……冬十月丁巳,高丽、半社、悉万斤、可流伽、比沙、疏勒、于阗等诸国并遣使朝献。[3]

延昌元年(512)春正月……戊申,疏勒国遣使朝献……五月辛卯,疏勒及高丽国并遣使朝献。[4]

熙平……二年(517)……夏四月甲午,高丽、波斯、疏勒、嚈哒诸国并遣使朝献。[5]

神龟……元年……二月戊申,嚈哒、高丽、勿吉、吐谷浑、宕昌、疏勒、久未陀、末久半诸国,并遣使朝献。己酉,诏以神龟表瑞,大赦改年……闰月戊戌,吐谷浑国遣使朝贡……丁未,波斯、疏勒、乌苌、龟兹诸国并遣使朝献。[6]

此外,《魏书》卷102《西域传》中对王恩生、许纲、董琬、高明出使西域事详于他书,并备有《疏勒专传》。这些以疏勒国见于史册的城邦,实际上已非疏勒而是渠沙了。

有异于往代的是,这一时期求法僧徒空前增多,由这些僧徒所撰写的私家行纪也增多了,可补正史的不足。这些著述大都不用官名疏勒,而是另用奇沙、渠沙、竭石、竭叉等名,这些僧人都是实地经行,亲历其国,所用国名应当比官方史书所记更能准确反映当地人的自称。

但这些僧徒载记大都重在记述其宗教信仰情况,对其他方面关注

[1]《魏书》卷5《高宗纪》,和平三年(462),页118。
[2]《魏书》卷8《世宗纪》,景明三年(502),页195。
[3]《魏书》卷8《世宗纪》,正始四年(507),页204~205。
[4]《魏书》卷8《世宗纪》,延昌元年(512),页211~212。
[5]《魏书》卷9《肃宗纪》,熙平二年(517),页225。
[6]《魏书》卷9《肃宗纪》,神龟元年(518),页227。

较少。据此可知,魏晋南北朝时期,当地的佛教正处于鼎盛阶段。公元400年途经竭叉国的法显记载当地国王带头主持五年一次的佛教法会——“般遮越师”,延请四方沙门都来集会,国王、贵臣散发布施,国中有千余出家僧人,都属小乘教派。但这绝不意味着大乘未曾传入,鸠摩罗什接受大乘佛学的地点就是在渠沙,说明大乘输入疏勒的时间至少不比龟兹迟。《唐高僧传》记南天竺大乘高僧摩笈多于公元585年东来弘法时,在渠沙一伽蓝中逗留达二年之久,讲《说破论》二千偈,《如实论》二千偈,足证大乘佛法也早已传入,不过远不如小乘兴盛而已。其特点是并不重视教义学的研究,主要以供养佛陀遗物与佛教灵迹驰名,在小乘佛教之外,还蒙了一层神秘的密宗色彩。法显记其国中有一个石质佛唾壶,色似佛钵,还有一颗佛齿,国中为此佛齿兴建了高塔,4世纪中叶汉僧道安西行渠沙,见“渠沙国有佛浴床,赤真檀木作之,方四尺,王于宫中供养”。[1] 公元4、5世纪之交的龟兹高僧鸠摩罗什至渠沙曾顶礼其国珍藏的佛钵[2],其后智猛在那里又见到了那个佛钵,记载“光色紫绀,四际尽然,猛香花供养,顶戴发愿”。[3] 还见到了佛唾壶。这些被疏勒视为国宝供奉的佛陀遗物是真是假,殊难判定,但佛陀悟道时,讲究苦修,佛的浴床不可能如此豪华,小乘佛教壁画中的佛涅槃图中的坐床都十分简朴,可见渠沙信奉的佛教并非小乘正统。大乘佛教在那里更没有地位,鸠摩罗什改宗大乘就是因为游学渠沙时巧遇莎车王子须利耶苏摩,但此人在渠沙也没能在宣扬大乘上有所作为。看来渠沙佛教主要靠灵迹支持。复据《魏书》卷102《西域传》记456年渠沙王曾给北魏进献了一件长二丈的佛衣,置于烈火之中,一日夜而不燃烧:

> 疏勒国[4],在姑墨西,白山南百余里,汉时旧国也,去代一类一千二百五十里,高宗末,其王遣使送释迦牟尼袈裟一,长二丈余,

---

〔1〕《出三藏记集》卷15《水经注》卷2引道安《西域记》。

〔2〕《梁高僧传》卷2《鸠摩罗什传》。

〔3〕慧超:《往五天竺国传》,收入杨建新主编:《古西行记选注》,宁夏人民出版社1984年,页107~119。

〔4〕此疏勒国,实为渠沙国。

高宗以审是佛衣，应有灵异，遂烧之以验虚实，置于猛火之上，经日不然，观者莫不悚骇，心形俱肃。其王戴金师子冠，土多稻、粟、麻、麦、铜、铁、锡、雌黄、锦、绵，每岁常供送于突厥。其都城方五里，国中有大城十二，小城数十，人手足皆六指，产子非六指即不育，胜兵二千人，南有黄河，西带葱岭，东去龟兹千五百里，西去鏺汗国千里，南去朱俱波八九百里，东北至突厥牙帐千余里，东南去瓜州四千六百里。

这件佛衣，肯定是一件石棉制品，冒充佛衣。可见渠沙佛教的传承远不如龟兹、于阗那么纯正，其中明显混合了原始巫教的神秘色彩。

以上有关疏勒佛教的记载大都散乱零碎，其中最为完整的记载当推法显，他于公元400年曾途经竭叉国，亦即疏勒国：

其国王作般遮越师，汉言五年大会也。会时请四方沙门皆来云集，集已庄严，众僧座处，悬缯幡盖，作金银莲华，著僧后铺净座具，王及群臣如法供养，或一月，二月，或三月，多在春时。王作会已，复劝群臣，设供供养，或一日，或一日，或三日，或五日，乃至七日，供养都毕，王以所乘马鞍勒自副使国中贵臣骑之，并诸白氎种种珍宝沙门所须之物，共群臣发愿，布施众僧，布施僧已，还从僧夺其地。山寒不生余谷，唯熟麦耳。众僧受岁已，其晨辄霜，故其王每请众僧令麦熟，然后受岁。其国中有佛唾壶，以石作之，色似佛钵，又有一佛齿，其国中人为佛齿起塔，有千余僧，尽小乘学。

2.4 隋唐喀什绿洲巨变与伽师祇离裴氏王朝的创立

进入南北朝后期与隋朝，正当统一的突厥汗国分裂，西突厥汗国全面控制西域的时期。历史上突然出现了一支伊朗化的六指族群入主喀什绿洲，前所未有，仍以疏苈国名载入史册。该族虽似羌人，却未必是古代疏勒王统的再度恢复。对此《隋书》卷83《西域传》有清晰的记载：

疏勒,都白山南百余里,汉时旧国也,其王字阿弥厥,手足皆六指,产子非六指者,即不育。都城方五里,国内有大城十二,小城数十,胜兵者二千人,王戴金师子冠,土多稻、粟、麻、麦、铜、铁、锡、雌黄、锦、绵,每岁常供送于突厥。南有黄河,西带葱岭,东去龟兹千五百里,西去钹汗国千里,南去朱俱波八九百里,东北至突厥牙帐千余里,东南去瓜州四千六百里。大业中,遣使贡方物。

这位被突厥册立的疏勒王阿弥厥及其王族成员都具有"手足皆六指"的体质特征,这是前所未见的记载,估计臣槃的后裔未必有此特征。比较人类学研究成果表明,崇尚六指乃羌人习俗,今藏人中的一支至今仍存在此俗。但似乎除依旧保留着重六指的传统以外,其他生活习俗上早已本地化,例如国王坐金狮子床,这就是一种波斯习俗、贵霜习俗,也是塞人习俗,大约臣槃时期的疏勒王也是如此。

隋灭唐兴,疏勒国又发生了引人注目的巨大变化,出现了以伽师祇离为国名的裴氏王朝。这一王朝的种族特征与历史上的疏勒、渠沙等都大不相同,具有明显的印欧人种特征。对此,《旧唐书》卷149《西戎传》记云:

疏勒国,即汉时旧地也。西带葱岭,在京师西九千三百里,其王姓裴氏,贞观中突厥以女妻王,胜兵二千人,俗事祆神,有胡书文字,贞观九年,遣使献名马,自是朝贡不绝,开元十六年,玄宗遣使册立其王裴安定为疏勒王。

《新唐书》卷221《西域传》亦记:

疏勒,一曰佉沙,环五千里,距京师九千里而赢。多沙碛,少壤土。俗尚诡诈,生子亦夹头取褊,其人文身碧瞳。王姓裴氏,自号"阿摩支",居迦师城,突厥以女妻之。胜兵二千人。俗祠祆神。贞观九年,遣使者献名马,又四年,与硃俱波、甘棠贡方物。太宗谓房玄龄等曰:"曩之一天下,克胜四夷,惟秦皇、汉武耳。朕提三尺剑定四海,远夷率服,不减二君者。然彼末路不自保,公等宜相辅弼,毋进谀言,置朕于危亡也。"仪凤时,吐蕃破其国。开元十六年,始遣大理正乔梦松摄鸿胪少卿,册其君安定为疏勒王。天宝十二载，首领裴国良来朝，授折冲都尉，赐紫袍、金帛。

比较两唐书所记与前引《隋书》，内容显然大不相同。其异点表现为：

（1）喀什地区王统显然又发生了变更。按东汉以来，喀什地区王统出自渠沙国后裔的臣槃一系，南北朝后期至隋，易为崇尚六指的伊朗化羌人后裔阿弥厥家族，至此，又易为崇尚压头取扁的裴氏家族。玄奘、辩机《大唐西域记》称疏勒为佉沙国，记其民俗特征为："佉沙国周五千余里，多沙碛，少壤土，稼穑殷盛，花果繁茂，出细毡、毾工织细氎𣰽，气候和畅，风雨顺序，人性犷暴，俗多诡诈，礼义轻薄，学艺庸浅。其俗生子押头扁匾，容貌粗鄙，文身绿睛，而其文字取则印度，虽有删讹，颇存体势，语言辞调，异于诸国。"而压头取扁与崇尚六指显然不是同一民族的习俗。可见这次入主疏勒的裴氏家族乃是具有"文身碧瞳"或"文身绿睛"体质特征的典型印欧人种。

（2）《新唐书·西域传》乃第一部正式以伽师（gatʃia）城记为疏勒国都的官方史书。而此城名实乃缩写。唐代疏勒名僧裴慧琳《一切经音义》自称其国就不作疏勒或佉沙（奇沙、渠沙），而作迦师佶黎，《五天竺行记》的作者新罗僧人慧超则另译为迦师祇离。而汉代的疏勒国都城原本名为疏勒城。对此只能有两种解释，一是随着疏勒国名更为渠沙，其都城也更名竭石（竭叉）；二是随着疏勒国名的废置、渠沙国的复兴，其国都又迁回渠沙故都竭石（竭叉）。无论哪种解释，疏勒旧名已仅用于同中原王朝的官方交往。其中慧超所记尤为明确："从葱岭步入一月至疏勒，外国自呼为伽师祇离国。"[1]这些来自民间的记载较之官方的正史更真实地反映当地国名的历史变迁。与此同时，渠沙、奇沙、佉沙的国名早已不再出现，"疏勒"之名已变为仅存于我国官方文献中的书面名称，其本国早以伽师佶黎或伽师祇离自称，并由城名进一步演变为国名。而此名实与前引《魏略·西戎传》中的竭石一脉相承，

〔1〕慧超：《往五天竺国传》，收入杨建新主编：《古西行记选注》，宁夏人民出版社 1984 年，页 107～119。

元史中的可失哈儿、可实哈儿,今之喀什噶尔皆其千古遗韵。

据此可知,进入隋唐易代之际,今喀什噶尔地区已正式命名为伽师祇离,汉文史料中的疏勒,实质上已是中原汉人对此国的习惯称谓。

(据《从疏勒到伽师祇离》,《新疆社会科学》2005 年 2 期扩写)

3　龟兹王统更易与佛法初传

佛教何时传入龟兹，迄今学术界尚无统一共识。前汉张骞西使归来，初见于我国史册的龟兹，其王皆出自绛宾王系，文化极端落后，不具备佛教传入的基本条件，新朝、东汉交替之世，此系王族后世已消匿于史册，龟兹白氏王朝代之而兴，伴随着以上两系龟兹王统的嬗递，北传佛教才经由贵霜、疏勒逐渐传入龟兹，及其大盛已是魏晋南北朝时期，这就是本文的基本结论。

3.1　佛教初传龟兹二说辨误

关于佛教初传龟兹的时间，有两种重要说法。一是《阿育王太子法益坏目因缘经》说，二是西汉武帝时期说，笔者认为这两种说法都不能成立，并在此基础上提出一种新的见解，论述如下：

(1)《阿育王太子法益坏目因缘经》中有如下一段诗体叙述，兹引录如下：

> 阿育王闻，喜庆欢悦，和颜悦色，告耶奢曰："吾获大利，其德实显，法益王子，以理治化，率以礼禁，导以恩和，人民之类，莫不戴奉，今当分此，阎浮利地，吾取一分，一分赐子，使我法益，长生寿考，治化人民，如今无异，新头河表，至娑伽国，干陀越城，乌特村聚，剑浮安息，康居乌孙，龟兹于阗，至于秦土，此阎浮半，赐与法益，纲理生民，垂名后世。"

据此，安息、康居、乌孙、龟兹、于阗，乃至"秦土"即我国内地，都已被阿育王赐予其子法益，龟兹、乌孙国名也赫然列入法益受赐领土之内，其说若成立，则龟兹早在阿育王时期就已有佛教传布。今传《阿育王太子法益坏目因缘经》并非梵文原本，而是前秦苻坚时期印度僧人昙摩难提的译本。参稽《汉书·乌孙传》,乌孙建国始于猎骄靡,上距阿育王时代十分遥远,时间不会早于汉初。足证这一记载必定出自后世僧人自炫性追述,并非信史。其说不能成立。

(2)西汉武帝时期说。德籍华人刘懋才始创此说,原文未见,陈世良先生据此发挥[1],证据是《梁书》卷40《刘之遴传》中有如下一段文字:"之遴好古爱奇,在荆州聚古器数十百种……其第三种,外国澡罐一口,铭云元封二年(前109),龟兹国献。"陈先生一再强调这一记载并非孤证,笔者细查古籍,果然如此。《南史》卷50《刘之遴传》也有记载,文字全同,又见于《册府元龟》卷928《总录部》好尚条文字仅略有出入[2],并援引《比丘尼尼戒本所出本末序》[3]所记"大法流此(指龟兹)五百余年"云云,以为佐证。以《比丘尼尼戒本》译为汉本的晋武帝时期上推500余年,时间更早于汉武帝时期。其说若成立,则龟兹佛教至迟汉武帝之世已经传入。其说也值得怀疑。

公元前2世纪汉与匈奴全面战争爆发之前,西域诸国本臣于匈奴,汉文帝前四年(前176)匈奴单于遣右贤王率兵西征服"楼兰、乌孙、呼揭及其旁二十六国皆已为匈奴。诸引弓之民并为一家[4]",龟兹必包括在此西域二十六国范围之内,早自文帝前四年就已臣属匈奴,同汉朝并无任何朝贡关系,西域诸国只知有秦,不知有汉[5],即使张骞两使西域之后,司马迁据其见闻编写成书的《史记·大宛列传》中仍无关于龟兹的任何记载,说明碛口丝道,封闭不通,包括龟兹在内的西域诸国同汉朝并不存在任何直接的朝贡关系,直至绛宾之父在位时期犹在奉行亲匈奴政策,所谓元封二年向汉朝贡献佛教法器云云,极少可能。

汉开西域始于元封三年(前108)赵破奴进军姑师、楼兰之役,《史

---

[1]陈世良:《关于佛教初传龟兹》,载《西域研究》,1991年4月。

[2]原文是"刘之遴为南郡太守,好古爱奇,在荆州聚古器数百种……三种外国澡罐一口,有铭云:元封二年龟兹国献"。

[3]《出三藏记集》第11。

[4]《汉书》卷94《匈奴传》,页3757。

[5]直到汉西域都护府建立之后,西域诸国仍将汉人称为秦人,刻于今库车山崖上的《刘平国治关亭诵》对汉兵仍称为"秦人"。

记》卷96《西域传》记云：

> 初，武帝感张骞之言，甘心欲通大宛诸国，使者相望于道，一岁中多至十余辈。楼兰、姑师当道，苦之，攻劫汉使王恢等，又数为匈奴耳目，令其兵遮汉使。汉使多言其国有城邑，兵弱易击。于是武帝遣从票侯赵破奴将属国骑及郡兵数万击姑师。王恢数为楼兰所苦，上令恢佐破奴将兵。破奴与轻骑七百人先至，虏楼兰王遂破姑师，因暴兵威以动乌孙、大宛之属。还，封破奴为浞野侯，恢为浩侯。于是汉列亭障至玉门矣。

此役《资治通鉴》卷21系于武帝元封三年十二月。传文中明确记载此前姑师、楼兰受匈奴指使，阻塞碛口，汉与匈奴之间正剑拔弩张，丝路不通，战争一触即发。龟兹偏于此年贡献澡罐，更是绝无可能。

更蹊跷的是这个佛教用器上面居然有汉字铸成的元封二年字样，显然是汉人工匠所为。而当时连汉商出入西域，也属禁绝，龟兹国内根本不可能存在汉人工匠。自东汉末年起，伴随着今、古经学之争，仿古、造古之风盛行，出现了多次伪造古文经的案件，晋鼎倾覆于八王内争，五胡入侵的兵戈乱世，司马氏王室仓皇渡江，南朝真正皇家珍宝已为数无多，这个龟兹澡罐即使存在，也应是宫中珍品，何能流落民间，出现于江南，刘之遴这件收购自民间的皇家法器不可排除其造伪嫌疑。以此为证，未必可信。加之《比丘尼尼戒本所出本末序》与《比丘尼尼戒本》并非完全一回事，在佛典《出三藏记集》中此二书另立名目，《比丘尼尼戒本》又作《十诵比丘尼戒本》，总一卷，明确记载是佛教正宗戒典《十诵律》中所设约束比丘尼的律条，今传《比丘尼尼戒本所出本末序》则乃晋武帝时期汉译者所写序言，序中所记“大法流此（指龟兹）五百余年”云云，分明是后世译者口气。自炫其弘法历史悠久乃是佛教徒的共同心理，同样不足成为科学论据。

3.2 西汉龟兹王统出自绛宾系羌化小月氏人

龟兹乃西汉张骞初通西域归来所记三十六国之一，又作丘慈、丘茨,并注其读音相通,与今库车同一读音。虽然库车之名出现晚,古汉语音韵学的研究成果却表明,古无舌面音(正齿音)tɕ、tɕ′、ɕ,以上三音都应读为相对应的舌头音 g、k、h,而且今之合口呼(u),上古时期有的读为开口呼(a),则无论龟兹、丘慈、丘茨,在汉代的实际发音都是 ku tɕ′ia,中古都读为 ku tɕ′a,可见现代读音“库车”和“丘慈”的古读都是ku tɕ′a,千余年来古音犹存。这一发音还同今甘肃武威的古名姑臧完全相同,这很可能昭示着古代龟兹的族属同生活于今凉州武威地区的古代居民是同一族属。而在汉开河西四郡之前,这一地区生活的古代居民是与羌人杂居而完全羌化的月氏人,亦即《汉书》中记载的小月氏人,他们同居于“匈奴北”(实际上是匈奴“西北”),与塞人混居而塞化的大月氏人有所区别。在“西域三十六国”的名单中,还有姑师(ku tɕ′a)、车师(ku tɕ′a)、且末(kama)、姑墨(kama)等城邦发音也与之类似,说明这种属黄、白混合型的羌化小月氏人在西域分布范围很广,这也是同《汉书》中的记载相一致的。库车南戈壁墓地出土的带流陶罐腹部所绘人像、新和克孜勒协海尔古城出土的三耳釉陶罐肩部的人面浮雕所呈现的体质特征都呈黄、白混合型,而与库车克力西出土的铜带翼人像所反映的东汉、魏晋时期塞人形象之间存在着明显的差异。羌人语言属汉藏语系藏语族,属结辫套发罩的北亚安得诺沃文化系统,西汉时期的龟兹似乎就是以羌化小月氏人为其主体居民。

西汉初年的龟兹本隶于匈奴治下,太初三年(前 102)贰师将军李广利伐大宛凯旋东归,最先将入质龟兹的扜弥国太子赖丹带回长安,改而效忠于汉,昭帝时期始派兵屯田西域,赖丹以熟悉西域地理,被选为将,被汉朝册拜“为校尉,将军田轮台”,[1]率领部众深入到毗邻龟兹的渠犁(今库尔勒西、孔雀河以东)、轮台(今轮台县境)一带经营屯田。史书叙此皆为追述,时间漏载,仅记乃霍光柄政时事,大约发生于元凤元年(前 80)。[2] 由之引起匈奴策动西域亲匈奴势力的大反扑,当时

[1]《汉书》卷 96《西域传》下,页 3916。今中华书局本原书标点为“昭帝乃用桑弘羊前议,以扜弥太子赖丹为校尉将军,田轮台”似误,今重加标点。

[2]《汉书》卷 96《西域传》,页 3916。

的龟兹王及贵族首领姑翼都属这一派势力，发兵进攻，元凤四年（前77）赖丹遇害。[1] 迫使汉朝遣使问罪。但这仍属于汉与匈奴之间争夺龟兹的前哨战。汉宣帝本始四年（前70）汉长罗侯常惠发西域诸国兵包围了龟兹王都延城，索要杀害赖丹的凶手。"大将军霍光风惠以便宜从事。惠与吏士五百人俱至乌孙，还，过，发西国兵二万人，令副使发龟兹东国二万人，乌孙兵七千人，从三面攻龟兹。兵未合，先遣人责其王以前杀汉使状。王谢曰：'乃我先王时为贵人姑翼所误耳，我无罪。'惠曰：'即如此，缚姑翼来，吾置王。'王执姑翼诣惠，惠斩之而还。"[2] 这时，龟兹前王已死，其子绛宾即位，将龟兹前国相姑翼缚送汉营，开城门降汉。自此，龟兹始正式挣脱了匈奴的桎梏，投入汉朝的怀抱。最先附汉的龟兹名王绛宾。此王纳汉朝和亲乌孙的解忧公主女弟史为龟兹王妃，元康元年（前65）亲自偕弟史一同入汉朝觐，受到汉宣帝的隆礼结纳："王及夫人皆赐印绶。夫人号称公主，赐以车骑旗鼓，歌吹数十人，绮绣杂缯琦珍凡数千万。留且一年，厚赠送之"。[3] 归国后，仿照汉仪，进行以汉化为核心的社会改革，"治宫室，作檄道周卫，出入传呼，撞钟鼓，如汉家仪"。周邻诸国嘲笑为"驴非驴、马非马，龟兹王"[4]。说明西汉时期的龟兹文化水平不高，虽然传入了中原雅乐，却不会弹奏，此与后世以音乐歌舞驰名西域，压倒内地的白氏龟兹迥然有异。拜城县东北喀喇塔格山麓的摩崖岩壁上的《刘平国治关亭诵》的发现则又说明西汉时期的龟兹尚未发现用以书写自身语言的文字，仅能借用汉字，作为记录重大事件的书面文字，而且能够使用汉字者并非龟兹土著小月氏人，而是以汉军将士身份出现的羌人。据此判断，佛教初传龟兹，断不可能发生于西汉绛宾系王统存在时期，只能发生于龟兹白氏王朝创建之后。

---

〔1〕《资治通鉴》卷23，昭帝元凤四年（前77），页771。"龟兹贵人姑翼谓其王曰：'赖丹本臣属吾国，今佩汉印绶来，迫吾国而田，必为害。'王即杀赖丹而上书谢汉。"这是第一个为汉朝献身的西域人。

〔2〕《资治通鉴》卷24，昭帝本始三年（前71），页801。

〔3〕《汉书》卷96《西域传》下，页3916。

〔4〕《汉书》卷96《西域传》下，页3917。

3.3 龟兹白氏王朝是新朝、东汉交替时期西域塞人崛起的历史产物

龟兹白氏王朝是西域塞人势力日盛的历史产物,同佛教初传龟兹虽然存在着一定的因果关系,但白氏王朝建立之初,仍未存在丝毫佛教传入的迹象,易言之,白氏王朝的创立与佛教初传龟兹仍然是两回事,须分别论述。

先叙白氏王朝的始创时间。依我国传统旧说,东汉章帝建初五年庚辰(80)班超册立龟兹入质于汉的侍子白霸取代此前投倚匈奴的前王入主龟兹。此事确为白氏入主龟兹之初见,但白霸受册封前的身份正是龟兹国送往汉廷的龟兹王质子,而白霸则为汉名,未必反映其姓名的真实发音,说明此前附匈奴的龟兹王也是出自白氏家族,可见塞人白氏入主龟兹绝非始自白霸,也非始于班超主政西域的东汉明帝朝之后,而应在此之前的王莽新朝与东汉初建的交替之世。操印欧系语言的西域塞种势力的空前扩大正是发生于这一时段。莎车则是最先崛起的西域塞人城邦,早在西汉时期就已成为一方之雄。

> 莎车国,王治莎车城,去长安九千九百五十里。户二千三百三十九,口万六千三百七十三,胜兵三千四十九人。[1]

莎车之名实即西方载籍中 Sacae、波斯文献 Saka 的忠实音译,属印欧人种,操印欧系语言,早在西汉末年就已拥众 1.6 万余人,早已成为一支巨大的势力,进入东汉时期,遂成为敢于高举尊汉、攘匈奴的大旗,同匈奴争霸西域的巨大地方势力。

本来,早在西汉晚期,匈奴已衰,北匈奴郅支单于悬首长安,南匈奴也已俯首归汉,至王莽创立新朝之后,为了加强自身对四方的全面控制,主动挑衅,遣使赴匈奴王庭,收回汉朝所授单于印信,匈奴复叛,重新卷入西域争夺。这时塞种势力已从莎车进一步向天山南麓城邦诸国

〔1〕《汉书》卷 96《西域传》上,页 3897~3898。

扩展势力，有迹象塞人已入主焉耆，率先创建了焉耆龙氏王朝，得到匈奴的全力支持，最先同新朝叫板，诱骗新朝大军西巡，新朝果然中计，导致王骏大军被歼，西域都护李崇所部不能东返的军事大挫败的惨剧：

> 天凤三年（16），乃遣五威将王骏、西域都护李崇将戊己校尉出西域，诸国皆郊迎，送兵谷。焉耆诈降而聚兵自备。骏等将莎车、龟兹兵七千余人，分为数部入焉耆，焉耆伏兵要遮骏。及姑墨、尉犁、危须国兵为反间，还共袭击骏等，皆杀之。唯戊己校尉郭钦别将兵，后至焉耆。焉耆兵未还，钦击杀其老弱，引兵还。莽封钦为剼胡子。李崇收余士，还保龟兹。数年莽死，崇遂没，西域因绝。[1]

此次出巡西域的新朝大军总共三支，西域都护李崇所部应为前军，五威将王骏所部为中军，戊己校尉郭钦所部为后军。其中五威将王骏是王莽最为器重的王牌军，焉耆故意放过李崇所统前军，王骏遂全面失去警惕，及其军至，突然伏兵大发，全歼了这支新朝主力军，郭钦部到来最迟，且战且退，总算保存了一部分实力，李崇则已东归无路，只好退入龟兹，李崇所佩西域都护铜印已在今库车境内发现，现藏新疆维吾尔自治区博物馆。

按龟兹乃焉耆西邻，相距并不遥远，焉耆及其强大后盾匈奴居然未能全歼这支汉军，全凭莎车王延大力庇护，及至东汉建立之后，李崇虽已身殁，其所部将士及其妻儿家属，都托赖于莎车王的武力护送，得以安全返回汉境，返回河西，可见两汉易代之际，西域最大的塞人城邦莎车，确已填补了新朝衰亡后的西域权力真空，承担起抗击匈奴的艰巨使命。对此，《后汉书·西域传》有明确记载：

> 莎车国西经蒲犁、无雷至大月氏，东去洛阳万九百五十里。匈奴单于因王莽之乱，略有西域，唯莎车王延最强，不肯附属。元帝时，尝为侍子，长于京师，慕乐中国，亦复参其典法。常敕诸子，当世奉汉家，不可负也。天凤五年，延死，谥忠武王，子康代立。光武

[1]《汉书》卷96《西域传》下，页3927。

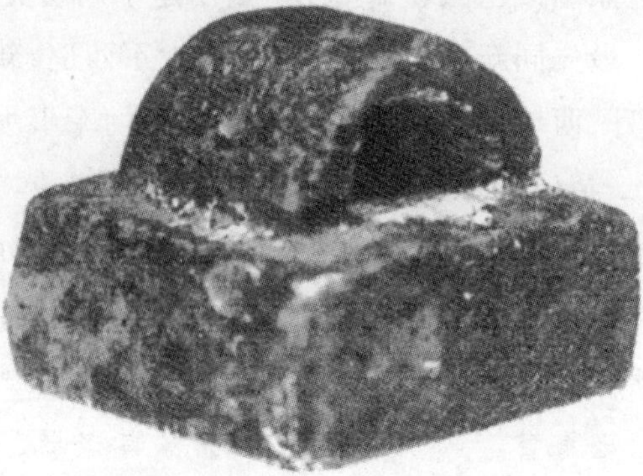

图 3-3-1 李崇铜印

图 3-3-2 李崇之印凉州印文

初,康率傍国拒匈奴,拥卫故都护吏士妻子千余口,檄书河西,问中国动静,自陈思慕汉家。建武五年,河西大将军窦融乃承制立康为汉莎车建功怀德王、西域大都尉,五十五国皆属焉。[1]

据此,基本上可以复原两汉易代、王莽新朝创立之初莎车曾高举尊

[1]《后汉书》卷88《西域传·莎车》,页2923。

汉攘匈奴大旗，与匈奴及其支持的焉耆塞种所建龙氏王朝争霸西域的历史巨变。

莎车之兴，始于西汉元帝时期莎车入汉质子莎车王延的返国主政，始举尊汉攘匈奴大旗，故汉追谥他为忠武王。至其子莎车王康继位，“故都护”指新朝所任命的西域都护李崇，其部虽已深陷敌后，却有赖于莎车王延的全力保护，安全进入所控龟兹地界，及王莽所建新朝败亡，汉室复兴，更始帝授窦融为河西属国都尉，不久为河西诸将公推为河西大将军，总领河西事，光武帝代更始帝，追认了这一名号。东汉光武帝之世，志在安内，一切西域事务，悉委窦融裁决，仅须履行奏请形式而已。莎车王康曾通书河西主将窦融，愿为中朝耳目，李崇死后，其余部正是取道莎车，被发遣安全返回凉州。应窦融奏请，建武五年(29)光武帝遣使封为“汉莎车建功怀德王、西域大都尉”。可见莎车王康继位之后，还以汉朝西域大都尉的名号，取得号令西域的最高权威，有效地遏制了匈奴势力在西域扩张，进入莎车雄霸西域的盛世。建武九年(33)莎车王康卒，追谥为宣武王，子莎车王贤继立。由于东汉初年有关西域的记载极端贫乏，今存史书中往往把莎车王康的事迹误加在莎车王贤身上，其实，此王绝非兴国之君，正是此王在位时期，匈奴势力重振，莎车的西域霸权始衰。此王继位不久，就废黜了龟兹王弘，全族夷灭，标志着出自羌化小月氏的龟兹王统已经断绝。后来出现在史书上的龟兹王则罗、身毒都是莎车王所立，这两个王名与西汉龟兹诸王的差异也很大，昭示着自此龟兹王统变为印欧型的塞种。至莎车衰微，北匈奴复兴，东汉初年的龟兹王建是匈奴所立，龟兹王建死后，其子尤利多继为匈奴册立，继续坚持与汉朝为敌。龟兹王建及其子尤利多都是匈奴所立，其族属所出不见于史书记载，应当也是出自塞人。永元元年(89)，班超大破龟兹，废尤利多，俘送洛阳，立其弟白霸为王。自此，龟兹的历代王统已非常清楚，都出自白氏，白氏王朝始自白霸的误解由此产生。其实，白霸虽是第一个被东汉扶立，并明确留有白姓记载的龟兹王，却并非白氏王朝的第一位国王。史书记载此人称王前的身份乃其前任国王送往汉廷为质的龟兹王室成员，质子必定出自王族，白霸乃尤利多之弟,而龟兹王建则是尤利多之父。即使白霸与尤利多不是亲兄弟,至少也是族兄弟,龟兹王建应是白霸的族叔或族伯,则龟兹王建、尤利多二人虽未明确记载姓白,依理推断,也应出自白氏家族。据此判断,龟兹白姓王朝的初代诸王,皆漏记白姓,依次应追溯至莎车王贤所立的则罗、身毒,皆在位于新朝时期,进入东汉以后,又依次出现了匈奴所册立的白建、白尤利多,其中明确记有白姓者为东汉初年龟兹王白建。至于白姓的解释,周连宽认为"白"似起源于梵语中的 arjuna,乃《摩诃摩罗多》中的英雄名字,此外,学术界还有其他种种解释,皆与所属印欧系人种及其文化渊源有关,殆无疑义。自此白氏王族世代君临龟兹。可见宏观地看,白氏家族入主龟兹并非个别的孤立事件,而是王莽新朝至东汉初期西域塞种崛兴历史大趋势的具体反映之一,环顾其四邻,龟兹并非塞人最早兴起的地区,除了前述莎车之外,龟兹东邻焉耆也发生了印欧系塞人王统取代焉耆土著的重大变化。焉耆国名虽然西汉时期就已存在,却一直默默无闻,新朝初年,骤然强盛,虽然投附匈奴,并未借助其一兵一卒,居然独力击败新朝王骏大军。鲍尔古本中最先得到解读的就是焉耆文,而非龟兹文,证实焉耆语属印欧系语言,初被定名为 A 型吐火罗语,龟兹则属 B 型吐火罗语,可见这位独力击败王骏大军而姓名失载于史的焉耆王必属印欧人种,则至迟新朝天凤三年(16)龙氏家族已入主焉耆了。龟兹的西邻为西汉时期的疏勒,建国于今喀什噶尔绿洲,东汉初年匈奴册立白建入主龟兹之后,曾统兵西征,攻杀疏勒王成,立其臣兜题,说明西汉疏勒王统一度断绝,东汉明帝永平十七年(74)班超至疏勒,逐兜题,立前王成之兄子忠为王。疏勒王统始再次恢复,这位曾窃居疏勒王位的兜题很可能也是出身于塞种,塞人入主疏勒的时间虽然要晚得多,但至迟元初六年(119)疏勒王安国死后,出身塞人渠沙国的安国之舅臣槃,借贵霜王朝迦腻色迦王二世(78—120 年在位)之力,入主疏勒王统,此后虽仍使用传统的疏勒国名,实已易为塞人渠沙王统。塞人崛起的历史新趋势不仅横扫天山南麓诸城邦,乃至远在昆仑山北麓的古国于阗也发生了类似变化,足以说明包括莎车、焉耆、龟兹、疏勒乃至于阗等地塞人兴起已成为这一时期不可阻挡的历史大趋势。

白氏王朝的创建不仅意味着龟兹王统的更易,而且意味着龟兹主体居民种族、语言的更易和龟兹经济、文化水平的巨大飞跃。有迹象说明白氏家族同建国费尔干那的塞人国家大宛还存在着某种血统渊源关系,表现为:(1)人口的激增:东汉时期龟兹人口15万左右,魏晋南北朝时期龟兹人口增加了18倍。这当然同龟兹领土的扩张有关,这时的龟兹已统一了渠犁、乌垒、轮台、温宿、尉头、姑墨诸古国,包括今之轮台、库车、沙雅、拜城、阿克苏、新和六县。但上述诸国都是人少地也不广的小国,不能排除大宛人口的大量涌入。(2)前秦遣吕光西征的动机原本是伐大宛,但实际上只是伐龟兹,而且汗血马本来一直是大宛的特产名马,但吕光自龟兹东归时却带回了大量这种名马,成了第二个西域天马之乡。说明伐龟兹实即伐大宛,这必定反映了龟兹与大宛在人种上的一致性。(3)进入魏晋南北朝时期,一种拥有对中原雅乐压倒优势的龟兹乐突然勃兴。这一跃进性的文化变革反映了龟兹境内已涌入一批具有高文化素质的新族群。(4)羌人和小月氏人本属结辫套发罩的北亚安得诺沃文化系统;而《晋书·四夷传》记载自魏晋南北朝以后,龟兹居民"男女皆剪发齐项",汉城所藏巴楚吐木休克出土的女像就是前梳刘海、剪发披肩,这种发型已属操印欧语诸族的特征,清晰地反映了龟兹主体居民的更易。(5)早期龟兹的人种虽然至今仍然缺乏科学的头骨测量数据,其形貌特征却仍有痕迹可寻。库车南戈壁墓地出土的带流陶罐腹部所绘人像,以及新和克孜勒协海尔古城出土的三耳釉陶罐肩部的人面浮雕所呈现的体质特征与库车克力西出土的铜带翼人像之间存在着明显的差异。前者类似黄、白混合型;而后者则高鼻深目,印欧人种特征十分鲜明。(6)西汉时期的龟兹原本使用三角形木质挖土器,及至白氏王朝创建的东汉、魏晋南北朝时期已改用铁器,克孜尔千佛洞105窟壁画中还出现了砍土镘这一独具特色的农具,反映了生产力的飞跃,龟兹冶铁业冠绝西域。《水经注·河水篇》引《释氏西域记》:"屈茨城北二百里有山,夜则火光,昼日但烟,人取山中石炭冶此山中铁,恒充三十六国之用。"屈茨北山即今阿艾山,位于库车县阿艾河与库车河交汇处的西岸,至今散布铁渣、铜渣,足证此地既是炼铁又是冶铜的基地,矿渣厚积十几米,占地数十亩,绵延一公里。龟兹人以煤代柴,吹管供氧炼铁,反映了金属冶炼技术的长足进步。

然而,从新朝、东汉易代之际龟兹白氏王朝初建乃至班氏父子主政西域期间,以上两系龟兹王统传承期间,虽然佛光早已在古天竺升起,且经天竺孔雀王朝阿育王,贵霜名王迦腻色伽的护法、弘法,佛光早已开始辉耀中天,但同古天竺不但远隔喜马拉雅山、昆仑山,而且远隔葱岭的龟兹仍未出现任何佛光照耀的任何迹象。这说明佛教传入龟兹的时间同龟兹白氏王朝建立的时间并不一致,而是更迟于此。

3.4　佛教初传龟兹时间蠡测及其历史恢宏

佛教北传,首及西域,龟兹与部派佛教的根据地罽宾、犍陀罗有地缘、人文的紧密关系,都属于由陆路传播的北传佛教,其中主要通向龟兹的古代丝路干线似有三条:

(1)大、小勃律道:即唐将高仙芝伐大、小勃律沿途所经。自安西(今库车)西经疏勒(今喀什),登葱岭,涉播密川、特勒满川,攻克连云堡,即直捣小勃律,此路即今由库车经喀什,取瓦罕通道,至今巴基斯坦。

(2)由今库车西行,在今阿克苏市十六团渡河,穿行沙漠至麻札塔格古堡,越昆仑山,沿今新藏公路线,过阿里,行经今印中争议的阿克赛钦地区,可达克什米尔地区,即古之迦湿弥罗。

(3)羯槃陀道:亦即《新唐书·地理志》所记的葱岭守捉道。即由库车西行,过塔什库尔干,即唐之葱岭守捉,古之羯槃陀国,由此南行,过中亚,渡阿姆河,也可直达印度。

据此,北传佛教最早传入我国新疆境内的地点,只能是于阗和疏勒,即今和田地区与喀什地区,龟兹地在于阗北、疏勒东,无论如何,都不能成为佛教北传的首及对象。而后世盛行的佛教显然同于阗佛教没有直接渊源关系,龟兹佛教必同初传疏勒的佛教有关,却必定晚于疏勒。

疏勒国的臣槃(？—170)则是疏勒佛教的最早倡导者与护法王。国王安国舅父,汉安帝元初三年(116)疏勒国内部发生政争,被国王安国入质于月氏贵霜王朝迦腻色迦王二世(78—120年在位),率先皈依佛教。《大唐西域记》中记录了贵霜名王迦腻色迦王在位时期曾送“葱岭东,河西蕃维的质子”“冬居印度诸国,夏还迦毕试国,春、秋止健驮逻国”学习佛法,臣槃当是疏勒国的质子。还有史料说明这位质子曾在迦毕试国捐资修建了部派佛教佛寺沙落迦寺,这个“沙落迦”可能就是疏勒的别译,可见这位在迦腻色迦王在位时期皈依佛教的疏勒质子应当就是臣槃。臣槃继承疏勒王位之后大力倡导佛法,定为国教。有人推测,今阿图什著名的三仙洞应即臣槃在位或稍后时期开凿的一座石窟寺。随同佛教信仰一起传入疏勒的还有贵霜王朝先进的军政管理制度,因而很快国富兵强,从于阗手中夺回了莎车,独立称雄于喀什噶尔绿洲,国势日盛。龟兹乃疏勒东邻,必定发生了重大影响。以此判断,佛教初传龟兹应相当于臣槃时期,至迟也应发生于建宁三年(170)和德政变之后,即公元2世纪末。

魏晋南北朝时期的龟兹,佛教已经十分兴盛。前秦吕光攻入龟兹,见其国“塔庙千数”,《晋书·四夷传》记龟兹“佛塔千余所”,《梁高僧传》卷2《鸠摩罗什传》中记龟兹有僧徒1万人。仅见于史籍之名刹大寺已为数不少,其中最大的寺院首推昭怙厘大寺和雀离大寺,即雀离大清净寺,乃龟兹多年经营的国寺,历来是小乘佛教的中心。虽然有个别学者认为这两大寺院各自为寺,但根据以下记载,它们明明就是同一所寺院不同时期的不同名称。《水经注》卷2引道安《西域记》:“龟兹国北四十里,山上有寺,名雀离大清净寺。”而玄奘《大唐西域记》中记龟兹:“荒城北四十里,接山阿,隔一河水,有二伽蓝,同名昭怙厘寺,而东西随称,佛像庄重,殆越人工,僧徒清肃。”二者地望完全一致,应即今库车北20公里,现已完全淹没于荒漠中的苏巴什遗址。北倚大山,应即古书中的阿羯田山,其西克孜尔尕哈千佛洞已遥遥在望,面积极为广大,简直像一座巨大的城市,而被宽约一公里的库车河分隔成两半,河东、河西各有一座寺院,因此历史上又称为大二寺,残存两座高塔夹河而立,可容僧众万余人,今日虽已他作一片废墟,犹可窥见昔日香烟缭绕的恢宏气象。

图 3-3-3　苏巴什东大寺

图 3-3-4　苏巴什西大寺

遗址地佛塔北面佛殿,僧房鳞次栉比,连亘数里。其中西寺为其主寺,南北长约 700 米,东西长约 200 米,围墙厚如城墙,高达十余米,西北有一座大型佛塔,方形塔基,南面有台阶可达基顶,方形基座上建有方形圆顶的支提窟式庙宇,墙上尚有残余的壁画。佛寺的基本规划明显是以佛塔为中心,外有围墙,保持着古西域建筑的一般特点,与中原佛寺有所不同。除正中的佛殿供奉着佛像以外,塔上四面开龛,菩萨像则都在墙的外面,墙外另建寺院。塔为土筑,外涂石灰,风格近似今之藏式白塔。黄文弼在西寺区发现了天女像、童子像、老人像、怪兽像及佛像等。伯希和在吐勒都尔·阿库尔看到同样以佛塔为中心的佛寺建筑,发现了彩色大佛像,以及造像用的石膏模子,基本保存着古龟兹造像的本色风格。由寺南的大门可以进入殿堂残址,中央是一座残高 9

米的土塔,大寺之外还有一处禅房、佛殿遗址,殿堂之西的戈壁上还有一处方形塔基和三角形塔身,高达十几米的舍利土塔之南连接着梯形平台,台上禅室中仍有残余壁画。曾在此发现了一尊泥塑彩绘佛像,大耳长鼻,双掌合十,宝相庄严,衣褶俱出,已为德人勒寇克运走海外。此寺约建于西晋年间,是龟兹地区最大的佛寺,僧人170人,遵习小乘说一切有部,由高僧佛图舌弥住持。统领四所大寺,严格遵循上座部戒律,规定僧尼三日易房或寺,戒腊不满五年者不单住,非大尼三人不得外出,戒法清严。后来成为大乘名僧的鸠摩罗什7岁时就随母到该寺出家,最初也是师从佛图舌弥学法,研习《阿毗昙》经义,378年僧纯、昙充等人从这里求得《比丘尼大戒本》带回凉州、长安。唐玄奘法师于628年来到这里时称东西昭怙厘寺,寺院规模宏大,寺塔呼应,佛像庄严,僧徒律仪清肃。《大唐西域记》记,龟兹王城北有两座著名伽蓝,“东昭怙厘佛堂中有玉石,面广二尺许,色带黄,状若海蛤,其上有足履之迹”,斋戒之日,灯火辉煌。寺僧每5年参加一次辩经大法会。788年悟空来时称东西柘厥寺。宋元时期仍然香烟缭绕,法铃不绝,佛事活动继续隆盛。在这里先后出土过舍利盒、陶范半身佛像、木雕狮像、卵石佛像等珍贵文物以及鎏金铜杵、鎏金观音、铜幡尖、佛珠等。其中曾被玄奘提及的印有佛足迹的圣玉至今仍在,1964年为自然博物馆运往北京保存。

除昭怙厘寺以外,龟兹国中的大寺还有金华寺,又称王新寺,遗址在库车县西南约30公里渭干河出山口之东岸。近邻库木吐拉千佛洞,330年前后兴建。因龟兹王帛纯即龟兹语“金华”,故名。时有寺僧90人。363年鸠摩罗什到寺住持,始讲《放光经》,诸王侯长跪坐两侧听讲大乘法。378年僧纯、昙充等人到此游学,返回后将鸠摩罗什介绍给前秦王苻坚,又在道安敦劝下,于384年派吕光攻破龟兹,从这里把鸠摩罗什及佛衣钵带到我国内地。5世纪中叶,高昌仙窟寺僧法惠还向金华寺直月请教达摩禅法。唐代西游的高僧悟空等人也都曾造访此寺。经五代、宋、元,犹香烟缭绕。约毁于13世纪伊斯兰库车教团的占领。又有耶婆瑟鸡寺,位于耶婆瑟鸡山中,山顶有小溪涓涓细流,自有瀑布落寺中,成绝妙佳音,有位僧人因而在溪边建寺,聆听着溪水的声音谱成新曲,名噪西域。前践山中则有前践寺,玄奘西行挂锡所在名阿奢理贰伽蓝,意为奇特寺,位于龟兹王城西北,越一小河处。龟兹城东又有初一寺,玄奘在此见龟兹王,接受了献花。在龟兹王城西门外还有悟空东归挂锡的莲花寺,在那里延请当地住持莲茜精进译所带梵本《十力经》。又有法丰寺,名闻南宋,大约也是一座大乘寺院。唐朝还在龟兹修起了大云寺、龙兴寺等汉寺,悟空东归时曾会晤过他们的寺主。伯希和在龟兹发现了不少沙埋的城市、村落,其中佛寺建筑遗存尤多。其布局都是以印度型上圆下方覆钵式的佛塔(窣堵波)为中心,外围以墙,一排菩萨倚墙而立,庙宇则建于墙外,这种佛塔皆以泥夹树枝合筑,外涂白灰,与今藏式佛塔相类。参稽克孜尔千佛洞186窟壁画还有尖顶锥形分级佛塔,这种佛塔似在龟兹一带流行,根据已勘佛寺遗址,虽然基本上属犍陀罗风格,但又存在中原式的斗拱,可见已带有东西合璧的地方特色,这同汉式佛寺的建筑风格大异。村落、民宅附近多有防沙林带,种植胡杨、红柳和各种果树。莎车县的努尔肉孜墩佛塔,当地维吾尔群众称为"和卓木墩",但实为一处朱具婆佛塔遗址。相传公元645年唐玄奘路经莎车曾在此讲经说法。其余还有达慕伽蓝、致隶蓝剑寺、温宿王伽蓝、剑慕王新寺、阿丽蓝尼庵、输若干尼庵、阿丽伽蓝尼庵等,每寺少者几十人,多者数百人。小乘佛教实行严格的僧团教阶制度,分教区管理,每一高僧主管本教区若干寺院。龟兹王城中还家家建寺,法铃常鸣,梵呗不绝。

龟兹国境中发现的佛寺遗址还有克斯勒塔格佛寺遗址,位于柯坪县城西北10公里处。遗址分两部分,坐落于苏巴什河龙口东西两岸的克斯勒塔格山坡地带,东经78°56′28″,北纬40°33′16″,为南北朝至唐时期的遗址。西岸的佛教建筑遗址在1974年修建县水泥厂时,已有一部分被破坏,现存遗址尚能看出一个规模较大的殿堂、佛塔、僧房相结合的建筑群落,建筑是利用地形呈阶梯状分布,山城下的殿堂遗址已荡然无存。山坡中部残存一处5~7级人工台阶,有一间长5米、宽5米、残高5米的房屋,并有通道,上通顶部殿宇,地上铺有石膏地面,厚约0.01

米。该遗址同龟兹地区的一些石窟建筑相似，是一组塔柱式的佛教建筑遗址，顶部的西侧为一殿堂，东侧有一座较大型的佛塔建筑。其塔庙建筑部分独具特色，自山脚起利用自然坡度分层修建殿堂，通体由阶梯相连，自下而上高30多米。河东岸的建筑群保存较好，规模较大，且布局完整严谨。建筑同样是利用自然坡度分层修建，并有围墙自上而下环绕着建筑群落。围墙为土坯垒筑，佛寺中遗留着大量的陶器残片，耳呈条带形并戳有“0”印记。大型陶器有罐、瓮等盛器，小型的有钵、碗、壶等。采集到的陶纺轮极为精致，有刻画的莲花纹，背稍呈凹状。1976年，在此曾出土两件南北朝时期的龟兹舍利罐，现存自治区博物馆。在佛寺的瞭望台残壁上，有壁画遗迹。

佛教在其演变过程中分化为小乘、大乘两大分支，龟兹本土一直以小乘佛教为正宗，大乘教派也早已传入，国王白氏家族中就有不少信徒。最先见到来内地弘法的沙门是魏甘露三年（258）在洛阳白马寺译经的龟兹王族白延，至晋咸安三年（373）又有一位龟兹沙门帛延入内地译经，他们是不同的两个人。西晋时期已有不少龟兹沙门参加了汉本的译经事业。如太康七年（286）法护译《正法华经》时，有天竺沙门竺力与帛元信共同参校。西晋永嘉中（307—312）有龟兹国沙门帛尸梨蜜多罗（Srimitra、吉友）精于咒术，至中原建初寺传译《大灌顶经》13卷、《大孔雀王神咒经》1卷，《孔雀王杂神咒经》1卷。西晋惠帝时（290—306）有帛法巨（一作法炬），先与法立共译佛经4部12卷，又自译40部50卷。这些龟兹佛教信徒所译佛经既有大乘，又有小乘，而以小乘居多。最先以弘法为业的龟兹高僧佛图澄（232—348），俗姓帛氏，也出身于龟兹王族，于晋末来到中原，这时中原已经大乱。及羯人石勒在洛阳建立后赵王朝，佛图澄前往谒见，为石勒尊为国师，他不仅在胡人中弘法，而且更重视在汉人中的传教。佛教的轮回报应理念迅速得到饱受战乱苦难和变幻莫测风云困惑的汉人广泛认同，从者如归，佛教遂在中原普及开来。与佛图澄南北辉映，又有一位白氏王族出身的龟兹高僧帛尸梨蜜，于永嘉年间（307—313）到达江东，在建康（南京）创立佛教寺庙建初寺，对江南佛教产生了重大影响。其中鸠摩罗什尤为不朽的文化大使,在汉传佛教的形成过程中具有承前启后、继往开来的不朽历史地位。他不仅领导了龟兹的宗教改革,而且奇迹般地成为小乘佛国中的大乘佛教大师,为汉传佛教的译经事业做出了不朽的历史贡献。他的留名千古并非前者,而是后者。自此我国佛教始摆脱了此前作为玄学附庸的地位,走上了独立发展的道路,足以抗礼儒学、睥睨玄学,蔚为大观。我国大乘空宗的中观学派更是以鸠摩罗什为始祖,开辟了中国佛经翻译史上的新纪元,与唐玄奘、义净并称中国古代三大翻译家。

佛教深刻影响着龟兹的民俗,行像节的盛大隆重不亚于元旦。届时王城大开,倾城聚观,并开佛法讲弘、净辩大会,《大唐西域记》载:"大城西门外,路左右各有立佛像,高九十余尺,于此像前,逢五年一大会处,每当秋分时数十日间,举国僧徒皆来会集,上自君主,下至士庶,捐废俗务,奉持斋戒,受经听法,渴日忘废,诸僧伽蓝庄严佛像,莹以珍宝,饰以锦绮,载诸辇舆,谓之行像,动以千数,云集会所。"将佛像装饰一新,用车辆迎往会所。唐贞观二年(628)玄奘至龟兹,正值行像节,见一座高3丈的巨大佛像立于4辆马车上缓缓驶来,国王脱冠跪拜,玄奘与众僧合掌迎候,群众纷撒五彩香花,盛大空前。这种行像节在于阗也很盛行。此外的佛教节日还有四月八日弥勒降生节,是大乘教徒的重要节日,兴起于鸠摩罗什弘传大乘佛法之后,尤其在唐朝时期最为盛行。十二月八日为释迦成道节,为小乘、大乘共同的节日。

《汉书·西域传》中最先记载龟兹国都名为延城,东至汉西域都护府治所乌垒城350里,其后魏晋南北朝史书《北史》《魏书》仍记为此城,补充了此城位于白山之南170里,方约6里。郦道元《水经注》则记延城至北魏中叶已荒废,入唐所记的龟兹国都已名伊逻卢城。现在库车境内已发现的最大古城应推位于库车新城西1公里、库车河东岸的皮朗古城,乌恰河流经城中,地扼库车绿洲最形胜处。原先规模宏伟,被当地俗名南海墩、萨克当墩、皮朗土墩、哈拉墩等不同形制的古代土墩遍布城中,出土了从金石并用时代的石器直到汉唐时期的文物,反映了这座文化遗存延续时代的久远,出土的陶制水管,反映了古城完善的供水系统。现因遗址密迩城镇，几已破坏殆尽，仅存迂回曲折的断壁残垣，稍可窥想当年古城风貌。这座古城曾为龟兹国都并经历了多次改建是没有什么问题的，现今学术界也已普遍认同了这一结论（皮朗大墩）。但仍有悬案没有解决，即历经千年沧桑，多次战劫的龟兹是否果真自汉迄唐一直没有迁都？而且今皮朗古城北距白山并非 170 里，与史书所记延城的位置并不完全契合。因此，黄文弼最先提出了一度迁至沙雅渭干河古道一线的羊达克沁古城。而此城规模不大，学术界认同者不多。根据古龟兹国故境的文物普查报告，这一地区发现的城堡存在着圆形、方形、矩形三种不同的形制，其中筑有雉堞的方形、矩形城堡属中原文化的特征，圆形城堡才是本地区传统的建筑形制。库车境内这类圆形古堡一般都不是开四个城门，而是开两个城门。其中以位于库车县南部、哈尼克塔木乡吾依库都克村南约 2 公里处意译为大古城的穷协海尔古城（又作穷先古城）规模最大，这是一座连环城，城西北有一座 10 米的高墩，是这一古城最为显著的地理标志。东城呈椭圆形，周长 1100 米，城内直径约 360 米，在上古已是规模不小的城堡。高墩的西南面有斗圆形城环绕。城墙皆碱蚀而坍废，开有阙口，是其城门。考古发掘在此出土了龟兹小铜钱、料珠、丝绸片、彩釉陶片以及铜铁器残片等，都属汉晋遗物。黄文弼将它定为一座汉代屯田校尉城池故址，同汉城皆为方形不符。这座业已消失的古堡是否有可能是汉晋时期的延城，而准方形的皮朗古城也许是龟兹迁都后的伊逻卢城？这一切只不过是推测，科学的结论只能通过田野发掘才能证实。

（原载《龟兹学研究》第 2 辑，后收入 2007 年《佛教初传龟兹新议》，有增改）

4　鸠摩罗什说法龟兹到弘法长安

——从彼岸世界的超越历程与此岸世界的复归

鸠摩罗什(344—413)是我国佛教史上享有崇高地位的一代名僧,他所弘扬的大乘空宗教义看来似乎是对彼岸世界的思想超越,其实,恰恰是对此岸世界的复归。综观鸠摩罗什的佛学思想历程,自小乘说一切有部到皈依大乘般若空宗,自说法龟兹到弘法长安,无不传递着两岸世界沟通的信息。镜花水月之喻,如果不是用以论证颠倒世界的真、俗二谛,而是予以复原、再颠倒过来,那么,鸠摩罗什所建一切空中楼阁及其无常变幻,本质上都是生平所历诸法色相的反射和映照。

图 3-4-1　克孜尔石窟寺中鸠摩罗什铜像原件

4.1 背叛小乘说一切有部，皈依大乘般若空宗

鸠摩罗什，意为童寿，生于小乘说一切有部占统治地位的佛国龟兹，父鸠摩炎、母耆婆皆为小乘佛教信徒，他自幼接受此派佛学教育，却走上了皈依大乘般若空宗，同本国传统信仰挑战的道路，足以反映其独立而叛逆的性格特征。

所谓"大乘""小乘"之分，本身就带有强烈的教派偏见性，佛教初次出现分裂，仅有上座、大众之别，其中上座部乃佛陀门徒中主持四次佛教结集的一派，不尽承认这四次结集的另一派则称为大众部，被贬称为"小乘"的说一切有部就是上座部支裔的正统延续。此派始终坚持"唯礼释迦"的基本信仰，坚持四谛、五蕴（五阴）、八正道、十二因缘、轮回业报等传统佛教理论，主张"三世恒有，法体恒有"，以《四阿含》为根本经典，以《阿毗昙大毗婆沙论》为基本经论，以《十诵律》为基本戒律，以出家修行、渐悟正果为学法正途。所谓"大乘"则乃由不断对上述教义进行修正的大众部一支演化而来，初本佛教中的异端，后来则逐渐弘扬为一支强大的教派，始与正统的小乘佛教分庭抗礼。鸠摩罗什之母耆婆乃龟兹王白纯之妹，信仰小乘佛教至为虔诚，与天竺刹帝利种姓贵族鸠摩炎结缡仍未能断其出世愿望，东晋永和六年（350）携其年仅7岁，具有天竺、龟兹双重血统的爱子鸠摩罗什出家，师从龟兹高僧佛图舌弥受经[1]，卑摩罗叉受律[2]，接受系统、严格的小乘佛学教育，"从师受经，日诵千偈，偈有三十二字，凡三万三千言，诵《毗昙》既过，师授其义，即自通也，无幽不畅"。[3]《毗昙》，即指小乘说一切有部的主要经论《阿毗昙大毗婆沙论》，东晋永和八年（352）鸠摩罗什年9岁，又

〔1〕《出三藏记集》卷11《比丘尼戒本所出本末记》："有年少沙门字鸠摩罗，才大高明，大乘学与舌弥是师徒，而舌弥阿含学者也。"

〔2〕《高僧传》卷2，频伽《大藏经》，致二。

〔3〕《高僧传》卷2，频伽《大藏经》，致二。

随母渡辛头河至罽宾,亦即佛教第四次结集之迦湿弥罗(今克什米尔),那里正是小乘说一切有部的中心,“遇名德法师槃头达多,即罽宾王之从弟也,渊粹有大量,才明博识,独步当时,三藏九部,莫不该从……什至,即崇以师礼,从受《杂藏》,中、长《阿含》,凡四百万言,达多每称什神俊[1]”。东晋永初十一年(355),年12,随母还龟兹,小乘佛教经典业已基本精熟,其后又赴沙勒国(疏勒国,今喀什噶尔),顶礼佛钵,曾受聘“设大会,请什说《转法轮经》[2]”,此经实乃《阿含经》单品,亦属小乘经典。但由于疏勒地当丝路交通要冲,除小乘佛教外,外道(耆那教、婆罗门教及大乘佛教)也都已传入,正是在这里,“什以说法之暇,寻访外道经书,善学围陀含多论,多明文辞作制问答等事”。[3]“又博览四围陀典及五明诸论,阴阳星算,莫不必尽,妙达吉凶,言若符契。”[4]四围陀当指婆罗门教的基本经典《四吠陀》(《梨俱吠陀》《娑摩吠陀》《夜柔吠陀》《阿闼婆吠陀》),五明指声明(音韵学)、医方明(医学)、工巧明(工程学)、咒术明(咒术)、符印明(巫术、占卜术),这些都属于婆罗门外道的学问,自此他已萌发了对小乘佛教说一切有部的叛逆思想。

以遇到莎车王子须利苏摩为起点,鸠摩罗什开始皈依大乘佛教。此人以在家修行者的身份宣扬大乘般若空宗思想于沙勒国,“什亦宗而奉之[5]”,由于接触到第一部大乘经典《阿耨达经》(又名《弘道广显三昧经》,西晋竺法护有汉译本二卷),鸠摩罗什的思想为之划然一变。大乘佛教以佛陀坐菩提树下,心悟证法为理由,反对小乘佛教对四次结集的迷信与出家修行为通往涅槃之境不二法门的说教,主张通过无上正觉,或曰大圆镜智自能达到与佛陀思想的契合,这种证法的智慧音译为般若(parjna)。早在佛灭后四五百年就出现了《般若经》,成为大乘教派确立的标志和根本经典,汉灵帝时期其最初汉译本已在流布,于是

[1]《高僧传》卷2,频伽《大藏经》,致二。
[2]《高僧传》卷2,频伽《大藏经》,致二。
[3]《高僧传》卷2,频伽《大藏经》,致二。
[4]《高僧传》卷2,频伽《大藏经》,致二。
[5]《高僧传》卷2,频伽《大藏经》,致二。

般若学勃兴，几乎成为大乘佛学的代名词，至魏晋又同我国盛行的玄学合流，蔚为壮观。大乘般若学以真、俗二谛论颠倒地认识世界：真实的客观物质世界（“诸法色相”）被视为俗蒂眼中认识的现象世界；而另一个精神世界才是真谛慧眼认识的本体世界。这一本体世界在我国玄学家看来仅有“无”与“有”两种哲学范畴，大乘般若学则另外提出了一个“非有非无，非亦有亦无”的“空”这一崭新的范畴，论证五蕴（色，即物质；受，即感觉；想，即思想；行，即意志；识，即精神）各无质的规定性与常住不变的实体（“无我”），且没有一个相应独立存在的客体（“无我所”），从而把佛学的唯心主义上升、提高到了一个全新的高度。《高僧传》卷2记有鸠摩罗什师从须那利苏摩初诵《阿耨达经》，始悟大乘三昧的一段对话反映了大、小乘佛教理论的根本分野：

> 什闻阴界诸入（指五阴或五蕴），皆空无相，怪而问曰：“此经更有何义，而皆破坏诸法。”答曰：“眼等诸法，非真实有”，什既执有法眼，彼据因成无实，于是研核大小，往复移时，什方知理有所归，遂专务方等，乃叹曰：“吾昔学小乘，如人不识金，以鍮石为妙。”

自是，鸠摩罗什已完全背叛了本国的传统宗教信仰，成为作为佛教异端的大乘般若空宗的狂热信徒，这一彼岸世界超越实质上仍是此岸世界现实爱憎的折光反射，大乘佛教以“诸法皆空”否定小乘佛教“说一切有”的基本教义，实为否定现存的社会秩序，以“普度众生”，否定小乘佛教“唯重修行”的解脱之道，实为否定僧权的神圣地位，可见大乘空宗本质上代表着一股佛教世俗化的理论思潮。因此，大乘佛教的信徒未必局限于出家僧侣，鸠摩罗什的大乘师须耶利苏摩就是一位世俗王子，足以证实拥有广大世俗信徒的支持。鸠摩罗什身为学法僧人，却“性率达，不厉小检，修行者颇共疑之[1]”，后来还饮酒娶妻，虽云初乃受制于强力，后亦任之，晚年还纳美妾多人，传其“法种”，而美其名

〔1〕《高僧传》卷2，频伽《大藏经》，致二。

曰"臭水出莲花[1]",丝毫无伤其高洁,足以揭示其为人的世俗化本质。鸠摩罗什弃小乘、归大乘的果敢行动表明他已开始以一位宗教改革家的姿态大步踏进历史舞台。

4.2 宣扬"总破一切法"的中观思想,领导龟兹的宗教改革

鸠摩罗什出身龟兹王族,其个人利益同龟兹的国运兴衰休戚相关,虽已出家为僧未必真正忘情世事。他之所以皈依大乘般若空宗,向本国传统信仰和小乘名僧大德的权威地位挑战,乃是志在推行佛教的世俗化运动,以配合和加速龟兹王白纯富国强兵的政治改革。

龟兹乃西域古国,早在两汉时期其国名已见于史册,佛教传入这一时期的时间也很早,陈世良先生根据《梁书·刘遴之传》的追溯,早在汉武帝时期已有龟兹澡罐流入中土,而澡罐正是一种佛教法器,足以表明至迟公元前122年或稍前佛教必已传入龟兹。[2] 汉代龟兹尚属小国,至魏晋时期国势日盛,尽并周邻乌垒、尉头、姑墨、温宿诸国,其边界南接于阗,西接疏勒,东邻焉耆,成为葱岭以东、流沙以西最大的城邦国家。地扼丝绸之路中道腹心地段,且有支线与南北道诸国相通,独擅交通之胜,由于古代商业繁荣的丝路南道沙化日甚,龟兹所在的丝路中道却又代之而兴,出现了商旅络绎、驼铃不绝的壮观,大量金银丝绸的涌入促进了这一地区佛教的鼎盛与寺院的兴建,《晋书》卷97记其国"俗有城郭,其城三重,中有佛塔庙千所,人以田种、畜牧为业,男女皆剪发垂项",参稽佛教载籍、僧徒行纪,其所记佛寺数字绝非夸张,而是确凿不移的事实。这正是伴随着小乘佛教的隆兴,寺院、僧团不断膨胀的历史写照。其中不乏拥僧数十乃至千、百的名刹大寺,仅著录于史籍者已很可观。其中首推官立佛寺雀离大寺,又名怊怙厘大寺、雀离大清净寺,规模之宏大至今仍可由其遗址窥见当年的雄伟气象。此外知名

---

[1]《高僧传》卷2,频伽《大藏经》,致二。

[2]陈世良:《关于佛教初传龟兹》,载《西域研究》,1991年第4期。

佛寺尚有鸠摩罗什驻锡之王新寺，以及耶婆瑟鸡寺、前践寺、阿奢理贰伽蓝、达墓伽蓝、致隶蓝剑伽蓝、温宿王伽蓝、剑慕王伽蓝、阿丽蓝尼庵、输若干尼庵、阿丽伽蓝尼庵等。[1] 由之出现了组织严密而势力强大的僧团组织，例如鸠摩罗什的启蒙经师佛图舌弥即直辖四寺，兼统四伽蓝（包括尼庵），隶其直属僧众多达350人，兼统僧众90人，尼250人，小乘佛教领袖的权势足窥一斑。这些佛寺、伽蓝今虽皆已荡然无存，但作为佛教全盛时期遗迹的石窟寺壁画仍有不少残存，至今从中可以看出佛教各宗盛衰兴替的轨迹。这些石窟寺遍布于今库车、拜城、温宿、新和诸县，亦即古龟兹国境，著名者有拜城的克孜尔石窟、温巴什石窟、台台儿石窟，温宿托乎拉克店石窟、新和托乎拉克埃艮石窟，库车库木吐拉石窟、森姆赛姆石窟、克孜尔尕哈石窟、玛扎巴哈石窟、苏巴什石窟等，其突出特点是本生画、佛传图、涅槃图、戒律画多，佛像的天竺造型、佛窟构建形式的印度风，明显呈现"唯礼释迦"的小乘教义，并且除大量供信徒礼拜用的支提窟以外，还凿有不少专供修行者栖息的阿毗罗窟，都是敦煌或内地石窟寺所没有的，足以证实小乘说一切有部一直在龟兹占据主导和统治的地位。

当然，小乘佛教的统治绝不意味着龟兹未曾存在大乘教派，克孜尔千佛洞中早就有了动物供养图、供养人像、布施图、经变画、千佛图、文殊与普贤像等，这些都是大乘佛教流传的痕迹，其中无画窟更明显同大乘空宗的教义有关。汉译佛经中有不少出自龟兹人的手笔，仅史籍留名者就有魏甘露三年（258）在洛阳白马寺中译出大乘方等部《无量清净平等觉经》2卷的沙门白延；晋咸安三年（373）又有同名沙门帛延译出大乘《须赖经》《首楞严经》《上金光首经》；晋太康五年（284）竺法护所译《阿维越致遮经》，原本得自敦煌龟兹副使美子侯；晋太康七年（286）竺法护所译《正法华经》又有龟兹居士帛元信参校。[2] 这些都属大乘经典，但魏晋两白延、美子侯、帛元信等皆携经弘法内地，可知尚

〔1〕《出三藏记集》卷11《比丘尼戒本所出本末记》

〔2〕羽溪了谛：《西域之佛教》，贺昌群译本，商务印书馆1956年重印第一版，页266～268。

不容于国。值得注意是,两白延、帛元信皆出自龟兹王室(帛、白同音,本为一姓),可见率先以大乘教理向小乘佛教挑战的势力就是来自龟兹王室,说明龟兹王权与僧权之间的矛盾早已暴露并日趋尖锐化,至白纯柄政而全面爆发。

龟兹王白纯在我国史书记载中虽只片言只语,但却无疑是大有作为的一代名王。汉代龟兹不过是一个政治、文化极端落后的西域小国,绛宾王之世,汉文化初传西域,始立钟鼓、传呼、宫室徼道之制,其时音乐、舞蹈亦不见长,传入雅乐乐器,不会演奏,又须从中原引入乐师。而至白纯之世,龟兹之汗血马始与大宛争骏,龟兹乐舞冠绝西域,腾誉中土,其国都城郭三重,气派之雄伟竟然有类长安"宫室壮丽,焕若神居[1]",人民也很富庶,"胡人奢侈,富于奉养,家有蒲桃酒,或至千斛,经十年不败"。[2] 前秦苻坚建元二十一年(385)吕光平龟兹还师,"以驼二万余头,致外国珍宝,及奇伎异戏,殊禽怪兽,千有余品,骏马万余匹而还"。[3] 可见魏、晋时期的龟兹无论在经济、政治还是文化上都取得了飞跃的发展,至白纯之世,国势日盛,而小乘佛教的世代统治导致僧权势力的膨胀,成为制约和干扰王权的桎梏,寺院田产的富厚,僧众的众多,枯萎和缩小了的国家财源、兵源,不利于这一世俗政权推行富国强兵、称霸西域的既定国策,因此,推行政治改革必须以宗教改革为先导。裁抑小乘、倡导大乘,则是这一改革的基本内容,鸠摩罗什的宗教选择正是这一社会、政治、文化需要的历史产物。

应当指出的是,小乘说一切有部乃正统佛教的历史延续,拥有完善的经典、严密的理论体系和广大信徒的支持。早期般若空宗仅以"诸法皆空"为理论武器,并不能根本摧毁"三世恒有,诸法恒有"的坚实信仰,只是当南天竺大乘高僧龙树创立了以"总破一切法[4]"、怀疑一切、否定一切为基本特征的中观学说以后,这一破坏力才空前增强了。鸠

[1]汤球:《十六国春秋辑补》卷81《后凉·吕光》,页567。

[2]汤球:《十六国春秋辑补》卷81《后凉·吕光》,页567。

[3]汤球:《十六国春秋辑补》卷81《后凉·吕光》,页567。

[4]龙树:《中论》。

摩罗什虽然皈依大乘始自从须耶利苏摩受《阿耨达经》,但并未止步于此,而是进一步"广求义要,受诵《中》《百》二论及《十二门论》等"。[1]《中论》《十二门论》乃龙树的代表作,《百论》乃其弟子提摩所著,此外还有龙树所著的《大智度论》,合称三论或四论,皆为中观学派的理论基石,这些著作后来都得益于鸠摩罗什的翻译而流布中土,因之佛学界咸推之为我国中观学派(或曰三论宗)的开山始祖。其实,鸠摩罗什最热心宣扬此派学说的时期并非其晚年,而是其青春年少之时,易言之,即为其说法龟兹时期。至是,其大乘空宗的思想升华到了一个新的理论境界。

中观学派对大乘佛教有关"空"的基本教义有了新的诠释,其以大、小乘佛教共同承认的因缘说立论,"因"指产生事物的基本条件,或直接条件,"缘"指产生事物的辅助条件或间接条件;既然事物皆不可能无因缘生,或一因缘生,而乃由多种因缘错合而生,那么,也就意味着一切法都由因缘决定,而不能自我决定。故物无自性,而因缘又是一无穷的条件系列:有乳始有酪,而"乳从牛出 ,牛从水草出,如是无边,皆有因缘[2]",则因缘复有因缘,条件复为条件决定,故物亦无他性,出此可证,物无自性,无他性就是"空"的本质,这意味着任何事物皆无自身的内在与外在的规定性,皆属无确定内涵与确定外延的模糊体,或云非有非无、非亦有亦无的不确定境界。早期般若空宗仅仅主张"法空",亦即客观世界的本质为空,中观学派则进一步以"识空"补充"法空","识"指主观认识,认为主观认识的本质也是空的,这样,在主观世界与客观世界之间根本不可能建立起任何联系,也不存在认知与被认知的关系,从而把怀疑主义发展到了极致。《中论》卷1《观因缘品》中总结了"空"的八大特性:"不生亦不灭,不常亦不断,不一亦不异,不来亦不去",即无空间、无时间、无自性、无他性的不确定实体,并以一种特殊的否定性思维兼破有无两端,这种思维方式就名之曰"中观"。由于总

[1]慧皎《高僧传》卷2《译经 · 鸠摩罗什》,上海古籍出版社,《高僧传合集》,页12。

[2]《大智度论》卷12。

是使用否定性语句进行辩诘、论战,对方无法捕捉自身的正面立意,易于攻破对方而却难于被攻破,因之宣称能"总破一切法"。小乘佛教"三世恒有"之说本在于论证轮回业报的真实性,"法体恒有"亦即"神我恒有",在于论证轮回主体的真实存在,而中观学派不但以"诸法皆空"否定了客观世界的真实性,还以"识空"思想连主观世界的真实性也予以否定,则不但什么"轮回""轮回主体"都是空的,应予否定,甚至连佛祖说法,经、论、律乃至"法身"等一切无一不是空的,"涅槃""实在"等也未必真实。这一理论如果逻辑上贯彻到底,不仅根本上摧毁了小乘佛教,而且根本上动摇了佛陀信仰,最终势必否定佛教本身。因此,中观学说在印度的出现被视为佛教渐趋衰微、印度教兴起的前兆,在中土,三论宗似也仅在佛门昙花一现,却为玄学所吸收,并对后世玄学化的儒学产生了深远的影响。

但是,中观学说毕竟是一股时代的狂飙,由于它具有"总破一切法"的批判特色,经由鸠摩罗什弘传至龟兹,成为志在富国强兵的国王白纯进行政治改革的锐利武器,因之大力提倡,"龟兹王躬往温宿,迎什还国,广说诸经[1]",礼遇之隆,格外引人注目。其时鸠摩罗什尚未完全成年,至363年年至弱冠,始正式受戒于王宫,成为名正言顺的佛教僧人。是岁,就成为新建成的王新寺的住持,此寺原归龟兹小乘国师,亦即鸠摩罗什第一位经师佛图舌弥统领,其时似已渐趋失势,而在鸠摩罗什的经营下很快变成了一个弘传大乘空宗的据点。他还在寺侧故宫中得到《放光般若经》,并以中观思想予以全新的解释,他于此"停住二年,广诵大乘经论,洞其秘奥"。[2] 至365年鸠摩罗什22岁时就开始向本国的名僧大德公开挑战,龟兹王白纯则在政治上予以全力支持:

> 龟兹王为造金师子座,以大秦锦褥铺之,令什升而说法。[3]

金师子座亦即金狮子床,本为龟兹王的专用御座,鸠摩罗什坐此说

[1]《高僧传》卷2《译经·鸠摩罗什》,上海古籍出版社,《高僧传合集》,页12。
[2]《高僧传》卷2《译经·鸠摩罗什》,上海古籍出版社,《高僧传合集》,页12。
[3]《高僧传》卷2《译经·鸠摩罗什》,上海古籍出版社,《高僧传合集》,页12。

法，说明已取代其小乘经师佛图舌弥的位置，成为兼参政事的龟兹国师了。鸠摩罗什的龟兹说法实为一场轰轰烈烈的宗教改革，竟吸引了其受业师盘头达多自罽宾远道而至，经过二人激烈辩论，盘头达多也弃小乘而改宗大乘，从而进一步提高了其佛学声望。《高僧传》卷2记有二人重逢，问答驳辩的细节，足以反映大、小二乘，空、有二派之间的基本理论分歧："什得师至，欣遂本怀，为说《德女问经》，多明因缘空假。"〔1〕师曰："汝说一切，甚可畏也。安舍百法而爱空乎？如昔狂人，令绩师绩线，极令细好，绩师加意，细若微尘，狂人犹恨其粗，绩师大怒，乃指空示曰：'此是细继。'狂人曰：'何以汝不见？'"师曰："此继极细，我工之良匠，犹且不见，况他人耶！狂人大喜以付绩师，师亦效焉，皆蒙上赏，而实无物，汝之空法亦复如是。"〔2〕盘头达多初以狂人不识细继，以空为细为喻，指斥大乘空宗虚妄。"什乃连累而陈之，往复若至，经一月余，方乃信服，师汉曰：'师不能达，反启其意，验于今矣。'于是得什为师，言'和上是我大大乘师，我是和上小乘师'。"〔3〕"西域诸国咸伏什神俊，每至讲经，诸王皆长跪座侧，令什践而登焉，其见重如此。"〔4〕可见鸠摩罗什弘扬的大乘空宗思想，不但在龟兹本邦，而且在相邻西域城邦诸国都发生了深刻的影响，其所持的批判武器显然就是"总破一切法"的中观学说，在这一武器的大扫荡下，不但小乘说一切有部的所有理论壁垒，僧团权威、寺院戒律等无不受到重摧，轰然倒塌。鸠摩罗什主持龟兹法座凡19年（365—384），地位相当于白纯副王，舅甥协力，龟兹佛教的世俗化有了巨大的发展，财源、兵源得到了拓展，白纯富国强兵的政治改革也取得了重大的成效，鸠摩罗什也因之声誉日隆，而"道流西域，名被东川〔5〕"了。

必须指出的是，鸠摩罗什为配合白纯的政治改革而领导的大乘化运动虽一时显效，却终归于失败。原因其一是如此激烈的改革势必引

〔1〕《高僧传》卷2《译经·鸠摩罗什》，上海古籍出版社，《高僧传合集》，页12。
〔2〕《高僧传》卷2《译经·鸠摩罗什》，上海古籍出版社，《高僧传合集》，页12。
〔3〕《高僧传》卷2《译经·鸠摩罗什》，上海古籍出版社，《高僧传合集》，页12。
〔4〕《高僧传》卷2《译经·鸠摩罗什》，上海古籍出版社，《高僧传合集》，页12。
〔5〕《高僧传》卷2《译经·鸠摩罗什》，上海古籍出版社，《高僧传合集》，页12。

起龟兹国内一定的社会动荡,表现为教派矛盾与王室内争的炽热化。作为小乘佛教虔诚信徒的鸠摩罗什之母耆婆似乎最先为此感到不安,《高僧传》载鸠摩罗什 363 年初于王宫中受戒师从卑摩罗叉学习小乘《十诵律》,其母即“谓龟兹王白纯曰:‘汝国寻衰,吾其去矣。’”[1]遂辞往天竺,一去不归。佛图舌弥、卑摩罗叉等失势小乘高僧亦绝不会自甘寂寞,必定拼命抵制大乘化运动,这一斗争势必在龟兹王族内部有所反映,乘机觊觎王位,为此,不惜借以外力,以实现其政治目的。在这个意义上吕光西征就是他们招致的。白纯的政治改革固然已收到了国富兵强的政效,又西结强援于狯胡,沦焉耆为属国,大有向碛口发展之势,但这却势必引起邻国的不安,尤对鄯善、车师前部二国威胁最甚,推动着这两个城邦国家转而投附前秦,求伐龟兹以自保。而鸠摩罗什倡导大乘佛法而致龟兹富强的政效早已引起志在兴佛以抹平夷夏区别的前秦王苻坚的瞩目,前秦建元十三年(377)“[苻]坚闻西域有鸠摩罗什,襄阳有释道安,并遣求之”。[2] 后来道安应召而至,而鸠摩罗什仍在本国,表明白纯已拒绝了苻坚的要求,昭示着两国关系业已恶化。如今龟兹称霸西域不利于前秦对丝绸之路的控制,因而决定剪灭其国,建元十九年 (383)在鄯善、车师前部二王的连岁恳请下,命吕光统兵西征,建元二十年(384)六月,吕光大破龟兹与狯胡联军,攻入其王城,杀白纯,鸠摩罗什也成了阶下囚,他所倡导的大乘化运动与白纯的政治改革一同化为泡影。亲秦派首领、白纯之弟白震被立为龟兹王以后,小乘佛教立即全面复辟,因此,吕光东返不久,史载一位天竺僧人携《大涅槃经》东来,因“龟兹国多小乘僧,不信涅槃[3]”,此僧原本想到龟兹弘法,只是在那里无地容身,才东赴姑臧的,足以确证鸠摩罗什在龟兹倡导的宗教改革已在内力和外力的双重冲击下归于失败。

---

[1]《高僧传》卷 2《译经 · 鸠摩罗什》,上海古籍出版社,《高僧传合集》,页 12。

[2]汤球:《十六国春秋辑补》卷 35《前秦录五》,页 275。

[3]《开元释教录》卷 4。

4.3 弘法长安与鸠摩罗什晚年“不应执著一经”的佛学思想修正

由少壮年华说法龟兹到风烛之年弘法长安，鸠摩罗什经历了国亡之变、系囚之厄，流离异乡，几历沉浮，虽说他是出家人，但这一世事沧桑、生活巨变不可能不在他的灵魂深处投影，势必导致对自身理论的深沉反思和重大的佛学思想修正。

自夏鼎倾覆，晋室南渡，汉族正统王朝偏安江南、巴蜀半壁，我国北方先后遭到匈奴、羯、氐、羌诸族所建“异族王朝”的统治。但无论是哪个民族建立的王朝，汉族都是支撑其统治的纳税人主体，其中的世家望族缙绅与高才硕学之士还须留任朝廷，襄佐政事。从巩固统治的政治需要出发，这些“异族”统治者都不同程度地认识到有必要在精神上抹平夷、夏差别的民族心理鸿沟，迫切需要一种能够取代，至少能够冲淡重视夷、夏之辨的中国传统儒学，宣扬“众生平等”的佛教，尤其是重在“普度众生”的大乘佛教恰好适应这一要求，其轮回业报的教义许诸生活在水深火热中的普通人民以希冀，更具有麻痹反抗意识的特殊功效。因此，自羯赵据洛，就以“佛是戎神，正所崇祀[1]”开始大力倡导佛教。苻坚是氐人，在汉族心目中也是异族，当然同石勒具有共同心态，不同的是，他的汉文化修养较前朝那位羯族皇帝要高得多，对佛教改铸民族心理所起特殊作用的认识更为深刻，因而坚决继承并弘扬、发展了这一基本国策。吕光发师长安时特意嘱咐：“朕闻西国有鸠摩罗什，深解法相，善闲阴阳，为后学之宗，朕甚思之。贤哲者，国之大宝，若克龟兹，即驰驿送什。”[2]以故平龟兹后，白纯被杀，鸠摩罗什独全。而在吕光西征期间，苻坚已兵溃淝水，前秦建元二十一年吕光闻讯还师，至凉州，苻坚已败死，羌人姚苌进据长安，创建后秦王朝，吕光遂割据河西，国号后凉，与羌秦相颉颃，鸠摩罗什亦随之滞留凉州15年(386—401)。吕

[1]《石勒答王度奏》。

[2]《高僧传》卷2《译经·鸠摩罗什》，上海古籍出版社，《高僧传合集》，页12。

光其实不信佛教,鸠摩罗什在凉州不过是吕氏朝廷中的一位清客,在宗教事业上无所作为,但却有了足够的时间和条件学习,并娴熟了汉语、汉文,为日后译经奠定了坚实的语言文字功底。后秦姚苌、姚兴父子都汉化很深,对佛教的重视一如苻坚,因之连续两代多次遣使凉州,要求迎鸠摩罗什东来弘法,由于两国相敌对,皆未如愿,后秦姚兴弘始三年(401)秦师西征,后凉主吕隆归降姚氏,同年十二月二十日(401 年 2 月 8 日)鸠摩罗什才被隆礼迎入长安,待为国师,开始在逍遥园大兴译场。这一译场组织庞大,而由鸠摩罗什担任总主持人,直至 413 年圆寂,前后 11 年,总译佛经 35 部,294 卷,内容不但包括大乘般若、中观派各重要著作,还秉承姚兴旨意,译出了佛教的根本经典《四阿含》、根本戒律《十诵律》(对于此经、此律,小乘远比大乘更为重视),汉传佛教大、小乘各派的经、律论至是基本完备。这意味着佛教已摆脱了此前作为玄学附庸的地位,而走上了独立发展的道路,并足以抗礼儒学、睥睨玄学,蔚为大观,鸠摩罗什在我国思想史和佛教史的不朽地位也由此奠定。

应予强调的是,鸠摩罗什绝不仅仅是一位佛典翻译家,更主要的是一位佛学思想家,其译作并不能代表其全部思想,包括中观学派的译作至多也只能反映其思想历程中的一个阶段。任继愈师主编的《中国佛教史》对鸠摩罗什的评价似乎始终是一位中观学者,恐怕未为尽妥。依笔者看来,这一思想占主导地位似乎仅在鸠摩罗什说法龟兹的少年峥嵘岁月,却未必符合其晚年客居长安、寄人篱下的处境与心境。中观学派的特点是激愤地怀疑一切、否定一切、打倒一切,却缺乏真正正面的理论建树,这固然适应少壮时期同小乘教团斗争、批判的历史需要,但饱经人世忧患的晚年鸠摩罗什早非昔比,久蚀古剑,绝不可能锋芒如旧。加之中土与西域民情、国情、文化氛围迥异,这里不存在作为批判对象的小乘佛教统治和僧团的特殊权力,正相反,如今,鸠摩罗什的存在价值则乃依附佛教势力的僧团首领,形势对他提出的要求已非动摇而是确立佛教的坚定信仰,已非动摇而是确定僧团的神学地位。在这一新形势下,其少年时期所宣扬的中观学说并不能适应要求,有必要对自身的佛学思想做出重大修正。

鸠摩罗什晚年的主要著述《实相论》二卷今虽亡佚，但尚有《大乘大义章》《维摩诘经注》《答姚兴书》等作品传世，可以据此窥视其思想变化。《大乘大义章》乃南朝庐山僧团领袖慧远切磋佛学的问答汇集，所征引的佛典、经论不仅包括大乘般若空宗的著述，还包括小乘宗尚的《阿含》《阿毗昙》，却只字不提中观三论，仅一处提到《大智度论》，还是因为慧远提问时先涉及此书。值得注意的是，鸠摩罗什独四次征引《法华》。[1] 此经晋世竺法护已译，他又重译此经，而题曰《妙法莲花经》，其基本思想为"三会归一"，具有调和大乘各宗、兼容小乘的特色。鸠摩罗什晚年特标"不应执著一经[2]"，要依据三乘、三根，"随俗分别[3]"的弘法思想，与其照旧解释为中观，毋宁更与《法华》的主旨相合，这也许就是鸠摩罗什为什么专门重译此经的缘故。

鸠摩罗什晚年佛法思想的建树和修正突出表现为以下三个主要方面：

(1)对大乘空宗理论的解释和修正。集中在《大乘大义章》和《维摩诘经注》(此乃鸠摩罗什与其门徒僧肇合著，而各自署名)二书中，讨论的主题有法身、造色、性空等。其中"法身"乃涉及佛陀根本信仰问题，很难自圆其说，鸠摩罗什似有意回避，但又回避不了，因为慧远读了所译龙树《大智度论》后执意追问，作为大乘空宗的一代宗师，鸠摩罗什自然不能不捍卫本派的基本理论，以因缘，物无自性、无他性来解释法身，坚持否定法身的真实存在："佛亦众因缘和合而生，虚妄非实，毕竟性空，如同法性。"[4] 故曰："法身可以假名说，不可以取相求。"[5] 所谓假名，就是假概念，则法身的本质亦为性空。这似乎已是鸠摩罗什晚年仅存的中观思想闪光了。他还有一种解释："大乘部者，谓一切法无生无灭……如涅槃相，是谓法身，及诸无漏功德，并诸经法，亦名法

[1]《大乘大义章》。

[2]《大乘大义章》卷中，问罗汉受决并答。

[3]《大乘大义章》卷上，次重问法身并答。

[4]《大乘大义章》卷上，决问修三十二相并答。

[5]《大乘大义章》卷上，次重问法身并答。

身。”则又说佛虽寂灭，其所传经义大法依然常存世间，这意味着又承认以精神的存在未必真空，可见鸠摩罗什在空宗思想上并未能贯彻到底。

在造色问题上，大乘空宗根本排斥实有的观念，针对慧远“四大不能自造而能造色[1]”这一明显承认物质的提问，回答是“经无说，亦无造名，但传释失旨耳[2]”，予以坚决的否定。“四大”，本指构成世界的四大物质元素，即地、水、火、风，它又是由“微尘”组成的，鸠摩罗什则认为，“微尘”也“只是假名[3]”，须以“空法门”，即不承认外在世界实有驳之：“佛说一切色，皆虚妄颠倒……毕竟空寂相。”[4]“若以法空者，微杜者等，皆无所有。”[5]一言以蔽之。

上述二问皆涉及“性空”的解释，鸠摩罗什为了同我国的玄学取得理论契合，把它易为玄学术语“无本”，“法无自性，缘感而起，莫知所寄，故无所住，无所住故，则非有无，而为有无之本，无住则穷其源，更无所出，故曰无本。无本而为万物之本，故言立一切法也”。[6] 值得注意的是，鸠摩罗什还提出了“无常是空之初相，将欲说空，故先说无常”，[7]“初门谓之无常，毕竟则谓之空……毕竟空是无常义”。[8] 这一提法显然完全背离了“不生亦不灭，不常亦不断[9]”的中观学说本义，足证鸠摩罗什晚年确已对大乘空宗的基本理论做出了重大思想修正。

（2）对轮回业报、三世转生说的批判和修正。后秦主姚兴“讬意于佛道”[10]，大力倡导佛教，旨在以此作为冲淡夷、夏之别的润滑剂和统

[1]《大乘大义章》卷中，次问答造色法。
[2]《大乘大义章》卷中，次问答造色法。
[3]《大乘大义章》，次问分破空并答。
[4]《大乘大义章》卷中，次问造色法。
[5]《大乘大义章》卷下，次问分破空并答。
[6]《维摩诘经注》，观众生品第七。
[7]《维摩诘经注》，弟子品第七。
[8]《维摩诘经注》，弟子品第七。
[9]《中论》卷1，偈。
[10]《晋书》卷117《姚兴载记》，页2985。

治人民的安定剂，鸠摩罗什被迎至长安，姚兴亲临译场，“罗什持胡本，兴执旧经，以相考校”。[1]《广弘明集》卷18，《法义篇第四》，收有姚兴《通三世论》《谘什法师》，主张“三世一统，循环为用，过去虽灭，其理常在”，“喻若足之履也，真足虽往，厥迹犹存”。此书所录似非全文，参稽鸠摩罗什《答姚兴书》所录对方书意，尚有“若无过去业，则无三涂报”等言论，都带有很强的小乘说一切有部色彩。鸠摩罗什如果坚持中观学说，本应予以全然否定，但他的答复却平和得多，首先承认对方论点中的部分合理性，“固知不应无过去，若无过去，未来则非通理，经法所不许”，接着才开始发挥大乘空宗教义“若定有过去”，未来也是“与此法相违”。针对姚兴谷必生芽的说法，引入因缘链思想，答以有水才能生芽，仅仅有谷未必生芽：“如有谷子，地水时节，芽根得生。若先已定有，则无所待，若先有，则不名从缘而生，又若先有，则是常例。”结论虽仍归于大乘空宗本义，“不得定有，不得定无”，但论证方法已非复中观学派“兼破有无”的批判特色，却已颇有兼容大、小二乘，有、无二宗的调和性质了。

(3)关于对弘法实践的重视。鸠摩罗什晚年弘法长安已同少年说法龟兹肩膺的使命大不相同，后者为了摧毁小乘信仰，前者为了确立大乘信仰，因此，说法龟兹时代重在理论批判，而在弘法长安时期更重视弘法实践。鸠摩罗什敏锐地感到中土不同的社会阶层对佛教有不同的要求，虽然上层的玄学士大夫对般若空宗理论兴趣盎然，但更为广大的下层人民根本谈不到这一悟性。对此，鸠摩罗什提出了以真、俗二谛交迭并用，以弘传佛法的主张。俗谛俗眼所见仅为作为世界现象、假名的“有”，只有真谛慧眼所见才是作为世界本体、实相的“空”；但二者不可废一，因为俗人皆不肯背离常理，忘掉现实世界，以故说法时皆二者兼用，先用小乘说法以明现象，次说大乘理论以明实相。“佛法有二种，一者有，二者空，若常在有，则累于想者，若常观空，则舍于善本，若空有

[1]《晋书》卷117《姚兴载记》，页2985。

迭用,则不没二过,犹日月代用,万物以成。"[1]在此,鸠摩罗什提出了"常观空,则舍于善本"的论点,说明他已认识到空观哲学存在着否定轮回业报学说、根本动摇佛教信仰的弊端,因而在理论上开始向兼容大、小乘退缩。由此衍生出四信之说:"四信云何?先信法,次信佛,后信僧及戒也。答曰:譬如人重病服药,若病愈,则信药妙,药妙必由师,则信师也……法中四信,亦复如是。"[2]由此看来,"四信"之说并无任何理论意义,只不过是弘法实践中的经验之谈而已。

鸠摩罗什还倡导三乘、三根的弘法路线,"道法是一,分别上、中、下,故名三乘,初为如,中为法性,后为真际,真际为上,法性为中,如为下,随观力故而有差别"。[3] 与之相应者为三根众生。一为钝根众生[4],只能认知下乘佛理"如";二是中根众生[5],可以认知中乘佛理"法性";三是少数"利根者[6]",才可以认知上乘佛理"真际"(真理)"譬如日现清水,浊则不见"。[7]

与此多思想相类者还有二痴、五品的提法。二痴指悟法的智力差别:"痴有二种,一者,一切法中痴;二者,于诸佛深法中不能明了。"[8]大约一切法中痴相当于钝根众生;第二种痴相当于中根众生。五品本来以马为喻:"马有五种,第一见鞭即时调伏;第二得鞭乃伏。第三以利锥刺皮乃伏;第四穿肌乃伏;第五彻首乃伏;众生利钝亦有五品。这一二痴五品之说实质上无非是三乘三根说的变种。

鸠摩罗什又提出了慧明与福德二业并重的弘法思想:"一切善法,分为二也,谓福德,慧明业也。前三度属福德业,后三度属慧明业。二业俱足,必至佛道。"[9]进而解释所谓"福业则致明净土诸果报也,慧明

---

[1]《维摩诘经注》,观众生品第七。
[2]《摩诘经注》,菩萨品第四。
[3]《大乘大义章》卷中,次问如、法性、真际问答。
[4]《大乘大义章》卷下,问实法有并答。
[5]《大乘大义章》卷下,问实法有并答。
[6]《大乘大义章》卷下,问实法有并答。
[7]《大乘大义章》卷上,次重问法身并答。
[8]《维摩诘经注》,香积佛品第十。
[9]《维摩诘经注》,菩萨品第四。

业得一切智也”。[1] 福德业亦可谓之财施;慧明业亦可谓之法施。虽然理论上依然坚持法施(慧明业)高于财施(福德业),“惠施有二种施:下人以财施;上人以法施”,[2]但事实上已为富有者的世俗信徒打开了通向天国的大门,或西方净土极乐世界的大门,肯定了他们作为大乘佛教社会支柱的重要作用。这一思想同《法华经》鼓吹的僧团世俗供养思想无疑殊途同归。

综上所述,鸠摩罗什晚年虽然声誉已隆升到最高峰,然世易时移,其佛学思想却由原来的中观学派向调和诸派法华宗退缩。这一修正的特点是理论思辨似已退居次要地位,对弘法实践则日益重视,这同肩负的使命已从摧毁小乘佛教信仰到确立大乘信仰的历史大变动有关,也是中土的政治、社会、文化氛围大异于西域所致。这也许有违于鸠摩罗什本意。《高僧传》记载鸠摩罗什晚年虽得高名显位,思想深处仍然非常苦闷:“什雅好大乘,志在敷广,常叹曰:‘吾若箸笔作《大乘阿毗昙》,非迦旃延子比也,今在秦地,深识者寡,折翮于此,将何所论。’乃凄然而止。”[3]可见,他的雄心原本是志在追步小乘《阿毗昙》,写一部权威的大乘经论的。又赋诗抒怀:“心山育明德,流薰万由延,哀鸾孤桐上,清音彻九天。”[4]亦乃一派孤独寂寞之音,反映了晚年飘寓异邦、无人相知的苦闷。尽管如此,那个总向彼岸世界超越的鸠摩罗什毕竟已经“折翮”而下,坠落在坚实、纷扰的此岸世界的土地上了。

(初刊于《西域研究》,1999 年第 2 期,原名为《鸠摩罗什彼岸世界超越的历程与此岸世界的复归——从说法龟兹到弘法长安》,经修改后,以今名又发表于《佛学研究》,2001 年刊)

[1]《维摩诘经注》,菩萨品第四。
[2]《维摩诘经注》,菩萨品第四。
[3]《高僧传》卷 2《译经 · 鸠摩罗什》,上海古籍出版社,《高僧传合集》,页 13。
[4]《高僧传》卷 2《译经 · 鸠摩罗什》,上海古籍出版社,《高僧传合集》,页 13。

5 唐玄奘译经与世俗皇权

——三藏法师与李世民、李治二帝的往来文献研究

玄奘冒险西行,足迹遍及五天竺,被誉为中国舍身求法第一人,所携梵本佛经乃汉传佛教历史之最,又被誉为与鸠摩罗什前后齐名的翻译家。然而佛教并非中国传统的本土宗教,鸠摩罗什身为西域胡人,迎迓罗什译经的后秦姚苌、姚兴则是虔信佛教的羌人,两相配合,完成了汉传佛教第一次翻译盛典,而李唐皇朝为汉人李氏家族所建,初建的唐朝,是一个对精神世界追求最为淡漠,而极为重视治国、平天下之术的典型汉人世俗皇权。玄奘西行求法,初未得到唐朝官方的批准,属于偷越出关。归国译经,也在皇权政治的严密控制之下,其译经过程历经天可汗李世民、天皇李治二世,所从事的工作并非单纯译经,而是别有所需。对此,仅凭其自述生平的《大慈恩寺三藏法师传》及有关传记,并无痕迹可寻,必须综合玄奘法师与李世民、李治二帝往来书信及其他有关文献,结合当时的政治形势,才能做出正确判断。以上信息主要保存在日本大正藏所收《大唐故三藏玄奘法师行状》《沙门玄奘上表记》以及《全唐文》中,从中反映出梵汉文化与僧、俗势力之间的冲突、消长、圆融的历史进程。由此可见,足以同鸠摩罗什译经光耀千古的玄奘译经,虽然成果斐然,足为后世称赞,其生平足迹却非坦途,而是一种充满两种文化激烈碰撞的坎坷之路。

5.1 释解玄奘偷越出关,却归国荣宠之谜

玄奘生活于隋末、唐初,隋朝继承了北周、北齐敬佛崇法的文化传统,这正是玄奘从兄为僧,学法有成的时代背景,高祖李渊创立唐朝之

后，战事频繁，财政拮据，而僧尼道士，不交赋税，至其在位晚年，一度有意裁汰佛寺道观。史载武德九年"夏，四月……太史令傅奕上疏……请除佛法……上诏百官议其事"[1]，并未得到朝臣的赞同，李渊本人却倾向这派意见，"上亦恶沙门、道士苟避征徭，不守戒律，皆如奕言。又寺观邻接廛邸，混杂屠沽"。[2] 因于当年五月颁诏"正本澄源，宜从沙汰。诸僧、尼、道士、女寇等，有精勤练行、守戒律者，并令大寺观居住，给衣食，勿令乏短。其不能精进、戒行有阙、不堪供养者，并令罢遣，各还桑梓。所司明为条式，务依法教，违制之事，悉宜停断。京城留寺三所，观二所。其余天下诸州，各留一所。余悉罢之。事竟不行"。[3]不久，爆发了玄武门事变，秦王李世民弑兄杀弟，夺取了储君太子之位，八月，李世民即位于东宫显德殿，李渊退为太上皇，不再干预政事。次岁，改元贞观，成为亘天可汗李世民之世的唯一年号，总共使用了23年(627—649)。李世民的施政特点是重视经世致用的学问，不尚空谈。他在贞观二年(628)发表的一段言论很有代表性：

> 梁武帝君臣惟谈苦空，侯景之乱，百官不能乘马。元帝为周师所围，犹讲《老子》，百官戎服以听。此深足为戒。朕所好者，唯尧、舜、周、孔之道。

李世民在位时期全力致力于安定民生，北伐东突厥，讨伐西突厥，解除了来自北方的边防危机和初步实现了规复汉晋西域旧疆，四夷共上"天可汗"名号，李世民本人亘其一世一直喜欢这一称号，应当承认为其在世时期的公共称谓。[4]从上述言论可见，天可汗既不信道教，也不信佛教，他是一位典型的东方君主、世俗政治家。正是基于这一认识，首须解析玄奘本以非法偷越出关形式开始其天竺求法行程，却归唐荣宠，得到天可汗的超高待遇之谜。

---

〔1〕《资治通鉴》卷191，武德九年(626)，页6001。

〔2〕《资治通鉴》卷191，武德九年(626)，页6002。

〔3〕《旧唐书》卷1《高祖纪》，武德九年(626)，页16～17。

〔4〕"太宗"仅为李世民死后追封的谥号，而天可汗名号直接影响到其继承人李治的天皇名号，乃至远播日本，至今仍为日本君主称号。因此，笔者在一切旧作中言及李世民，都严格使用天可汗，而不使用太宗谥号。

首须指出,玄奘西游天竺并非政府行为,而是个人行为。民间盛行的所谓奉诏求法,纯为后人杜撰。至于归国译经,虽受唐朝政府资助,整个过程仍充满坎坷。玄奘法师俗姓陈,生于隋世,剃度于唐初,隋承北周、北齐余绪,佛法很盛,故玄奘家族,一门二僧,然李唐皇朝初创,兵戈未息,一切以巩固新兴政权和国土统一为取舍。玄奘西行求法,正当此时,西行求法,实为冒死私出国境,根本不可能得到唐朝任何支持,所谓"奉诏求法",从何谈起?玄奘正是通过偷越边关,踏上西行之旅,由于得到时任高昌国王麴文泰的大量金帛资助,后又在西突厥统叶护可汗武装护送下,安全到达印度边界,得以顺利完成了求法天竺的壮志。

在此期间,唐朝国势渐盛。贞观四年(630)灭亡了收容亡隋萧皇后、隋裔杨政道的东突厥汗国,同年,伊吾七城主石万年举地降唐,置西伊州,贞观六年(632)更名伊州,正式委任汉官汉叔方出任伊州刺史,这是唐朝在西域创立的第一个郡县化的州级建置。根据《大唐毗沙郡将军叶和墓志》,贞观十年(636)于阗国率先将自身国土并入唐朝,改置为毗沙郡,这是唐朝在西域创立的第一个羁縻州建置,自此,取道于阗通往天竺的丝路南道畅通无阻。贞观十四年(640)唐朝发动交河道行军,重创曾与唐朝激烈争夺西域霸权的西突厥乙毗咄陆可汗,灭亡了麴氏高昌,高昌故境被改置为西州,并创安西都护府,这是唐朝在西域创立的第一个军府建置。贞观十五年(641)唐遣文成公主和亲吐蕃。同年,中天竺国王尸罗逸多自称摩伽陀王,遣使通唐,引起太宗李世民的高度关注,遂即遣使李义表为使还聘,经泥婆罗国(今尼泊尔),进入天竺。归国时间已是贞观十六年(642)。这次出使的成果不仅在于将天竺甘蔗榨糖技术引入唐境,而且加深了对中天竺和东天竺的全面了解。贞观十七年(643)唐朝再次遣李义表出使天竺,另擢原黄水县令王玄策出任副使,第二次出使天竺。同中天竺及东天竺童子王建立了友好联系,顶礼佛迹并立碑《登耆阇崛山铭》及《身毒国摩诃菩提寺碑》。是岁,唐太宗长子、太子李承乾与魏王李泰之间的长期争夺储君的斗争以两败俱伤结束,二人皆失去储君资格,先后被流放,幼子李治被正式立为太子。贞观十八年(644)唐安西都护郭孝恪受太宗旨令,曾发动了对焉耆的奇袭，俘获焉耆王，大军刚刚返师，就又被西突厥先后派遣的屈利啜、处般啜夺回了焉耆的控制权。自此，唐与西突厥乙毗射匮可汗政权之间的关系已全面紧张起来。玄奘西行求法旧经的高昌、焉耆、龟兹皆属丝路中道，已梗阻不通，以故贞观十九年(645)，玄奘在天竺学成归国，改而取道途经于阗的丝路南道。其时他虽然早已成为蜚声西天的那烂陀寺佛教大师，然而毕竟非法出境，有违国典，以故到达唐朝势力影响范围的佛国于阗，就止步不前，先是恭恭敬敬地起草了一篇直达天庭的奏章，史载是岁玄奘取"北道而归。备经艰险。度雪山葱岭等。历三十余国。到于阗，附表陈请"。[1] 玄奘这封奏章，原文虽佚，却立即引起唐太宗李世民的高度重视，立即亲自复书，原文如下：

闻师访道殊域，今得归还，欢喜无量，可即速来，与朕相见。其国僧解梵语及经义者，亦任将来。朕已敕于阗等道使诸国送师，人力鞍乘，应不少乏，令敦煌官司於流沙迎接，鄯善於沮沫[2]迎接。[3]

及玄奘一行顺利到达长安，受到宰相房玄龄为首的唐朝高官热烈欢迎：

贞观十九年春正月景子。京城留守左仆射梁国公房玄龄等。承法师赍经像至。乃遣右武侯大将军侯莫陈实雍州司马李叔眘长安县令李乾佑等奉迎。自漕而入舍于都亭驿。其从若云。是日有司颁诸寺具帐舆花幡等拟送经像于弘福寺。人皆欣踊各竞庄严。

[1]《大唐大慈恩寺三藏法师传》卷5，页124。

[2]"沮沫"应即"且末"。

[3]《全唐文》卷7《太宗四》，《答元奘还至于阗国进表诏》。

翌日大会于朱雀街之南。凡数百件部伍陈列。……[1]其日所司普班诸寺。但有宝帐幢幡供养之具。限明二十八日旦并集朱雀街。拟迎新至经像于弘福寺。……布经像而行。珠佩动音金花散彩。预送之俦莫不歌咏希有。忘尘遣累叹其希遇。始自朱雀街内,终届弘福寺门。数十里间。都人仕子,内外官僚。列道两傍,瞻仰而立。人物阗闉。所司恐相腾践。各令当处,烧香散花,无得移动。而烟云赞响,处处连合。……遗法东流,未有若兹之盛也。[2]

玄奘不过一介僧人,远道返唐,待遇之高,却似迎迓一位凯旋英雄,其动因何在？究竟是唐朝根本改变了其传统的宗教政策,由崇道急剧转为崇佛,还是另有他求,不能不令人生疑。

是岁,太宗李世民正在筹划亲征高丽,此时正驻跸东都洛阳。正月二十五日壬辰(645年2月26日)法师谒文武圣皇帝于洛阳宫。至二月己亥(二月一日,645年3月3日)在鸾仪殿得到太宗的正式召见,坐讫,《大唐故三藏玄奘法师行状》详细记载了太宗与玄奘之间的僧俗对话:

帝曰:"师去何不相报。"

法师谢曰:"玄奘当去之时,以再三表奏。但诚愿微浅,不蒙允许。无任慕道之至,乃辄私行。专擅之罪,唯深惭惧。"

以上对话,太宗先发制人,问玄奘私行出关之由,法师则立即圆融自责,其间赵国公长孙无忌也从中插话,旨在营造和谐的对话气氛。客

[1]下叙:"即以安置法师于西域所得如来肉舍利一百五十粒。摩揭陀国前正觉山龙窟留影金佛像一躯。通光座高三尺三寸。拟婆罗痆斯国鹿野苑初转法轮像。刻檀佛像一躯。通光座高三尺五寸。拟憍赏弥国出爱王思慕如来刻檀写真像。刻檀佛像一躯。通光座高二尺九寸。拟劫比他国如来自天宫下降宝阶像银佛像一躯。通光座高四尺。拟摩揭陀国鹫峰山说法花等经像金佛像一躯。通光座高三尺五寸。拟那揭罗曷国伏毒龙所留影像刻檀佛像一躯。通光座高尺有五寸。拟吠舍厘国巡城行化刻檀像等。又安置法师于西域所得大乘经二百二十四部。大乘论一百九十二部。上座部经律论一十五部。大众部经律论一十五部。三弥底部经律论一十五部。弥沙塞部经律论二十二部。迦叶臂耶部经律论一十七部。法密部经律论四十二部。说一切有部经律论六十七部。因论三十六部。声论一十三部。凡五百二十夹。六百五十七部。以二十四马负而至。"

[2]《大唐故三藏玄奘法师行状》,总一卷,见日本大正藏 No. 2052。

套言毕，进入正题：

帝又谓法师曰："佛国遐远，灵迹法教。前史不能委详。师既亲睹。宜修一传，以示未闻。"

帝又察法师堪公辅之寄。因劝归俗助秉俗务。

法师谢曰："玄奘少践缁门。伏膺佛道。玄宗是习。孔教未闻。今遣从俗。无异乘流之舟，使弃水而就陆，不唯无功，亦徒令腐败也。愿得毕身行道，以报国恩。即玄奘之幸甚。"

如是固辞乃止。

这次会见后，玄奘并未被安置于佛寺，而是安置于专住贵宾的鸿胪寺，临行前紧急召见：

帝曰："匆匆言犹未尽意。欲共师东行，省方观俗。指麾之外，别更谈叙。师意如何。"法师谢称："玄奘远来，兼有疾疹。恐不堪陪驾。"

帝曰："师尚能孤游绝域。今此行盖同跬步。安足辞焉。"

法师对曰："陛下东征，六军奉卫。罚乱国，诛贼臣。必有牧野之功，昆阳之捷。玄奘自度。终无裨助，行阵之效。虚负途路，费损之惭。加以兵戎战斗，律制不得观看。既佛有此言。不敢不奉。伏愿天慈哀矜。即玄奘幸甚。"帝信纳而止。

法师又奏云："玄奘从西域所得梵本六百余部。一言未译。今知此嵩岳之南少室山北有少林寺。远离[土墨]落泉石清闲。是后魏孝文皇帝所造。即菩提留支三藏，翻译经处。玄奘望为国，就彼翻译。伏听敕旨。"

帝曰："不须在山。师西方去后。朕奉为穆太后于西京造弘福寺。寺有禅院，甚虚静。法师可就翻译。"

法师又奏曰："百姓无知见，玄奘从西方来。妄相观看，遂成阛阓。非直违触宪网，亦为妨废法事。望得守门，以防诸过。"

帝大悦曰："师此意可谓，保身之言也。当为处分。师可三五日停憩,还京就弘福安置。诸有所须,一共玄龄平章。”自是辞还矣。[1]

在这次召见中双方的真实意图才完全显现,事实表明,太宗对玄奘译经并不感兴趣,而是要求玄奘陪驾东行,参加征高丽战役,而戒杀是佛教徒的大戒,如果应允,事实上将失去僧徒的身份,当然为玄奘所坚辞。接着玄奘再次提出译经的意愿,且欲在真正的知名佛寺中进行,保持佛僧本色,但他所提出的在少林寺译经的请求立即被回绝,改在皇家佛寺弘福寺进行,玄奘只有无奈地接受,自此他的全部译经活动都已置于世俗皇权的全面控制之下。好在太宗东征之后,弘福寺译场在西京留守、当朝宰相房玄龄的精心安排下,自全国精选、征召博学名僧,悉集译场,“所须供给,务使周备。夏六月戊戌证义大德。谙解大小乘经论为时辈所推者一十二人至。即京弘福寺沙门灵润。沙门文备。罗汉寺沙门慧贵。实际寺沙门明琰。宝昌寺沙门法祥。静法寺沙门普贤。法海寺沙门神昉。廓州法讲寺沙门道深。汴州演觉寺沙门玄忠。蒲州普救寺沙门神泰。绵州振向寺沙门敬明。益州多宝寺沙门道因等。又有缀文大德九人至。即京师普光寺沙门栖玄。弘福寺沙门明濬。会昌寺沙门辩机。终南山丰德寺沙门道宣。简州福聚寺沙门静迈。蒲州普救寺沙门行友。栖岩寺沙门道卓。豳州昭仁寺沙门慧立。洛州天宫寺沙门玄则等。又有字学大德一人至。即京大总持寺沙门玄应。又有证梵语梵文大德一人至。即京大兴善寺沙门玄暮。自余笔受、书手所司供料等并至”[2],初步建立了大唐译场。

5.2 进献《西域记》、梵译《道德经》与辩机伏诛事件

玄奘初归的贞观十九年(645),天可汗李世民正谋亲征高丽,以故法师初返长安,乃由留守宰相房玄龄等主持接待,谒见皇帝的地点是在

[1]《大慈恩寺三藏法师传》卷6,页130

[2]《大慈恩寺三藏法师传》卷6,页131。

东都洛阳，不久就督师东去，贞观二十年（646）因罹病返国，三月车驾还京师。此岁，西突厥内战爆发，前国君乙毗咄陆可汗旧将，沙钵罗叶护阿史那贺鲁起兵，毗射匮可汗为集中全力剿灭其境内政敌，遣使入唐，做出友好假象，要求与唐和亲，太宗表面应允，却开出了必须割让龟兹、于阗、疏勒、朱俱波、葱岭五国作为聘礼的条件。果如此，则意味着西突厥必须全面退出西域，这自然是乙毗射匮可汗所绝对不能接受的：

> 六月丁卯，西突厥乙毗射匮可汗遣使入贡，且请婚；上许之，且使割龟兹、于阗、疏勒、朱俱波、葱岭五国以为聘礼。[1]

由此可见，太宗开出这份许婚聘礼账单，实即进攻西突厥乙毗射匮可汗、一统西域的前兆。正是在此宏观历史背景下，次月（七月）天可汗李世民接见玄奘，玄奘先是献上了紧急译成的《大菩萨藏经》20卷、《佛地经》1卷、《六门陀罗尼经》1卷、《显扬圣教论》20卷、《大乘杂集阿毗达磨论》16卷，总5部58卷，先行呈上，作为投石问路的试译作品：

> 沙门玄奘言……玄奘行业无纪。空符曲成。谬齿缁徒。有惭光替。慨然怀愤。誓以弘宣。凭恃国威。远寻灵迹。往在西域。躬习梵言。览毘尼之奥旨。窥多罗之密藏。所获梵本经论总一千帙。六百五十七部。佛像七躯。佛肉舍利一百五十粒。并骨舍利等一函。既而治奘金地。旋轫玉门。祇奉论言。载合翻译。爰召开士。同证慧义。研思淹肘。未能总毕。见绝笔者。凡五十八卷。名曰《大菩萨藏经》二十卷。《佛地经》一卷。《六门陀罗尼经》一卷。《显扬圣教论》二十卷。《大乘杂集阿毘达磨论》十六卷。勒成八帙。缮写如别。及前舍利佛像梵本经论等。谨诣阙奉进。……追惭战悸。若履氷谷。谨言。

〔1〕《资治通鉴》卷197，贞观二十年（646），页6236。

贞观廿年七月十三日沙门玄奘上[1]

又有记载,是日,玄奘还提出了一个非分要求,请皇帝亲为以上译经写序,结果遭到拒绝:

敕书云。法师夙标高行。早出尘表。泛宝舟而登彼岸。搜妙道而辟法门。弘阐大猷。荡涤众罪。是故慈云欲卷。舒之荫四空。惠日将昏。朗之照八极。舒朗之者。其唯法师乎。朕学浅心拙。在物犹迷。况教幽微。丰能抑测。请为经题。非已所闻。[2]

玄奘得敕,吓得胆战心惊,急忙回表谢罪:

沙门玄奘言:……诚惶诚恐……所获经论,奉勅翻译。见成卷轴。未有诠序。伏惟陛下……非神思不足诠其理。圣教玄远,非圣藻何以序其源。故乃冒犯威严。敢希题目震睠冲邈。不垂矜许。抚躬累思,相顾失图……伏乞云雨曲垂。天文俯照。配两仪而同久。与二耀而俱悬……无任诚恳之至。谨诣阙奉表以闻。轻触天威。伏深战栗。谨言。[3]

由此可见,李世民对于玄奘的译经,并不感兴趣,而是别有所需。经此当头棒喝之后,加之中使传语,玄奘很快察觉了旨意,不得不立即中断大规模翻译佛经,全面介绍他所信奉的佛教法相宗的雄伟计划,口授辩机撰写全面介绍西域、天竺地理、人文状况的《大唐西域记》,口授慧悰撰写他本人西赴印度求法经历的《大慈恩寺三藏法师传》。其中

[1]玄奘《进经论等表》,见日本大正藏编号 No. 2119,《沙门玄奘上表记》。又《请大宗文皇帝作经序并题经表》:“沙门玄奘言。名早预玄门。幸逢昌运。希闻至道。游心法莚。每恨正觉遗文尚未详备。遂慨然怀慕。遍历殊方。远赖皇威。所期咸济。去年二月奉诏翻译今见成五部总五十八卷。缮写如别。窃见弘福寺尊像初成。圣上亲降銮舆。开青莲之目。今经论新翻。敢缘斯义。伏愿陛下曲垂神翰。表发经题。亲纡玄藻。序明宗极。所望天文秘思与日月齐明。玉字银钩将乾坤等固。庶百代之下歌咏无穷。千载之外瞻仰无绝。不任悼悼之至。谨奉表以闻轻触天威。伏增悚汗。谨言。”亦见于《沙门玄奘上表记》。

[2]《大唐故三藏玄奘法师行状》,《太宗文皇帝报请作经序敕书》亦云:“省书具悉来意。法师夙标高行。早出尘表。泛宝舟而登彼岸。搜妙道而辟法门。弘阐大猷。荡涤众罪。是故慈云欲卷舒之荫四空。慧日将昏朗之照八极。舒朗之者其惟法师乎。朕学浅心拙。在物犹迷。况佛教幽微。岂孰能仰测。请为经题。非已所闻。又云新撰西域记者。当自披览。敕奘和尚。”亦收入日本大正藏编号 No. 2119,《沙门玄奘上表记》。

[3]《谢太宗文皇帝敕书表》,见日本大正藏编号 No. 2119。

辩机《大唐西域记》最先成书，上《进西域记表》呈览，内称：

沙门玄奘……展转嗼拜之乡。流离重译之外。……时序推迁，言返帝京。忽将二纪。所闻所履，百有卅八国。……所记微为详尽。其迂辞玮说，多从剪弃。缀为《大唐西域记》一十二卷。缮写如别。玄奘禀质愚鲁。昧于缉实。望颁之右笔。饰以左言。截此芜辞。采其实录。标百王之称首，符九丘于皇代。庶使山经阙彩，汲传韬华。无任区区至。谨诣阙奉进。轻尘旒扆。伏深战灼。谨言。[1]

引人注目的是，此表未署日期，说明此表呈上的时间必迟于上呈译经五部的七月十三日，对此，《大唐故三藏玄奘法师行状》曾将以上两事混系为同一时间："至二十年秋七月十三日。进新翻经。并请仰制经序。及进西域记。蒙神笔报书。极哀扬之美又云。新撰西域记者。当自披览。敕奘尚法师。又表谢。兼重请序。"这显然是错的。慧悰所撰《大慈恩寺三藏法师传》卷6虽将此两事上下承接地叙述，却又强调："前又洛阳奉见日。敕令法师修西域记。至是而成。"昭示着这两件事有前后之别。李世民读后，兴奋异常，立即给予高度评价，同收到前呈五部佛经立场迥异。亲笔复书：

省书，具悉来意。法师夙标高行，早出尘寰，泛宝舟而登彼岸，搜妙道而辟法门，宏阐大猷，荡涤众罪。是故慈欲卷，舒之而荫四空；慧日将昏，朗之而照八极。舒朗之者，其唯法师乎。朕学浅心拙，在物犹迷，况佛教幽微，岂能仰测。请为经题，非己所闻。新撰《西域记》者，当自披览。[2]

李世民之所以对玄奘译经根本不感兴趣，而对全面记述西域政治经济状况的《大唐西域记》高度重视，当时唐与西突厥正处于大战即将爆发的历史前夜，重新收复本为两汉旧疆的西域，本为唐太宗李世民的夙愿，全面了解西域尤为实现这一伟业的必要前提。而唐朝之前有关

〔1〕日本大正藏编号 No.2119，《沙门玄奘上表记》。

〔2〕《答元奘法师进西域记书诏》，《全唐文》卷8《太宗李世民》。

这方面的资料除了时间老旧的两汉书《西域传》之外,较新文献仅有隋裴矩所著《西域图记》、李世民第四子魏王泰所撰《括地志》,前者为裴矩出任四方馆西戎校尉时期访问胡客所得,后者则仅魏王泰主持的文学馆一帮文士所撰,皆非亲历。唯辩机所撰《大唐西域记》则乃根据玄奘口授,所记亲身见闻,对于实现统一西域的伟业具有最可信的参考意义。可见玄奘归国得到的厚遇,实非缘自佛法,而是出自政治、军事上的考虑。

贞观二十一年(647)以李义表为正使、王玄策为副使的天竺使团返回,是岁"西域使李义表还,奏称:'东天竺童子王所,未有佛教,外道宗盛。臣已告云:支那大国,未有佛教已前,旧有圣人说经,在俗流布,但此丈不来,若得闻者,必当信奉。'彼王言:'还本国,译为梵言,我欲见文。必道越此徒,传通不晚。'"[1] 此事也得到我国正史的证实。[2] 东天竺童子王,指迦没路国王,即玄奘《大唐西域记》的迦摩缕波国王,乃东天竺名王,该王不信佛法,故向中土另求《道德经》。太宗得讯,"登即下敕,令玄奘法师与诸道士共译出。于时,道士蔡晃、成英二人,李宗之望,自余锋颖三十令人,并集五通观,日别参议,详核《道德》,奘乃句句披析,穷其义类,得其旨理,方为译之"。[3] 这进一步证实,李世民之所以礼重玄奘,绝非重视佛经,而是重视玄奘的高超梵文水平和亲历亲见的域外知识,竟然敕令玄奘同佛教的死敌道教首领,共同主持了被追托为道教圣典的《老子》五千言的汉文梵译的工作。由于玄奘梵文水平远远高于最有学问的道士,足以说明这部梵译《道德经》必定耗费了此年玄奘的主要精力。[4] 乃至为此同道士们发生了第一次理论斗争,虽然由于玄奘的理性克制及其善于圆融的处世特点,这场理论斗

[1]《集古今佛道论衡》卷丙《法师翻老子为梵文事第十》。

[2]诸如《旧唐书·天竺传》卷198记有:"五天竺所属之国数十……其风俗物产略同。有伽没路国,开东门以向日,王玄策至,其王发使,贡以奇珍异物及地图。因请老子像及《道德经》。"《新唐书·西域传·天竺国》卷221亦载:"迦没路国献异物,并上地图,请老子像。"

[3]《集古今佛道论衡》卷丙《法师翻老子为梵文事第十》。

[4]宋沙门志槃所撰《佛祖统纪》卷39《法运通塞志》17皆记载:"二十二年。上幸坊州玉华宫。召奘法师。……十月车驾还京师。敕于北阙大内紫微殿西建弘法院。命奘法师居之。选名德七人以从。昼则陪御谈玄。暮则归院翻译。上令翻《道德经》为梵文以遗西竺。"

争似乎并非那么激烈，而且由于玄奘的坚持终于得到太宗的支持。《道德经》迅速译成之后，李世民遂即再次遣使天竺，时间大约仍是贞观二十一年，这是唐朝第三次出使天竺，前副使王玄策取代了李义表的位置，成为正五品的朝议大夫，以正使身份携带玄奘翻译的梵文《道德经》出发，由于此行途经那烂陀寺，临行时玄奘带去了一批礼物，分赠师友。见《玄奘法师请附讯物及书往西域表》：

> 沙门玄奘言……伏惟皇帝陛下，资玄象之盛明。纵厚载之至德，裁成品类，光阐彝伦。左衽之卿，重译纳贡……玄奘往凭帝力，问道遐方……爰初归国。以至于今。凡厥缁徒。深嘉求法。愍其弊服。颇惠僧衣。今者见有袈裟三领。圣恩所赐紬绫十匹。诸寺访得绣像彩幡，及诸供养道具之物。并附单书，敬问师友。请因今使，附往天竺。冀斯凭信用谢厚恩。则光国仁义之风。以申愚陋之志。不任怀德之诚。谨奉表陈请以闻。伏愿圣慈特垂矜允。谨言。

贞观二十一年十二月，唐朝统一西域的昆丘道行军颁诏发师，以征讨西突厥乙毗射匮可汗为其主要对象，以西突厥在西域最大的据点龟兹为其突破口，以统一昆仑山北一切地域（包括今新疆维吾尔自治区的全部领疆在内）为行军目标，以长公主驸马、突厥名将阿史那社尔为全军统帅。唐军所向，一路克捷，贞观二十二年四月乙毗射匮可汗政敌"西突厥泥伏沙钵罗叶护阿史那贺鲁率众内属于庭州，拜为左骁卫大将军"，[1]补授为昆丘道行军总管，率部参加了讨伐乙毗射匮可汗的军事行动。[2] 乙毗射匮可汗败走汗国西偏，龟兹、疏勒、于阗等西域城邦都已并入唐朝版图，唐朝统一西域的战争初步胜利。是年"秋七月癸卯，司空、梁国公房玄龄薨"。自从玄奘返京，房玄龄就一直是玄奘译经工作的主持者和玄奘与太宗之间进行思想沟通的主要中介人，自从《大唐西域记》呈上后，从玄奘口授而撰成此书的年轻僧人辩机也随之

[1]《册府元龟》卷170《帝王部·来远》，页2052。
[2]《资治通鉴》卷198，贞观二十一年(647)，页6257。

声名鹊起,经常出入房玄龄宅第,而太宗与长孙皇后亲生女高阳公主就嫁于房玄龄之子房遗爱,辩机遂成为房遗爱、高阳公主夫妇的座上客,而高阳公主骄横跋扈,早已名满京都,因此辩机招来杀身之祸。"散骑常侍房遗爱尚太宗女高阳公主,公主骄恣甚,房玄龄薨,公主教遗爱与兄遗直异财,既而反谮遗直。遗直自言,太宗深责让主,由是宠衰,主怏怏不悦。会御史劾盗,得浮屠辩机宝枕,云主所赐。主与辩机私通,饷遗亿计,更以二女子侍遗爱。太宗怒,腰斩辩机。"此事《资治通鉴》系于卷199,天皇永徽三年(652)十一月条下,其时太宗已薨,怎能"怒"而"腰斩辩机",必为事后追溯性文字无疑。复据《新唐书》卷83《合浦公主传》:"合浦公主,始封高阳。下嫁房玄龄子遗爱。主,帝所爱,故礼异它婿。主负所爱而骄。房遗直以嫡当拜银青光禄大夫,让弟遗爱,帝不许。玄龄卒,主导遗爱异赀,既而反谮之,遗直自言,帝痛让主,乃免。自是稍疏外,主怏怏。会御史劾盗,得浮屠辩机金宝神枕,自言主所赐。初,浮屠庐主之封地,会主与遗爱猎,见而悦之,具帐其庐,与之乱,更以二女子从遗爱,私饷亿计。至是,浮屠殊死,杀奴婢十余。主益望,帝崩无哀容。"同书卷96《房遗爱传》又记:"次子遗爱,诞率无学,有武力。尚高阳公主,为右卫将军。公主,帝所爱,故礼与它婿绝。主骄蹇,疾遗直任嫡,遗直惧,让爵,帝不许。主稍失爱,意怏怏。与浮屠辩机乱,帝怒,斩浮屠,杀奴婢数十人,主怨望,帝崩,哭不哀。"皆明确记载辩机被杀是在房玄龄死后,太宗崩逝之前,即贞观二十二至二十三年间,很可能就是被杀于贞观二十二年十一月间。辩机名义上是玄奘的弟子,唐朝如此恐怖的宫廷生活,必定对玄奘产生重大的思想影响,导致玄奘此后更加谨言慎行,以适应中国世俗皇权的文化心理结构。

享有千古名君美誉的天可汗李世民晚年,随着身体状况由健康转为恶化,其智力也似乎由聪颖、明智变为昏庸、糊涂,开始迷信长生术。唐朝所遣第三次赴天竺使团的正使王玄策临行时早已揣知上意,返国时带回一位自称有长生之术的天竺婆罗门老者,李世民深信其术,《沙门玄奘上表记》中收有《太宗文皇帝长命婆罗门与玄奘法师书》:

造化陶均。短长异寿。天地覆载。愚智同生。故知上圣上贤。无代不有。然而前王前帝，罕得相逢。朕自顾德薄行轻，智微力浅。幸因夙缘，有庆得遇真人。自慰药已来，手脚渐觉轻损，弥加将慎，冀得全除。抚疲躬而自欢。荷神方而多愧。唯凭命于后药，庶遐龄之可期。必望超促世而长存，驻颜而不朽。既白之发变素成玄，已弊之躬除衰益壮。此心此愿其可遂乎？唯竭深诚，敬伫良术。

“那罗迩娑婆寐，帝那伏国人也。贞观二十二年，右卫率长史王玄策破帝那伏国得之，自言寿三百岁，云有长生之术。太宗颇信之，深加礼敬，馆之金飙门内，造延年之药，令兵部尚书崔敦礼监主之。发使天下，采诸奇药异石，不可胜数。又遣使往娑罗门诸国，以求药物。有药名畔茶佉水，出山中石臼内，有七种色，或热或冷，能消草木金铁，人手入水即销烂。若欲取之，以骆駞髑髅沉于石臼，以水转注瓠芦中。每有此水处，即有石柱，似人形守之。若彼山人传道出此水者即死。又有药名咀赖萝，在高山石崖腹有石孔，孔前有一小树，其叶青绿，状如藜杏，石孔中有大毒蛇守之，人不得到。欲取此树为药，以大方头箭射取枝叶，叶下便有鸟，鸟衔将飞去，即以众箭射鸟而取其叶。诡异之事，类多如此，徒延岁月，术卒不就，后放之还其本土。[1] 竟不去，终死于长安。[2]”另有记载，李世民对于这位异国长生术仅仅稍试其效，早已洞察其虚妄：“二十二年五月，右卫率长史王玄策俘帝那伏王阿罗那顺以诣阙。太宗大悦，谓群臣曰：‘夫人耳目玩于声色，口鼻耽于臭味，此乃败德之源。若波罗门不劫掠我使人，岂致俘虏耶？缅寻惟昔，中山以贪宝取毙，蜀侯以金牛致灭，莫不由之。’乃诏所司，以一太牢虔告宗庙。”[3]

同一史料又接记：“显庆二年，道王友王玄策奏言：‘臣从西域使回，将长年婆罗门至此。问其合药之法，报臣必成。恩旨今若放还，恐失方术之士。’玄策退，帝谓侍臣曰：‘玄策昨进对，言古人欲招天下贤

〔1〕《太平御览》卷792《四夷部十三 · 西戎一》，天竺所记略同。

〔2〕《册府元龟》卷922《总录部 · 妖妄第二》，页10889上~10889下。

〔3〕《册府元龟》卷46《帝王部 · 智识》，页525上~525下。

哲,先市骏骨,固请留此婆罗门。朕观其狼戾狷急,恐竟无益。口云合药成,欲服时须断食三日,服药令吐,后还断食,服药遣三利,令人极瘦困,然后与药,即换肌肉,始得长生。遍观史藉,定无长生之理。昔者秦皇、汉武慕神仙,求采药物,劳役天下,秦皇五十之余即死。汉武末年,乃至国用糜费,功力不足,赖其早觉昔非,下制责躬,息兵止役,始得安静,年踰七十,仅免灭亡。审念此等,必知无成。若有其实,长生之人即今何在?'司空李绩对曰:'此婆罗门未曾经试来,或容不可谙悉。前已验其无成,所以放去,今复更来,头须自白,衰老渐及,岂得仙之状耶?玄策诡诳,何处即有所解。昨见其重来,群情已甚惊怪。陛下知无所用,令更放去,臣等不胜喜跃。'"[1]此处之"帝"仍指太宗,说明"显庆二年"实仍"贞观二十二年"之误。此乃王玄策第二次出使天竺的全过程及其主要成果。别有文献称王玄策及吐蕃松赞干布献俘时间,是在唐太宗贞观二十三年。而太宗当年三月患病,五月崩逝,并在昭陵前蕃王群像中刻有摩伽陀国王阿罗那顺像。笔者更倾向于这一见解。正是基于这一理解,才足以解释一贯反对长生术的虔诚佛教徒玄奘何以对李世民信任长命婆罗门一事不予答复。因为,接受此诏不久,天可汗就与世长辞了。

综上所述,亘天可汗李世民在位时期,玄奘的真实地位不过是一位弄臣,译经事业徒具形式,或者说,尚未真正开始。

5.3 天皇李治佛教地位的上升与玄奘译经大慈恩寺

在世界历史上,"天皇"名号的最初领有者李治,字善,天可汗李世民第九子,长孙皇后嫡出第三子,长兄太子承乾为人骁悍,次兄魏王泰则以智谋、文学闻名,承其父风,李治则素称"仁懦",体孱弱,善韬晦,

〔1〕《册府元龟》卷46《帝王部·智识》,页525上~525下。

心机深，在储君地位争夺中，最不引人注目，及其二兄拼死争夺，两败俱伤之后，却顺利得到实秉朝政之舅父长孙无忌的全力推荐，并得到严父李世民的认可，顺利成功，于贞观十七年(643)，取得太子储君之位，更加谨言慎行。仍深隐后宫，不交结外廷，做出不好权势、不谋亲政等假象，避免引起权臣的注意。又因原配王皇后出身河东豪宗，萧淑妃出身南梁皇族，与长孙无忌一党都有牵连，难以信任。因此，常去感恩寺，密与曾为太宗才人、洞悉宫内外事务、心机超群的女尼武曌交往，并通过她秘密罗致亲信。高宗、武曌之间的关系实质上是在男女情色掩盖下的政治伙伴关系，真正目的则在于从辅政大臣手中伺机夺权。武曌乃河东豪商、工部尚书、应国公武士彟之女，生于佛教盛行的巴蜀今广源市，早就虔信佛教，以故曾为李世民才人，后又贬为宫中尼庵，终日礼佛，信仰更为坚定，且佛教教义也同李治伪装的仁懦精神恰有暗通之道。因此，李治任事之日，就是佛教地位上升之时。

李治早在贞观十七年就已成为大唐储君，真正开始掌柄唐朝国政，实始于贞观二十二年(648)，是岁，虽然西域捷报频传，但天可汗李世民的健康状况却日益恶化。自此，李治逐渐掌柄国政。贞观二十二年以为亡母长孙皇后祈福为名，在玄奘迎回佛舍利的长安郊区隋无漏寺故址兴建大慈恩寺，度僧300人，册拜玄奘为大慈恩寺玄奘法师。贞观二十二年十二月，玄奘自弘福寺迁入大慈恩寺，出任该寺上座，十二月二十日，玄奘举行了入寺升座仪式。自此玄奘住持的译场正式由弘福寺移入大慈恩寺。这意味着玄奘住持的译场已由内宫转移到李唐都城的近郊，虽然仍属皇家寺院，却已远离了宫廷，这在玄奘看来，无疑是一次解放。与此同时，又加强了玄奘译场的政治地位，其重要措施之一，就是颁令重要朝臣助译。这在玄奘《谢许制大慈恩寺碑文及得宰相助译经表》中有所反映：

沙门玄奘言。今月廿四日。内给事王君德奉宣口敕。许为寺塔建碑制文。及遣左仆射于志宁，中书令来济，礼部尚书许敬宗，黄门侍郎萨元超、杜正伦，中书侍郎李义府，国子博士范頵等诸学士监共译经。叡泽潜流。玄风载阐。祇奉慈诰。喜惧交怀。凡在缁徒不胜庆韬。玄奘闻。圣德无方。神功不测。既阐无为之化。必开众妙之门。自大师厌俗。能仁不宰。鹫山留影。像化空传。鹤树韬音。微言允被。非夫皇明出震.叡哲乘图。道济四生。智周三有。何以能凝思于玄津之境。驰情于大觉之路。诱疲商于城化。拯游童于阽险宅。伏惟皇帝陛下持衡纂庆。握契乘时。孕育三灵。陶甄万品。远安迩至。海晏河清。草木凝桢。烟云动色。端栱多豫。属想词林。理架三玄。文高七纬。而以释迦妙典弘济居多。情在绍隆。俯垂幽赞。将欲亲纡叡藻。式撰玄猷。曲诏朝英。允宣妙法。像教东被五百余年。虽敷畅厥旨。抑有多代。而光赞之荣。独在兹日。天人载悦。明祇叶庆。金轮在运。玉历方永。然则汉皇英藻空演思于汾河。魏帝奇才。仅摛词于吴会。未有奋兹鸿笔。赞彼玄规。洞三界以飞声。横六幽而洒润。固使昭昭慧日。假圣藻而增晖。蠢蠢迷生。睹天词而悟道。玄奘幸逢休运。早蒙落饰。德惭僧会。业谢法兰。屡荷殊私。每深惊惕。重祇恩奖。弥增竦惧。无任戴荷之至。谨诣阙奉表陈谢以闻。谨言。

李治辅政之贞观二十二年另一重大崇佛举措就是特准大慈恩寺剃度大批僧人。这在反对僧尼不事生产、不纳赋税的唐朝初年,实属特例。以故玄奘立即呈上《谢纳袈裟剃刀表》,略云:

伏奉敕旨。施纳袈裟一领宾铁剃刀一口。云雨曲垂。谬沾霈泽。光命隆厚。精守震越。名幸遭文明之化。早预息心之侣。三业无纪。四恩靡答。皇眷不遗。恩荣俯坠。忍辱之服彩含流霞。智慧之刀铦逾切玉。谨当服以降烦恼之魔。佩以断尘劳之网。起余讥于彼已。惧空疏于冒恩。滥叨殊礼。惭恧屏营。不胜悚荷之至。谨奉表陈谢以闻。尘黩天鉴。伏深战栗。谨言。

引人注目的是,著名的《大唐三藏圣教序》,全文保存于《全唐文》卷10《太宗(七)》中,全文为:

盖闻二仪有像,显覆载以含生;四时无形,潜寒暑以化物。是以窥天鉴地,庸愚皆识其端;明阴洞阳,贤哲罕穷其数。然而天地包乎阴阳而易识者，以其有像也；阴阳处乎天地而难穷者，以其无形也。故知像显可徵，虽愚不惑；形潜莫睹，在智犹迷。况乎佛道崇虚，乘幽控寂，宏济万品，典御十方。举威灵而无上，抑神力而无下。大之则弥於宇宙，细之则摄于毫厘。无灭无生 ，历千劫而不古；若隐若显，运百福而长今。妙道凝元，遵之莫知其际；法流湛寂，挹之莫测其源。故知蠢蠢凡愚，区区庸鄙，投其旨趣，能无疑惑者哉。然则大教之兴，基乎西土。腾汉庭而皎梦 ，照东域而流慈。昔者分形分迹之时，言未驰而成化；当常现常隐之世，民仰德而知遵。及乎晦影归真，迁仪越世。金容掩色，不镜三千之光；丽象开图，空端四八之相。於是微言广被，拯含类於三途；遗训遐宣，导群生於十地。然而真教难仰，莫能一其指归；曲学易遵，邪正於焉纷纭，消极所以空有之论，或习俗而是非；大小之乘，乍沿时而隆替。

有元奘法师者，法门之领袖也。幼怀真敏，早悟三空之心；长契神情，先苞四忍之行。松风水月，未足比其清华；仙露明珠，讵能方其朗润。故以智通无累，神测未形，超六尘而迥出，只千古而无对。凝心内境，悲正法之陵迟；栖虑元门，慨深文之讹谬。思欲分条析理，广彼前闻；截伪续真 ，开兹后学。是以翘心净土，往游西域；乘危远迈，杖策孤征。积雪晨飞，途闲失地；惊沙夕起，空外迷天。万里山川，拨烟霞而进影；百重寒暑，蹑霜雨而前踪。诚重劳轻，求深愿达，周游西宇，十有七年。穷历道邦，询求正教。双林八水，味道餐风。鹿苑鹫峰，瞻奇仰异，承至言於先圣，受真教於上贤。探赜妙门，精穷奥业，一乘五律之道，驰骤於心田；八藏三箧之文，波涛於口海。爰自所历之国，总将三藏要文，凡六百五十七部，译布中夏，宣扬胜业。引慈　於西极，注法雨於东垂。圣教缺而复全，苍生罪而还福。湿火宅之乾焰，共拔迷途；朗爱水之昏波，同臻彼岸。

是知恶因业坠，善以缘，坠之端，惟人所托。譬夫桂生高岭，朝露方得泫其花；莲出绿波，飞尘不能其叶。非莲性自洁，而桂质本贞，良由所附者高，则微物不能累；所凭者净，则浊类不能沾。夫以卉木无知,犹资善而成善,况乎人伦有识,不缘庆而求庆。方冀兹经流施,将日月而无穷;斯福遐敷,与乾坤而永大。

按天可汗李世民生平务于世俗政治,从未虔诚信佛,该文被视为李世民手诏,殊令人生疑。其次,该文汉文献俗典及佛家载籍,大多系于贞观二十二年,亦有系于二十三年者,然与唯重世俗政治的李世民本人特征相勘较,实难相符。且该文件出现的最早时间,就是太子李治监国的贞观二十二年,是岁,李世民实已不再理事,所关心者,仅为长命婆罗门一事而已矣。可见此年之后,李治实以太子身份监国主政。李世民身体状况已极度不佳,绝不可能写出思路如此清晰、对佛教历史了解如此全面、文笔如此优美的序文。以此判断,该序文必为太子李治实已秉政时期的,假托父名,由文臣代写之作,绝非真品。虽然有关佛教载籍中还收录了玄奘的《谢述圣记启》,以及《太宗文皇帝报玄奘法师谢表敕书》:

朕才谢珪璋。言惭博达。至于内典。尤所未闲。昨制序文。深为鄙拙。唯恐秽翰墨于金简。标瓦砾于珠林。忽得来书。谬承褒赞。修躬省虑。弥益厚颜。善不足称。空劳致谢。

依笔者判断,玄奘谢表是真,前引敕书,应是伪品。二十三年五月己巳,太宗崩。庚午,以礼部尚书、兼太子少师、黎阳县公于志宁为侍中,太子少詹事、兼尚书左丞张行成为兼侍中、检校刑部尚书,太子右庶子、兼吏部侍郎、摄户部尚书高季辅为兼中书令、检校吏部尚书,太子左庶子、高阳县男许敬宗兼礼部尚书。辛未,还京。六月甲戌朔,皇太子即皇帝位,时年22。自此,历史才真正进入了天皇李治统治的新时代。

天皇李治即位的次年,改元永徽。李治对佛教的支持,远远超过其父太宗李世民,移居大慈恩寺的玄奘法师,进入了全力翻译佛经的新时代:“自此之后专务翻译无弃寸阴。每日自立程课。若昼日有事不充。必兼夜以续之。……至三更暂眠。五更复起。读诵梵本朱点次第。拟明旦所翻。”[1]永徽二年(651)“正月……左骁卫将军、瑶池都督阿史

[1]《大唐大慈恩寺三藏法师传》卷7,页158。

那贺鲁召集离散，庐帐渐盛，闻太宗崩，谋袭取西、庭二州”。[1] “七月，西突厥沙钵罗可汗寇庭州，攻陷金岭城、蒲类县”[2]，杀掠汉人，多达数千，阿史那贺鲁遂“拥众西走，击破乙毘射匮可汗，并其众，建牙于双河及千泉，自号沙钵罗可汗，咄陆五啜、努失毕五俟斤皆归之，胜兵数十万，与乙毘咄陆可汗连兵，处月、处密及西域诸国多附之。以咥运为莫贺咄叶护”。[3] 新即位的李治，果断地命将出师，发动了以汉将梁建方、铁勒将领契苾何力并为总管的弓月道行军，开始揭开了平定西突厥叛乱、统一西域的历史序幕。自此力主对这场叛乱实行“招抚”政策的辅政大臣皇舅长孙无忌的政治影响日益减弱，天皇李治的雄才大略性格初步显现。此岁，《大慈恩寺碑文》落成，玄奘“表请神翰自书。又蒙恩许书讫……二年驾幸洛阳宫。法师预往。安置在称翠宫。于大内丽日殿。翻观所缘缘论等。又翻大毘婆沙等论。在所无辍。其少室山西北缑氏故县。南游仙卿控鹤里凤凰谷。是法师之生地。某少室山北少林寺。是巍孝文所立。极山泉之美。是并流支译经之处。法师意愿逡托。至九月。陈表请住少林。为国翻译”[4]，又被天皇李治婉拒，不敢重请。此年，瀛州刺史贾敦赜、蒲州刺史李道裕、谷州刺史杜正伦、恒州刺史萧锐因朝集在京，都虔信佛教，法师遂为以上四位朝廷大员进行了菩萨戒。又有记载：“至永徽二年。请造梵本经台。蒙敕施物。遂得成就。”[5]永徽三年(652)弓月道行军总管梁建方与处月部激战牢山，斩其首领朱邪孤注[6]，同年，契苾何力也攻破处密部，但直至此年，唐朝仍未正式罢废瑶池都督府，对叛首阿史那贺鲁并未任何实质性触动，

---

[1]《资治通鉴》卷199，永徽二年(651)，页6273～6274。

[2]《资治通鉴》卷199，永徽二年(651)，页6274。

[3]《资治通鉴》卷199，永徽二年(651)，页6273～6274。

[4]No. 2052《大唐故三藏玄奘法师行状》。

[5]No. 2052《大唐故三藏玄奘法师行状》。

[6]《册府元龟》卷986《外臣部·征讨五》，页11575：“三年正月，弓月道行军总管、契苾何力等大破处月朱邪孤注于牢山。初，咄陆及阿史那贺鲁之叛也，招诱处月、处密等部，相率皆叛，及梁建方军至，咄陆大惧，远迹西遁，朱邪孤注既杀果毅单道惠，乃据守中牢山，其山险绝，建方分兵，数道并进，鼓而登，四面攻之，贼众大溃，孤注携所亲夜遁，建方使副总管高德逸轻骑追之，行五百余里，孤注据险拒战，于阵生擒，斩之，斩首九千余级，虏渠帅六十余人。”契苾何力平处密事，见《册府元龟》卷358《将帅部·立功十一》，页4240。

仅仅清除了庭州附近的一批附叛西突厥部落。此岁,“三年春三月。法师欲于寺端门之阳造石浮图。安置西域所将经像。其意恐人代不常经本散失。兼防火难。浮图量高三十丈。拟显大国之崇基。为释迦之故迹。将欲营筑附表闻奏,敕使中书舍人李义府。报法师云。师所营塔功大恐难卒成。宜用砖造。亦不愿师辛苦。今已敕大内东宫掖庭等七宫亡人衣物助师。足得成办。于是用砖仍改就西院。其塔基面各一百四十尺。仿西域制度。不循此旧式也。塔有五级。并相轮露盘。凡高一百八十尺。层层中心皆有舍利。或一千二千。凡一万余粒。上层以石为室。南面有两碑。载二圣三藏圣教序记。其书即尚书右仆射河南公褚遂良之笔也。……时三藏亲负篑畚担运砖石。首尾二周功业斯毕”。[1] 这就是建筑西安大雁塔的最初记载。至当年五月中印度摩诃(摩揭陀)菩提寺长老智光大师、慧天大师等致书玄奘,遣僧法长赴唐,[2]得到玄奘的厚待,“[永徽]五年春二月法长辞还。又索报书。

〔1〕《大唐大慈恩寺三藏法师传》卷7,页161。

〔2〕《大唐大慈恩寺三藏法师传》卷7:“夏五月乙卯中印度国摩诃菩提寺大德智光慧天等。致书于法师。智光于大小乘及彼外书四韦陀五明论等。莫不洞达。即戒贤法师门人之上首。五印度学者咸共宗焉。慧天于小乘十八部。该综明练。匠诱之德。亦彼所推重法师游西域日。常共切磋。……自别之后,钦伫弗忘。乃使同寺沙门法长。将书并赍赞颂及白氎两端。揄扬之心甚厚。其书曰。微妙吉祥世尊金刚座所摩诃菩提寺诸多闻众所共围绕上座慧天。致书摩诃支那国于无量经律论妙尽精微木叉阿遮利耶。敬问无量。少病少恼。我慧天苾刍。今造佛大神变赞颂及诸经论比量智等。今附苾刍法长将往。此无量多闻老大德阿遮利耶智光。亦同前致问邬波索迦日授稽首和南。今共寄白氎一双。示不空心。路远莫怪其少。愿领。彼须经论录名附来。当为抄送木叉阿遮利耶。愿知。其为远贤所慕如此。”

法师答并信物。其书同文录奏。然后将付使人”。[1] 又有记载：

至[永徽]五年六月。迎法师入内。法师于临文等殿。翻发智等论。经数日。降手诏飞白书云。师年尊。此间小窄。体中如何。[2]

然而正是此年，一场更为凶险的世俗政治斗争席卷唐朝宫廷，令法师难以平静地译经。《资治通鉴》卷199永徽三年(652)记高阳公主有政治野心，因与遗爱谋："若国家有变，当奉司徒荆王元景为主。"元景

[1]《大唐大慈恩寺三藏法师传》卷7，其词曰："大唐国苾刍玄奘。谨修书中印度摩揭陀国三藏智光法师座前。目一辞违俄十余载。境域遐远。音徽莫闻。思恋之情。每增延结。彼苾刍法长至蒙问。并承起居康胜。豁然目朗。若睹尊颜。踊跃之怀。笔墨难述。节候渐暖。不审信后何如。又往年使还。承正法藏大法师无常。奉问摧割不能已已。呜呼可谓苦海舟沉。天人眼灭。迁夺之痛何期速欤。惟正法藏。植庆曩晨。树功长劫。故得挺冲和之茂质。标懿杰之宏才。嗣德圣天。继辉龙猛重然智炬。再立法幢。扑炎火于邪山。塞洪流于倒海。策疲徒于宝所。示迷众于大方。荡荡焉。巍巍焉。实法门之栋干也。又如三乘半满之教。异道断常之书。莫不韫综胸怀贯练心府。文盘节而克畅。理隐昧而必彰。故使内外归依。为印度之宗袖。加以恂恂善诱晓夜不疲。衢尊自盈酌而不竭。玄奘昔因问道得预参承。并荷指诲虽曰庸愚。颇亦蓬依麻直。及辞还本邑。嘱累尤深。殷勤之言。今犹在耳。方冀保安眉寿。式赞玄风。岂谓一朝奄归万古。追惟永往弥不可任。伏惟法师夙承雅训。早升堂室。攀恋之情。当难可处。奈何奈何。有为法尔。当可奈何。愿自裁抑。昔大觉潜晖。迦叶绍宣洪业。商那迁化。鞠多阐其嘉猷。今法将归真。法师次任其事。唯愿清词妙辩。共四海而恒流。福智庄严。与五山而永久。玄奘所将经论。已翻瑜伽师地论等大小三十余部。其俱舍顺正理。见译未周。今年必了。即日大唐天子。圣躬万福。率土安宁。以轮王之慈。敷法王之化。所出经论。并蒙神笔制序。令所司抄写国内流行。爰至邻邦。亦俱遵习。虽居像运之末。而法教光华。邕邕穆穆。亦不异室罗筏誓多林之化也。伏愿照知。又前渡信渡河失经一驮。今录名如后。有信请为附来。并有片物供养。愿垂纳受。路远不得多。莫嫌鲜薄。玄奘和南。"又答慧天法师。书曰："大唐国苾刍玄奘。谨致书摩诃菩提寺三藏慧天法师足下。乖别稍久。企仰唯深。音寄不通。莫慰倾渴。彼苾刍法长至辱书。敬承休豫。用增欣悦。又领白氎两端赞颂一夹。来意既厚。寡德愧以无当。悚息悚息。节气渐和。不知信后体何如也。想融心百家之论。移虑九部之经。建正法幢。引归宗之客。击克胜鼓。挫鍱腹之宾。颉颃王侯之前。抑扬英俊之上。故多欢适也。玄奘庸弊。气力已衰。又加念德钦仁。唯丰劳积。昔因游方在彼遇瞩光仪。曲女城会又亲交论。当对诸王及百千徒众定其深浅。此立大乘之旨。彼竖半教之宗。往复之间。词气不无高下。务存正理。靡护人情。以此递生凌触。罢席之后。寻已豁然。今来使犹传。法师寄申谢悔。何怀固之甚也。法师学富词清。志坚操远。阿耨达水。无以比其波澜。净末尼珠。不足方其皦洁。后进仪表。属在高人。愿勖良规。阐扬正法。至如理周言极。无越大乘。意恨法师未为深信。所谓耽玩羊鹿。弃彼白牛。赏爱水精。舍颇胝宝。明明大德。何此惑之滞欤。又坯器之身。浮促难守。宜早发大心。庄严正见。勿使临终方致嗟悔。今使还国。谨此代诚并附片物。盖欲示酬来意。未是尽其深心也。愿知。前还日渡信渡河失经一驮。今录名如别。请为附来。余不能委述。苾刍玄奘谨呈。"

[2]No. 2052《大唐故三藏玄奘法师行状》。

女适遗爱弟遗则,由是与遗爱往来。元景尝自言,梦手把日月。驸马都尉柴令武,绍之子也,尚巴陵公主,除卫州刺史,托以主疾留京师求医,因与遗爱谋议相结。高阳公主谋黜遗直,夺其封爵,使人诬告遗直无礼于己。遗直亦言遗爱及主罪,云:“罪盈恶稔,恐累臣私门。”上令长孙无忌鞫之,更获遗爱及主反状。司空、安州都督吴王恪母,隋炀帝女也。恪有文武才,太宗常以为类己,欲立为太子,无忌固争而止,由是与无忌相恶。恪名望素高,为物情所向,无忌深忌之,欲因事诛恪以绝众望。遗爱知之,因言与恪同谋,冀如纥干承基得免死。谋反案发,至永徽四年(653),春,二月,甲申,诏遗爱、万彻、令武皆斩,元景、恪、高阳、巴陵公主并赐自尽。天皇李治的地位更加巩固了。是岁,唐朝罢废瑶池都督府,正式向叛首阿史那贺鲁宣战。永徽五年甲寅(654),一场更为残酷的宫廷斗争爆发,武昭仪陷害王皇后杀其女,辅政大臣长孙无忌力袒皇后,李治则力袒昭仪。永徽六年乙卯(655)正月,唐朝以程知节为西征主帅,发动葱山道行军,进军西域,出征阿史那贺鲁,是岁十月,己酉,颁诏废黜了王皇后、萧淑妃,十一月,丁卯朔,临轩命司空李勣赍玺绶册立武昭仪为皇后,自此武曌走进了唐朝的权力核心。是岁,“[永徽]六年夏五月庚午。法师以正译之余。又译理门论。又先于弘福寺译因明论”。[1]“显庆年中(联系下文,应指显庆元年)恩敕云。大慈恩寺僧玄奘。所翻经论既新。翻译文义须精。宜令太子太傅尚书左仆射燕国公于志宁。中书令兼捡校吏部尚书南阳县开国男来济。礼部尚书高阳县开国男许敬宗。黄门侍郎兼捡校太子左庶子郃阴县开国男萨元超。守中书侍郎兼捡校太子右庶子广平县开国男李义府。时为看阅。有不隐便处。即随事润色。若须学士。任量追三两人。又法师请仰制大慈恩寺碑文。蒙恩敕许。造词及法师。多所裒赞。碑文成后。又陈表请神翰自书。又蒙恩许书讫。法师荷佛之再荣。遂共京城僧。造幢盖等迎。敕又遣见在王公太常九部乐及二县音声。千余车助送。上居安福门观之。光杨之美。难为具述。又施摩云纳一领。妙类前恩。并余时

[1]《大唐大慈恩寺三藏法师传》卷8,页166~167。

服百有余事。"[1]武曌不信李唐皇朝道教、儒教皆高于佛教的那一套，相对来说，更相信外来的宗教佛教，她的思想肯定对天皇李治产生了重大影响，因此，李治在位时期，玄奘翻译佛典的外部环境较之贞观年间有了很大的改善。

但是，玄奘译经的真正目的是弘扬他所信仰的佛教新宗派——法相宗，而自从他归国以后，不论是在弘福寺还是大慈恩寺，都是身处皇家寺院，一举一动无不在皇家严密监控之下，须秉承其旨意，而玄奘仍在渴望在深山古刹之中，独立译经。因此，显庆二年(657)九月二十日，玄奘再次上表，二次提出了在嵩山少林寺译经的要求，题为《请入嵩岳表》：

> 沙门玄奘言……岁月如流。六十之年，飒焉已至。念兹遄速。则生涯可知。复少因求法，寻访师友。自邦他国，无处不经。涂路遐遥。身力疲竭。顷年已来。更增衰弱。……望乞骸骨，毕命山林。礼诵经行，以答提奖。又蒙陛下以轮王之尊，弘法王之化。西域所得经本，并令翻译。玄奘猥承人乏，滥当斯任。既奉天旨。夙夜匪宁。今已翻出六百余卷。皆三藏四含之宗要。大小二乘之枢轴。凡圣行位之林薮。八万法门之海泽。西域称咏，以为镇国镇方之典……玄奘用此报国恩……但断伏烦恼。必定慧相资。如车二轮。阙一不可至……若不敛迹山中，不可成就。今承此州崇高少室……实海内之名山。域中之神岳。其间复有少林伽蓝、闲居寺等。皆跨枕岩壑。萦带林泉。佛事尊严。房宇闲邃。即后魏三藏菩提留支译经之处，实可依归。……伏惟陛下明踰七曜，照极九幽。伏乞亮此愚诚。特垂听许，使得绝嚣尘于众俗。卷影迹于人间。……外不累于皇风。内有增于行业。以此送终，天之恩也。傥蒙矜许，则庐山惠远，雅操庶追。剡岫道林，清微望续。仍冀禅观之余时间翻译。无任乐愿之至。谨诣阙奉表以闻。轻触宸威。

[1] No. 2052《大唐故三藏玄奘法师行状》。

追深战越。谨言。[1]

李治的真实意图却并不在于急于引入这一玄奘情有独钟的佛教新学派,而是希望借助玄奘高超的梵文水平,重新全面审视佛教文化的一切遗产,其中既包括原已有了众多译本的大乘佛典,还包括曾被中原佛教贬称为“小乘”的部派佛教的许多重要典籍,所有这一切重要典籍,都被强行列入玄奘必须翻译的经典之列。因此,就在接到玄奘表文之后的第二日,立即亲笔复书,[2]虽措辞委婉,却再次断然拒绝了玄奘企图将佛典翻译完全山间化、民间化的要求。史载玄奘的要求再次被拒后,在世俗皇权的强大威慑下,被迫声言“既敕戢来言。不堪更请。谨附谢闻。唯增悚越”[3],放弃了入山翻译的一贯要求,却自此一度病倒,不知是真是假。但李治立即果断召其入宫,改而安置于翠华宫译经,十二月三日,唐天皇改洛阳为东都,此后玄奘上致天皇的表文骤然锐减,唯见贺洛阳为东都的表文传世。

显庆三年(658)西域大定,西突厥阿史那贺鲁、龟兹羯猎颠叛乱全部荡平,内亚河中、七河流域诸国,包括粟特康、安、曹、史、石、米诸国及费尔干那的东、西拔汗那诸国,皆主动将自身国土并入唐朝版图,列置为唐之羁縻州府,安西移治龟兹,升格为安西大都护府,总隶西域。天皇李治的政治威信上升到辉煌的顶点,是岁“敕为皇太子。于汉王故宅。造西明寺。令给法师上房一口。新度僧十人。以死为弟子。此地贵于般若。前代虽翻。未及周备。诸德咸请。依大本更翻。然般若总二十万偈。可成六百卷。法师以为在京多务。恐难卒了。于是屡请居山,方蒙恩许。往玉花(华)宫寺翻译。仍敕供给。一准在京,至彼”。[4] 玄奘天竺归国后,平均每年译经70卷。在玉华寺的4年里,

[1]日本大正藏 No.2119《沙门玄奘上表记》,题为《请入嵩岳表》。

[2]见日本大正藏 No.2119《沙门玄奘上表记》,所收《皇帝报玄奘法师请入嵩岳表敕书》:“省表。知欲晦迹岩泉。追林远而架往。托虑禅寂。轨澄什以标今。仰挹风徽。寔所钦尚。朕业空学寡。靡究高深。然以浅识薄闻,未见其可。法师津梁三界。汲引四生。智皎心灯。定凝意水。非情尘之所曀。岂识浪之能惊。然道德所居。何必太华迭岭。空寂可舍。岂独少室重峦。幸戢来言。勿复陈请。则市朝大隐。不独贵于昔贤。见闻弘益。更可珍于即代,敕。”

[3]见日本大正藏 No.2119《沙门玄奘上表记》,所收《谢勅书表》。

[4]No.2052《大唐故三藏玄奘法师行状》。

共译出佛经 14 部 682 卷,平均每年译经 170 卷。玄奘一生译经 1335 卷,玉华寺译经占一半以上。然参稽其他史料,西明寺院落 10 处,房屋 4000 多间。玄奘在此,实非译经,而是协助史官,共同编撰《西国志》。这反映出天皇朝政治仍然高于佛法的中国政治中心的世俗现实。

5.4　辅政大臣被杀,玄奘重请入山与玉华寺译经

显庆四年(659) 四月,辅佐两代皇帝的长孙无忌被控谋反,押送黔州,褚遂良等被免职。七月,长孙无忌被逼自缢。这场激烈的政治斗争令玄奘惊恐万分,玄奘再次申请离开长安,《法师玄奘重请入山表》即为此时所作,内容为:

沙门玄奘言名庸虚,幸参梵侣。贞观之日。早沐殊私。永徽以来。函叨恩遇。顾循菲劣。每用惭负。自奉诏翻译,一十五年。夙夜匪遑。思力疲尽。行年六十。又婴风疹。心绪迷谬。非复平常。朽疾相仍。前涂讵几。今讵既不任专译,岂宜滥窃鸿恩。见在翻经等僧,并乞停废。请将一二弟子,移住玉华。时翻小经。兼得念诵。上资国寝。下毕余年。并乞卫士五人,依旧防守……谨诣阙奉表以闻。轻触威严。伏深战惧。谨言。

在玄奘的恳请下,他终于被允许离开长安,安置于玉华寺译经。玉华寺,本玉华宫,永徽二年(651)九月三日天皇改玉华宫为玉华寺。该寺位于今铜川寺玉华川,唐初本名凤凰谷,玄奘出生的地方也叫凤凰谷。十月,玄奘一行来到玉华寺。随行人员除了画师、画工宋法智和负责安全的 5 位卫士外,都是译经场的成员。玄奘一行下榻于肃成院内。译经场则设在了玉华殿。说明虽然玄奘已经离市入山,但这座山中的寺院仍然是皇家寺院,不过已经“废宫为寺”而已。尽管如此,玄奘仍须上表谢恩:

沙门玄奘言。奉昨一日恩敕。许玄奘并弟子移住玉华。翻经僧等随往翻译。依旧供给。喜荷兼极。踊跃参并。玄奘庸流未

品。屡叨圣眷。至仁曲逮。殊泽再加。优其事业。居之显隩。抚心增愧。荷施逾深。一介征生。万殒宁答。不胜戢戴之极。谨诣阙陈谢以闻。谨言。[1]

进入"显庆五年正月一日,翻《大般若》(一卷)[2]"。《大般若经》是玄奘一生所译最大的一部佛经,共有20万颂,600卷。这部经卷全称《大般若波罗蜜多经》,意为"通过智慧到达彼岸"。玄奘没有因为自己偏重瑜伽派而排斥其他诸派。他注重融通大乘诸学,消弭内部纷争,以扩大佛教的社会影响力。

龙朔二年(662)四月,天皇颁诏《命有司议沙门等致拜君亲敕》[3]:

敕旨:君亲之义,在三之训为重;爱敬之道,凡百之行攸先。然释老二门,虽理绝常境,恭孝之躅,事叶儒津。遂於尊极之地,不行拜跪之礼,因循日久,迄乎兹辰,宋朝暂革此风,少选还遵旧贯。朕禀天经以扬孝,资地义而宣礼。奖以名教,被兹真俗,而濑乡之基,克成天构,连河之化,付以国王,裁制之由,谅归斯矣。今欲令道士女冠僧尼,於君皇后及皇太子其父母所致拜,或恐爽其恒情,宜付有司,详议奏闻。

此诏激起了佛教界的激烈反对,西明寺沙门道宣、大庄严寺沙门威秀、大慈恩寺沙门灵会、弘福寺沙门会隐等300多名僧人,皆争相上表反对,其中率先两次出访天竺的正使、朝廷重臣李义表也明确站在反对阵营:

臣元策言:臣闻百王布轨,但礼制于寰中;大觉垂教,津梁于域外:莫不资真人以易俗,赖高僧以移风,遂得谧四海之波涛,脱三界之尘俗。故汉帝不屈于河上,轮王遍礼于沙弥:此则道俗殊途,岂得内外同贯?教许黄冠之辈,游一道于寰中;缁衣之徒,驾五乘于方外:因循既久,助化益深,草偃风行,其来尚矣。臣闻圣人无常

[1]见日本大正藏No.2119《沙门玄奘上表记》,所收《谢得入山表》。
[2]No.2052《大唐故三藏玄奘法师行状》。
[3]《全唐文》卷14《高宗》,中华书局本,页164~165。

师；以主善者为师，圣人无常心。以百姓心为心，兆庶曩昔，敬信归依，今议令拜君父，实乖主善、百姓之心。况袈裟异华俗之服，髡削非章甫之仪，崇之则福生，卑之则罪积。共知拜君无益于国，拜父不利于亲，臣如寝默不言，岂得为忠为孝？臣望随旧轨，请不改张，同太宗文皇帝故事，依前不拜。谨议。[1]

廷议朝臣也势均力敌。反映天皇朝佛教势力上升的势头，遍查记录玄奘生平的文献，不见他的公开表态，天皇李治显然受到虔信佛法的武皇后影响，撤销了拜君主的礼仪，仅保留了致拜父母，仍不为佛教界接受，不得不全部撤销。仅保留了《僧尼不得受父母及尊者礼拜诏》，[2]作为保全颜面的台阶，可见这场僧俗之辩以佛教界的胜利终场。善于圆融的玄奘有幸没有卷入这场险象环生的政治大漩涡，但在得知僧尼停依俗法得到唐朝正式认可之后，仍按捺不住内心的狂喜，上《谢僧尼等停依俗法条表》：

沙门玄奘言。伏见敕旨。僧尼等有过。停依俗法之条。还依旧格。非分之泽。忽委缁徒。不赀之恩。复沾玄肆。睎阳沐道。实用光华。局地修躬。唯增震惕。窃以法王既没。像化空传。崇绍之规。寄诸明后。伏惟皇帝陛下宝圆御极。金轮乘正。眷兹释教。载怀宣阐。以为落饰玄门。本异流俗。虽情牵五浊律行多亏。而体被三衣。福田斯在。削玉条之密网布以宽仁。信金口之真词。允兹回向。斯固天祇载悦。应之以休征。岂止梵侣怀恩。加之以贞确。若有背兹宽贷。自贻伊咎。则违大师之严旨。亏圣主之深慈。凡在明灵。自宜谴谪。岂待平反之律。方科奸佞之罪。玄奘庸昧。猥厕法流。每忝鸿恩。已怀惭惕。重祗殊奖。弥复兢惶。但以近婴疾疹。不获随例诣阙。无任竦戴之诚。谨遣弟子大乘光奉表陈谢。谨言。

〔1〕《全唐文》卷204《王元策》，中华书局影印，页2064～2065。

〔2〕《全唐文》卷12《高宗二》，页147："释典冲虚，有无兼谢，正觉凝寂，彼我俱忘。岂自尊崇，然后为法？圣人之心，主於慈孝。父子君臣之际，长幼仁义之序，与夫周公、孔子之教，异辙同归。弃礼悖德，深所不取。僧尼之徒，自云离俗，先自贵高。父母之亲，人伦以极，整容端坐，受其礼拜，自馀尊属，莫不皆然，有伤名教，实斁彝典。自今以后，僧尼不得受父母及尊者礼拜。"

自显庆五年至龙朔三年十月二十三日,玄奘虽然已至晚年,精力日衰,却进入全力翻译佛典的黄金期。译经多达600卷,“中间又翻成唯识论辨中边论唯识二十论品类足论等。至十一月二十三日。命窥基赍表。请圣上制《大般若经序》。至十二月七日。于蓬莱宫美进时通事舍人凭义宣口敕,许法师从少以来。常愿生弥勒佛所。及游西方。又闻无着菩萨兄弟。亦愿生睹史多天宫。奉事弥勒。并得如愿”。准许玄奘自此停笔,只需每日礼佛,不再主持翻译工作。“不复翻译。唯行道礼忏[1]。”但事实上此后玄奘身体状况虽已不佳,但并没有完全如敕停止译经,但所译经典多规模不大,诸如《咒五首经》,“至麟德元年正月一日。玉花寺众及僧等。请翻《大宝积经》。法师辞曰。知此经于汉土未有缘。纵翻亦不了。固请不免。法师曰。翻必不满五行。遂译四行止”。[2] 可见《大宝积经》实乃玄奘终笔之作。自此绝笔,同年圆寂,走完了这位“舍身求法”的先行者的人生道路。

综上所述,玄奘从西行求法到返唐译经,历经唐初二帝:天可汗李世民与天皇李治,貌似得到无限尊重,实际上却是步履维艰。民间传说的玄奘秉承太宗旨意弘扬佛法,并得到唐朝全力支持,保佑了大唐帝国全盛的记述,全然是伪造和欺骗。事实上梵汉文化、僧俗文化之间存在着尖锐的斗争和迥然全异的哲思认知。此事在明代利马窦传播基督教于中国时期,再度得到了显现与二度认知。事实证明,中国文明(华夏文明)虽然至今仍是世界公认,可与西方基督教文明,阿拉伯世界的伊斯兰教文明,印度的古老文明,希腊、罗马文明,以及今已消亡,但在古代、中世纪曾辉耀中天的波斯袄教文明,泛亚欧的摩尼教文明足以分鼎而食,是朝天共祭的世界主要文明系统之一,或称为华夏文化圈,或中华文化圈。国人每以自豪,然深究此问题,却不难发现,世界一切文明(除中华文明以外),都可列入宗教文明,不论是基督教、伊斯兰教、古婆罗门教——今印度教及其变种佛教、耆那教,以及波斯的袄教及其变

[1] No. 2052《大唐故三藏玄奘法师行状》。

[2] No. 2052《大唐故三藏玄奘法师行状》。

种摩尼教，都志在研究终极关怀问题，并将求真、求善、求美列为人类主要精神追求的范畴。唯有华夏文明或云中华文明的基本特色，却是一切务实，对此，中国的思想家自有其世俗功利的见解。孔子曰"未知生，焉知死"，"足食、足兵"，"敬鬼神而远之"，以及《大学》中所强调君子应当重视的行为典范，无非是正心、修身，齐家、治国、平天下等世俗问题。

图 3－5－1　西安大雁塔

玄奘西行求法、归国译经其实都是遵循着非世俗化的天竺思维方式进行，所追求是以因明（逻辑思辨）的方法，求证佛学的真谛，志在引入法相宗这一与华夏思维模式迥然不同的佛学派别，结果这一学派的重要典籍虽然译出了，但追随者早在玄奘生前就为数寥寥，其忠实弟子更是仅有窥基等一二人而已。这一新兴佛教宗派在中国思想史上不过激起了几片声势不大的浪花，遂即昙花一现而消逝，这既是玄奘的悲剧,也是中国文化的悲剧。唯有至今仍然巍然屹立在西安市的大雁塔仍在默默地回忆那逝去的岁月。

(2010年西安佛教国际学术讨论会参会论文,《西安佛学研究文集》第三编)

6　唐朝六遣使天竺考

——李义表、王玄策等出使事迹辑要

唐朝初年除玄奘西行求法之外，还曾以政府名义，六遣使天竺，以李义表、王玄策为代表人物，诚乃中印交通史上一大盛事，其事迹今皆湮沉不彰，散见于各种文献中，包括类书和佛教载籍。今综辑各种，吸收学术界研究成果，撰为斯文，志在梳理这一历史脉络。

6.1　唐使李义表第一次赴天竺

李义表、王玄策等出使天竺，乃伴随着唐开西域的历史产物。唐贞观十四年(640)唐朝发动了交河道行军，灭亡了麴氏高昌，改置为西州，重挫西突厥乙毗咄陆可汗，唐之声威初播于西域。根据20世纪末发现的《大唐毗沙郡将军叶和墓志》[1]，早在贞观十年(636)地扼丝路南道要冲的于阗国就已归唐，被改置为毗沙郡，途经于阗的丝路南道，已经洞开。至贞观十五年(641)中天竺国王尸罗逸多自称摩伽陀王，遣使通唐，引起太宗李世民的高度关注，遂即遣使李义表为使还聘，《旧唐书》卷198《西戎传》中天竺国具载其事：

> 中天竺王姓乞利啲，或云刹利[2]氏。世有其国……通于大秦，故其宝物或至扶南、交趾贸易焉。百姓殷乐，俗无簿籍，耕王地者输地利。以齿贝为货。人皆深目长鼻。致敬极者，舐足摩踵。家有奇乐倡伎。其王与大臣多服锦罽。上为螺髻于顶，余发翦之使拳。俗皆徒跣。衣重白色，唯梵志种姓披白叠以为异。死者或焚尸取灰，以为浮图；或委之中野，以施禽兽；或流之于河，以饲鱼

[1]原载《新疆文物》1996年第3期，收入薛宗正《学术文萃》，新疆人民出版社2010年6月。

[2]应即世俗国王所在等级刹帝利，说明该国不信仰传统的婆罗门教。

鳖。……有文字,善天文算历之术。其人皆学《悉昙章》,云是梵天法。书于贝多树叶以纪事。不杀生饮酒。国中往往有旧佛迹。隋炀帝时,遣裴矩应接西蕃,诸国多有至者,唯天竺不通,帝以为恨。当武德中,其国大乱。其嗣王尸逻逸多练兵聚众,所向无敌。象不解鞍,人不释甲,居六载而四天竺之君皆北面以臣之,威势远振,刑政甚肃。贞观十五年,尸罗逸多自称摩伽陀王,遣使朝贡。太宗降玺书慰问,尸罗逸多大惊,问诸国人曰:"自古曾有摩诃震旦使人至吾国乎?"皆曰:"未之有也。"乃膜拜而受诏书,因遣使朝贡。太宗以其地远,礼之甚厚,复遣卫尉丞李义表报使。尸罗逸多遣大臣郊迎,倾城邑以纵观,焚香夹道,逸多率其臣下东面拜受敕书,复遣使献火珠及郁金香、菩提树。

这是有关李义表初使天竺的最初记录,天竺国王尸罗逸多遣使通唐,必取道于阗。《册府元龟》记载贞观十五年"是年,天竺国王尸罗逸多遣使朝贡,帝复遣李义表报使。其王复遣使献大珠及郁金香、菩提树"。[1] 按此年之前,李义表之名从未出现,前文"复"字,难于理解,必为衍字,说明此年实乃唐朝初次遣使天竺之岁,李义表就是唐朝所遣出使天竺的著名使臣。则唐与天竺通使应始于贞观十五年,即唐灭高昌,改置为西州,创立安西都护府,亦即唐朝实现了流沙东西汉人政治统一,初开西域之岁的次年。复据《旧唐书》卷198《西戎传》记李义表西使天竺,还途经泥婆罗国即今尼泊尔:

泥婆罗国,在吐蕃西。其俗翦发与眉齐,穿耳,揎以竹桶牛角,缀至肩者以为姣丽。食用手,无匕箸。其器皆铜。多商贾,少田作。以铜为钱,面文为人,背文为马牛,不穿孔。衣服以一幅蔽布身,日数盥浴。以板为屋,壁皆雕画。俗重博戏,好吹蠡击鼓。颇解推测盈虚,兼通历术。事五天神,镌石为像,每日清水浴神,烹羊而祭。其王那陵提婆,身著真珠、玻璃、车渠、珊瑚、琥珀、璎珞,耳垂金钩玉榼,佩宝装伏突,坐狮子床,其堂内散花燃香。大臣及诸

[1]《册府元龟》卷970《外臣部·朝贡三》,页11399上。

左右并坐于地，持兵数百列侍其侧。宫中有七层之楼，覆以铜瓦，栏槛楹栿皆饰珠宝。楼之四角，各悬铜槽，下有金龙，激水上楼，注于槽中，从龙口而出，状若飞泉。那陵提婆之父，为其叔父所篡，那陵提婆逃难于外，吐蕃因而纳焉，克复其位，遂羁属吐蕃。贞观中，卫尉丞李义表往使天竺，涂经其国，那陵提婆见之，大喜，与义表同出观阿耆婆沴池。周回二十余步，水恒沸，虽流潦暴集，烁石焦金，未尝增减。以物投之，即生烟焰，悬釜而炊，须臾而熟。其后王玄策为天竺所掠，泥婆罗发骑与吐蕃共破天竺有功。[1]

这次李义表出使天竺的重要成果在于把天竺甘蔗榨糖的技术传入中国，"使既西返。又敕王玄策等二十余人。随往大夏。并赠绫帛千有余段。王及僧等数各有差。并就菩提寺僧召石蜜匠。乃遣匠二人僧八人。俱到东夏。寻敕往越州。就甘蔗造之皆得成就"。[2] 天竺使臣李义表何年返唐，虽然史无明载，却必定在贞观十七年之前，说明必为贞观十五年出使，十六年返回。

6.2 唐朝第二次遣使天竺，王玄策出任副使

贞观"十七年正月朔，薛延陁、百济、高丽、新罗、吐谷浑、康国、女国，闰六月，堕和罗国，十一月，吐蕃、薛延陁、新罗、婆罗门、同娥、西蕃处般啜等国，各遣使献方物。是年，拂菻王波多力遣使献赤颇黎、绿颇黎、石绿、金精等物。陁洹国遣使来朝"。[3] 正是在这一深刻历史背景下，贞观十七年三月，李义表被授予朝散大夫行卫尉寺丞上护军再次出任赴天竺正使，另以原黄水县令王玄策出任副使，使团由李义表、王玄策、魏才、宋法智等 22 人组成。这位王玄策就是曾与玄奘《大唐西域

〔1〕《太平御览》卷 795，《四夷部》卷 795，《四夷部十六·西戎》，泥婆罗所记略同。

〔2〕道宣撰：《续高僧传》卷 4，译经篇 4《玄奘传》，又《太平御览》卷 792《四夷部十三·西戎一》，天竺所记类似。可参稽见季羡林先生有关论文。

〔3〕《册府元龟》卷 970《外臣部·朝贡三》，页 11399 下。

记》齐名的鸿篇巨制《中天竺行记》的作者。其中王玄策最早引起前辈学者冯承钧的注意,率先编写了《王玄策事辑》[1],其后又有孙修身《王玄策事迹钩沉》[2]等问世,其名气竟然掩盖了两次出使天竺的李义表。

这次西使,据西明寺沙门释道世撰《法苑珠林》卷29《感通篇二十一·圣迹部第二》,又依《王玄策传》云:"粤以大唐贞观十七年(643)三月内。爰发明诏。令使人朝散大夫行卫尉寺丞上护军李义表,副使前融州黄水县令王玄策等送婆罗门客还国。其年十二月至摩伽陀国。因即巡省佛乡览观遗踪。圣迹神化在处感征。"据同书记载李义表、王玄策一行于贞观十九年(645)正月二十七日至王舍城。登上留有佛迹的耆阇崛山,立碑勒铭,[3]记载了唐使曾至此的事迹。《全唐文》卷162收录了李义表所勒《登耆阇崛山铭》,总5首:

(一)

大唐出震,膺图龙飞。
光宅率土,恩覃四夷。
化高三五,德迈轩羲。
高悬玉镜,垂拱无为?

(二)

道法自然,儒宗随世。
安上作礼,移风乐制。
发于中土,不同叶裔。
释教降此,运于无际。

(三)

神力自在,应化无边。

---

〔1〕冯承钧:《西域南海史地考证论著汇编》,中华书局1957年版,页120~121。

〔2〕新疆人民出版社1998年8月第1版。

〔3〕道世:《法苑珠林》卷29《感通篇二十一·圣迹部第二》:"至十九年正月二十七日至王舍城。遂登耆阇崛山。流目纵观。傍眺罔极。自佛灭度千有余年。圣迹遗基俨然具在。一行一坐皆有塔记。自惟器识边鄙。忽得躬睹灵迹。一悲一喜不能裁抑。因铭其山用传不朽。欲使大唐皇帝与日月而长明。佛法弘宣共此山而同固。"

或涌于地，或降于天。

百亿日月，三千大千。

法云共扇，妙理俱宣。

（四）

郁乎此山，奇状增多。

上飞香云，下临澄波。

灵圣之所降集，贤懿之所经过。

存圣迹于危峰，贮遗址于岩阿。

（五）

参差岭嶂，重叠岩廊。

铿锵宝铎，氛氲异香。

览华山之神踪，勒贞碑于崇冈。

驰大唐之淳化，齐天地之久长。[1]

又有记载，此岁二月十一日，王玄策还在摩伽陀国摩诃菩提寺菩提树下塔西立了汉字碑铭[2]。

《全唐文》卷990收录了此碑全文，题为《身毒国摩诃菩提寺碑》[3]：

昔汉魏君临，穷兵用武，兴师十万，日费千金，犹向北勒阗颜，东村不到。大唐牢笼六合，道冠百王。文德所加，溥天同附。是故身毒诸国，道俗归诚。皇帝愍其忠款，遐轸圣虑，乃命使人朝散大夫、行卫尉寺丞上护军李义表、副使前融州黄水县令王元荣等二十二人，巡抚其国，遂至摩诃菩提寺。其寺所菩提树下金刚之座，贤

[1]《全唐文》卷162《李义表》，中华书局影印，页1658下～1659上。

[2]道世：《法苑珠林》卷29《感通篇二十一 · 圣迹部第二》："又依《王玄策传》云。此汉使奉敕。往摩伽陀国摩诃菩提寺立碑。至贞观十九年二月十一日。于菩提树下塔西建立。使典司门令史魏才书昔汉魏君临。穷兵用武。兴师十万。日费千金。犹尚北勒阗颜东封不耐。大唐牢笼六合道冠百王。文德所加溥天同附。是故身毒诸国道俗归诚皇帝愍其忠款遐轸圣虑。乃命使人朝散大夫行卫尉寺丞上护军李义表副使。前融州黄水县令王玄策等二十二人巡抚其国。遂至摩诃菩提寺所菩提树下金刚之座。贤劫千佛并于中成道。严饰相好具若真容。灵塔净地巧穷天外。此乃旷代所未见。史籍所未详。"

[3]《全唐文》，中华书局影印，页10248～10249。

劫千佛,并于中成道。观严饰相好,具若真容,灵塔净地,巧穷天外,此乃旷代所未见,史籍所未详。皇帝远振鸿风,光华道树,爰命使人,届斯瞻仰,此绝代之盛事,不朽之神功,如何寝默咏歌,不传金石者也。乃为铭曰:

大唐抚运,膺图寿昌。
化行六合,威棱八荒。
身毒稽颡,道俗来王。
爰发明使,瞻斯道场。
金刚之座,千佛代居。
尊容相好,弥勒规模。
灵塔壮丽,道树扶疏。
历劫不朽,神力焉如。

至贞观二十年(646)史书中又出现了如下记载:"二十年正月,吐谷浑、吐蕃、高丽、石国,三月,西蕃似盘[1]、役盘国王、瑟匿国,闰三月,悉立国、章求拔国、俱兰国并遣使贡献。"[2]同岁"大唐贞观二十年。西国有五婆罗门。来到京师。善能音乐祝术杂戏。截舌抽肠走绳续断"。[3]

关于李义表第二次出使天竺(王玄策第一次西使天竺)的返回时间,据道宣《集古今佛道论衡》卷丙《法师翻老子为梵文事第十》明确记载乃贞观二十一年(647):"西域使李义表还,奏称:'东天竺童子王所,未有佛教,外道宗盛。臣已告云:支那大国,未有佛教已前,旧有圣人说经,在俗流布,但此丈不来,若得闻者,必当信奉。'彼王言:'卿还本国,译为梵言,我欲见文。必道越此徒,传通不晚。'"按东天竺童子王,指迦没路国,即玄奘《大唐西域记》的迦摩缕波国王,乃东天竺名王,该王不信佛法,故向中土另求汉土经书,此书应即被道教推为本教经典的《老子》五千言,亦即《道德经》。见赞宁《宋高僧传·含光传·

[1]《唐会要》卷100、《新唐书》卷221下皆作"似没"。
[2]《册府元龟》卷970《外臣部·朝贡三》,页11399下~11400上。
[3]道世:《法苑珠林》卷72。

系词》卷27记载:“又唐西域求《易》《道经》,诏僧道译唐为梵,二教争菩提为道,纷拏不已,中辍。设能翻传到彼,见此方玄赜之典籍,岂不美欤?”此事也得到我国正史的证实。诸如《旧唐书·天竺传》卷198记有:“五天竺所属之国数十……其风俗物产略同.有伽没路国,开东门以向日,王玄策至,其王发使,贡以奇珍异物及地图。因请老子像及《道德经》。”《新唐书·西域传·天竺国》卷221亦载:“迦没路国献异物,并上地图,请老子像。”太宗得讯,“登即下敕,令玄奘法师与诸道士共译出。于时,道士蔡晃、成英二人,李宗之望,自余锋颖三十令人,并集五通观,日别参议,详核《道德》,奘乃句句披析,穷其义类,得其旨理,方为译之”。[1]据此可知,《道德经》实乃受太宗亲自委托,玄奘译为梵文的汉文古籍。

6.3 唐朝第三、第四次出使

唐朝第三次出使天竺的始发时间同《道德经》梵本的译成存在着重要的因果关系,区区五千言,对于精通梵文的玄奘而言,绝非难事,必定当年完成。而这次唐朝正使已易为王玄策,以故唐朝第三次通天竺,又被称为王玄策的第二次出使。必定发自贞观二十一年末,至贞观二十二年已进入天竺境内。由于中天竺发生政变,此次出使并不顺利。《全唐文》卷204《王元策》记云:“元策,贞观(二?)十二年为右卫率府长史,使西域,为中天竺所抄掠。”说明由于中天竺易主,王玄策使团一行30人,出使不利,仅与副使蒋师仁侥幸逃出。《旧唐书》卷198《西戎传》中天竺国记此难最详:“先是遣右率府长史王玄策使天竺,其四天竺国王咸遣使朝贡。会中天竺王尸罗逸多死,国中大乱,其臣那伏帝阿罗那顺篡立,乃尽发胡兵以拒玄策。玄策从骑三十人与胡御战,不敌,矢尽,悉被擒。胡并掠诸国贡献之物。玄策乃挺身宵遁。”据此,玄奘所译《道德经》必未送达东天竺童子王,就散失于此役。当时,唐朝政

[1]《集古今佛道论衡》卷丙《法师翻老子为梵文事第十》。

治影响早已散布于中天竺周邻诸国,其中同吐蕃之间还结有和亲关系,王玄策遂“走至吐蕃,发精锐一千二百人,并泥婆罗国七千余骑,以从玄策。玄策与副使蒋师仁率二国兵进至中天竺国城,连战三日,大破之,斩首三千余级,赴水溺死者且万人,阿罗那顺弃城而遁,师仁进擒获之。虏男女万二千人,牛马三万余头匹。于是天竺震惧,俘阿罗那顺以归。二十二年至京师,太宗大悦,命有司告宗庙”。[1] 其转败为胜,归国后非但没有受责,反而传捷告功。参稽其他史料,除吐蕃外,章求拔国也在助击阿那顺之役起了重大作用:“二十二年……五月,右卫率府长史王玄策击帝那伏国,大破之。初,玄策使天竺国,会中天竺国王死,国大乱,那伏帝王阿罗那顺自立,发胡兵以拒玄策。玄策宵遁,抵于吐蕃之西界,以书征邻国之兵。吐蕃发精锐一千二百人、泥婆罗固国发七千余骑,与玄策击阿罗那顺,大破之。吐蕃寻遣使来献捷。又,王玄策往西域,为中天竺所劫,章求拔国王发兵赴之,破贼有功。”[2]结果中天竺僭主阿罗那顺被俘入京,成为王玄策的战利品:“[贞观]二十二年五月,右卫率长史王玄策俘帝那伏王阿罗那顺以诣阙。太宗大悦,谓群臣曰:‘夫人耳目玩于声色,口鼻耽于臭味,此乃败德之源。若波罗门不劫掠我使人,岂致俘虏耶?缅寻惟昔,中山以贪宝取毙,蜀侯以金牛致灭,莫不由之。’乃诏所司,以一太牢虔告宗庙。”[3]又有记载:“章求拔国,或云章揭拔,本西羌种也,在悉立西南,闻悉立内附,其王罗利多菩伽遣使因悉立以朝献。后右卫率长史王玄策往西域,为中天竺所劫,其王发兵赴之,破贼有功,自此职贡。俱兰,亦名为俱罗[4]。其王表曰:‘如雪如珠、如云如月、洁白高远是文夫枝、清凉一切如须弥山,又如大海、威力自在、如那罗延、如日光明、大王中王、大汉国胜天子名流四海,俱罗那国王忽提婆谨修礼拜。’”[5]而系其时间为贞观二十年,必为二十二年之误。此战胜利,东印度迦没路国童子王献物、献地图与馈军,

[1]《旧唐书》卷198《西戎传·中天竺国》,页5308。

[2]《册府元龟》卷973《外臣部·助国讨伐》,页11432上。

[3]《册府元龟》卷12《帝王部·告功》,页135上。

[4]原注“《会要》100、《新唐书》221下有弩字”。

[5]《册府元龟》卷970《外臣部·朝贡三》,页11399下~11400上。

梵文《龙喜记》说是献于吐蕃，汉文资料则谓献于唐军。王玄策第二次出使还迎合时已老龄的太宗李世民心理，从天竺帝那伏国带回一名自称有长生术的老人，送呈帝阙："那罗迩娑婆寐，帝那伏国人也。贞观二十二年，右卫率长史王玄策破帝那伏国得之，自言寿三百岁，云有长生之术。太宗颇信之，深加礼敬，馆之金飙门内，造延年之药，令兵部尚书崔敦礼监主之。发使天下，采诸奇药异石，不可胜数。又遣使往婆罗门诸国，以求药物。有药名畔茶佉水，出山中石臼内，有七种色，或热或冷，能消草木金铁，人手入水即销烂。若欲取之，以骆驼髑髅沉于石臼，以水转注瓠芦中。每有此水处，即有石柱，似人形守之。若彼山人传道出此水者即死。又有药名咀赖萝，在高山石崖腹有石孔，孔前有一小树，其叶青绿，状如藜杏，石孔中有大毒蛇守之，人不得到。欲取此树为药，以大方头箭射取枝叶，叶下便有鸟，鸟衔将飞去，即以众箭射鸟而取其叶。诡异之事，类多如此，徒延岁月，术卒不就，后放之还其本土。[1]竟不去，终死于长安。"[2]另有记载李世民对于这位异国长生术仅仅稍试其效，早已洞察其虚妄："二十二年五月，右卫率长史王玄策俘帝那伏王阿罗那顺以诣阙。太宗大悦，谓群臣曰：'夫人耳目玩于声色，口鼻耽于臭味，此乃败德之源。若波罗门不劫掠我使人，岂致俘虏耶？缅寻惟昔，中山以贪宝取毙，蜀侯以金牛致灭，莫不由之。'乃诏所司，以一太牢虔告宗庙。"[3]

同一史料又接记："显庆二年，道王友王玄策奏言：'臣从西域使回，将长年婆罗门至此。问其合药之法，报臣必成。恩旨今若放还，恐失方术之士。'玄策退，帝谓侍臣曰：'玄策昨进对，言古人欲招天下贤哲，先市骏骨，固请留此婆罗门。朕观其狼戾狷急，恐竟无益。口云合药成，欲服时须断食三日，服药令吐，后还断食，服药遣三利，令人极瘦困，然后与药，即换肌肉，始得长生。遍观史籍，定无长生之理。昔者秦皇、汉武慕神仙，求采药物，劳役天下，秦皇五十之余即死。汉武末年，

〔1〕《太平御览》卷792《四夷部·西戎·天竺》。
〔2〕《册府元龟》卷922《总录部·妖妄二》，页10889上~10889下。
〔3〕《册府元龟》卷46《帝王部·智识》，页525上~525下。

乃至国用靡费,功力不足,赖其早觉昔非,下制责躬,息兵止役,始得安静,年踰七十,仅免灭亡。审念此等,必知无成。若有其实,长生之人即今何在?'司空李绩对曰:'此婆罗门未曾经试来,或容不可谙悉。前已验其无成,所以放去,今复更来,头须自白,衰老渐及,岂得仙之状耶?玄策诡诳,何处即有所解。昨见其重来,群情已甚惊怪。陛下知无所用,令更放去,臣等不胜喜跃。'"[1]此处之"帝"仍指太宗,说明"显庆二年"实仍"贞观二十二年"之误。此乃王玄策第二次出使天竺的全过程及其主要成果。别有文献称王玄策及吐蕃松赞干布献俘时间,是在唐太宗贞观二十三年(649)。而太宗当年三月患病,五月崩逝,并在昭陵前蕃王群像中刻有摩伽陀国王阿罗那顺像。笔者更倾向于这一见解。

唐朝第四次出使,亦即王玄策第三次出使的时间为显庆二年(657),史书所载非常清晰,使命是送佛袈裟,西明寺沙门释道世撰《法苑珠林》卷16《业因部四》引佚书王玄策《西国行传》云:"唐显庆二年敕使王玄策等往西国。送佛袈裟。"何谓佛袈裟?西明寺沙门释道世撰《法苑珠林》卷35《违损部第六·感应缘》引《西域志》云:"娑罗双树林边别有一床。是释迦佛素像在上。右胁而卧。身长二丈二尺四寸。以金色袈裟覆上。今犹现在数放神光。又王舍城东北是耆阇崛山有佛袈裟石。佛在世时。将就池浴脱衣于此。有鹫鸟衔袈裟升飞。既而坠地化成此石。纵横叶文今现分明。其南有佛观田命弟子难陀制造袈裟处。并数有瑞光现。大唐使人王玄策等。前后三回。往彼见者非一。"据此可知,佛袈裟实为天竺佛迹的一部分,王玄策至多只可能带回一批有关佛迹拓片,绝不可能带回原物。因此,所谓"送佛袈裟"云云,至多也只能是送一批有关佛袈裟的拓片。显庆二年是岁,诸前朝遗辅政大臣长孙无忌等悉已被除,天皇李治早已牢牢地掌握政权,此帝虽然形式上仍然继承了唐朝开国二帝(太祖、太宗)制定的独尊道教,次儒教,佛教位居三教之末的传统,实质上在皇后武曌的影响下,信仰佛

[1]《册府元龟》卷46《帝王部·智识》,页525上~525下。

教更为虔诚,可见这次王玄策的出使宗教意义更大于政治意义,反映出唐朝主流信仰开始发生重大改变。西明寺沙门释道世撰《法苑珠林》卷16《业因部四》,记显庆二年出使的王玄策当年“至泥婆罗国西南。至颇罗度来村东坎下。有一水火池。若将家火照之。其水上即有火焰于水中出。欲灭以水沃之。其焰转炽。汉使等曾于中架一釜煮饭熟。使问彼国王。国王答使人云。曾经以杖刺着一金匮。令人挽出。一挽一深。相传云。此是弥勒佛当来成道天冠金。火龙防守之。此池火乃是火龙火也。又智度论云。弥勒菩萨为白衣时。师名婆跋犁。有三种相。一眉间白毫相。二舌覆面相。三阴藏相。如是等非是菩萨时亦皆有此相也”。此行亦为考察佛迹。同书卷4《星宿部第二》引王玄策《西国行传》云:“王使显庆四年(659)至婆栗阇国。王为汉人设五女戏其五女传弄三刀加至十刀。又作绳伎。腾虚绳上着履而掷。手弄三仗刀楯枪等。种种关伎杂诸幻术。截舌抽肠等。不可具述。”同书卷72又记:“至显庆已来。王玄策等数有使人向五印度。西国天王为汉使设乐。或有腾空走索履屐绳行。男女相避歌戏如常。或有女人手弄三仗。刀槊枪等。掷空手接绳走不落。或有截舌自缚。解伏依旧不劳人功。如是幻戏种种难述。”显庆二年以后,王玄策确曾再次奉使天竺是实,其间还曾到达吐蕃西南地区,见《法苑珠林》卷7《诫勖部第八·感应缘》引《王玄策行传》云:“吐蕃国西南有一涌泉。平地涌出。激水遂高五六尺甚热。煮肉即熟。气上冲天像似气雾。有一老吐蕃云。十年前其水上激。高十余丈。然始傍散。有一人乘马逐鹿直赴泉中。自此已来不复高涌。泉中时时见人骸骨涌出。垂[毛垒]布水须臾即烂。或名为镬汤。此泉西北六七十里更有一泉。其热略等。时时盛沸殷若雷声。诸小泉温往往皆然。今此震旦诸处多有温汤。准此亦是镬汤。故四分律下文佛言。王舍城北有热汤。从地狱中来。初出甚热。后流至远处稍冷。为有余水相和。所以冷也。”

关于王玄策返国的时间,《法苑珠林》卷29《感通篇二十一·圣迹部二》记王玄策经大雪山顶龙池、山下龙立寺,“城西北大河南岸古王寺中有佛弱龄龀齿。长一寸余。又此东南往古王寺。有佛顶骨一片。

广二寸余。色黄白发孔分明。至大唐龙朔元年(661)春初。使人王玄策从西国将来。今现宫内供养”。以此,“元策……龙朔中官左骁卫长史”。[1] 是岁,噶尔东赞域宋复为吐蕃大相,就任后,立即攻占已被唐朝置为鸟飞州都督府,地处安西通吐火罗道咽喉的护密国,进入唐、蕃关系全面紧张化的历史前夜。龙朔二年(662)在吐蕃的挑动和支持下,弓月、疏勒、龟兹皆先后叛唐附蕃,西域道阻。据此判断,王玄策返唐时间只能在龙朔元年(661)。则唐朝第四次遣使天竺,亦即王玄策第三次出使天竺的时间应为显庆二年至龙朔元年(657—661)。

6.4　王玄策入竺“前后三回”与唐朝第五、第六次出使

龙朔三年 (663)在天皇李治的亲自主持下,展开了关于佛教僧侣是否必须严格世俗法律、跪拜君亲的大辩论。虔信佛教的王玄策呈上《议沙门不应拜俗状》,援引佛教经典、戒律,不顾前代国君颁布的严令僧尼悉遵唐法,必须跪拜君亲的法令,力主僧、俗两个世界,无须跪拜君亲:

> 臣元策言:臣闻百王布轨,但礼制于寰中;大觉垂教,津梁于域外,莫不资真人以易俗,赖高僧以移风,遂得谧四海之波涛,脱三界之尘俗。故汉帝不屈于河上,轮王遍礼于沙弥,此则道俗殊途,岂得内外同贯?教许黄冠之辈,游一道于寰中;缁衣之徒,驾五乘于方外。因循既久,助化益深,草偃风行,其来尚矣。臣闻圣人无常师;以主善者为师,圣人无常心。以百姓心为心,兆庶曩昔,敬信归依,今议令拜君父,实乖主善、百姓之心。况袈裟异华俗之服,髡削非章甫之仪,崇之则福生,卑之则罪积。共知拜君无益于国,拜父不利于亲,臣如寝默不言,岂得为忠为孝?臣望随旧轨,请不改张,同太宗文皇帝故事,依前不拜。谨议。[2]

---

[1]《全唐文》卷 204《王元策》,中华书局影印,页 2064 ~ 2065。
[2]《全唐文》卷 204《王元策》,中华书局影印,页 2064 ~ 2065。

在王玄策三使摩伽陀王国的显庆二年，天皇李治曾经下僧尼不得受父母及尊长致拜的诏书，龙朔三年四月，天皇再下僧尼致拜父母的诏书，这是对其父祖既定方针的贯彻和执行，却受到僧尼和信佛朝臣的顽强抵制。龙朔三年五月，天皇李治集百官于朝堂，再议此法。王玄策时任左卫率长史，应召参加了这次大辩论，足以证实龙朔三年五月，王玄策仍在唐廷，且深受天皇李治的信任。

关于唐朝是否存在第五次遣使天竺，亦即是否存在王玄策第四次出使天竺的问题，学术界多据《法苑珠林》卷35《违损部第六·感应缘》引《西域志》所记"大唐使人王玄策等。前后三回"以为定论，其实，此说源自龙朔三年王玄策所撰《议沙门不应拜俗状》中自述出使经历"自佛教之兴，始於天竺，臣经三使，颇有见闻"[1]一语，自然不包括李义表主持的第一次出使，当然也不可能预见到龙朔三年之后王玄策本人的再次出使。近年孙修身《王玄策事迹钩沉》就是根据《大唐西域求法高僧传》卷上《玄照传》所记，力主龙朔三年六月之后，王玄策再次奉诏第四次出使天竺，任务是护送正在天竺逗留的玄照取道吐蕃返唐。

笔者也赞同其说，并对玄照赴天竺求法的时间做了大胆的推测。玄照，梵名般迦舍末底，意译为照慧，本太州仙掌人，出身冠缨世族，"总髫之秋抽簪出俗。成人之岁思礼圣踪。遂适京师寻听经论。以贞观年中乃于大兴善寺玄证师处。初学梵语。于是仗锡西迈挂想祇园。背金府而出流沙。践铁门而登雪岭"。西行求法，曾"途经速利，过睹货罗。远跨胡疆，到吐蕃国，蒙文成公主送往北天"。按贞观初年，边关紧锁，玄奘西行，就是偷渡，根本不可能奉敕自由西行，根据传文中"远跨胡疆，到吐蕃国"判断，此人既曾亲履蕃疆，又与文成公主关系稔熟，而文成公主出塞和亲乃贞观十五年(641)，且有资料证实随公主和亲者还有僧人及大量汉传佛教经典，以此判断，这位玄照大师，很可能出塞时间就是贞观十五年。此后又由文成公主派往天竺，进一步深造，得以先在阇阑陀国逗留四载，"学经律习梵文。既得少通。渐次南上

[1]《全唐文》卷204《王元策》，中华书局影印，页2064～2065。

到莫诃菩提。复经四夏。……后之那烂陀寺。留住三年",始与正在归途中的唐使王玄策相遇。同书详记其事:

> 后因唐使王玄策归乡。表奏言其实德。遂蒙降敕。重诣西天追玄照入京。路次泥波罗国。蒙王发遣送至吐蕃。重见文成公主。深致礼遇。资给归唐。于是巡涉西蕃而至东夏。以九月而辞苦部。正月便到洛阳。五月之间途经万里。于时麟德年中。驾东洛奉谒阙庭。

孙修身据此推断,王玄策第三次出使天竺时期,曾与玄照会面,并在归国后,报告了天皇李治,复据前引文字:"遂蒙降敕。重诣西天追玄照入京。路次泥波罗国。蒙王发遣送至吐蕃。重见文成公主。深致礼遇。资给归唐。于是巡涉西蕃而至东夏。以九月而辞苦部。正月便到洛阳。"足证王玄策出使天竺不止三次,还有第四次出使。且途经文成公主所居的逻娑(逻些,今拉萨)。其具体行进路线乃在麟德元年(664)九月辞别苦部,经泥婆罗(尼泊尔),取道逻娑,沿青海路,穿越河西走廊,仅行5个月,就于麟德二年(665)正月返回唐境,并于洛阳得到天皇李治的接见。联系龙朔三年至麟德二年间的西域形势,正是吐蕃反唐派领袖噶尔东赞域宋第二次出任大相,唐蕃关系空前紧张时期,王玄策之所以受命召玄照东返,并利用玄照与文成公主的特殊关系,取道吐蕃,并在吐蕃的友好护送下平安返唐,说明这次出使必定衔有同吐蕃秘密谈判的特殊使命。王玄策东返后,还效法《大唐西域记》体例,将历次出使见闻,撰为《中天竺行记》10卷呈上,题为"皇朝朝散大夫王玄策撰"[1]。曾与辩机所撰《大唐西域记》,并为唐代两部最负盛名的西域地理学名作。同书又记至麟德二年颁诏敕文学馆共撰《西域志》

〔1〕道世:《法苑珠林》卷100《传记篇·翻译部二》。

60卷,加图40卷,总100卷,又名《西国志》,至乾封元年(666)成书,[1]藏诸天府。可惜岁月沧桑,到了今天,无论是官修的《西域志》、王玄策所撰《中天竺行纪》,还是魏王李泰主持撰修的《括地志》,都已成为佚书,其绝大部分内容,都已荡然无存,无可查找了。

应当补充的是,继李义表、王玄策之后,又有玄照的奉敕出使。此事至今仍未引起学术界的注意。根据仍是《大唐西域求法高僧传》卷上《玄照传》,该书记其人携大量梵本于麟德二年(665)返唐,先是赴东都洛阳,得到天皇召见,又接受了赴印度、迎迓高龄婆罗门卢迦溢多的特殊任务,此人大约精通医术,旨在治疗天皇宿疾。玄照本欲在洛阳敬爱寺翻译佛典萨婆多部律摄。"既而敕令促去,不遂本怀。所将梵本悉留京下。于是重涉流沙,还经碛石。崎岖栈道之侧。曳半影而斜通。摇泊绳桥之下。没全躯以傍渡。"途中遭到吐蕃的阻击,"仅存余命。行至北印度界。见唐使人引卢迦溢多于路相遇。卢迦溢多复令玄照及使傔数人,向西印度罗荼国,取长年药。路过缚渴罗,到纳婆毗诃罗(唐云新寺),睹如来澡盥及诸圣迹。渐至迦毕试国,礼如来顶骨。香华具设,取其印文。观来生善恶。复过信度国方达罗荼矣。蒙王礼敬安居四载。转历南天。将诸杂药,望归东夏。到金刚座,旋之那烂陀寺,净与相见。尽平生之志愿。契总会于龙华。但以泥波罗道,吐蕃拥塞不通,迦毕试途,多氏(言多氏者即大食国也),捉而难度。遂且栖志鹫峰,沈情竹苑。虽每有传灯之望。而未谐落叶之心。嗟乎苦行标诚,利生不遂。思攀云驾,坠翼中天。在中印度庵摩罗跛国,遘疾而卒。春秋六十余矣"。据此可知,玄照返唐后,很快又成为天皇本人特使赴天

[1]道世:《法苑珠林》卷100《传记篇·翻译部二》:"《西域志》六十卷、《图画》四十卷,由此二部合成一百卷,皇朝麟德三年奉敕令百官撰。"《法苑珠林》卷29《感通篇二十一·述意部第一》:"依奘师行传、王玄策传,及西域道俗。任土所宜非无灵异。敕令文学士等总集详撰。勒成六十卷。号为《西国志》,图画四十卷合成一百卷。从于阗国至波斯国已来。大唐总置都督府及州县折冲府。合三百七十八所。九所是都督府。八十所是州。一百三十三所是县。一百四十七所是折冲府。四洲所宜人物别异者,并简配诸篇,非此所明。今之所录者。直取佛法圣迹住持。别成一卷。余之不尽者。具存大本。冀后殷鉴,知有广略矣。"《法苑珠林》卷5《战斗部七·感应缘》:"《西国志》六十卷。国家修撰。奉敕令诸学士画图。集在中台。复有四十卷。从麟德三年起首至乾封元年夏未方讫。余见玄策。具述此事。"

竺，负有迎送高龄婆罗门卢迦溢多、取长生药的秘密使命。为此他不得不停下翻译佛典的宏伟计划，但这时唐蕃战争已全面爆发，泥婆罗（尼泊尔）已成吐蕃属国，路遇吐蕃劫击，仅只身逃出，虽成功到达天竺，却返唐无路，终于老死异乡。玄照出使实乃有始无终。

综上所述，唐朝遣使天竺，总共六次，其中李义表主持两次，王玄策主持三次，此后又有玄照有始无终的出使，表列如下，以填补唐印交通史上一大空白：

表 3－6－1　唐朝遣使天竺概况

唐朝出使次序	时间	正、副使姓名、身份	出使使命	出使成果	备注
第一次出使	贞观十五年至十六年（641—642）	正使卫尉丞李义表	还聘天竺国王尸罗逸多遣使通唐	引入天竺甘蔗榨糖技术	李义表第一次出使
第二次出使	贞观十七年至二十一年（643—647）	正使朝散大夫、行卫尉寺丞、上护军李义表，副使前融州黄水县令王玄策	送婆罗门客还国	顶礼佛迹并立碑《登耆阇崛山铭》及《身毒国摩诃菩提寺碑》	李义表第二次出使，王玄策第一次出使
第三次出使	贞观二十一年末至二十三年（648—649）	正使朝散大夫、右卫率府长史王玄策，副使蒋师仁	应东天竺童子王之请，送汉文《道德经》梵文本	遭中天竺劫掠，梵译《道德经》及金帛悉被掠，正副使逃出，吐蕃、章求拔、泥婆罗皆发兵，俘中天竺王阿罗那顺，献捷神京	王玄策第二次出使
第四次出使	显庆二年至龙朔元年（657—661）	正使王玄策	送佛袈裟	传入幻技、绳技	王玄策第三次出使

续表 3-6-1

唐朝出使次序	时间	正、副使姓名、身份	出使使命	出使成果	备注
第五次出使	龙朔三年六月至麟德二年(663—665)	正使王玄策	召汉僧玄照返国	途经文成公主处，秘密谈判唐、蕃关系	王玄策第四次出使
第六次出使	麟德二年(665)起程，一去不返	僧人玄照	敕迎婆罗门卢迦溢多入唐传长生术	无成果	玄照秘密出使

7 《大云经疏》的编撰与废弃
——兼论唐、周易代时期的佛学思潮

《大云经疏》的编撰与废弃反映了从天授革命至武周皇朝期间舆论导向的历史演变。这部托名佛教经疏的作品融《大云经》、《宝雨经》、佛教预言与儒教谶纬之学为一体,将弥勒佛取代释迦佛的天国变革移植到人间,导致弥勒佛信仰昙花一现。这是佛教中国本土化进程的重要历史阶段。其后随着武周政权的巩固与薛怀义为首的神都天授记寺、魏国东寺、长安光明寺异端僧侣集团的溃灭,遮卢舍那佛的信仰代兴,华严宗、净土宗、观世音崇拜则悄然兴起。反映了佛教传入世俗皇权占统治地位的中国以后,随着唐周易代到唐朝隆兴的过渡,佛教思潮的复杂演变。

7.1 武周革命的舆论引导

自武曌[1]立为皇后之后,辅佐唐朝第三代君李治开创了武功空前的显庆、龙朔盛世,包括新疆全境在内的广大西域领土并入中国领土就始于此时。其后李治称天皇,武曌称天后,号称二圣。天皇在位后期,

[1]史书中明确记载,武周皇朝女帝自名武曌,曌乃武周新字之一,实即照,说明其人本名武照。迄今学术界都称之为“武则天”,所据无非是两唐书、《资治通鉴》皆称之为则天皇后,勘之原始记载,武曌称帝前,与其夫李治并称天皇、天后,从未加“则”字,“则天”实乃武曌死后,其子李显所上谥号,意即以天皇为行为准则,以淡化、忽略其曾经主持武周革命,自称皇帝的史实,并非其本人自称。复据《新唐书》卷4《则天皇后本纪》,页105:“徙后于上阳宫。戊申,上后号曰则天大圣皇帝。十一月,崩,谥曰大圣则天皇后。唐隆元年,改为天后;景云元年,改为大圣天后;延和元年,改为天后圣帝,未几,改为圣后;开元四年,改为则天皇后;天宝八载,加谥则天顺圣皇后。”可见这一谥号不能反映武曌原名,有必要恢复历史的本来面目。

以病为由，天后实已独秉国政，内结太宗第十八女千金公主[1]，外结裴炎等朝廷重臣，并通过裴炎，得到将军程务挺、张虔勖等人的支持，实已控制政权、军权于一身。"弘道元年十二月丁巳（初四，683年12月27日），大帝崩，传位皇太子［李］显[2]"，伪托天皇遗诏"军国大务不决者，兼取天后进止[3]"，取得了政权的监控权与裁决权。甲子（十一日，684年1月4日），李显即皇帝位，谥号中宗，史称唐和帝，又称龙兴帝[4]。弘道元年（683）春，正月，甲申朔（684年1月23日），改元嗣圣。李显虽为武曌亲生子，却志气弘远，不甘处处受母后掣肘，即位之初，即重用外戚，培植亲信，"立太子妃韦氏为皇后；擢后父玄贞自普州参军为豫州刺史。癸巳，以左散骑常侍杜陵韦弘敏为太府卿、同中书门下三品"，[5]为真正亲政扫清道路。又因欲立后父韦玄贞为侍中，授乳母之子五品官，与辅政宰相裴炎发生了公开冲突，武曌遂于二月戊午偕裴炎，命将军程务挺率兵武装进入正殿，当众废免皇帝。"二月戊午，废皇帝为庐陵王，幽之。"[6]接着"［二月］己未（初七，2月27日），立豫王轮为皇帝，令居于别殿。大赦天下，改元文明。皇太后仍临朝称制。庚午（十八日，3月8日），废皇太孙重照为庶人"。[7] 同月"辛酉，太后命左金吾将军丘神勣诣巴州，检校故太子贤宅以备外虞，其实风使杀

[1]《旧唐书》卷183《薛怀义附传》，页4742："则天将革命，诛杀宗属诸王，唯千金公主以巧媚善进奉独存，抗疏请以则天为母，因得曲加恩宠，改邑号为延安大长公主，加实封，赐姓武氏。以子克乂娶魏王武承嗣女，内门参问，不限早晚，见则尽欢。"参阅《新唐书》卷83，《诸帝公主·太宗十九女》："安定公主，始封千金。下嫁温挺。挺死，又嫁郑敬玄。（太宗十八女），温挺，温彦博次子。"两相勘校，似以延安大长公主为是。

[2]《旧唐书》卷6《则天皇后本纪》，页116。

[3]《资治通鉴》卷203，弘道元年（683），页6416。

[4]《册府元龟》卷15《帝王部五·年号》："中宗以弘道元年十二月甲子（十一日，684年1月4日）自皇太子即位。"《新唐书》卷4《则天皇后本纪》，页82："弘道元年十二月，高宗崩，遗诏皇太子即皇帝位，军国大务不决者，兼取天后进止。甲子（十一日，684年1月4日），皇太子即皇帝位，尊后为皇太后，临朝称制。大赦。"《旧唐书》卷6《则天皇后本纪》，页116则别记为："弘道元年十二月丁巳（初四，683年12月27日），大帝崩，皇太子显即位，尊天后为皇太后。既将篡夺，是日自临朝称制。"两相勘较，应以弘道元年十二月甲子（十一日，684年1月4日）准，《旧唐书》所记，实为天皇大帝薨，遗命李显即位之日，非正式登基之时。

[5]《资治通鉴》卷203，光宅元年（684），页6417。

[6]《新唐书》卷4《则天皇后本纪》，页82。

[7]《旧唐书》卷6《则天皇后本纪》，页116。

之”[1],“三月,丁亥,丘神勣至巴州,幽故太子贤于别室,逼令自杀”。[2] 可见文明年间,虽然名义上武曌次子李旦已登基为帝,史称睿宗,此人实不聪睿,不过一具政治傀儡,及丘神勣到达巴州之后,另一唐朝皇位合法继承人李贤又已被杀,自此唐朝军政大权已全部落入武曌之手。是岁“九月,大赦天下,改元为光宅。旗帜改从金色,饰以紫,画以杂文。改东都为神都,又改尚书省及诸司官名。初置右肃政御史台官员。故司空李勣孙柳州司马徐敬业伪称扬州司马,杀长史陈敬之,据扬州起兵,自称上将,以匡复为辞”。[3] 徐敬业是唐朝开国名将,太宗遗诏辅佐李治的三位顾命大臣之一李勣之子,具有很强的政治号召力,其反武檄文出自著名文学家骆宾王手笔,一时局势动荡,武曌断然起用李唐宗室淮安靖王李神通之子,曾任益州大都督府长史的梁郡公李孝逸凭其李唐宗室声望,当年荡平[4],不肯全力平叛的宰相裴炎,将军程务挺、张虔勖被杀,很快巩固了自身统治。

徐敬业叛乱平定之后的嗣圣二年(文明二年,685)正月初一丁未日改年号为垂拱元年,三月丙辰,迁废皇帝卢陵王于房州,现任皇帝李旦则全被架空,军政大权全部被武曌操控。春官尚书李思文诡言:“《周书·武成》为篇,辞有‘垂拱天下治’,为受命之符。”“后喜,皆班示天下,稍图革命。然畏人心不肯附,乃阴忍鸷害,肆斩杀怖天下。内纵酷吏周兴、来俊臣等数十人为爪吻,有不慊若素疑惮者,必危法中之。宗姓侯王及它骨鲠臣将相骈颈就鈇,血丹狴户,家不能自保。太后操奁具坐重帏,而国命移矣。”[5] 开始秘密筹划改朝换代的“革命”,为此,外廷重用武氏家族成员,其侄武承嗣尤委以重任,内廷又重用其女太平公主,并与前朝宿望、高祖皇帝第十八女千金公主结为心腹。千金公

---

[1]《资治通鉴》卷203,光宅元年(684),页6419。

[2]《资治通鉴》卷203,光宅元年(684),页6419。

[3]《旧唐书》卷6《则天皇后纪》,页117。

[4]《新唐书》卷78《宗室》,页3529:“孝逸,少好学,颇属文。始封梁郡公。高宗时,四迁益州大都督府长史。武后擅国,入为左卫将军,亲遇之。徐敬业称兵,以孝逸为左玉钤卫大将军、扬州行军大总管,帅师南讨……敬业大败,遂拔扬州。以功进镇军大将军,徙封吴国公,威名稜然。武承嗣等忌之,以谗下迁施州刺史。又使人腾恶语闻上,武后信之,以尝有功,贷死,流儋州,薨。”

[5]《新唐书》卷76《后妃传一》,页3481。

主，又作安定公主，下嫁贞观朝名臣温彦博次子温挺。其人攻于心计，献其面首京兆鄠县人冯小宝："入宫言曰：'小宝有非常材用，可以近侍。'因得召见，恩遇日深。"[1]这个冯小宝"伟形神，有膂力[2]"，鬻市洛阳，交接三教九流，尤与非正统派佛教僧人有旧，成为武曌男宠之后，又与其嫁于薛绍义的嫡生爱女太平公主合谋，"欲隐其迹，便于出入禁中，乃度为僧。又以怀义非士族，乃改姓薛，令与太平公主婿薛绍合族，令绍以季父事之。自是与洛阳大德僧法明、处一、惠俨、棱行、感德、感知、静轨、宣政等在内道场念诵。怀义出入乘厩马，中官侍从，诸武朝贵，匍匐礼谒，人间呼为薛师。垂拱初，说则天于故洛阳城西修故白马寺，怀义自护作，寺成，自为寺主"。[3] 以上都是垂拱元年发生事。洛阳白马寺本佛教初传中原的历史古刹，毁于隋末战乱，薛怀义受命重建白马寺之后，声名斐起，法明、处一等神都高僧纷纷挂锡此寺。为酬谢武曌复兴古寺的功德，早在垂拱元年就开始遍查佛典，为这位志在创立新朝的神都女皇寻找革新天命的理论根据。

中国古代占卜、预言、图谶之说盛行，深入人心。儒家学说也吸收了这一思想。故有纬以辅经之说，经指儒家五经，纬，即谶纬，所指就是预言、图谶之说。每一谶语，都必然伴随着一系列重大政治事件。诸如秦末"亡秦必胡"谶语流行，引起蒙恬北击匈奴；东汉末有"苍天已死，黄天当立"之说，故太平道徒皆头系黄巾，以应符命；隋末有"李代隋家"的谶语解释，被附会于李氏将兴之兆[4]。唐贞观末年，又因占星太史预言"女主昌"，连太宗这样精明的人，竟然也未能摆脱这种迷信影

〔1〕《旧唐书》卷183《薛怀义附传》，页4741。

〔2〕《旧唐书》卷183《薛怀义附传》，页4741。

〔3〕《旧唐书》卷183《薛怀义附传》，页4741。

〔4〕《资治通鉴》卷183《炀帝下》，大业十二年（616）："会有李玄英者，自东都逃来，经历诸贼，求访李密，云'斯人当代隋家'。人问其故，玄英言：'比来民间谣歌有《桃李章》曰："桃李子，皇后绕扬州，宛转花园里。勿浪语，谁道许！"''桃李子'，谓逃亡者李氏之子也；皇与后，皆君也。"

图3-7-1 神皇出巡图

响,冤杀了功臣猛将李世羡[1]。其中最后一个谶语就同武曌有关。因此,周革唐命,图谶之说,仍为首选的舆论引导。

垂拱四年(688)武曌不再满足于以唐朝太后身份临朝称制的现实,改建新朝称皇帝的政治意图逐渐明朗化。修建明堂就是这一政治意图的明显界标,史载"[垂拱]四年春二月,毁乾元殿,就其地造明堂"。[2] "以僧怀义为之使,凡役数万人。"[3]当年出现了洛水神图事件,而史书所系时间有异。依《旧唐书》卷6,《则天皇后》:

夏四月,魏王武承嗣伪造瑞石,文云:"圣母临人,永昌帝业。"令雍州人唐同泰表称获之洛水。皇太后大悦,号其石为"宝图",擢授同泰游击将军。

《资治通鉴》卷204,也系此事于垂拱四年戊子四月:

[1]《资治通鉴》卷199,太宗贞观二十二年(648)七月庚寅,因"当时太白屡昼见,太史占云:'女主昌。'民间又传《秘记》云:'唐三世之后,女主武王代有天下。'上恶之。会与诸武臣宴宫中,行酒令,使各言小名。君羡自言名五娘,上愕然,因笑曰:'何物女子,乃尔勇健!'又以君羡官称封邑皆有'武'字,深恶之,后出为华州刺史。有布衣员道信,自言能绝粒,晓佛法,君羡深敬信之,数相从,屏人语。御史奏君羡与妖人交通,谋不轨。壬辰,君羡坐诛,籍没其家"。

[2]《旧唐书》卷6《则天皇后纪》,页118。

[3]《资治通鉴》卷204,垂拱四年(688),页6447。

武承嗣使凿白石为文曰:“圣母临人,永昌帝业。”末紫石杂药物填之。庚午,使雍州人唐同泰奉表献之,隋京兆郡,武德元年改曰雍州。雍,于用翻。称获之于洛水。

太后喜,命其石曰“宝图”。擢同泰为游击将军。

《新唐书》卷4,《则天皇后本纪》则系于垂拱四年五月:

五月庚申,得“宝图”于洛水。乙亥,加尊号为圣母神皇。

参稽其他史料,可以肯定洛水神图出土时间实乃该年四月,五月武曌正式加圣母神皇尊号[1],这意味着她的身份已不再是大唐太后,而是新朝神皇了。为此,是岁“七月庚午,徙关内七州户以实神都”。[2]大加扩张神都洛阳的人口数量,使之足以具有与唐朝正都长安相埒的实力,进而扩大武周革命的群众基础。秋七月,大赦天下。改“宝图”曰“天授圣图”,封洛水神为显圣,加位特进,并立庙。就水侧置永昌县。天下大酺五日。[3] 在此期间,先以博州刺史琅琊郡王冲与越王贞相继叛乱为由,武曌乘机进行了大规模政治清洗,李氏诸王皆罹此难,包括曾为武曌建立大功的梁郡公李孝逸也仅免死,流放。乃至太平公主之夫薛绍也杖一百,饿死于狱。仅以太平公主婿故,免于身首异处的

[1]《旧唐书》卷6《则天皇后纪》,页119:“五月,皇太后加尊号曰圣母神皇。”《资治通鉴》卷204,垂拱四年戊子:“五月,戊辰,诏当亲拜洛,受‘宝图’;有事南郊,告谢昊天;礼毕,御明堂,朝群臣。朝,直遥翻。命诸州都督、刺史及宗室、外戚以拜洛前十日集神都。乙亥,太后加尊号为圣母神皇。”

[2]《新唐书》卷4《则天皇后纪》,页92。

[3]《旧唐书》卷6《则天皇后纪》,页119。又《新唐书》卷4《则天皇后本纪》:“七月丁巳,大赦,改‘宝图’为‘天授圣图’,洛水为永昌洛水,封其神为显圣侯,加特进,禁渔钓。改嵩山为神岳,封其神为天中王、太师、使持节、大都督。赐酺五日。”《资治通鉴》卷204,垂拱四年戊子:“秋,七月,丁巳,赦天下。更命‘宝图’为‘天授圣图’;洛水为永昌洛水,更,工衡翻。封其神为显圣侯,加特进,禁渔钓,祭祀比四渎。唐制,岳渎为中祀。名图所出曰‘圣图泉’,泉侧置永昌县。又改嵩山为神岳,封其神为天中王,拜太师、使持节、神岳大都督,禁刍牧。又以先于汜水得瑞石,改汜水为广武。”

斩刑。[1] 此后太平公主另与武氏家族的武攸暨联姻。[2] 武氏家族势力日盛,成为改创新朝的政治核心力量。"十二月乙酉,杀霍王元轨、江都郡王绪及殿中监裴承光。大杀唐宗室,流其幼者于岭南。己亥,杀骞味道。己酉,拜洛受图。辛亥,改明堂为万象神宫,大赦。"[3] 次岁(垂拱五年)正月元日改元永昌元年,同月,举行"贤良征试,同时射策者千余人[4]",破格擢拔寒门士族出身的官吏作为新朝的政治中坚。永昌元年二月丁酉,已另立武氏七庙,武氏七代先祖悉追封为王[5],说明原计划于永昌初年废止唐朝国号,另建新朝,只待心腹重臣天官尚书(相当于宰相)韦待价亲自主持的安息道行军胜利捷音传来,为新创武周皇朝增添一曲喜庆的凯旋曲。这次由三十六总管组成,武器精新的大规模军事行动代号为"安息道行军",早在垂拱元年就已开始策划,反攻的目标乃势力不断向西域渗透的吐蕃,而拖延五年,今始实施。早于为吐蕃制机于先,焚毁了储存在西州各地的粮库,西征大军无食,秋七月"韦待价军至寅识迦河,据旧书待价传,寅识迦河当在弓月西南。与吐蕃战,大败。(章十二行本"败"下有"会大雪,粮运不继"七字;乙十一行本同;孔本同;退斋校同)待价既无将领之才,将,即亮翻。狼狈

---

〔1〕《资治通鉴》卷204,垂拱四年(688),页6453:"十一月,辛酉,顗、绪伏诛,绍以太平公主故,杖一百,饿死于狱。绍以主壻免诛死。"

〔2〕《资治通鉴》,则天天授元年(690),页6466:"太后欲以太平公主妻其伯父士让之孙攸暨,垂拱四年诛薛绍,太平公主寡居。攸暨时为右卫中郎将,太后潜使人杀其妻而妻之。公主方额广颐,多权略,太后以为类己,宠爱特厚,常与密议天下事……垂拱中,太平公主至一千二百户,圣历初至三千户,景云初增至五千户。"

〔3〕《新唐书》卷4《则天皇后纪》,页88。又《旧唐书》卷183《薛怀义附传》,页7441~4742记:"垂拱四年,拆乾元殿,于其地造明堂,怀义充使督作。凡役数万人,曳一大木千人,置号头,头一嗽,千人齐和。明堂大屋凡三层,计高三百尺。又于明堂北起天堂,广袤亚于明堂。怀义以功拜左威卫大将军,封梁国公。永昌中,突厥默啜犯边,以怀义为清平道大总管,率军击之,至单于台,刻石纪功而还。加辅国大将军,进右卫大将军,改封鄂国公、柱国,赐帛二千段。"

〔4〕《册府元龟》卷650《贡举部·应举》,页7796上。

〔5〕《新唐书》卷4《则天皇后纪》,页88:"二月丁酉,尊考太师魏忠孝王曰周忠孝太皇。置崇先府官。戊戌,追谥妣杨氏曰周忠孝太后;太原郡王曰周安成王,妃赵氏为王妃;金城郡王曰魏义康王,妃宋氏为王妃;北平郡王曰赵肃恭王,妃刘氏为王妃;五代祖鲁国公曰太原靖王,夫人裴氏为王妃。"《资治通鉴》则天永昌元年,页6457:"二月,丁酉,尊魏忠孝王曰周忠孝太皇,妣曰忠孝太后,文水陵曰章德陵,咸阳陵曰明义陵。武氏之先葬文水,士彟及其妻葬咸阳。置崇先府官。戊戌,尊鲁公曰太原靖王,北平王曰赵肃恭王,金城王曰魏义康王,太原王曰周安成王。"

失据，士卒冻馁，死亡甚众，乃引军还”。[1] 这昭示着洛水瑞谶失灵，武周革命被迫推迟。中国传统的谶纬之学既已丧失舆论引导力，改而乞灵于佛祖默佑，《大云经疏》这部涅槃部佛教经典开始引人注目。这就是《大云经疏》出台的深刻历史背景。

7.2 武周革命与《大云经》的有关记载

永昌元年十一月一日庚辰（689 年 12 月 18 日己丑）改年号为载初，由于武姓为周王室之姓，是年正式推行周历，以十一月为正月，十二月为腊月，因此，载初这个年号实际上跨越了 689、690 年两年，即唐历之永昌元年与永昌二年十一月之前（大体相当于 689 年 12 月 18 日至 690 年 12 月 18 日之前）：

> 载初元年春正月（十一月），神皇亲享明堂，大赦天下。依周制建子月为正月，改永昌元年十一月为载初元年正月，十二月为腊月，改旧正月为一月，大酺三日。神皇自以“曌”字为名，遂改诏书为制书。[2]

> ［永昌］二年（690）十一月庚辰朔日，南至飨明堂，大赦改为载初元年，用周正朔，以十 一月为正月，十二月为腊月，正月为一月，十月为年终。[3]

> 天授元年（690）正月庚辰，大赦，改元曰载初，以十一月为正月，十二月为腊月，来岁正月为一月。以周、汉之后为二王后，封舜、禹、汤之裔为三恪，周、隋同列国，封其嗣。乙未，除唐宗室属籍。[4]

> 十一月，庚辰朔，日南至。太后享万象神宫，赦天下。始用周

---

〔1〕《资治通鉴》，永昌元年（689），页 6459。章十二行本“败”下有“会大雪，粮运不继”七字；乙十一行本同；孔本同；退斋校同。说明“粮运不继”、大军乏食乃此次战役失败的根本原因。此役之后，斩安息道行军副大总管阎温古于秦州，流大总管韦待价于绣州。损兵折将至少十余万，举朝震骇。

〔2〕《旧唐书》卷 6《则天皇后纪》，页 120。

〔3〕《册府元龟》卷 15《帝王部五 · 年号》，页 175 ~ 176。

〔4〕《新唐书》卷 4《则天皇后纪》，页 89。

正,改永昌元年十一月为载初元年正月,以十二月为腊月,夏正月为一月。以周、汉之后为二王后,舜、禹、成汤之后为三恪(古者建国,有宾有恪,二王之后,宾也,待以客礼。师古曰:恪,敬也,待之加敬,亦如宾也。郑玄以二王、三恪通为五代,后人多祖其说。唐本以后周及隋后为二王后,今改之)。周、隋之嗣同列国。[1]

同月,又采纳凤阁侍郎河东宗秦客奏请,推行武周新字,改武照为武曌,天、地、日、月、星、君、年、圣等十二字悉改旧字,成为武周皇朝文字一大独特现象。此岁另一重大事件就是:"武后载初元年,策问贡举人于洛城殿前,试贡举人自此而始[2]。"旨在破格擢拔寒门儒生,为其效力,此为中国科举制度史上殿试之始,具有重大的历史意义。这一切无疑都在为创立新朝做准备,但时至载初年间,仍未正式改朝换代。直至薛怀义与法明等人共同炮制的《大云经疏》出台,载初年号改元天授,才是武周革命成功的历史标志。对此,史书、佛传中虽皆有记载,所记却皆为《大云经》。今搜集有关史料如下:

(1)《新唐书》卷102《岑长倩传》:

凤阁舍人张嘉福、洛州民王庆之建请以武承嗣为皇太子,长倩谓皇嗣在东宫,不宜更立,与格辅元不署,奏请切责嘉福等。和州浮屠上《大云经》,著革命事,后喜,始诏天下立大云寺。

(2)《新唐书》卷4《则天本纪》:

[载初元年]七月辛巳,流舒王元名于和州。颁《大云经》于天下。

(3)宋敏求《长安志》卷10:

东南隅大云经寺:本名光明寺,隋开皇四年文帝为沙门法经所立。时有延兴寺僧昙延,因隋文赐以蜡烛,自然发焰,隋文帝奇之,将改所住寺为光明寺,昙延请更立寺,以广其教,时此寺未制名,因以寺内有浮图,东西相值街东之北功德尼寺,名焉。武太后

[1]《资治通鉴》卷204,则天永昌元年(689),页6462。

[2]《册府元龟》卷639《贡举部·总序》,页7661。

初幸此寺,沙门宣政进《大云经》经中有女王之符,因改为大云经寺,遂令天下每州置一大云经寺。

(4)嘉兴路大中祥符禅寺住持华亭念常集《佛祖历代通载》卷12:

天后废为庐陵王。幽于房州。天后临朝称制。是为则天。明年七月沙门十辈诣阙上《大云经》。盛称则天当即宸极。则天大悦。赐十沙门紫方袍银龟袋。颁经于天下郡国。各建大云寺。九月则天革唐命改国号周。自称圣神皇帝。

(5)《隆兴编年通论》卷14:

弘道元年……明年七月,沙门十辈诣阙上《大云经》,盛称则天当即宸极,则天大悦,赐十沙门紫方袍、银龟袋,颁经于天下郡国,各建大云寺。九月,则天革唐命,改国号周,自称圣神皇帝。

以上五条史料两条出自《新唐书》,一条出自唐代地方志,两条出自佛教史传,所使用的动词分别为"上"(1)、(4)、(5),"进"(3),"颁"(2),虽难于确定《大云经》之真伪,却共同记载以佛典取代图谶作为武周革命的主流舆论引导始于载初元年七月。

与此不同的是,以下两条正史资料,皆明确使用"伪撰""作"等词,从中得知,所"上""呈""颁"的《大云经》实非佛教真经,而是新作的"伪品":

(6)《旧唐书》卷6《则天本纪》:

载初元年……秋七月,杀豫章王亶,迁其父舒王元名于和州。有沙门十人伪撰《大云经》,表上之,盛言神皇受命之事。制颁于天下,令诸州各置大云寺,总度僧千人。

(7)《新唐书》卷76《后妃传一》:

载初中,又享万象神宫,以太穆、文德二皇后配皇地祇,引周忠孝太后从配……除唐属籍。拜薛怀义辅国大将军,封鄂国公,令与群浮屠作《大云经》,言神皇受命事。

伪撰《大云经》还包含着弥勒下生,作阎浮提主的明确记载,尤引人注目,见于以下史料:

(8)《旧唐书》卷183《薛怀义传》:

［载初元年］怀义与法明等造大云经,陈符命,言则天是弥勒下生,作阎浮提主,唐氏合微。故则天革命称周,怀义与法明等九人并封县公,赐物有差,皆赐紫袈裟、银龟袋。其伪《大云经》颁于天下,寺各藏一本,令升高座讲说。

(9)《旧唐书》卷183《外戚传》:

永昌中……怀义与法明等造《大云经》,陈符命,言则天是弥勒下生,作阎浮提主,唐氏合微。故则天革命称周,怀义与法明等九人并封县公,赐物有差,皆赐紫袈裟、银龟袋。其伪《大云经》颁于天下寺,各藏一本,令升高座讲说。

(10)《资治通鉴》卷204载初元年七月:

东魏国寺僧法明等撰《大云经疏》四卷,表上,言太后乃弥勒佛下生,当代唐为阎浮提主,制颁于天下。

(11)通慧大师赞宁《大宋僧史略》下篇:

案《唐书》则天朝有僧法朗等重译《大云经》,陈符命,言则天是弥勒下生,为阎浮提主,唐氏合微。故由之革命称周新《大云经》曰终后生弥勒宫不言则天是弥勒,法朗、薛怀义九人并封县公,赐物有差,皆赐紫袭装、银龟袋。其《大云经》颁于天下,寺各藏一本,令高座讲说。赐紫自此始也。

至"九月九日壬午,革唐命,改国号为周。改元为天授,大赦天下,赐酺七日。乙酉,加尊号曰圣神皇帝,降皇帝为皇嗣。丙戌,初立武氏七庙于神都。追尊神皇父赠太尉、太原王士彟为孝明皇帝。兄子文昌左相承嗣为魏王,天官尚书三思为梁王,堂侄懿宗等十二人为郡王。司宾卿史务滋为纳言,凤阁侍郎宗秦客为内史。给事中傅游艺为鸾台侍郎,仍依旧知凤阁鸾台平章事。令史务滋等十人分道存抚天下。改内外官所佩鱼并作龟”。[1] “十月丁巳，给复并州武兴县百姓，子孙相承如汉丰、沛。甲子，贬宗秦客为遵化尉。丁卯，杀流人韦方质。己巳，杀许王素节之子瑛、琪、琬、瓚、瑒、瑗、琛、唐臣。辛未，贬邢文伟为珍州刺史。置大云寺。封周公为褒德王，孔子为隆道公。改唐太庙为享德庙，以武氏七庙为太庙。”[2]载初元年九月改年号为天授的同时，正式废除唐朝国号，改国号为大周，自此武曌已不再是唐朝太后，而是新建大周皇朝的圣神皇帝。这标志着这场以“革命”名义发生的改朝换代全部完成。至天授二年又进一步于“夏四月，令释教在道法之上，僧尼处道士女冠之前”。[3] 这意味着佛教已上升至武周皇朝国教地位，神皇受命不仅是天命，而且是佛命，从而将武周皇朝同佛教信仰进一步联系在一起。

有必要指出的是，唐朝初年，两京佛教因隋末战乱而元气大伤，标志着佛教初传神州大地的千年古刹白马寺仍是一片废墟，贞观末虽因玄奘返国，传入了印度法相宗（唯识宗）[4]，但此派学说印度色彩太重，与中国文化环境不谐，加之玄奘得意弟子辩机卷入高阳公主政治事件，太宗朝已被杀，此派流行不久就已衰落。进入改朝换代的武周革命时期，佛教主流思潮尚未正式形成。武曌以母后临朝之后不久就重修白马寺，以此博得广大佛教僧侣与广大信众的支持。而率先重修白马寺者并非真正的高僧大德，而是秉承武曌旨意的宫廷男宠薛怀义。此人

---

[1]《旧唐书》卷6《则天皇后纪》，页121。《新唐书》卷4《则天本纪》亦记：“九月……壬午，改国号周。大赦，改元，赐酺七日。乙酉，加尊号曰圣神皇帝，降皇帝为皇嗣，赐姓武氏，皇太子为皇孙。丙戌，立武氏七庙于神都。追尊周文王曰始祖文皇帝，妣姒氏曰文定皇后；四十代祖平王少子武曰睿祖康皇帝，妣姜氏曰康惠皇后；太原靖王曰严祖成皇帝，妣曰成庄皇后；赵肃恭王曰肃祖章敬皇帝，妣曰章敬皇后；魏义康王曰烈祖昭安皇帝，妣曰昭安皇后；周安成王曰显祖文穆皇帝，妣曰文穆皇后；忠孝太皇曰太祖孝明高皇帝，妣曰孝明高皇后。追封伯父及兄弟之子为王，堂兄为郡王，诸姑姊为长公主，堂姊妹为郡主。司宾卿史务滋守纳言，凤阁侍郎宗秦客检校内史，给事中傅游艺为鸾台侍郎、同凤阁鸾台平章事。”

[2]《新唐书》卷4《则天皇后纪》，页6470。

[3]《旧唐书》卷6《则天皇后纪》，页121。

[4]玄奘赴印度，自《瑜伽师地论》衍生出来的中国大乘教派。以《成唯识论》为主要经典，使用因明学（印度逻辑学）的方法，以剖析一切事物（法）的相对真实（相）和绝对真实（性）而得名。又因强调不许有心外独立之境，亦称唯识宗。

不但已正式取得僧籍身份,傲然成为白马寺主[1],而且另建了佛授记寺[2],以此为中心,为武周革命策划新的主导舆论。《大云经》中包含的个别内容最先引起了这批政治僧侣的注目焦点。

武周革命时期独尊《大云经》,以及由此全国各州悉建大云寺的诏令引起了中国佛教史的划时代变革。有学者敏锐地指出:"武则天创造性地运用业已存在的寺额制度,在广颁符谶化的《大云经》的同时,诏令全国宇内各州,共悬同一'大云'寺额,首开寺额一统、政教合一的先河,影响所及,乃至中宗立中兴(龙兴)寺,玄宗立开元寺,皆延仿其制[3]。"其说极有见地。这一制度,一直延亘至今。

7.3 《大云经》及其衍生《宝雨》诸经

现有汉传佛教经典,主要有日本大正藏、频伽藏(频伽精舍本大藏经)、中华藏、万字藏等。从书名看,并无径直以《大云经》为名的佛典。参稽近代海内外僧俗佛学研究成果,所谓《大云经》主要指的是《大云无想经》,或曰《大方等无想经》。《大方等无想经》梵名 *Mahâmegha-sûtra*,凡 6 卷,北凉昙无谶译,又作《大方等无相大云经》《方等无相大云经》《方等大云经》《大云无相经》等,简称《无相经》《大云经》。今收于大正藏第十二册,编号 387。分别为大云初分大众健度第一、大云初分三昧健度第二、大云初分陀罗尼健度第三、大云初分密语健度第四、大云初分转生有藏健度第五、大云初分得转生死业烦恼健度第六。6 卷标题皆有"大云"二字,以故《大方等无想经》又称为《大云无想经》,且其卷一开篇,就有以下一段文字:

如是我闻。一时佛在王舍城耆阇崛山中。与大比丘僧九万八

---

[1]《旧唐书》卷 183《薛怀义传》,页 4741:"薛怀义者,京兆鄠县人,本姓冯,名小宝。……垂拱初,说则天于故洛阳城西修故白马寺,怀义自护作,寺成,自为寺主。"

[2]《旧唐书》卷 183《薛怀义传》,页 4741:"薛怀义……于建春门内敬爱寺别造殿宇,改名佛授记寺。"以此判断,佛授记寺行感、都维德感、知静等皆为怀义创建佛授记寺后所收罗的僧侣亲信。

[3]姜捷:《武则天时代的考古学观察》,载《考古与文物》,2002 年第 6 期,页 74~79。

千。大迦叶等而为上首……复有菩萨摩诃萨六万八千。一切皆是大香象王。其名曰大云密藏菩萨摩诃萨。大云得志菩萨摩诃萨。大云电光菩萨摩诃萨。大云雷震菩萨摩诃萨。大云勤藏菩萨摩诃萨。大云爱乐菩萨摩诃萨。大云欢喜菩萨诃萨。大云性菩萨摩诃萨。大云金刚首菩萨摩诃萨。云宝首菩萨摩诃萨……[1]大云大医王菩萨摩诃萨。大云大身王菩萨摩诃萨。大云虚空王菩萨摩诃萨。大云修发王菩萨摩诃萨。大云坏云王菩萨摩诃萨。大云坏风王菩萨摩诃萨。大云坏雨王菩萨摩诃萨。大云俾倪王菩萨摩诃萨。大云断闇王菩萨摩诃萨。大云断雹王菩萨摩诃萨。大云迦叶菩萨摩诃萨。如是等菩萨摩诃萨。亦于晨朝从禅定起往至佛所。……

引人注意的是该书卷4有以下一段文字,内叙佛于王舍城说法,预言天女转世的王夫人来世将以女身当王国土,得转轮王所统领处四分之一,恰与武周革命的政治实践相合。

尔时大城名曰宝聚。即是今之王舍城也……尔时国王与其夫人及其大臣。往彼佛所供养恭敬合掌作礼。……佛言。善哉天女。至心谛听谛听。吾当为汝分别解说……是时天女闻是说已。即生惭愧低头伏地。佛即赞言。善哉善哉。夫惭愧者。即是众生

[1]省略文字为:“大云吼菩萨摩诃萨。大云名称菩萨摩诃萨。大云愿华菩萨摩诃萨。云施雨菩萨摩诃萨。大云不轻菩萨摩诃萨。大云勤行菩萨摩诃萨。大云师子吼王菩萨摩诃萨。大云满雨心王菩萨摩诃萨。大云普光菩萨摩诃萨。大云正见菩萨摩诃萨。大云遍雨王菩萨摩诃萨。大云身通王菩萨摩诃萨。大云上妙菩萨摩诃萨。大云自在菩萨摩诃萨。大云大海菩萨摩诃萨。大云一切自在菩萨摩诃萨。大云福田菩萨摩诃萨。大云一切施安菩萨摩诃萨。大云日光菩萨摩诃萨。大云月光菩萨摩诃萨。大云琉璃光菩萨摩诃萨。大云无量贾菩萨摩诃萨。大云常见菩萨摩诃萨。大云我见菩萨摩诃萨。大云净见菩萨摩诃萨大云乐见菩萨摩诃萨。大云无碍菩萨摩诃萨。大云常胜菩萨摩诃萨。大云净光菩萨摩诃萨。大云得称菩萨摩诃萨。大云爱命菩萨摩诃萨。大云贾主菩萨摩诃萨。大云顺师菩萨摩诃萨。大云现道菩萨摩诃萨。大云护子菩萨摩诃萨。大云胜分陀利菩萨摩诃萨。云火光菩萨摩诃萨。大云波头摩菩萨摩诃萨。大云优钵罗香菩萨摩诃萨。大云威德王菩萨摩诃萨。大云动摇菩萨摩诃萨。大云无所畏菩萨摩诃萨。大云多摩罗跋树叶凉菩萨摩诃萨。大云赤旃檀树凉菩萨摩诃萨。大云极深菩萨摩诃萨。大云知善师菩萨摩诃萨。大云那罗延大喜菩萨摩诃萨。大云大牛王菩萨摩诃萨。大云大树王菩萨摩诃萨。大云大法分陀利敷菩萨摩诃萨。大云执持法光菩萨摩诃萨。大云称王门菩萨摩诃萨。大云金山有德王菩萨摩诃萨。大云无怖王菩萨摩诃萨。”

善法衣服。天女。时王夫人即汝身是。汝于彼佛暂得一闻大涅槃经。以是因缘今得天身。值我出世闻深义。舍是天形即以女身当王国土。得转轮王所统领处四分之一。得大自在受持五戒作优婆夷。教化所属城邑落男子女人大小。受持五戒守护正法。摧伏外道诸邪异见。汝于尔时实是菩萨。为化众生现受女身。

上述佛典属于涅槃部,即佛本生转世故事当中的一个,显然属于佛教真经,不存在任何后世伪造的成分。关于译者,《出三藏记集》卷2记为昙无谶,今存汉传佛教三部大藏经亦皆题为昙无谶,虽别有记载此经译者为前秦竺佛念。参稽《历代三宝纪》卷9昙无谶所译为《方等大云经》6卷,与今本相合,而同卷8所记竺佛念译本为5卷,又别有第9卷残本传世,可见以上6卷本《方等大云经》的译者应为天竺高僧昙无谶,佛徒列传中记其事迹凿凿。梁会稽嘉祥寺沙门释慧皎撰《高僧传》卷2《译经中第七》有传:

昙无谶……本中天竺人……专大乘……辞往罽宾。赍大涅盘前分十卷并菩萨戒经菩萨戒本等。彼国多学小乘不信涅盘。乃东适龟兹。顷之复进到姑臧……河西王沮渠蒙逊僭据凉土。自称为王。闻谶名呼与相见。接待甚厚。蒙逊素奉大法志在弘通。欲请出经本。谶以未参土言又无传译。恐言舛于理不许即翻。于是学语三年方译写初分十卷。时沙门慧嵩道朗独步河西。值其宣出经藏。深相推重。转易梵文嵩公笔受。道俗数百人疑难纵横。谶临机释滞清辩若流。兼富于文藻辞制华密。嵩朗等更请广出诸经。次译大集、大云、悲华、地持、优婆塞戒、金光明、海龙王菩萨戒本等六十余万言。谶以涅盘经本品数未足。还外国究寻。值其母亡遂留岁余。后于于阗更得经本中分。复还姑臧译之。后又遣使于阗寻得后分。于是续译为三十三卷。以伪玄始三年初就翻译。至玄始十年十月二十三日三载方竟。即宋武永初二年也。

以上《昙无谶传》证实这位天竺高僧的学术渊源属于大乘涅槃部,所译佛典大多属于此部,其中就明确记载《大云经》即出自他的译笔,所指必为今之佛藏中题为《大方等无想经》的经文确属佛教涅槃部真经，主旨在于宣扬了佛本生的轮回观念。复据《开元释教录》卷11则谓，昙无谶译为第二译本，初译本为缺本。其说值得重视。

除上述昙无谶《大云经》译本之外，该经还存在另一重要译本，即竺佛念的《大云无想经》，《历代三宝纪》卷8竺佛念译出《大方等无相经》5卷。今汉传佛教三部大藏经中都已失载，王国维在世时曾见该书，已残，缺前半部，为上虞罗氏所藏，苏军攻占旅顺、大连，罗宅藏书悉为所焚，今亦荡然无存。近年敦煌发现有《大云无想经》卷9，日本大正藏编号为No.388，其文不载于今6卷经中，而专说陀罗尼门，卷末题有“清信女张宣爱所供养经，岁在水卯正月十一日写讫”字样，译者也是竺佛念。竺佛念，苻秦时代凉州高僧，梁释慧皎《高僧传》[1]记其事迹。

可惜的是，以上5卷本竺佛念《大云无想经》译本，仅见于目录，现存三部汉传大藏中都已难找原文，敦煌本第9卷与该经正文的渊源关系迄今尚未发现专文考证，不敢妄断，因此，实质上现存《大云经》真本已仅存前引昙无谶所译6卷本。可见，真品《大云经》在今汉传佛教三大藏中，都署名《无想经》，属于佛教涅槃部经典，内容主要是宣讲佛法中的轮回观念，虽然其中佛祖所言天女将主政一国的有关内容有利于武曌自立为大周皇帝革新天命、君临神州的政治现实，却仅为片言只字，且缺少弥勒转世的内容，仅凭这部佛典，绝不可能催化如此巨大的政治变革。其衍生品《大云祈雨经》，或《大云经请雨品》虽然带有一定的密宗色彩，也仍属萌芽状态。可见无论是昙无谶还是竺佛念所译的佛教真经同武周皇朝倾全国之力、大力推行的《大云经》，并非同一部书。

---

〔1〕“竺佛念。凉州人。弱年出家志业清坚。外和内朗有通敏之鉴。讽习众经粗涉外典。其苍雅诂训尤所明达。少好游方。备观风俗。家世西河洞晓方语。华戎音义莫不兼解。故义学之誉虽阙。治闻之声甚着。苻氏建元中有僧伽跋澄昙摩难提等人长安。赵正请出诸经。当时名德莫能传译。众咸推念。于是澄执梵文。念译为晋。质断疑义音字方明。至建元二十年正月。复请昙摩难提出增一阿含及中阿含。于长安城内集义学沙门。请念为译。敷析研核二载乃竟。二含之显。念宣译之功也。自世高支谦以后莫逾于念。在符姚二代为译人之宗。故关中僧众咸共嘉焉。后续出菩萨璎珞十住断结及出曜胎经中阴经等。始就治定。意多未尽。遂尔遘疾卒于长安。”

除了《大云经》本身之外，从这部佛教正经衍生出来的别本为数不少，诸如周宇文氏天竺三藏阇那耶舍译《大方等大云经请雨品》第64《大云经祈雨坛法》等，内容主要同祈雨有关，此经具有密教特征，且与弥勒佛念诵方式相类：

若天亢旱时。欲祈请雨者。于露地作坛。除去瓦砾及诸秽物。张设青幕。悬青幡。香泥涂拭作一方坛。于坛中画七宝水池。池中画海龙王宫。于龙宫中有释迦牟尼如来经说法相。佛右画观自在菩萨。佛左画金刚手菩萨等侍卫。于佛前右画三千大千世界主轮盖龙王。佛前左画难陀跋难陀二龙王。于坛四方。用瞿摩夷汁各画一龙王。于东方画一龙王。一身三头。量长三肘。并眷属围绕。又于南方画一龙王。一身五头。量长五肘。并诸眷属。

又于西方画一龙王。一身七头。量长七肘。并眷属围绕。于北方又画一龙王。一身九头。量长九肘。并眷属围绕。皆在叆叇青黑云中。半身已下如蛇形。尾在池中。半身已上如菩萨形。皆合掌从池涌出。于坛四角。置四清水瓶。随其力分。饮食果子等皆染作青色。以殷净心布列供养。烧香散青色华。道场中所用皆作青色。祈雨之人若是出家苾刍。应具律仪。若俗士应受八戒。作法之时。吃三白食。每日香汤沐浴。着新净青衣。于坛西面。以青物为座。即以香涂手。先应三密加持自身。及护坛场。案上置此大云经。于一切有情起大慈悲心。至诚请一切佛菩萨加持。昼夜虔诚。读此大云经。或二人三人乃至七人更替读诵。经声不应间断。亢旱之时。如是依法读此大云经。或经一日二日乃至七日。定降注甘雨。若灾重不雨。更作必降甘雨。假使大海或有过限越潮。依此经作法转读。无不应效。应发愿读经所生功德回向诸龙。愿皆离诸苦难。发无上菩提心。为一切有情降注甘雨。

与此经相类的重要佛典还有《宝雨经》，仅从经名判断，就同前引之《大方等大云经请雨品》《大云经祈雨坛法》极相类似，应当也是由《大云经》衍生出的一部佛典。对此，题为“天册金轮圣神皇帝”亲署御制的《大周新译大方广佛华严经序》中，此经就曾与《大云经》同举并提，区别仅在于《大云经》在先，《宝雨经》在后，原文为：

朕曩劫殖因，叨承佛记，金仙降旨，《大云》之偈先彰，玉扆披祥，《宝雨》之文后及，加以积善，余庆俯集微躬，遂得地平天成，河清海晏，殊祯绝瑞，既日至而月书，贝叶灵文，亦时臻而岁洽，踰海越漠，献琛之礼备焉，架险航深，重译之词罄矣。

汉传佛教各藏中都收有《宝雨经》，其中皆有佛祖预言女主将君临东国的内容，且明确记载此国名为摩诃支那，即大中国[1]，较之《大云经》，武曌受佛授记的符命更为具体。兹全文引录如下：

时伽耶山顶周四踰缮那，地及虚空无微尘许众不充满，为欲供养佛。世尊故，敷师子座……尔时如来于大众中坐师子座……如大龙王普雨法雨，如梵天王超诸法众。以无量无边诸弟子等，及百千帝释、梵王、护世四天王等，一切大众前后围绕，瞻仰尊颜，目不暂舍。尔时东方有一天子名日月光，乘五色云来诣佛所，右绕三匝，顶礼佛足，退坐一面。佛告天曰："汝之光明甚为希有！天子！汝于过去无量佛所，曾以种种香花、珍宝、严身之物，衣服、卧具、饮食、汤药，恭敬供养，种诸善根。天子！由汝曾种无量善根因缘，今得如是光明照耀。天子！以是缘故，我涅盘后、最后时分、第四五百年中，法欲灭时，汝于此赡部洲东北方摩诃支那国，位居阿鞞跋致，实是菩萨，故现女身，为自在主。经于多岁正法治化，养育众生犹如赤子，令修十善；能于我法广大住持，建立塔寺；又以衣服、饮食、卧具、汤药供养沙门；于一切时常修梵行，名曰月净光天子。然一切女人身有五障。何等为五？一者、不得作转轮圣王；二者、帝释；三者、大梵天王；四者、阿鞞跋致菩萨；五者、如来。天子！然汝于五位之中当得二位，所谓阿鞞跋致及轮王位。天子！此为最初瑞相。汝于是时受王位已，彼国土中，有山涌出五色云现。当彼之

[1]按照印度的世界观念，其国古名天竺，位置就在南赡部洲，其东北之摩诃支那国在东胜神州，"摩诃"具有"大"的含义，支那(China)为秦的音译，则摩诃支那国即大秦国，亦即大中国。

时,于此伽耶山北亦有山现。天子!汝复有无量百千异瑞,我今略说,而彼国土安隐丰乐,人民炽盛,甚可爱乐,汝应正念施诸无畏。天子!汝于彼时住寿无量,后当往诣睹史多天宫,供养、承事慈氏菩萨,乃至慈氏成佛之时,复当与汝授阿耨多罗三藐三菩提记。”尔时月光天子从佛.世尊闻授记已,踊跃欢喜,身心泰然,从座而起,绕佛七匝,顶礼佛足,即舍宝衣严身之具,奉上于佛。作如是言:“世尊!我于今者亲在佛前得闻如是本末因缘,授阿耨多罗三藐三菩提记已,获大善利!”作是语已,绕佛三匝,退坐一面。

以上《宝雨经》,今大藏经本皆题为“唐天竺三藏达摩流支译”,而译经的具体时间却是长寿二年,并非唐朝纪年,而是武周年号,其时天授革命早已成功,因此,虽然应谶佛授的价值远高于《大云经》,却对唐、周易代的舆论引导作用早已失却时效。以故史书中记载武周革命皆但言《大云》,不及《宝雨》。

达摩流支之名,汉言法希。此人在《高僧传》《宋高僧传》《续高僧传》《神僧传》《出三藏记集》《法苑珠林》皆未收录,却在《宝雨经》卷二末篇所列名单中得知,此经并非达摩流支独力所译,而是由武周皇朝官府出面,组织了大规模译场,译场的总主持人就是武曌男宠薛怀义,达摩流支仅为持梵本译者之一,而另写作“摩流支”,为南印度人,除他之外,还有另一中印度僧人梵摩。其具体译场组织,留待后论。

7.4 《大云经疏》及其内容、撰者

如前所述,虽然《大云经》(昙无谶译《大方等无想经》)与《宝雨经》都蕴含着有利于武曌受命的有利因素,但都是只言片语,难于掀起一场狂澜泻地、飙浪排天的武周革命。而且无论是《大云经》《大云祈雨经》还是《宝雨经》,都没有作为武周革命舆论主导的弥勒转世的内容。可见前引史料中作为武周革命舆论引导的《大云经》,所指必非昙无谶所译之《大方等无想经》,亦非竺佛念所译之《大云无想经》,更不可能是迟至长寿二年才被译出的《宝雨经》,而必另有他指。以此判

断,《大云经》与作为武周革命主要舆论引导的“伪撰”《大云经》应予区别对待,不可混淆为一。经狩野直喜、王国维、罗福苌、汤用彤、矢吹庆辉、林世田等众多海内外学者的共同研究,证实这部作为武周革命舆论引导的《大云经》,既非“编撰”,亦非“重译”,实应正名为《大云经疏》。或如日本兴福寺沙门永超撰集《东域传灯录》卷1《弘经部》所用名称《大云经神皇授记义疏》。

《大云经疏》大约仅仅流行于武周皇朝,及中宗复唐之后,此疏就被贬为伪经,在人间蒸发,不为现存汉传佛教大正藏、频伽藏、中华藏等三部大型佛典收录,成为佚书。目前《大云经疏》仅存敦煌文献中两个抄本,王国维所见罗氏残本亦仅见其所引片言只语,尽管如此,仍可大致得知该书的基本内容:

(1)该书所引佛典正经主要皆来自昙无谶所译《大方等无想经》。对此,前辈学者王国维勘比日本狩野博士所录前、后皆缺《大云经》残卷及上虞罗氏缺前半之六朝人所书同书残本之后,就已明确指出:“今观此卷所引经文,皆与凉译无甚差异,岂符命之说,皆在疏中,经文但稍加缘饰,不尽伪托。”[1]“故知此为《大云经疏》也。”[2]

(2)参稽武曌自撰《大周新译大方广佛华严经序》“朕曩劫殖因,叨承佛记,金仙降旨,《大云》之偈先彰,玉扆披祥,《宝雨》之文后及”,明确将《大云》《宝雨》两经并提,说明早在天授革命年间,《宝雨经》的翻译工作就已开始,尽管此经正式译本直到长寿二年才大功告成,但该经有关日月光天子主宰东方摩诃支那国的佛授天谶早已预知,并已被吸纳入“伪撰”《大云经疏》中,变为该经疏的重要内容。

(3)在所引经文之后,往往出现“义曰”云云。以往的研究者往往误解为“意义”。对此,林世田先生明确指出《大云经疏》所谓“义曰”,透露了《大云经疏》的主撰人就是武后也已承认的男宠薛怀义[3]。这一见解可谓一矢中的,令人赞佩。

[1]《观堂集林》第4册卷21《史林》13,《唐写本〈大云经〉跋》。

[2]《观堂集林》第4册卷21《史林》13,《唐写本〈大云经〉跋》。

[3]林世田:《大云经疏初步研究》,载《文献季刊》,2002年10月第4期。

(4)《大云经疏》还广泛吸收了中国古代谶纬学的内容。前辈王国维先生在其所撰《唐写本〈大云经〉跋》[1]一文中早就发现了这一奇特现象:

第一段中历释广武铭,其文完具,盖亦洛水宝图之说,中有千秋不移宗室字(样)。唐书《宗楚客传》载中宗时右补阙赵延禧陈符命,引谶曰百代不移宗宣室志言上元初部我县民得寇谦之铭曰"李氏代代不可移宗",盖即指此。

第二段云,神主临驭天下,频得舍利,前开祥于光宅。按《长安志》云,光宅坊横街北光宅寺,仪凤年望之者言此坊有兴气,敕令掘得石函,函中有佛舍利骨万余粒,遂立光宅寺,所谓"开祥光宅"者,指此。

第三段引孔子谶及卫元嵩谶。按《周书·艺术传》,南蜀郡卫元嵩者,天和中著诗预言周隋兴废,及皇家受命,并有征验,此所引八句即是也。通观此卷,附会穿凿,无所不至,怀义等所修,自应如此。赞宁于法朗(即法明)辈尚有恕词,盖未见伪经及此卷欤。

据此可知,《大云经疏》虽然同佛经真本《大云经》(《大方等无想经》)存在着一定的思想联系,却是一本典型的伪经,其中剔除了佛教涅槃轮回思想的要义,而杂糅佛教预言与华夏谶纬之说为一体,其目的就是为武周革命的政治目标服务。

5. 弥勒佛信仰的崛起是《大云经疏》宣扬的重要内容,此说不见于传统大乘佛教涅槃部的《大云》《宝雨》二经,而乃别源于印度瑜伽学派的一支。弥勒,为梵文 Maitreya 的音译,意为慈氏,名阿逸多,意为无能胜[2],出身于南印度一个世习瑜伽的婆罗门世家[3]。弥勒其人似初本婆罗门教中的异端人物,其后又成为大乘佛教中佛弟子之一的菩萨

[1]《观堂集林》第4册卷21《史林》13,中华书局本,1959年6月。

[2]一说弥勒为姓,阿逸多为名,见《维摩经注》:"什曰:弥勒,菩萨姓也。阿逸多,字也。南天竺婆罗门子。"

[3]瑜伽学派是印度古老的学派,早在婆罗门教盛行时期就已存在,尼赫鲁《印度的发现》中叙及印度古老的六大学派中就存其名,大乘佛教中也吸收了这一学派的思想,出现了瑜伽行派。有关弥勒其人的事迹及其与婆罗门教、佛教的关系,争议很大,迄今未理出清晰的头绪。可以肯定的是,弥勒信仰早在南北朝时期已出现在汉传佛教的经文中,并由菩萨逐渐升级为取代释迦信仰的未来佛,但尚未取得佛教正统的地位。

名，而其姓名连接起来（即弥勒·阿逸多，或阿逸多·弥勒）所具有“慈悲无人能胜过他”的含义，则已气凌佛祖释迦牟尼，未来将绍承释迦牟尼佛位，故又有未来佛之称。在唯礼释迦的上座部佛教，乃至部派佛教中的大众部小乘佛教中尚无这一菩萨名，乃至由大众部发展出来的早期大乘佛教中，似乎这一信仰也属异端，因为它毁灭了释迦牟尼佛的至高无上权威，却并非无据，很可能出自婆罗门教杂书。因其确有梵文原本，窜入佛典，至少在汉传佛教中，有关弥勒下生及其功业大成的经典却早有译本，出现了鸠摩罗什所译《弥勒大成佛经》、北凉沮渠京声所译《弥勒上生经》（又名《观弥勒菩萨上生兜率天经》）、鸠摩罗什或竺法护所译《弥勒下生经》（又名《观弥勒菩萨下生经》）等，合称《弥勒三部》。从这些早期弥勒经译本内容判断，弥勒的正式身份并非佛，而是菩萨，由菩萨演变为未来佛的过程[1]不知始于何时，却在吴康居国沙门康僧会所译《六度集经》卷6，有一章题为《弥勒为女人身经》内叙：

昔者菩萨。为天帝释。位尊荣高。其志恒存非常，苦，空，非身之想。坐则思惟。则教化。愍愚爱智。诲以智慧。精进无休。睹其宿友。受妇人身为富姓妻。惑乎财色。不觉无常。居市坐肆。释化为商人。佯有所市。至妇人前住。妇人喜悦令儿驰归。取独坐床欲以坐之。商人乃熟视妇人而笑。……言竟忽然不现。妇怅然而归。斋肃望慕。一国咸闻。王逮群寮靡不钦延。商人后果在门。状丑衣弊。曰吾友在内尔呼之来。门人入告具以状言。妇出曰。尔非吾友矣。释笑而云。变形易服子尚不识。岂况异世舍斯受彼乎。重曰。尔勤奉佛。佛时难值。高行比丘难得供事。命在呼吸无随世惑。言毕不现。举国欢叹矣。各执六度高妙之行。佛告鹙鹭子。尔时妇人昔弥勒是也。天帝释者吾身是也。菩萨锐志度无极精进如是。

由此判断，《大云经疏》必须包含以上《弥勒为女人身经》内容，且

〔1〕龙树菩萨撰，后秦龟兹国三藏法师鸠摩罗什译《大智度初序品中缘起义释论》卷1，页0057c27：“佛于三藏中，广引种种诸喻，为声闻说法，不说菩萨道。唯《中阿含.本末经》中，佛记弥勒菩萨：‘汝当来世，当得作佛，号字弥勒。’”

以此为核心。因此,凡参与此书编撰工作的僧人都被封为县公,总主持人薛怀义还被封为国公,且上述一切人都被赐予紫袈裟僧衣。对此,《佛祖统纪》卷39记云:

载初元年敕沙门法朗九人重译《大云经》,并封县公赐紫袈裟银龟袋(赐紫始此)。

《宋僧史略》下篇亦记:

古之所贵名与器焉。赐人服章。极则朱紫。绿皂黄绶乃为降次。故曰加紫绶。必得金章。令僧但受其紫而不金也(方袍非绶)寻诸史。僧衣赤黄黑青等色。不闻朱紫。案唐书。则天朝有僧法朗等。重译大云经。陈符命言。则天是弥勒下生为阎浮提主。唐氏合微。故由之革命称周(《新大云经》曰)。终后生弥勒宫。不言则天是弥勒(法朗薛怀义九人并封县公。赐物有差。皆赐紫袈裟银龟佾。其大云经颁于天下寺。各藏一本。令高座讲说。赐紫自此始也)。

关于《大云经疏》撰写、呈上的时间问题,史无明载。汤用彤先生认为《大云经疏》作于天授元年(690),Antonino Forte认定《大云经疏》作于689年12月18日至690年10月15日之间,林世田先生在其重量级著作《大云经疏初步研究》一文中认为“若以载初为撰作年代,则与年代上限太不协调。比较合理的推断是,《大云经疏》的部分内容,特别是图徽部分,早在垂拱四年已着手收集或撰写,后经十多个僧人、多次补充,最终在载初年间定稿,并且送给了武后过目,这样,武后称帝之前的两个月就能胸有成竹地下诏颁布于天下”。按垂拱年间仅为千金公主献男宠薛怀义于武曌之岁,并非薛怀义获重用之年,不可能成为《大云经疏》筹划时间的上限,且武曌收容冯小宝入宫,并令其改名薛怀义并非垂拱四年,而是垂拱元年事,及至垂拱四年,虽然武周革命已在酝酿中,然其时主要舆论筹划者尚非薛怀义,而是武承嗣,洛水神谶即其主要成果,而永昌元年七月安息道行军的大败根本破坏了这次洛水神谶的威力,迫使武曌称帝时间推迟。易言之,阎温古寅识迦河大败之日,亦即洛水神谶失灵之时,由之武曌迅速组成了以薛怀义、法明、宣政等人为骨干，制造革命舆论的新班子，并立即走马上任，《大云经疏》的始撰时间应始于此岁，至次岁载初元年呈上。更确切地说，《大云经疏》的具体编撰时间应为永昌元年七月至载初元年间（689 年 7 月—690 年 9 月改元天授元年前）。

关于《大云经疏》的作者，前引史料中已大略言及，而正史所记其核心集团总为怀义、法明（法朗）、宣政等九人，《旧唐书·则天本纪》、《佛祖历代通载》卷 12、《隆兴编年通论》卷 14 则记为"沙门十人"，复据《旧唐书·后妃传》，怀义以此授辅国大将军，封鄂国公，余之九人并封县公，皆赐紫袈裟、银龟袋。但这些记载都过于简略，不足以反映《大云经疏》作者全貌。《旧唐书·薛怀义传》所记较详，所列伪经的编撰者为怀义、法明、处一、惠俨、棱行、感德、感知、静轨、宣政等九人，唯未记其所属寺院，以上九人中除宣政外，其余八人悉数见于大正藏所收该经卷二末所附《宝雨经》译场名单[1]，可见《大云经疏》的撰者与《宝雨经》的汉僧组成是同一个写作班子。其中领有"开国公"官衔者更可确定无疑参加了全部《大云经疏》的编撰，其具体名单及其所隶寺院如下：

大白马寺主怀义

大周（魏国）东寺上座江陵县开国公法明

大周（魏国）东寺都维那清源县开国公处一

大周（魏国）东寺都维预章县开国公惠俨

大奉光寺上座当阳县开国公惠棱

---

[1]原文为"大白马寺大德沙门怀义监译、南印度沙门摩流支宣释梵本、中印度王使沙门梵摩兼宣梵本、京济法寺沙门战陀译语、佛授记寺沙门慧智证译语、佛授记寺沙门道昌证梵文、天宫寺沙门摩难陀证梵文、大周东寺都维那清源县开国公沙门处一笔受、佛授记寺都维那昌平县开国公沙门德感笔受、佛授记寺沙门思玄缀文、长寿寺主沙门智瀓缀文、佛授记寺都维那赞皇县开国公沙门知静证议、佛授记寺主渤海县开国公沙门行感证议、大周东寺都维预章县开国公沙门惠俨证议、天宫寺上座沙门知道证议、大周东寺上座江陵县开国公沙门法明证议、长寿寺上座沙门知机证议、大奉光寺上座当阳县开国公沙门惠棱证议、佛授记寺沙门神英证议、京西明寺沙门圆测证议、波罗门僧般若证译、波罗门僧臣度破具写梵本、鸿州度山县人臣叱干智藏写梵本、婆罗门臣迦叶乌担写梵本、婆罗门臣剎利乌台写梵本、尚方监匠臣李泰装、麟台揩书令史臣杜大宾写、专当典并写麟台揩书令史臣徐元处、专当使文林郎守左术翊二府兵曹参军事臣傅守真、敕捡挍翻经使典司宾寺府史赵思泰、敕捡挍翻经使司宾寺录事摄然孙承辟。"

佛授记寺主渤海县开国公行感

佛授记寺都维那昌平县开国公德感

佛授记寺都维那赞皇县开国公知静

以上名单合共八人,两相对勘,法名相同者有怀义、法明、处一、惠俨、惠棱,短缺者有长安金光明寺僧宣政[1],名称有异者主要是佛授寺僧行感、德感、知静三人,另作感德、感知、静轨,显然应以《宝雨经》所列名单为准。《旧唐书·薛怀义传》所出现的错误大约是标点错误与抄写者擅自脱字、增字所致。应重新标点为"[感]行、感德、感知、静轨"即可,其中第一"感"字是脱字,下画线之"感""轨"二字是衍字。在以上九沙门中,白马寺主怀义、魏国东寺上座法明、长安光明寺主宣政、奉光寺上座惠棱、佛授寺主行感等五人尤为其核心人物。

值得关心的不仅是《大云经疏》的作者,更应关注这些作者隶属的寺院,因为这些寺院才是策划武周革命舆论的大本营。以上诸寺中白马寺、魏国东寺[2]、佛授记寺都在洛阳,光明寺在长安,唯奉光寺不可考,疑即《新唐书》卷102《岑长倩传》所记"和州浮屠上《大云经》,著革命事,后喜,始诏天下立大云寺"之和州奉先寺,惠棱即此寺魁首。

7.5 《大云经疏》的罢废与慈氏越古名号的中止

《大云经疏》的撰成与全国各州大云寺的兴建不但催化了以女主临朝为特征的武周皇朝诞生,而且通过全面推广弥勒信仰进一步巩固了这一皇朝。

在参与编撰《大云经疏》的僧侣群中,薛怀义是核心决策人物,其

[1]宋敏求《长安志》卷10:"东南隅大云经寺:本名光明寺,隋开皇四年文帝为沙门法经所立……武太后初幸此寺,沙门宣政进《大云经疏》中有女王之符,因改为大云经寺,遂令天下每州置一大云经寺。"

[2]大周东寺,即魏国东寺,按魏国,乃武曌先人尊号,则魏国东寺或大周东寺,本为武曌宫廷家寺,乃伪撰《大云经疏》的重要中心。法明、处一、惠俨,皆为武曌心腹。有记载法明或法朗为白马寺僧,必误。

余八人皆封郡国，他一人独封国公，身兼女皇武曌男宠、白马寺主、朝廷命官、统兵大将等多重身份于一身。不但主持了佛典《大云经疏》《宝雨经》的编撰、翻译工作，而且受命拆毁乾元殿，在其旧址兴建明堂的宏大工程[1]。永昌元年寅识迦河惨败的当月，又被授予统兵大权，“五月丙辰，韦待价及吐蕃战于寅识迦河，败绩。己巳，白马寺僧薛怀义为新平道行军大总管，以击突厥”。[2] 又有记载此事发生于是岁九月事，按此年五月至九月并无突厥真正犯边的迹象，据笔者判断，安息道行军的惨败对武曌的打击极为沉重，必定造成一度政权不稳，授权薛怀义统兵击突厥是假，以此形成对内乱的巨大震慑力量是真。至天授元年“腊月，辛未，以僧怀义为右卫大将军，赐爵鄂国公”。[3] 可见薛怀义实际上还担任着武曌宫廷禁军首领的作用。武曌对薛怀义的宠信一直维持到“长寿二年，默啜复犯塞，又以怀义为代北道行军大总管，以李多祚、苏宏晖为将。未行，改朔方道行军大总管，以内史李昭德为行军长史，凤阁侍郎、平章事苏味道为行军司马，契苾明、曹仁师、沙吒忠义等十八将军以讨之。未行虏退，乃止”。[4] 是岁，由薛怀义牵头，南印度僧人达摩流支所译的《宝雨经》成，此岁前一年，即长寿元年，由武曌亲自提拔起来的将领王孝杰发动西域反攻，大获全胜，收复一度被吐蕃占领的龟兹、于阗、疏勒、焉耆等四镇。长寿二年，安西大都护府还治龟兹，长寿三年二月“庚午，以僧怀义为代北道行军大总管，以讨默

---

〔1〕《资治通鉴》卷204，垂拱四年(688)，页6447～6455：“二月，庚午，毁乾元殿，于其地作明堂，以僧怀义为之使。……十二月……辛亥，明堂成，高二百九十四尺，方三百尺。凡三层：下层法四时，各随方色。中层法十二辰；上为圆盖，九龙捧之。（章十二行本‘上’上有‘上层法二十四气，亦为圆盖’十一字；乙十一行本同；孔本同；退斋校同）施铁凤，高一丈，高，居傲翻。饰以黄金；中有巨木十围，上下通贯……下施铁渠，为辟雍之象。以铁为渠以通水。号曰万象神宫。……又于明堂北起天堂五级以贮大像；怀义所作夹纻大像也。贮，丁吕翻。至三级，则俯视明堂矣……进拜怀义辅国大将军，封卢国公，赐物三千段。”

〔2〕《新唐书》卷4《则天皇后纪》，页88。

〔3〕《资治通鉴》卷204，则天天授元年(690)，页6463。

〔4〕《旧唐书》卷183《薛怀义附传》，页4742。

啜”。[1] 此岁五月改年号延载,“五月甲午,加号越古金轮圣神皇帝,大赦,改元,赐酺七日”[2]“五月,魏王承嗣等二万六千余人上尊号曰越古金轮圣神皇帝。甲午,御则天门楼受尊号,赦天下,改元”。[3] 延载元年(694)七月“戊辰,以王孝杰为瀚海道行军总管,仍受朔方道行军大总管薛怀义节度”。[4] 至延载二年(695)正月改元证圣,直至此月之前,更确切地说,直到此年此月辛巳日之前,薛怀义仍是武曌心腹宠臣。史载:

[延载]二年正月辛巳朔(初一日,折算公历时间待考)则天僭加号慈氏,大赦,改为证圣元年。[5]

正月辛巳,加号慈氏越古金轮圣神皇帝,改元证圣。大赦,赐酺三日。……丙申,万象神宫火。[6]

而至是岁:

春二月,上去慈氏越古尊号。[7]

二月己酉朔(695年2月19日),日有蚀之。壬子(初四,22日),杀薛怀义。甲子(十六日,3月4日),罢“慈氏越古”号。[8]

据此可知,延载二年岁星历正月(一月)[9]武曌仍然坚守唐周易代时期《大云经疏》中的弥勒信仰,并予重新强调,是月武曌加号慈氏越

---

[1]《资治通鉴》,延载元年(694),页6493。《新唐书》卷4《则天皇后纪》则记为“二月庚午,薛怀义为伐逆道行军大总管,领十八将军以击默啜……己卯,武威道大总管王孝杰及吐蕃战于冷泉,败之”。《资治通鉴考异》却云:“《实录》、《新纪》皆云‘伐逆道’。今从旧怀义传。”

[2]《新唐书》卷4《则天皇后纪》,页94。

[3]《资治通鉴》卷205,延载元年(694),页6494。

[4]《资治通鉴》卷205,延载元年(694),页6495。

[5]《册府元龟》卷15《帝王部五·年号》,页175~176。

[6]《新唐书》卷4《则天皇后纪》,页95。

[7]《旧唐书》卷6《则天皇后纪》,页124。

[8]《新唐书》卷4《则天皇后纪》,页95。

[9]世界通行历法有三:阳历,以地球环绕太阳一圈为一年,代表为基督教纪元(公历);阴历,以月之圆缺为纪年标准,代表为伊斯兰历;华夏历法则与此二者不同,独以岁星(即木星)围绕太阳十二年为准,分为十二份纪年,辅以闰月。岁星历中又有周历与秦历之别,周历以十一月为岁首,十二月为腊月,以下依次为一月、二月至十月;秦汉历则以十二月为腊月,正月为岁首,余依次类推。唐历属秦历,武周历则宗周历,然至延载二年改为证圣元年之后,改一月为正月,意味着放弃周历以十一月为岁首的传统,开始重新恢复唐历。这昭示着武周皇朝的政治理念开始发生重大变化。

古金轮圣神皇帝即为其证。“慈氏”，即“弥勒”的意译，而至是月丙申万象宫在大火中化大灰烬之后，形势大变，是岁春二月，武曌突然宣布废除上月刚刚晋上的“慈氏越古”尊号，意味着已正式宣告与弥勒信仰划清界限，同月初四壬子日(695 年 2 月 22 日)薛怀义被杀更是《大云经疏》正式罢废的历史标志。

关于薛怀义被杀的原因，汉文正史大都归咎于他结纳私党，建立了私人僧团武装，开始对武周政权形成了威胁。因此不再召其入宫侍主，改用其他男宠，政治上逐渐失意，因而故意纵火，焚毁明堂。《旧唐书》卷 183《薛怀义传》详细记载了这一过程：

> 怀义后厌入宫中，多居白马寺，刺血画大像，选有膂力白丁度为僧，数满千人。侍御史周矩疑其奸，奏请劾之，不许，固请之，则天曰：“卿且退，朕即令去。”矩至台，薛师亦至，乘马蹋阶而下，便袒腹于床。矩召台吏，将按之，遽乘马而去。矩具以闻，则天曰：“此道人风病，不可苦问。所度僧任卿勘当。”矩按之，穷其状以闻，诸僧悉配远州。迁矩天官员外郎，竟为薛师所构，下狱，免官。后有御医沈南璆得幸，薛师恩渐衰，恨怒颇甚。证圣中，乃焚明堂、天堂，并为灰烬，则天愧而隐之，又令怀义充使督作。乃于明堂下置九州岛鼎，铸铜为十二属形象，置于本辰位，皆高一丈，怀义率人作号头安置之。其后益骄倨，则天恶之，令太平公主择膂力妇人数十，密防虑之。人有发其阴谋者，太平公主乳母张夫人令壮士缚而缢杀之，以辇车载尸送白马寺。其侍者僧徒，皆流窜远恶处。[1]

《资治通鉴》卷 205 天册万岁元年(695)亦记：

> 僧怀义益骄恣，太后恶之。既焚明堂，心不自安，言多不顺；太后密选宫人有力者百余人以防之。壬子，执之于瑶光殿前树下，使建昌王武攸宁帅壮士殴杀之。考异曰，旧传云：“人言发其阴谋者，太平公主乳母张夫人，壮士缚而缢杀之，送尸白马寺；其侍者僧徒皆流窜远恶处。”……今从实录。送尸白马寺，焚之以造塔。甲

〔1〕《旧唐书》卷 183《薛怀义附传》，页 4743。

子,太后去"慈氏越古"之号。

按延载二年正月辛巳,武曌犹以弥勒转世自称,加号慈氏越古金轮圣神皇帝,改元证圣。而同月明堂被焚,次月初一己酉日(695年2月19日)出现日食天变,初四壬子日(695年2月22日)联合建昌王武攸宁及太平公主乳母张夫人私人武装诛杀了薛怀义,全歼了白马寺僧团武装。同月十六甲子日(695年3月4日)废除慈氏尊号,标志着正式放弃了弥勒信仰。短短数日间发生如此巨大变故,绝不可简单以薛怀义故意纵火明堂的事件解释,其中必定蕴涵着更为复杂的政治、宗教因素。

这次明堂火灾事件在我国正史中,都归咎于薛怀义失宠后愤而所为,其说不合情理,值得猜测。明堂乃周代制度,为祭天、集会诸侯之所,然明堂形制,古无明确记载,秦、汉时期举行封禅大典时,多于东岳泰山下兴建简陋的明堂。总章二年(669)天皇李治始在京都筹建明堂,"三月……丁亥,诏定明堂制度:其基八觚,其宇上圆,覆以清阳玉叶,其门墙阶级,窗棂楣柱,枊楶枅栱,皆法天地阴阳律历之数。诏下之后,众议犹未决,又会饥馑,竟不果立"。[1] 垂拱四年(688)二月武曌正式决定在神都洛阳兴建明堂:"太宗、高宗之世,屡欲立明堂,诸儒议其制度,不决而止。及太后称制,独与北门学士议其制,不问诸儒。诸儒以为明堂当在国阳丙己之地,三里之外,七里之内。太后以为去宫太远。二月,庚午,毁乾元殿,于其地作明堂,以僧怀义为之使,凡役数万人。"[2] 十二月明堂成,"辛亥,明堂成,高二百九十四尺,方三百尺。凡三层:下层法四时,各随方色。中层法十二辰;上为圆盖,九龙捧之。上层法二十四气;亦为圆盖,上施铁凤,高一丈,饰以黄金。中有巨木十围,上下通贯,栭栌樽藉以为本。下施铁渠,为辟雍之象。号曰万象神宫。宴赐君臣,赦天下,纵民入观。改河南为合宫县。又于明堂北起天堂五级以贮大像;至三级,则俯视明堂矣。僧怀义以功拜左威卫大将

〔1〕《资治通鉴》卷201,总章二年(669),页6358。
〔2〕《资治通鉴》卷204,垂拱四年(688),页6447。

军、梁国公”。规模空前，成为神都洛阳标志性建筑，又号万象神宫，成为武周皇朝合神权、政权于一体的神圣之地。明堂周围，禁卫森严，薛怀义纵有辅国大将军军衔，也未必有机会能够随意纵火。然洛阳位居中原多雨之地，而该明堂通体全为砖木结构，高达 294 尺，又上饰铁凤，饰以黄金（黄铜），通体导电，受雷击必燃。以情度之，明堂之焚，必非人力，而是遇暴雷雨，起火自燃。导致佛授天命，弥勒转世的信仰全面动摇，且接着又有日食天变，这在中国古代谶纬之学中，又是极大凶兆，必须找出其罪魁祸首，否则武曌即将面临颁布罪己诏的严重政治危机，薛怀义为首的白马寺、佛授记寺、魏国东寺、光明寺僧侣集团注定承担祭坛牺牲的角色。随同怀义一起炮制《大云经疏》的其余八位身着紫袈裟、兼领县公封号的法明[1]、宣政、处一、行感、惠棱等诸僧必无一幸免。弥勒信仰由之衰微，《大云经疏》也就随之罢废。

延载二年乙未（695）是武曌柄政时期危机最为严重的一年，是年废周历，恢复正月元日庚辰为岁首，696 年 1 月 10 日改元为天册万岁元年，这一年号仅存在于该年度十二月份，公元为 696 年（天册万岁元年十二月一日甲戌，696 年 1 月 10 日）。一年内数改年号，说明对自身政权的合法性越来越失去信心，迫切需要寻找一种新的舆论引导。是岁高僧义净自印度返国，为其延续武周皇朝的生命带来新的生机。《释氏稽古略》是一部按中国朝代纪年编撰的佛教史著作，其中在乙未天册万岁元年条下记述了义净东返，受到武曌亲迎事迹：

> 法师义净，讳义净。字文明。茫阳（涿州也）张氏子。髫龀出家为僧。弱冠具戒。高宗咸亨二年。三十七岁往西域求佛经。孤征二十五年。历三十余国。至是乙未五月还至河洛。得梵本经律

[1] 有学者援引赞宁《宋高僧传》卷 17《护法篇 · 唐江陵府法明传》，认为法明在中宗复唐后仍受重用，该传原文为：“释法明。本荆楚人也。博通经论外善群书辩给如流戒范坚正。中宗朝入长安游访诸高达。适遇诏僧道定夺化胡成佛经真伪。时盛集内殿百官侍听。诸高位龙象抗。御黄冠。翻覆未安鵵瓻难定明。初不预其选出场擅美。问道流曰。老子化胡成佛。老子为作汉语化。为作胡语化。若汉语化胡。胡即不解。若胡语化此经到此土便须翻译未审此经是何年月何朝代。何人诵胡语何人笔受。时道流绝救无对。明由此公卿叹赏。则神龙元年也。”据此可知，此之江陵法明与前述之洛阳法明绝非一人，不可相互混淆。

论近四百部合五十万夹。金刚座真容一铺。舍利三百粒。太后亲迎于上东门外。奉安佛授记寺。敕令翻译。

此岁在宋僧念常所撰《佛祖历代通载》卷12所记赴洛的高僧则非汉僧义净,而是迎自于阗的实叉难提(汉语意为喜学)及在太原寺宣讲华严宗旨的康法藏:

[乙未]改证圣。九月又改天册万岁,是岁……闻于阗国梵本华严大经。即遣使奉玉帛往求之。并请彼国善梵学者一人。随经以来。于是于阗主以实叉难提(此云喜学)妙华严宗旨遣赴命。则天见之大悦。诏入大遍空寺。同三藏菩提流志法师神测玄景复礼等翻译华严。则天时幸其寺。亲施供馔焉……天册万岁元年。诏沙弥康法藏于太原寺。开示华严宗旨。

然勘以《宋高僧传》译经篇卷1《唐京兆大荐福寺义净传》,此后在武周通行的《华严经》起先为义净与实叉难提(喜学)合译,今本《大方广佛华严经》虽题为于阗国三藏实叉难陀奉制译,并在武曌所作《大周新译大方广佛华严经序》中对此予以肯定,但根据译经的全过程判断,最后定本则为义净独立完成,不可贬低义净在这一译本的重大历史贡献:

释义净。字文明。姓张氏。范阳人也。髫龀之时辞亲落发。遍询名匠广探群籍。内外闲习今古博通。年十有五便萌其志。欲游西域。仰法显之雅操。慕玄奘之高风。加以勤无弃时,手不释卷。弱冠登具。愈坚贞志。咸亨二年年三十有七。方遂发足。初至番禺得同志数十人。及将登舶余皆退罢。净奋励孤行备历艰险。所至之境皆洞言音。凡遇酋长俱加礼重。鹫峰鸡足咸遂周游。鹿苑祇林并皆瞻瞩。诸有圣迹毕得追寻。经二十五年历三十余国。以天后证圣元年乙未仲夏还至河洛。得梵本经律论近四百部。合五十万颂。金刚座真容一铺。舍利三百粒。天后亲迎于上东门外。诸寺缁伍具幡盖歌乐前导。敕于佛授记寺安置焉。初与于阗三藏实叉难陀翻华严经。久视之后乃自专译。[1]

为义净、实叉难提合译的《华严经》突出特点乃首倡五教之说，认为佛教的层次依次为小乘教（《阿含》等）、大乘始教（《般若经》《唯识论》等）、终教（《大乘起信论》等）、顿教（《维摩经》等），而《华严经》则代表了佛教最高层次的圆教，乃是完全说一乘教理的圆融无碍教义。该经中宣扬佛有三身，就有三个名号，毗卢舍那（毗卢遮那），梵文作 Vairocana，是释迦牟尼佛法身的名号，卢舍那是释迦牟尼佛报身的名号，释迦牟尼是应身的名号。由之出现了毗卢舍那信仰，意为光明遍照一切，直译为净满，是佛真身的通称，寓有清净圆满之意。在武曌题名自撰的《大周新译大方广佛华严经序》中对此经给予了高度评价：

《大方广佛华严经》者，斯乃诸佛之密藏，如来之性海。视之者，莫识其指归；挹之者，罕测其涯际。有学、无学，志绝窥觎；二乘、三乘，宁希听受。最胜种智，庄严之迹既隆；普贤、文殊，愿行之因斯满。一句之内，包法界之无边；一毫之中，置刹土而非隘。摩竭陀国，肇兴妙会之缘；普光法堂，爰敷寂灭之理。……所冀：阐扬沙界，宣畅尘区；并两曜而长悬，弥十方而永布。一窥宝偈，庆溢心灵；三复幽宗，喜盈身意。虽则无说无示，理符不二之门；然而因言显言，方阐大千之义。辄申鄙作，爰题序云。[2]

史载武曌临朝之后，就开始在龙门开凿规模巨大的石窟寺，其西山主龛所雕那座高 17.14 米、着通肩大衣、波纹发髻的大佛就是遮卢舍那佛。有学者认为武照之名写作武曌就具有卢舍那的梵文 Vairocana 原义天空中的日月，其说为日本人古正美博士所倡[3]，可备一说。自此，卢舍那佛取代了原先弥勒信仰的位置，女皇武曌的帝号不再称“慈氏”，而改称“金轮圣神皇帝”，《华严经》研习之风大盛，并经率先试讲此经的法藏阐释、发挥，一个新的佛教宗派——华严宗正式诞生。并催化了净土宗，以及以观世音崇拜为特征的密宗相继流行，历史已进入武

[1]赞宁：《宋高僧传》译经篇第一之一，《唐京兆大荐福寺义净传》，页 0710b08。

[2]《大周新译大方广佛华严经序》，页 0001a24。

[3]转引自林世田：《〈大云经疏〉初步研究》，载《文献季刊》，2002 年 10 月第 4 期。

周皇朝末期、中宗复唐的历史前夜了。

综上所述,武曌在位时期是中国佛教思想剧烈变革的时代,这种变革,既包括印度佛学与中国本土文化之间的碰撞,又包括中国文化对外来文化的吸收与改造,在这个意义上,被称为“伪经”的《大云经》的编写都属于佛教本土化历史进程中的一部分。至于周、唐在易代时期的佛学思潮的起伏,更应在这一宏观背景下重加审视。

(原载偃师市《玄奘第四次学术讨论会文集》)

8　庭州高台寺考

——天山北麓唯一现存的石窟寺

迄今为止,有关文物普查和考古报告中,天山北麓没有发现任何石窟寺,更没有唐代开凿的石窟寺,已知古代佛寺仅有北庭西寺一座,已被列为全国重点文物保护单位,但这座寺院并非唐代石窟寺,而是回鹘时期兴建的地面佛寺,与石窟寺无关。

石窟寺指开凿于山崖上的佛教洞窟,俗称千佛洞,是北传佛教的重要特征。起源于佛教与希腊化艺术的结合,引起佛教教义由反对偶像崇拜到通过雕塑艺术弘法的历史转变。石窟寺始凿于公元前3世纪阿育王时期的印度(前273—前232)。今存最早的石窟寺是印度比哈尔邦格雅(Gaya)城北的巴拉巴尔石窟寺群,最大佛像是阿富汗的巴米羊开凿的大像窟。中国佛教的主体是北传佛教,随着佛教的东传,凡是有条件的地方,大都建有石窟寺。佛教早在东汉时期已传入中原,至迟于晋世已经、论、律三藏大备,形成以大乘为主的汉传佛教,并反转西域汉人聚居的高昌郡、高昌国,入唐后西域尽入我国版图,东部天山更是北庭道下属的郡县化三州地区,以今哈密、巴里坤地区置伊州,今高昌国故境所在的鄯善、吐鲁番地区置西州,以今吉木萨尔县为中心的天山北麓东段置庭州,其中北庭总管三州。参稽敦煌出土《西州图经》《沙州、伊州地志残卷》可知,同属北庭节度使管辖的西州、伊州都是佛寺石窟寺林立,作为总辖三州的北庭节度使或北庭道的治所就在庭州,且境内不乏开凿石窟寺的条件,独无石窟寺遗存,是不可思议的。根据已知文献记载,仅吉木萨尔县所在的庭州金满县境就至少存在过4个知名佛教寺院。

(1)龙兴寺:《大正藏》唐《悟空入竺记》记唐德宗贞元五年(789),悟空在北庭译经刚刚完毕,“翻经既毕。缮写欲终,时逢圣朝四镇北庭宣慰使中使段明秀来至北庭。洎贞元五年己巳之岁九月十三日。与本道奏事官节度押衙牛昕。安西道奏事官程锷等。随使入朝。当为沙河不通取回鹘路。又为单于不信佛法。所赍梵夹不敢持来。留在北庭龙兴寺藏所译汉本随使入都”。

(2)应运大宁寺:《王延德行纪》记太平兴国六年(981)宋太宗遣供奉官王延德、殿前承旨白勋等人出使高昌回鹘,至北庭会见回鹘王,“明日泛舟于池中,池四面作鼓乐。又明日游佛寺,曰应运太宁之寺。贞观十四年造”。

(3)西寺:元李志常《长春真人西游记》记载,元太祖十六年(1221)八月二十八日,丘处机一行途经鳖失把大城“此大唐时北庭端府(按即“都护府”之急读音变)。景龙三年(709),杨公何为大都护,有德政。诸夷心服,惠及后人……有龙兴、西寺二石,刻载功德,焕然可观”。1908 年 10 月橘瑞超和野村荣三郎所率大谷探险队在北庭故城进行了 7 ~ 8 天的考古发掘,所公布资料中有石碑一块,“碑后表面沙砾剥落严重,但‘唐中宗二年’几个字,字迹尚很清楚”。是否就是丘处机所见《杨何碑》,尚不清楚。

(4)高台寺:亦见于《王延德行纪》,宋使一行先至高昌,其王正在夏都北庭避暑,遂自高昌翻越天山至北庭,“历交河州,凡六日,至金岭口,宝货所出。又两日,至汉家砦。又五日,上金岭。过岭即多雨雪,岭上有龙堂,刻石记云,小雪山也。岭上有积雪,行人皆服毛罽。度岭一日至北廷,憩高台寺”。

此外,参稽清人《阅微草堂笔记》第 11、第 12 卷《槐西杂志》所记,纪晓岚流放新疆期间(乾隆三十三年秋七月至三十六年冬十月,1768—1771)到过北庭故城,当时城内完整的建筑遗存似乎还不少,发现了一座佛寺,“寺已圮,尽石佛,自腰以下陷入土,犹高七八尺。铁钟一,高出人头。四围皆有铭,锈涩模糊,一字不可辨识,唯刮视字棱,相其波磔,似是八分书耳”。所出寺中铁钟,高过人头,规模不小。

近年来,吉木萨尔文物部门加强了对北庭故城的关注,不断发现有佛像出土及在民间收集到佛像的消息,出土地点都明确是在北庭故城之内,数量很多,除了旧作《丝绸之路的北庭》中已经论述过的铜质佛像之外，又增加了许多新珍品。重要者有铜质鎏金菩萨像一尊，铜质佛像二尊。还发现了大批陶质比丘像，大都残破，经对拼只能复原出两座比丘像，一座比丘头像基本完整，仅鼻头有些破损，其他部位都非常完整，另一座陶质比丘像面部结构完整，但雕塑的精美程度不如前者，都呈现出典型的汉人形象。除出土比丘像外，还出土了身着僧衣的比丘正身像，僧衣形制，褶文飞动，非常精妙。就在发现比丘像的地点还出土了佛像脚下的陶质莲花台座，出土地在北庭故城西部的一片周围有断垣残壁的凹地上，出土地似为一个陶质佛教造像作坊，这个作坊本身就隶属于一座佛寺，很可能就是龙兴寺所在地。以此判断，龙兴寺应是北庭城中的一座佛寺，其前身应当就是武周时期的大云寺，唐和帝李显废周复唐，下令天下各州大云寺悉改为龙兴寺，故其名一直延续到北庭沦陷之前。更加印证北庭佛教盛行，且皆属汉传大乘佛教系统，说明庭州金满县境佛寺不止以上 4 座。

以上 4 座已知佛寺中前两座寺院中的龙兴、应运大宁二寺似皆在城中，在战争中早已损毁。“西寺”，应即北庭故城西的回鹘佛寺，中国社会科学院考古队正式发掘之前，原是一座大土墩，当地人称之为西大墩，说明是宗教战争尚未蔓延到北庭时期由当地僧人主动埋藏的，以故基本保存完好。唯高台寺的地望不在北庭，而在由西州到庭州的一处交通要道上。参稽《新唐书·地理志》交河县条记“自县北八十里有龙泉馆，又北入谷百三十里，经柳谷，渡金沙岭百六十里，经石会汉戍，至北庭都护府城”。复据《西州图经》他地道：“右道出交河县界，至西北向柳谷，通庭州四百五十里，足水草，唯通人，马行多损。”王延德由交河北赴北庭即取此路，《新唐书》名为柳谷道，《西州图经》则名为他地道。高台寺就在这条交通要道上，其时王延德一行已经走出天山北麓山前地带，但尚未到达北庭故城，其具体位置应在地当泉子街他地道北通北庭故城的要道。此地果然存在一座古代佛寺遗迹：吉木萨尔千佛洞，位于吉木萨尔县城西南仅 5 公里的天山余脉前山丘陵地带的一个高高的台地上。谷深不过 2.5 公里，山高仅为 50 公尺，古洞西边周围的平台地，方圆不足 2 公里，地当泉子街北通县城的公路的东侧不远处。新疆已知著名千佛洞如克孜尔、库木吐拉、吐峪沟、伯孜克里克等大都是西方探险家发现的,吉木萨尔千佛洞却是我国自己发现的,始发现于清乾隆三十五年(1770),嘉庆年间编撰的《乌鲁木齐事宜》[1]卷1详细地记载了这座千佛洞为一济木萨卖菜人无意发现的过程。据该书记载,千佛洞未发现之前,也算树木茂密,是个打柴的好地方:

> 乾隆三十五六年间有济木萨城内卖菜民人患眼疾逾年不痊愈,将至失明,无以糊口,幸赖熟悉山路,每遇天气晴明,即赴山拣柴度日,一日进山,眼疾遽发,发疼痛难忍,至欲轻生,摸索至一山冈树下,随解带欲缢,忽闻旁有人言山下有水洗眼可痊,其民人回问,四无应声,惊坐山旁痴想欲睡,人言如前,如是有三,其人甚疑匍匐下山坡,听有水声,祝曰此必神明指示,如果洗愈,情愿出家为僧,随坐溪边,擦水洗目,疼痛即止,渐渐透明,洗一日夜,两目即能视物。望空叩谢,后上山坡,背山歇坐,忽见坡土坍裂,其内透出白灰墙壁,遂用手刨挖,内竟空虚,有门洞形迹,因即出山遍告,众人携带锹镢等物,赴山筑开洞门……门里甚黑暗,取烛照之,洞形如半月,见一卧佛,身长丈六,金面跣足,衣服颜色如新,又有铜佛,大、小不计其数,自尺余至三、五寸不等,土花锈蚀者极多,其民人感泣,即日落发,募化于洞前,接盖庙宇,至今极其壮丽。[2]

据此,吉木萨尔千佛洞发现于清朝重定新疆之初,汉民大批至天山北麓东段定居之乾隆三十五六年间(1770—1771),是国人自己重新发现的新疆古代佛寺,应当比后世外国探险家发现的佛寺更有价值。今新疆地区石窟寺遭到大规模破坏的时间大都是发生于秃黑帖木儿发动宗教圣战期间,其破坏规律又都是先是毁灭佛像,接着挖毁壁画。吉木萨尔千佛洞则乃新疆地区唯一现存具有最长时间的连续性古代佛教遗址。重新发现时寺内佛像壁画,悉光鲜如新,建筑龛洞都保存完好。昭示着此寺是在大战来临前,预先予以埋盖封存,始遣散僧人,故未为占

[1]边疆丛书续编之六吴江吴丰贻校订本《乌鲁木齐事宜》。

[2]边疆丛书续编之六吴江吴丰贻校订本《乌鲁木齐事宜》。

领北庭城的穆斯林所知，非常难得。洞中发现了大量古代文物。《乌鲁木齐事宜》明确记载，位于千佛洞后室有一座身长丈六的卧佛像，“金面跣足，衣服颜色如新”。所谓“卧佛”，实即释迦牟尼涅槃像，与克孜尔千佛洞发现的涅槃像所在位置完全相同。该书又记，洞口刚刚打开时，又有铜佛，大小不计其数，自尺余至三五寸不等，土花锈蚀者极多。这显然是汉传佛教密宗千佛信仰的特色。这一重大发现立即引起时任乌鲁木齐都统索诺木策凌的高度重视，曾亲临千佛洞在这些已发现的千佛中拣选了一番，从中挑选了铜佛九尊，作为贡物，进献阙庭，作为清代皇家珍藏，这九尊铜佛有可能仍然保存在北京或台北的故宫博物院。

关于吉木萨尔千佛洞发现后的保存和破坏情况简述如下：

清灭准噶尔汗国以后，自内地大批招徕移民，垦荒实边，东起巴里坤，西至玛纳斯都成为汉族移民的新家园，迅速实现郡县化，上隶于乌鲁木齐都统和甘肃省双重领导。今吉木萨尔县早在乾隆二十四年(1759)已创设了济木萨巡检，以当地绿营兵军屯长官身份，兼理民政。乾隆三十三年(1768)创立镇西府，三十八年(1773)创置了奇台、宜禾二县，济木萨初归奇台县管辖。乾隆四十一年(1776)阜康建县后，又转隶迪化直隶州阜康县管辖。千佛洞发现之后，当地信仰佛教的汉族居民立即集资建寺，在原有洞形佛窟基础上，兴建了殿、观、庙、阁等附属建筑群，成为东部天山诸县汉民佛教信仰的中心。当时来到新疆的道士多，和尚少，一般道教、佛教庙宇的住持都是道士，千佛洞却是为数不多的佛教僧人住持的佛教寺院。最先发现千佛洞的卖菜人也皈依了佛门，变为僧人。这些建筑的出现事实上对这一千年古寺起了外层保护作用。因而直到清中叶以前，洞窟基本上保持原貌。千佛洞遭受的第一次破坏发生于同治三年至光绪二年间(1864—1876)，妥得璘虽然曾攻入济木萨境内，但千佛洞一带是孔才所部汉族民团的势力范围，千佛洞遇到的第一次破坏，并非是毁灭性的。光绪四年(1878)又以千佛洞为中心扩建为一座集庙、观、殿、阁为一体的宏大寺院，每年农历六月初六开始举办历时半个月的千佛洞诵经大会，善男信女、僧俗人等云集寺院,祈福禳灾。光绪二十年(1894)济木萨治所恺安城改名孚远城,设孚远县丞,二十三年(1897)县丞升格为县令,正式创立孚远县,上隶于镇迪道迪化府,千佛洞进一步演变为镇迪道的佛教中心。可见自从乾隆三十五年(1770)吉木萨尔千佛洞重新发现,直至民国初年,基本上保持原貌,未受任何重大破坏。

吉木萨尔千佛洞第一次重大破坏发生于1933年回族军官马仲英率兵入新疆,所毁者亦仅后来增修的殿阁,以及洞中的壁画、泥雕,古洞卧佛及大量唐代铜佛等仍存。1937年,以孔才家族为首,募捐重修了部分建筑。第二次重大破坏发生于解放初破除迷信期间,自此千佛洞荒废,但损坏亦非毁灭性的。大规模毁坏始于1958年大炼钢铁,大批佛像被作为废铜重加冶炼。笔者本人恰于此年秋参加工作,时任奇台一中教师,当年就赴吉木萨尔水西沟炼铁。学生中有吉木萨尔本地人,开始了解到这座千佛洞。至"文革"期间,千佛洞佛像、壁画又遭全面破坏。大批佛像流入本县及邻县废品收购站,奇台就与吉木萨尔相邻,笔者目睹了不少精美铜像从收购站送去熔化。至此,这座千年古洞始面目全非。虽然改革开放之后,在当地很有影响的孔氏家族倡议下,又募捐重新修缮,因该遗址并未正式列入国家级或自治区级文物保护单位名单,不仅重新修起了洞前大殿,而且将被损千佛洞壁画又重新绘制,结果进一步破坏了千佛洞壁画原貌。至今自治区和昌吉自治州都进行过大规模的普查,都未曾提及这座千佛洞,可能认为这座千佛洞已遭全面破坏,文物古迹的价值已不复存在。这一观点,笔者认为值得商榷。

古代石窟寺理当包括石窟寺各类洞窟,石窟寺前所留附属建筑(包括塔、寺、院墙等),石窟寺内的佛像雕塑,石窟寺内的壁画,完整的石窟寺建筑形制。在这个意义上,完整无损的石窟寺已不复存在,现存遗址无一不曾遭受破坏,区别仅在于破坏的程度和遭受破坏的层面有所不同。就新疆现存石窟寺而言,几乎所有石窟寺前所留塔、寺、院墙等附属建筑都已荡然无存,拜城的克孜尔千佛洞、吐鲁番的伯孜克里克两个千佛洞是新疆现存石窟寺中两个保存最好的,其中雕像也大部分不复存在，仅存若干残存壁画和保存完好的洞窟形制。现存吐峪沟千佛洞已无任何佛像雕塑可言，仅存若干洞窟中仍有残存壁画，此外洞窟则仅存建筑形制，仍不失为国宝级文物保护单位。可见，古代石窟寺的破坏是分不同级别、层面而存在的。吉木萨尔千佛洞虽然佛像雕刻皆非原貌，洞中壁画也大部分荡然无存，但仍有劫后仅存的星星遗笔，保存着古代壁画的原始信息，其建筑形制却仍保存完好，随即断言这座遗址已遭全面破坏似乎言之过早。全面考察了这座千年古刹之后，笔者认为吉木萨尔千佛洞仍存在重大文物、考古价值。

首须指出的是：从《乌鲁木齐事宜》所记吉木萨尔千佛洞发现过程及当地人口耳相传的历史，足以证实这是天山北麓唯一现存的千佛洞。而且长期以来基本上保存完好，虽然外国探险家未曾注目，却是国人最早发现的本地千佛洞，理应充分肯定其历史价值。吉木萨尔千佛洞完整地保存了古代洞窟形制的原貌。由于这座千佛洞一直受到以孔氏家族为代表的广大本地佛教徒的爱护，尽管壁画、佛像都重新做了处理，但都是在原来形制基础上进行的，从未做过任何变动。这是极为难能可贵的。佛窟宽 14 米，特点是仿支提窟形半月形圆拱门，中央佛龛两侧各有这种拱门，以及甬道形制的反回字形结构。自中央佛龛两侧另开四条甬道，回旋前进，甬道第一层回旋进入中甬道，左、右皆开佛龛，中供佛像，再次回旋前进，深进一层，仍是左、右皆开佛龛，最后一道回旋进入后甬道，到达这座千佛洞的参拜终点。

供奉俗称卧佛的释迦牟尼涅槃像前，这种回旋三进的形制，实属全国鲜见。该支提窟平面正视图如图 3－8－1，前进至甬道尽头，迎面出现了佛涅槃像，释迦牟尼安详地卧在平榻上，这是支提窟的最隐秘地界，今之卧佛像虽非复古物，但佛座仍为原来形制，其余佛龛形制也仍保留旧观。引人注意的是，洞窟南壁的罗汉群像明显不同于中原汉传佛教寺院的同类佛像的开龛方式。这种建筑形制本身有力地证实了无可辩驳的历史价值，至于洞前大殿虽然是后代所建，其最早历史渊源也可溯至清乾隆年间，光绪年间又毁而重建，今日建筑式样仍然忠实地沿袭清代旧规，也不能说是一无价值。虽然这种价值与千佛洞本身价值性质迥然有异。本文重点关切的仍是千佛洞的价值,而将大殿基本上排除在外。

比例：1：100

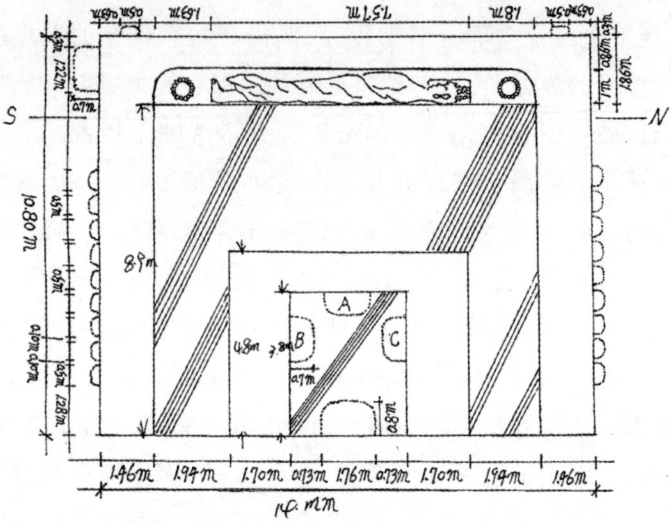

注：1. 卧佛佛坛高 0.76m；
2. A 佛龛距地面高 0.94m，龛宽 1.23m，龛高 1.57m，龛书深 0.7m；
B 佛龛距地面高 1.00m，龛宽 1.26m，龛高 1.47m，龛书深 0.7m；
C 佛龛距地面高 0.95m，龛宽 1.24m，龛高 1.50m，龛书深 0.7m；

图 3－8－1　高台寺支提窟平面图(李功仁绘)

进须指出,新疆现存石窟寺几乎无一例外,都曾遭到或多或少的破坏,绝不因吐峪沟千佛洞现已佛像无存、壁画残存无多,而否认这座石窟寺曾是新疆现存最古老的汉传佛教寺院,不因克孜尔千佛洞中的大像窟早已大像无存,而否定这座石窟寺中曾存在大像窟的事实。

类似残破的石窟寺还有吐鲁番胜金山千佛洞等,不但早已佛像无存,连窟形都很难看清。由于西方探险家所劫壁画至今仍然在外国博物馆中完整保存,这座千佛洞的重要价值谁也不能否认。吉木萨尔千佛洞虽然现今壁画都是属于后代重绘,但并非古画一无所存。在该窟后洞释迦牟尼涅槃像背后,一处现被帷幕严密遮蔽的地方,仍然残留一片原始泥墙,其上残存着一片黑白相间的图案,与今克孜尔涅槃像后壁图案相似,是这座千佛洞原始壁画的唯一残留。

图 3-8-2　吉木萨尔高台寺拱形甬道

吉木萨尔文管所还保存着一具本寺木钵，非常古老，也是千佛洞的原始遗物。

根据这座千佛洞的地理位置，毫无疑问判断出其就是宋使王延德自交河赴北庭途中憩足的高台寺。理由是：

(1)位居交河翻山而至北庭的山北中间站。王延德自交河赴北庭的行程是“度岭一日至北廷，憩高台寺”，吉木萨尔千佛洞南距南通交河的泉子街山口头道桥 35～40 公里，恰为一日程，北距北庭故城所的护堡子乡仅为 17 公里，故次日上午就已到达北庭，完成了会见回鹘王的使命。

(2)高台寺的命名本身寓意建于高台之上，清代济木萨卖菜人所说的山，并非深邃的后山，而是距城不远的土山，实为突兀高于平原的

图 3-8-3　吉木萨尔千佛洞后窟涅槃像后壁原始图案

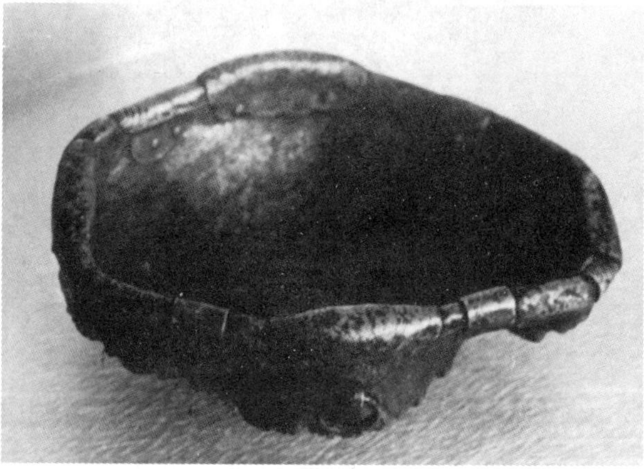

图 3-8-4　吉木萨尔千佛洞古木钵

一处台地，现今县城南通泉子街的公路正穿台而过，自公路上看，切面壁削如崖，与高台寺名寓意完全相符。

(3)高台寺曾在历史上留有盛名，不仅见于宋人王延德的记载，明人陈诚西使哈烈，虽未途经此地，但在其所著《西域番国志》中根据当地传闻，也留下了交河“城西北百余里有灵山，相传为十万罗汉佛涅槃之所，近山有土高台十余丈，云唐时所建，台畔有僧寺”的记载。交河城西北充满佛迹的“灵山”无疑就是今吉木萨尔县南的天山，因为吐鲁番西北山中并无佛教遗迹，而吉木萨尔县南山中的高台，“台畔有僧寺”,地形与今吉木萨尔千佛洞完全相符。

(4)《王延德行纪》中清楚地记载,高昌回鹘国中存在大量佛寺,直至回鹘时期仍在继续使用,然其始建时间并非回鹘,而是唐朝。“佛寺五十余区,皆唐朝所赐额,寺中有大藏经、唐韵、玉篇、经音等”,以王延德、白勋为正、副使的宋朝使团首次出使高昌,肩膺切断回鹘传统臣属于辽的政治联系,接受宋朝册封,旨在联合回鹘,结盟反辽的重大政治使命,其使团人数,参稽历朝惯例,不会少于50人,高台寺僧舍规模可以想见。以此判断,此寺必非始建于回鹘,而应是唐代的历史遗留。

综上所述,石窟寺是佛教文化东传的历史产物,集中代表了佛教的建筑艺术、雕塑艺术和壁画艺术的辉煌成就。新疆现存各石窟寺大都遭到不同程度的破坏,不能因为吉木萨尔千佛洞已遭破坏,就认为毫无文物价值可言。如果再不加以关注,更大的破坏还可能发生。呼吁文物主管当局,提高其保护级别,为天山北麓的佛教文化,保存最后一道哪怕是已经黯淡下去的昔日祥光。

尤引人注目的是,经我们实际踏勘,寺后高台,仍有长50米、宽300米的面积,当地信佛群众早就流传此寺之外,尚有后洞的说法。本县文物局专业干部李功仁[1]及千佛洞驻寺老僧也共同证实,2001年6月,千佛洞主窟(支提窟)北侧11.75米处土崖坡面因大雨冲刷突然坍陷,出现了一座巨大的塌陷空洞,深入地表达21.1米,说明这座千佛洞还存在一座不曾为清代菜贩发现的后洞。

洞中发现了烧焦的木材与古代素面、红色大方砖,其形制、大小、颜色不仅与北庭故城所见素面红方砖相同,与北庭、长安、洛阳所见唐代方砖也风格相类。

略加清理,发现四窟。窟内径宽1.45~1.6米,顶部已毁,残高1.9~2.7米,底部素面红方砖平铺,砖长24.5厘米,宽21厘米,厚3.5~5.5厘米,窟间隔壁厚0.9~1.1厘米,窟内填土未发现任何扰乱

〔1〕李功仁毕业于西北大学三年制考古专修班,具有基本的考古训练及近二十年的工作实践,所说应当可信。

图 3－8－5　高台寺地穴中出土大方砖与焦木

图 3－8－6　高台寺大方砖 1

图 3－8－7　高台寺大方砖 2

迹象,说明属于未被清人发现的洞窟,应为唐代毁弃此窟时的原始埋藏。为防止破坏,于雨停后重加封埋,迄今未为人知。说明为清代菜贩发现的千佛洞并非这座石窟寺的全部,尚有部分洞窟至今仍未发现,期望有关文物部门充分重视这一线索,沿李功仁曾经发掘而又掩埋的地点进行正式发掘,有朝一日,这座古老的石窟寺有可能再现昔日的辉煌。

卷四　西域汉人与汉文化

1　龙兴年号与李宝后西凉政权

哈拉和卓96号墓出有《龙兴某年宋泮妻翟氏衣物疏》[1]，前16行，述随葬衣物，中缺，后四行迻录如下：

[17]龙兴□年×××日宋泮故妻翟氏□随身所

[18]有衣物，人不得仞（认）名，仞（认）名须桃券、华生、段鸡子

[19]雏□镇×××狗……

[20]进、董就共……

龙兴年号仅此一见。出有这件文书的哈拉和卓96号墓所出纪年文书多是北凉玄始年号，上起玄始十二年(423)，下止北凉义和二年(432)，并出土有一件赫连夏真兴七年(425)的文书，说明本墓文书应是423—432年间的遗物。关尾史郎则认为"龙兴"年号使用下限可至442年[2]。围绕着龙兴年号的归属问题，先是有人认为吕光年号实为龙兴，不是龙飞，年代不符，已被否定。此后逐渐集中到自署高昌郡守阚爽身上[3]。笔者则认为"龙兴"寓意鸿远，志在复国，偏安一隅，志在割据的阚爽绝无此等雄猷气势，虽然一段时间确曾沿承这一年号，绝非自建，建此年号者另有他人。据笔者判断，应是自玄始十一年(422)在伊吾创立政权的西凉余裔李宝所建年号。论证如下：

[1]《吐鲁番出土文书》，中华书局非图录本，第1册，页61～63。

[2]关尾史郎：《"龙兴"纪年之随葬衣物疏考——(吐鲁番出土文书)札记(六)》，《史朋》21号，1987年。转引自王素《高昌史稿·统治编》。

[3]王素：《龙兴年号与阚爽政权的性质变化》，载《高昌史稿·统治编》，文物出版社1998年，页222～225。

1.1 李宝在伊吾创立后西凉与龙兴年号

西凉王朝是晋末十六国时期,在河西地区兴起的第二个汉族地方王朝,领疆跨有流沙东、西,西凉第三代君李恂永建二年(北凉玄始九年,420)亡于沮渠氏北凉,李恂自杀。西凉王室成员中除二代君李歆之子李重耳逃奔江东,仕于宋以外,其余成员都被沮渠蒙逊迁往北凉都城姑臧。史书中皆记此岁即为西凉灭亡之年。其实,西凉盛世领疆跨有流沙东、西,包括伊吾、高昌在内都属西凉的号令范围。河西的失陷并不等于西凉王朝的完全灭亡。玄始十年(421)十二月,晋昌太守唐契率先起兵复国[1]。西凉王朝的支持者纷起响应,迫使北凉世子沮渠政德亲自统兵镇压。双方血战经年,玄始十一年晋昌、敦煌相继被沮渠政德攻陷,西凉王裔、李暠之孙李宝遂在其国舅唐契、唐和辅佐下,西奔伊吾,臣于柔然,继续与沮渠氏北凉抗衡。实为河西西凉王朝一脉相承的历史继续,理当称之为后西凉政权。其主要人物构成如下:

(1)李宝:是李暠少子李翻的儿子。"李翻,字士举,小字武强,暠少子也,历骁卫将军,祁连、晋昌、酒泉三郡太守[2]。"随李歆东征沮渠蒙逊,蓼泉之战以后,李歆战死[3],"歆诸弟骁卫将军酒泉太守翻、击虏将军新城太守预、领羽林右监密,左将军姚、右将军亮等西奔敦煌",其后,北凉进军敦煌,李翻等又弃敦煌,奔于北山,下落不明。后西凉的创始人李宝即李翻之子,唐契、唐和之甥。明屠乔孙、项琳辑崔鸿《十六国春秋》[4]卷93,收有《李宝传》:

---

〔1〕汤球:《十六国春秋辑补》卷96《北凉录》,页665:"晋昌太守唐契据郡以叛,[蒙逊]遣世子政德讨之。"

〔2〕明屠乔孙、项琳辑崔鸿:《十六国春秋》卷93《西凉录·李翻》。

〔3〕明屠乔孙、项琳辑崔鸿:《十六国春秋》卷93。"歆与沮渠蒙逊战于蓼泉,军败,失马,渊以所乘马授歆而身死于难,遂以义烈,见称于西土。"

〔4〕该书署名为崔鸿,实为明人屠乔孙、项琳合辑崔鸿之书。该书明代仍有若干残本,清人四库全书就收有,为该书的权威版本。此外坊间也有流行,新疆社会科学院历史研究所收有该书的清刊本,与清人汤球辑本《十六国春秋辑补》并为崔鸿巨著之具有不同学术渊源之两种辑本。

翻子宝，字怀素，小字衍孙，沉雅有度量，骁勇、善抚接，伯父歆，[玄始九年]为蒙逊所灭，父翻奔于北山，蒙逊乃徙宝于姑臧。岁余(玄始十一年)，随舅唐契北奔伊吾，臣于蠕蠕，遗民归附者稍至二千，宝倾身接礼，甚得众心，皆乐为属，每希报雪。

李宝的事迹在《魏书》《北史》中也有记载，例如《魏书》卷39《李宝传》：

李宝，字怀素，小字衍孙，陇西狄道人，私署凉王暠之孙也。父翻，字士举，小字武强，私署骁骑将军，祁连、酒泉、晋昌三郡太守。宝沉雅有度量，骁勇善抚接，伯父歆为沮渠蒙逊所灭，宝徙于姑臧。岁余，随舅唐契北奔伊吾，臣于蠕蠕，其遗气归附者稍至二千，宝停滞不前身礼接，甚得其心，众皆乐为用，每希报雪。

(2)唐契、唐和：李宝初奔伊吾时，似尚年幼，其舅唐契、唐和乃其主要辅佐。唐契出身河西汉人大族，乃西凉开国功臣唐繇之子，与李氏家族联姻，与其弟唐和俱为西凉国戚，酒泉失陷时本与其甥俱押羁姑臧。及李恂起兵敦煌，李宝父李翻亦据晋昌响应。唐繇、唐契、唐和、李宝遂相偕逃亡晋昌，经过一年苦战，兵败。北凉玄始十一年北凉主沮渠蒙逊遣世子沮渠“政德攻晋昌，克之。唐契及弟和、甥李宝同奔伊吾，招集流民，遂臣柔然[1]”。明屠乔孙、项琳辑崔鸿《十六国春秋》卷93《唐繇传》载其事迹：

唐繇，晋昌宜安人也，以凉土丧乱，民无所捬，推暠霸于河右，以宁一方，及凉亡，繇子和与兄契携其甥武昭王孙宝避难伊吾，招集人众二千余家，臣于蠕蠕，蠕蠕以契为伊吾王，经二十余年。

据此，“二千余人”又作“二千余家”，显然都是忠实追随李氏家族的河西汉人，以每家五口计，已众达万余人，这在碛外已是相当强大的力量。以上记载说唐契是“伊吾王”并不正确，这次反叛北凉的真正首领并非唐契，而是李宝。

(3)尹太后：伊吾西凉余裔所建政权的核心人物还有李宝的祖母，

[1]汤球：《十六国春秋辑补》卷96《北凉录》，页665。

西凉王朝的初代君李暠之妻尹太后。被俘后本已送至北凉都城姑臧,也设法逃了出来,到达伊吾,与李宝会合。见于崔鸿《十六国春秋》卷83暠妻尹氏条:

尹氏,天水冀人,尹文之女也,幼而好学,清雅有志节。暠之创业,谋谟经略,多所赞毗,故西州谚曰:"李尹王敦煌。"及暠死,子歆嗣位,尊为太后。及其国亡之后,茂虔之弟无讳镇酒泉,每谓尹氏曰:"后诸孙在伊吾,乃欲就之乎?"尹氏未测其志,绐之曰:"吾子孙飘落,托身异域,余生无几,便当死此,不复作毡裘鬼也。"未几潜奔伊吾,无讳遣骑追及之,尹氏谓骑曰:"沮渠酒泉许吾北归,何为复追,汝取吾首以往,终不复还矣。"追骑不敢逼,引还,尹氏至于伊吾,年七十五卒。

又汤球《十六国春秋辑补》卷94《西凉》,暠后尹氏条也记:"暠后尹氏,天水冀人,幼好学,清辩有志节,初适扶风马元正,元正卒,为暠继室,以再醮之故三年不言,抚前妻子,逾于己生,暠之创业也,谟谋经略,多所毗赞,故西州谚曰:'李尹王敦煌。'"尹太后先后曾辅佐李暠、李歆、李恂等三代君,具有丰富的政治经验,绝非普通女性,进一步加强了李宝政权的生存能力。

伊吾,与高昌一样初本西凉碛外领疆,所指并非现之哈密,而是地在天山北麓的今巴里坤、伊吾一带。此地原属北匈奴控制,《后汉书》卷2"十六年春二月……伐北匈奴。窦固破呼衍王于天山,留兵屯伊吾庐城"。《资治通鉴》卷45,永平十五年壬申(72)所记更详:"春,二月……伐北匈奴。窦固、耿忠至天山,击呼衍王,斩首千馀级;追至蒲类海,取伊吾卢地,置宜禾都尉,留吏士屯田伊吾卢城。"宜禾都尉应即主管屯田的官职,率领汉军士卒于此且耕且战,具有控扼北道、屏卫南道的重大战略价值,伊吾纳入祖国版图,应自此始。引人注目的是,汉、晋以迄北魏的伊吾与唐之伊吾并非一地。后者的地望在今哈密,已成学术界定论,而汉击匈奴始得伊吾庐地,说明汉、晋之世的伊吾地近匈奴,必在天山北,而不在天山南,又从前引记载中得知,伊吾距蒲类海较远,且与北匈奴毗邻。由之推断,其地应在今巴里坤一带。此后发生了伊吾屯田三置、三罢事件，建初六年(81)恢复西域经营，以伊吾庐膏腴之地，“匈奴资之，以为钞暴[1]”。复令开设屯田，如永元时事，置伊吾司马，此为伊吾屯田的二置。安帝元初六年(119)汉朝又遣行长史索班将千余人屯伊吾，招抚车师前王及鄯善王，再度进取西域，则这次汉军反攻的总基地仍是伊吾。顺帝永建六年(131)汉朝再于伊吾开屯田，置伊吾司马以司其事，此为伊吾屯田的三置。永和二年(137)敦煌太守裴岑将郡兵破匈奴于蒲类海，杀呼衍王，伊吾司马也率兵参加了这场战役。可见有汉一代伊吾始终是汉朝西域屯田的主要基地。魏晋南北朝时期，随着北匈奴的日益衰落和西迁，西域地区又返归我国版图，魏文帝黄初二年(221)再置戊己校尉，伊吾必仍属于魏军的屯田重地，晋永宁元年(301)以归轨为护羌校尉、凉州刺史，西域长史、戊己校尉皆隶之。其后诸凉王朝代兴，伊吾始终属于河西诸凉王朝的版图。前秦时期梁熙任凉州刺史，置伊吾关，前秦建元二十一年(385)吕光西征班师，九月自龟兹返至宜禾，梁熙谋闭而不纳，晋昌太守杨翰进言“若光出流沙，其势难敌，高梧(一作高桐)谷口，险阻之要，宜先守之，而夺其水，彼既穷渴，自然投戈。如以其远而不守，伊吾之关，亦可拒也。若度此二阨，虽有子房之策，无所施矣。地有所必争，真此机也[2]”。梁熙未纳此策，吕光遂顺利渡过这两大险隘，胜利地消灭了梁熙，创建了河西后凉政权。后凉灭，西凉代兴，伊吾乃其碛外领疆的重要据点，及西凉都城酒泉沦于北凉，李宝迁居与柔然毗邻的伊吾，并非外奔，只是退守到西凉领疆最后一块根据地去而已。李宝出身正统的西凉王裔，其祖母尹太后更是与李暠一起创建西凉王朝的元母，实乃西凉王统一脉相承的继续。其国号绝不会称为“伊吾”，王号也绝不会是“伊吾王”，必定仍以西凉王自称，宜称之为“后西凉”。柔然，又作芮芮、茹茹、蠕蠕，是地跨大漠南北、金山东西的草原霸主。其势力足令北凉慑服，仅

[1]《后汉书》卷88《西域传》，中华书局，页2912。

[2]明屠乔孙、项琳辑崔鸿：《十六国春秋》卷81《后凉吕光》。汤球：《十六国春秋辑补》，商务印书馆1958年6月版，页567则记为“苻坚高昌太守杨翰说其凉州刺史梁熙，距守高桐、伊吾二关，熙不从，光至高昌，翰以郡迎降”。

率二千余家汉户的后西凉政权,为了确保自身的生存,不得不称臣于柔然,而真实目的在于养精蓄锐,反攻复国,不可能不建自身年号。前述哈拉和卓96号墓出有《龙兴某年宋泮妻翟氏衣物疏》中的"龙兴"年号,与李宝的"每希报雪"的政治抱负相符若契,直至北魏太平真君三年(442)归降北魏,东返敦煌。[1] 存在时间长达20年(422—442),与其英雄祖父李暠享国时间相同,与哈拉和卓96号墓出土纪年文书上限(423)、下限(442)也大体相符。以此判断,龙兴应即后西凉李宝所建年号,其中蕴涵着复兴故国的宏图大志。

1.2 龙兴年号与高昌阚爽的关系

龙兴年号的发现地哈拉和卓属于高昌郡领疆,龙兴既是后西凉李宝所建年号,何以发现于高昌郡境内呢?王素力主龙兴年号属于阚爽自建,理由大约就在于此。这就涉及后西凉与自署高昌郡守阚爽两个地方政权的复杂关系,必须考证清楚。

首须指出,高昌郡本属西凉版图的一部分。西凉李嵩年号为庚子(400—405)、建初(405—417),李歆年号为嘉兴(417—420),李恂年号为永建(420—421)。以上庚子、建初、嘉兴三种年号都已见于吐鲁番出土文书,唯李恂永建年号尚未发现。这说明西凉自晋太元二十一年(后凉龙飞二年,段业神玺元年)算起,至嘉兴四年(396—420)有效统辖高昌郡长达24年[2]。西凉灭于沮渠氏北凉,直至都城酒泉失陷之后,李歆、李恂仍在苦守敦煌,直到李歆嘉兴四年(北凉玄始九年,420)。北凉始派遣官员急渡流沙,接管了高昌郡。隗仁就是北凉正式委任的高昌郡守。崔鸿《十六国春秋》卷97《隗仁传》记云:"隗仁蒙逊时任为沮渠汉平司马,乞伏炽磐率众袭湟河,汉平面缚请降,仁勒壮士

[1]《资治通鉴》卷124《宋纪》,元嘉十九年(442),页3896:"夏,四月……李宝自伊吾帅众二千人据敦煌,帅,读曰率。缮修城府,安集故民。"这一记载说明后北凉止于宋元嘉十九年,即北魏太平真君三年(442)。

[2]王素《高昌史稿·统治编》,谓"西凉统治河西大约二十二年,统治高昌大约二十至二十一年",今不取。

百余据南门楼上，三日不下，众寡不敌，为炽磐所擒，怒欲斩之，散骑常侍段晖谏曰：'仁临难履危，奋不顾命，忠臣也。宜宥之，以厉事君。'炽磐乃执之而归。在炽磐所五年，晖又为之固请，得还。及至姑臧，蒙逊执其手曰：'卿孤之苏武也，以为高昌太守仁为政有威惠之称，然颇以爱财为失。'"乞伏炽磐袭湟河乃玄始四年(415)五月事，主将沮渠汉平已降，隗仁独以副将不屈，依五年后放归推算，隗仁受任高昌太守应为玄始九年(420)，吐鲁番出土的《玄始九年十一月一日随葬衣物疏》也证实隗仁已于当年走马上任，接管了高昌郡。其时李恂犹在苦守敦煌，次岁(玄始十年)十二月，西凉晋昌太守唐契起兵复国，西凉许多城市、村落又重新光复，北凉郡守隗仁主管的高昌郡也未必平静。此人何时卸任，史书失载。参稽前引《隗仁传》中所记"颇以爱财为失"的缺点，他必定闯出了乱子，很可能并非善终。接着主政高昌的就是自署为郡守的神秘人物阚爽了。由此可见，北凉郡守隗仁任期的终止亦即阚爽主政高昌的历史开端。

阚氏乃原籍敦煌的高昌大族，前凉有大儒阚骃，撰《十三州志》驰誉当时[1]。西凉有阚佥得、沮渠氏，北凉有阚浚、阚相平、阚媚兴，阚爽同时有阚连兴，皆出身阚氏家族。阚爽其人，《魏书·高昌传》记："世祖时(424—452)，有阚爽者，自为高昌太守。太延中，遣散骑侍郎王恩生等使高昌，为蠕蠕所执。"有人据此将阚爽自立的时间上推至北魏"遣散骑侍郎王恩生等使高昌"之前，也有人根据阚爽以奔柔然为其归宿，就认为乃柔然发兵扣留北魏使者王恩生之时或其以前[2]，按王恩生使西域乃北魏太延元年(435)，也有学者认为早在延和二年(433)四月北凉沮渠蒙逊死后[3]，则早在北魏延和元年至二年间(432—433)或

[1]明屠乔孙、项琳辑崔鸿：《十六国春秋》卷97《北凉录四·阚骃》："敦煌人，祖倞有名西土，父玖为一时秀士，官至会稽令，骃博通经传，聪敏过人，三史群言，经目则诵，时人谓之宿读，注王朗易传，学者藉以通经、撰《十三州志》行于世，蒙逊甚器重之，常侍左右。"

[2]王素：《高昌史稿·统治编》，文物出版社1998年，页220。

[3]唐长孺：《高昌郡纪年》，载《魏晋南北朝隋唐史资料》第3期，1981年，页33；余太山：《吐鲁番出土文书所见"缘禾"、"建平"年号》，载《西域研究》，1995年第1期。

更早以前(432年之前),阚爽已自署高昌郡守了[1]。“自署”说明并非北凉正式任命,则其取代隗仁必为借助外力所为。这一外力只能是徙居伊吾,并得到柔然支持的西凉余裔李宝。史书明载李宝西迁伊吾乃北凉玄始十一年(422)四月以后事[2],凭借柔然的支持完全有能力攻克高昌。以此判断,北凉所署立之高昌郡守隗仁很可能于此年被杀,另行署立高昌郡守,则阚爽之立,实非自署,而是西凉余裔李宝所授。以此判断,北凉高昌郡守隗仁之死、阚爽主政高昌,很可能都发生于李宝西徙伊吾之次岁,亦即皆北凉玄始十二年(423)事。依当年继位,次岁改元旧例,此年应即李宝龙兴元年(423)。说明这位高昌豪宗首领阚爽初曾臣属于建都伊吾的后西凉政权。

阚爽与李宝政权之间存在着宗藩关系还可从以下事例中得到印证。“经二十余年,和与契遣使降魏,遂为蠕蠕所逼[3]。”参稽《北史》《魏书》及《资治通鉴》,实非“二十余年”后,而是二十年后,即北魏太平真君三年(442)。这时,北魏已统一河西,北凉沮渠无讳、沮渠安周已率北凉残部举众西迁,至此,以复兴西凉王朝为职志的伊吾李宝政权已不再有存在意义。遂背叛柔然,改附北魏。敦煌、高昌本来都是西凉李氏旧疆,遂两道分兵,一路由李宝亲领,收复被北凉遗弃、北魏尚未正式占领的敦煌。遂自伊吾率众四千人夺据敦煌,返还故里,与北魏建立联系,变为北魏臣民。另一路则由国舅唐契、唐和兄弟“拥部众至高昌[4]”。这时沮渠无讳、沮渠安周兄弟率领的北凉余众已胜利渡碛,成功地攻入焉耆,下一步就要进军高昌。而高昌是阚爽地盘,唐氏兄弟不

[1]关于阚爽的名号,《魏书·高昌传》及同书《沮渠蒙逊传》作“高昌太守”,《宋书·大且渠蒙逊传》作“高昌城主”,唯《梁书·高昌传》作“高昌国”之“主”和“王”,似不可信。

[2]别据《资治通鉴》卷119,少帝景平元年(423)四月,“河西世子政德攻晋昌,克之。唐契及弟和、甥李宝同奔伊吾。”则后北凉存在时间非20年,而是19年(423—442),此亦另备一说。

[3]明屠乔孙、项琳辑崔鸿:《十六国春秋》卷93《西凉录·唐繇传附唐契、唐和》。汤球《十六国春秋辑补·西凉录》无唐契、唐和兄弟专传,该书卷94《李歆附李宝传》,页650别记:“宝,字怀素……随舅唐契,北奔伊吾,臣于蠕蠕,民归附者,稍至二千,宝倾身礼接,甚得众心,皆乐为用,每希报雪。后二十馀年,至魏太平三年,魏世祖遣将讨沮渠无讳于敦煌,无讳捐城遁走。宝至伊吾,率流人及虏骑,南袭敦煌,据之,修缮城府,规先业。遣弟怀达,奉表归降于魏。”

[4]明屠乔孙、项琳辑崔鸿:《十六国春秋》卷93《西凉录·唐繇传附唐契、唐和》。

可能不与阚爽事前没有约会，突然领兵到来，顿兵坚城之下，岂不自投死路。此外，李宝创立的后西凉政权乃历史上第一个臣属柔然的汉人地方政权，阚爽后遭北凉沮渠无讳攻击，兵败、城陷后也是以逃亡柔然为依归，其后阚爽后裔阚伯周又在柔然的支持下，创建了亲柔然的阚氏王朝。凡此种种，无不充分显示高昌阚爽同伊吾后西凉政权之间确实存在着密切的政治联系。

必须指出的是，阚爽的高昌太守虽然是受制于后西凉李宝，但作为一方主宰，亦必善于审时度势，并不专臣于李宝，而是见风转舵、唯强是恃，兼臣于北凉与赫连夏。吐鲁番学研究成果表明，阚爽主政高昌时期除了使用过龙兴年号之外，还出现了缘禾、建平，以及赫连夏的真兴年号。其中“缘禾”与北魏年号“延和”读音完全相同，这时北凉已臣属于北魏。读音相同，意在名义上遵从北魏正朔，用字不同，仍保持自身政权的独立性。北魏太武帝本用延和年号，北凉缘禾元年即北魏延和元年(432)。此岁，北凉得到北魏全力支持，看来比偏安伊吾一隅之地的李宝后西凉政权要强大得多，因而又转臣北凉，使用缘禾年号。66TAM62与63TAM2两墓所出纪年衣物疏：《缘禾五年随葬衣物疏》(66TAM62:5)与《缘禾六年翟万衣物疏》(63TAM 2:1)即为其证。直至缘禾八年(439)[1]北魏所灭沮渠牧犍，河西北凉王朝灭亡，证实了阚爽改臣北凉的史实。北凉也不再计较他并非本朝正式册命，却要竭力回避是西凉所封，因此，就出现了“自署高昌太守”这一内涵、外延模糊不清的记载了。然至435年北魏已改用太延元年，此后北凉仍称缘禾四年(435)、缘禾五年(436)、缘禾六年(437)、缘禾七年(438)不辍，阚爽政权僻居碛外，自然不甚了解内地的巨变，因此仍然追随北凉继续使用缘禾年号。直至北凉缘禾八年北魏攻陷姑臧，俘沮渠茂虔，缘禾年号消亡为止。关于建平、真兴等年号因与本文无关，不再赘论。

---

〔1〕侯灿：《西晋至北朝前期高昌地区奉行年号探讨》，载《高昌楼兰研究论集》，新疆人民出版社1990年第1版，页108~125。

1.3 李宝归属北魏与龙兴年号的废止

柔然是历史上第一个以可汗为王称的草原游牧政权，创立了强大的柔然汗国。雄霸大漠南北、金山东西，历代王统都出自“塞外杂虏”郁久闾氏，共传十九君[1]，存在152年(402—554)。初兴时文化不高，后来在长期与内地汉人及汉化鲜卑的广泛接触中，吸收了大量汉文化因素，改用汉文为官方书面文字，重用汉人为其幕僚，执掌文书，参赞帷幄。至其中世更进一步发展为推行汉式历法，使用汉式年号。武功强盛，乃无可匹敌之草原霸主。西凉李宝政权与北凉为世仇，而北凉恃北魏为奥援，只有柔然有资格、有实力同北魏抗衡。这就是李宝政权臣属柔然的政治、文化背景，并对后世高昌五氏王朝产生了重大影响。

早在柔然汗国第二代君斛律之世，柔然势力已进逼其北境，西凉建初九年(413)李暠已感受到柔然的严重威胁，因而“修敦煌旧塞东、西二围，以防北虏之患”[2]，此之“北虏”应指柔然。可见西凉李氏王朝同柔然发生政治、军事联系远远早于其他诸地方政权。以故唐契、唐和兄弟拥李宝西迁伊吾，断然臣属于柔然。后西凉存在时期(422—442)正当柔然第四代君牟汗纥升盖可汗大檀和第五代君敕连可汗吴提(429—444)武功盛世，正是在此强大的草原游牧强国的保护下，非但遏制了沮渠氏北凉的侵犯，而且为反攻复国提供了可能。这就是建元龙兴的希望所在。

在后西凉存在的20年间，中原、江南发生了一系列深刻的历史变化，其中北魏一统北方是最突出的历史现象。北魏本是鲜卑拓跋氏所建立的皇朝，在北方群雄逐鹿中日渐占了上风，而江南的东晋正统皇朝早已不复存在，接着出现的刘宋皇朝虽然初期还有些进取气象，但自北伐失败后，也早已变作偏安一隅的地方王朝了。其世仇沮渠氏北凉虽

---

〔1〕薛宗正：《柔然汗国的兴亡——兼论丁零、铁勒的西迁》，载《西域研究》，1995年第3期，页37~46。

〔2〕汤球：《十六国春秋辑补》卷93《西凉·李暠》，商务印书馆1958年6月，页643。

然实现了一统河西的伟业,但在同北魏抗衡的过程中还是非其对手。魏太延五年(439)魏军大举西征,九月,北凉首府姑臧城陷,沮渠茂虔自缚出降,河西地区已由北魏接管。太平真君元年(440)北凉王族沮渠无讳起兵复国,坚持至太平真君三年(442),仍以失败告终,举众西迁。在此新的历史条件下,李宝断然叛离柔然,遂东返敦煌,降于北魏。“世祖嘉宝忠款,拜怀达散骑常侍、敦煌太守,别遣使以宝为使持节侍中,都督西垂诸军事,镇西大将军,开府仪同三司,领护西戎校尉,沙州牧,敦煌公,承制玉门以西……在敦煌三年,因入朝,遂留京师,徙为镇南将军,并州刺史。转镇北将军,魏太安五年薨[1]。”谥宣公,有六子,其中长子承,“字伯业,少有策略,初宝欲谋归款,民僚多有异议,承时年十三,劝宝速定大计,于是遂决。仍令承随表入贡,世祖深相器异,礼遇甚优,赐爵姑臧侯[2]”。只是这时,西凉王朝及其正统继承者——后西凉王朝才正式灭亡,李宝所建龙兴年号也随之废止。

(原刊于《新疆师范大学学报》,2009 年 1 期)

〔1〕汤球:《十六国春秋辑补》卷 94《西凉 · 李歆传附李宝》。

〔2〕《魏书》卷 39《李宝传 · 附子承》,中华书局 1974 年 6 月第 1 版,页 886。

2 高昌建郡时间考辨

——兼论汉人从西域屯田军户到民户的历史演变

高昌的郡县化是一个复杂的演变进程。晋咸和二年(327)赵贞自署高昌郡守就是这一进程的历史先声,中经咸和五年(330)李柏出讨赵贞兵败,至咸康元年(335)五至六月间,前凉平定赵贞,高昌郡名列沙州三郡,完成了高昌郡县化的全过程。这蕴涵着高昌世袭军户到在籍民户的深刻社会变革。

2.1 高昌建郡的两种史料出处与三种时间坐标

高昌建郡是西域郡县化的历史开端,但始建郡的时间,正史中并无明确记载。《北史》卷97《高昌传》仅泛记为:"高昌者,车师前王之故地……汉西域长史及戊己校尉并居于此。晋以其地为高昌郡。张轨、吕光、沮渠蒙逊据河西,皆置太守以统之。"传文所言之"晋",尚在张轨任凉州刺史之前,应为西晋。可见所言张轨、吕光、沮渠蒙逊皆乃因袭西晋旧制,与史实不符,不可信赖,须别觅他途。

目前学术界的主流意见逐渐倾向于将高昌郡创建时间收缩至东晋初年,则始置高昌郡者并非前凉第一代君张轨,而是前凉第四代君张骏。有关高昌设郡,现存一切史料都共同印证高昌设郡发生于此人在位时期,但多为没有准确时间的泛记。其中具有明确年代记载者仅有两种史料出处与三种时间坐标:

(1)南陈顾野王《舆地志》所载东晋咸和二年说:

晋咸和二年置高昌郡，立田地县。[1]

顾野王，“字希冯，吴郡吴人也……遍观经史，精记嘿识，天文地理、蓍龟占候、虫篆奇字，无所不通。梁大同四年，除太学博士[2]”，知识渊博，为我国历史最大规模类书之一《玉篇》的最早撰稿人[3]。30卷本的《舆地志》更是其名著，为《隋书·经籍志》著录[4]，具有很高的学术价值，其书久佚，唯此段记载独存。咸和二年乃东晋年号，其时正当张骏在位时期。

(2)除了顾野王《舆地志》之外，另一明确记载高昌设郡年代的文献就是北魏史官崔鸿所撰《十六国春秋》。崔鸿，官至司徒左长史，曾参加了《起居注》的写作，是北魏著名史学家。《魏书》卷67本传，页1502:“鸿弱冠便有著述之志，见晋魏前史皆成一家，无所措意。以刘渊、石勒、慕容儁、苻健、慕容垂、姚苌、慕容德、赫连屈孑、张轨、李雄、吕光、乞伏国仁、秃发乌孤、李暠、沮渠蒙逊、冯跋等，并因世故，跨僭一方，各有国书，未有统一，鸿乃撰为《十六国春秋》，勒成百卷，因其旧记，时有增损褒贬焉。鸿二世仕江左，故不录僭晋、刘、萧之书。又恐识者责之，未敢出行于外[5]。”因担心有犯时讳，直至崔鸿死后，其子崔子元始将《十六国春秋》呈献，自此知名于世。唐代官修《晋书》，以房玄龄、褚遂良、许敬宗总其事[6]，所列十六国载记，大多取材本书。其后《十六国春秋》虽已散佚，却仍有三种辑本传世。

其一是何镗汉魏丛书本《十六国春秋》，又名《别本十六国春秋》，总16卷。何镗，明代人，所辑《别本十六国春秋》，为《四库全书》所收录，又见于《四库全书总目提要》及《鲒埼堂集外编》等清初文集，是迄

---

[1]王素《高昌史稿·统治编》叙高昌郡据《初学记》卷8《陇右道第六》车师国田地县条注引，又宋乐史《太平寰宇记》卷156《陇右道第七》西州高昌县条，未记原文所出，而文字全同，显然同出一源。

[2]《陈书》卷30《顾野王传》，页399。

[3]《南史》卷42《齐高帝诸子》上，页1074:“太学博士顾野王奉令撰《玉篇》。”

[4]《隋书》卷33《经籍志二》，页986:“舆地志三十卷陈顾野王撰。”

[5]《北史》卷44《崔鸿传》，页1626所记类似。

[6]李世民又亲自为宣帝（司马懿）、武帝（司马炎）二纪，陆机、王羲之二传写了四篇史论，故《晋书》又题为太宗御撰。

今所知最初出现的崔鸿《十六国春秋》辑本。该书记载简略,后世评价不高[1],虽然列有张骏专传,却未出现有关高昌置郡的任何记载,可以略而不计。

其二是清人汤球《十六国春秋辑补》,卷69,商务印书馆,1958年版,页498:

> 初,戊已校尉赵贞不附于骏,至是骏击擒之,以其地为高昌郡,及石勒杀刘曜,骏因长安乱,复收河南地,至於狄道,置武卫石门侯和溼川、甘松五屯护军谌军,与[石]勒分境。

此说的特征乃张骏创立高昌郡的时间系于庚寅年(东晋咸和五年,前凉建兴十八年,330),亦即前凉张骏荡平赵贞之乱同年。汤球,字伯玕,黟县人,黟亦徽州下属诸县之一,说明汤球也是出自徽州富商世家,颐身长髯,多闻强识,少攻经学章句之学,特宗郑氏古注,兼学中西算法,及天官家言、开元占经、星纬推步。咸丰初,太平军起,避难他去,乱定后返乡,书数千卷,杜门著述,参稽《太平御览》及明末尚存杂

[1]关于《何本》之由来,清代学者意见亦未统一。《四库全书总目》说:"[此书]莫详其所自。……惟列僭伪之主五十八人(按:实为六十二人),其诸臣皆不为列传,全为载记之体,并非一百二卷之旧已不待言。证以《晋书·载记》,大致互相出入;而不以晋宋纪年,与《史通》所说迥异。岂好事者摭类书之语,以《晋书·载记》排比之,成此伪耶? ……或属后人节录鸿书,亦未可定也。"存疑而已。全祖望《鲒埼堂集外编》卷43《答史雪汀问十六国春秋》认为:"所有坊间《汉魏丛书》再取今本(按:指《屠本》)芟之,百不存一,则即系崔氏旧本,经此刊除,已不足观,况其为伪书乎!"钱大昕《潜研堂文集》中认为:"何镗等所刊《汉魏丛书》,仅十六卷,寥寥数简,殆出后人依托。"王鸣盛认为:"或云杭本《汉魏丛书》所收《十六国春秋》短录,故是鸿之旧。是说也,予犹疑之。"三家皆以《何本》为伪书。但汤球反诸家之言,认为《何本》即是《隋书·经籍志》所著录的《十六国春秋纂录》11卷,并认为崔鸿《十六国春秋》在隋朝时"原有二本",即百卷本和《纂录》本,《纂录》本"系当时约本",《纂录》本也就是后来《崇文总目》所著录的《十六国春秋略》《通鉴考异》以为《十六国春秋钞》者。然而,《何本》究竟系从《太平御览·偏霸部》中抄出,还是《隋书·经籍志》所著录的《纂录》11卷并未亡佚,而被收入《汉魏丛书》,已无从详考。

史，辑为此书[1]。时在四库全书编成之后，故未见于《四库总目提要》著录。然其著书体例严正，且博览群书[2]，故后世评价很高，影响很大。

其三是明屠乔孙、项琳辑本，百卷本，仍题名为崔鸿《十六国春秋》。晚于何镗所辑《别本十六国春秋》，而早于汤球《十六国春秋辑补》。屠乔孙乃其最初作者，其书初刊于万历年间[3]，今明版原书已不复存在，现存本为清初刊刻，项琳予以增订。篇帙浩瀚，乃现存《十六国春秋》辑本中规模最大者，为《四库全书》所收录，又见于《四库全书总目提要》。该书卷72《张骏传》明确记载：张骏正式创立高昌郡的时间是咸康元年夏四月平定赵贞叛乱之后，具体考证见后文。屠乔孙、项琳皆明人，其中屠乔孙，万历时期人，生卒不详。项琳（1619—1670），字人玉，号太璞，又号完庵，歙人。再次刊刻出版该书，时当明末丧乱，无意于仕途，游走湖山，受到吴梅村、王士禛赏识。康熙九年（1670），殁于江都。著有《太璞山人集》3卷。以此判断，屠乔孙亦必出自拥有巨资的徽州商人世家，则其出身与汤球类似。

以上有关高昌设郡的三个时间坐标，皆在前凉张骏在位时期，而史料所出，各有所据。三者究竟孰是孰非，何舍何从，涉及高昌郡县化并

〔1〕《十六国春秋辑补传》，商务印书馆1958年版，页1："汤君讳球，字伯玕，黟县人，少劬学，从同县俞先生正燮、汪先生文台台游，博通诸经，笃守家法，隐居教授，章句训故，以郑氏为主，诸生举经义相质必引据师说，徐下己意，决其异同，无穿凿附会，宣歙间学者宗之，黟山县僻小，而士皆潜心经术，实君为之倡也。其事亲以孝闻，父永懿老病且笃，君谢绝人事，壹意侍疾，衣不解带者逾数月，父竟获痊，以耄寿终，居丧哀毁，尽礼杖而后起。性耿介，授徒奉亲，束修外，不受一无名钱，乡里敬其清操，亦无敢于以私者，咸丰初，皖中为贼蹂躏，郡县承檄练乡兵，当事者浼君直练局，君自谓非御侮材，且乡兵训练无素，不足办贼，死非所惧，惧为贼污耳，遂避地去，后贼果大至，始服君先识高蹈云。君颐身长髯，多闻强识，早岁覃精锐思，治畴人，学中西算法，靡不洞晓，尤善天官家言，开元占经，悉能成诵，星纬推步，研究其奥，而不屑以艺事名。乱定后聚书数千卷，杜门著述。"

〔2〕《十六国春秋辑补传》，商务印书馆1958年6月版，页1～2记汤球为著此书："广搜载籍，以补其阙，而纠其讹误，录成帙凡二十三种……所撰偏霸各史，而崔鸿百卷为钜观……盖君平生精力，唯此书最深邃矣。"

〔3〕全祖望《鲒埼堂集外编》卷43《答史雪汀问十六国春秋》："来问崔鸿《十六国春秋》一书，此舍间所无者，前年曾从徐思沐家借看一过，系万历间刊本，然并非崔氏旧璧。"所指应即屠乔孙辑本。

非毕其功于一役的简单孤立事件,而是事涉屯田军户解放为自由民户的复杂历史演变。虽然发生于前凉张骏在位时期,却事涉二人,一是自署为高昌郡守的前凉戊己校尉赵贞,二是前凉第四代君张骏。须对以上高昌置郡的三大时间坐标细加辨析如下。

2.2 东晋咸和二年乃赵贞自立为高昌郡守之岁,非张骏始置高昌郡之年

高昌郡始置于东晋咸和二年(327),见于顾野王《舆地志》。《高昌史稿》的作者王素经历了书海苦航之后,找到这一重要资料。其说无疑具有重要的学术价值,不容否定。但经过深入辨析后发现,此年虽然确乃发生于前凉张骏在位之世(太宁二年甲申至永和二年丙午,324—346),却与张骏本人主动设立高昌郡无关。

首须指出,咸和二年乃张骏在位之初,并非春风得意之岁,而是灾难频至之年。张骏甫袭祖业,东晋虽兴,不过以江为塞,偏安自保,匈奴刘曜早已入主中原,虎视凉州,张骏虽仍以晋臣自居,却被迫接受了刘曜政权遣使授予的封号"凉州牧、凉王[1]"。内有驻守枹罕的大将辛晏拥兵割据,不服其号令,说明张骏继位之初,外临强敌,内有悍将,诸事不利。直至辛晏归诚,复得河南地之后,张骏面临的形势才稍有宽松,其关注的重点仍在东方,及东晋改年号为咸和之后,又有羯赵政权兴起,刘曜势稍衰,张骏企图利用这一时机,发动反攻,而事与愿违。《资治通鉴》卷93,咸和二年:"张骏闻赵兵为后赵所败,乃去赵官爵,复称晋大将军、凉州牧,遣武威太守窦涛、金城太守张阆、武兴太守辛岩、扬烈将军宋辑等率众数万,东会韩璞,攻掠赵秦州诸郡。赵南阳王胤将兵击之,屯狄道。枹罕护军辛晏告急。秋,骏使韩璞、辛岩救之。璞进度沃干岭。岩欲速战,璞曰:'夏末以来,日星数有变,不可轻动。且曜与石勒相攻,胤必不能久与我相守也。'与胤夹洮相持七十馀日。冬,十

[1]《晋书》卷86《张骏传》,页2233。

月，璞遣辛岩督运于金城，胤闻之，曰：‘韩璞之众，十倍于吾。吾粮不多，难以持久。今虏分兵运粮，天授我也。若败辛岩，璞等自溃。’乃率骑三千袭岩于沃干岭，败之，遂前逼璞营，璞众大溃。胤乘胜追奔，济河，攻拔令居，斩首二万级，进据振武，河西大骇。张阆、辛晏率其众数万降赵，骏遂失河南之地[1]。”可见此战大败，自保不遑，安有余力从容创建高昌郡？

进须指出，咸和二年实乃前凉戊己校尉赵贞乘乱自立为高昌郡太守之岁，并非张骏主动设置高昌郡之年。前引顾野王有关高昌郡建置时间的记载颇费思考，却又不能否定其真实性。而伐羯兵败，必定引起凉土的全局性震动，张骏的政治权威必有所动摇。高昌郡的前身即前凉戊己校尉屯区，而屯区汉兵皆为身份世袭的军户，时任戊己校尉则为前凉叛将赵贞，但史书中所记赵贞叛迹不过是自署为高昌郡太守，这意味着赵贞利用张骏伐羯兵败的有利时期，率领部下屯田将士，发动了一场由世袭军户解放为自由民户的深刻社会变革。以此判断，在此年率先高昌设郡者必非凉主张骏，而是凉将赵贞。由此又可确证，一切史书共同记载的赵贞叛凉事件，其准确时间就是发生于咸和二年丁亥。易言之，张骏兵败之日，亦即赵贞自署高昌郡太守，高昌世袭屯田军户悉解放为郡县化的自由农民的深刻社会变革之年。对此，尚须补充以下几点理由：

（1）史书中记载赵贞事件皆使用了“叛将”“赵贞叛”等字眼，细考其生平作为，虽有擅权犯上之嫌，却并无通敌卖凉之罪。高昌地在偏远，不可能穿越凉土，遣使降于刘曜。及匈奴刘赵政权覆亡，羯赵石氏政权兴起之后，咸和五年（330）“秋八月，石勒僭即皇帝位……十二月，

[1]《晋书》卷86《张骏传》的记载远比此简略，且未系明确时间，而明屠乔孙、项琳辑崔鸿佚书《十六国春秋》卷72《张骏一》所记时间亦为咸和二年，且内容更为详尽：“咸和二年夏五月骏闻刘曜为后赵石勒所败，乃去曜官爵，复称晋大将军、凉州牧，遣武威太守窦涛、金城太守张阆、武兴太守辛岩、扬烈将军宋辑等率众数万，东会将军韩璞，自大夏攻掠秦州诸郡，曜遣子南阳王刘胤率步骑四万迎击，屯于狄道枹罕，护军辛晏告急，秋七月骏使韩璞辛岩救之，璞进渡沃干岭。”后叙主将韩璞无能，战大败，死者二万余人，“遂失河南之地”。以此判断，前引《资治通鉴》中的记载很可能录自此书。

张骏称臣于石勒”[1]。“凉州牧张骏遣长史马诜奉图送高昌、于阗、鄯善、大宛使,献其方物”[2],高昌才开始向羯赵遣使称臣。但仍须得到前凉凉允许,并随同凉使马诜一起出行,更资证实此前,赵贞并无绕开前凉,私通内地胡族政权的可能。

(2)晋咸和二年,前凉政权正在遭受空前政治危机,数路大军东征,刘曜失利,主力韩璞二万精兵尽没,失河南地,张骏自责不及[3],根本没有时间和精力顾及高昌屯区的深刻社会变革,导致赵贞化高昌军户为民户的社会变革得以成功。

(3)细加推敲前述文字,“置高昌郡,立田地县”者并无主体,只字未提及张骏之名,但泛记于“晋咸和二年”,说明置郡立县的主体并非张骏,而是另有他人。此人当非赵贞莫属。

由此可见,晋咸和二年丁亥乃前凉东征惨败、失地丧师之岁,绝不可能是张骏设郡、立县之岁,只能是赵贞乘虚割据、自署为高昌郡守之年。《舆地志》所记此岁置高昌郡、田地县的记载就反映了这场以郡县制为特征的行政变革。陈世良最先指出:“赵贞反叛张骏之时间,应在咸和二年或稍前,即设高昌郡、自署太守以叛[4]。”将高昌郡的初置者归属于前凉叛将戊己校尉赵贞,而不是前凉王张骏,这是很有见地的。戊己校尉所属屯将士主要都是由敦煌人组成,例如《晋书》卷60记敦煌人索靖就曾“出为西域戊己校尉长史”。后来盘踞高昌抗拒北凉沮渠氏的阚爽,也都是敦煌人。《晋书·张轨附孙骏传》《新唐书·宰相世系表三下》记载有敦煌赵氏。王国维所记《孟雍妻赵氏及张氏墓表》

---

[1]《晋书》卷7《成帝纪》,页175。

[2]《晋书》卷105《石勒载记》,页2747。此事未系年代,参稽前引史料,应当也是咸和五年事。

[3]《册府元龟》卷226《僭伪部》宽恕条,页2294记韩璞兵败返凉,面缚归罪,“骏曰:孤之罪也。将军何辱”。可证此次兵败后,张骏悉赦将领之罪,引躬自责。

[4]陈世良:《李柏文书新探》,载《新疆社会科学》,1987年6期。

也云："赵氏原出敦煌[1]。"说明赵贞亦必出身敦煌豪宗，其部下多为其同籍乡里，遂被推戴为这场政治变革的代表人物。而在此政治变革背后还蕴涵着更为深刻的社会变革，自此，高昌屯区不见了，高昌郡开始浮现于历史舞台。高昌郡的创立昭示着戊己校尉屯区的解体。高昌众多的世袭军户一起变成了在籍民户，完成了高昌汉人居民由军户到民户的历史转变。据此判断，高昌郡的真正创始者并非张骏，实乃赵贞。历史上的赵贞"叛乱"，实为高昌屯区民户化、郡县化的开始。

需要补充的是，根据《舆地志》所记，咸和二年赵贞初置高昌郡的同时，又"立田地县"，说明当时高昌郡乃与田地县同治。以此判断，赵贞自署高昌郡守时，其治所并不在高昌垒，而是在田地城，亦即今鄯善县柳中故城[2]。

2.3　赵贞自立为高昌郡守，标志着高昌屯田世袭军户解放为自由民户

东晋咸和二年赵贞自署高昌郡守，昭示着高昌军户都已改为民户，初创高昌郡、田地县。延兴十八年（咸和五年，330）前凉西域长史李柏第一次出师讨赵贞，兵败。足以说明初本前凉戊己校尉的赵贞自署为高昌郡守，实质上是屯田军户解放为自由民户的一场深刻社会变革，得到所统原世袭军户的大力拥护。

高昌设郡前称高昌壁，是前凉最主要的汉军屯区，汉人西徙定居虽与汉开西域的历史进程同步，但汉人构成几乎是清一色的屯田军户，身份世袭。高昌则是西域汉军人数最多的屯区。历史上的前凉乃十六国时期割据我国西部半壁河山的地方政权，领疆跨有河西和今新疆东部

〔1〕《新唐书·宰相世系表三下》记赵氏有敦煌望。又《高昌延昌廿六年（586）将孟雍妻赵氏墓表》，见侯灿《吐鲁番出土砖志集注》，页166："延昌廿六年丙午岁，三月廿七日丁丑。将孟雍妻卒年，赵氏原出敦煌。将孟雍，秉节弥固，夙夜在公，蒙皇恩惠，先策授领兵将，后有勋於朝，复遣赠民部参军。"

〔2〕薛宗正：《从汉柳中城到高昌郡田地城》，载《鄯善历史文化论集》，新疆人民出版社2006年，页83～103。

地区,其始祖张轨本西晋末年凉州刺史,永嘉五年(311)"关洛倾覆,凉土独全"[1],晋室南渡,张氏父子世袭其位,对东晋称臣,一切军政建置,悉守晋制,实质上仍是晋朝在我国北方唯一残存的州级地方政府。西域长史、戊已校尉皆归其统领,其中西域长史主管楼兰屯区,戊已校尉主管高昌屯区。

"屯田"是我国历史上独特的经济、文化现象,历来得到我国学术界的高度评价,其实,应当区别对待。西汉初期经营的屯田,主体本是民户,且享受各种优待,因之人民乐往[2]。

汉与匈奴战争爆发之后,才出现了军人就地屯田的记载,然踊跃投军者大都为心怀马上封侯壮志的"良家子",都具有自由民以上身份,志在建功绝域。"汉兴,六郡良家子选给羽林、期门,以材力为官,名将多出焉[3]。"名将李广"孝文十四年,匈奴大入萧关,而广以良家子从军击胡,用善射,杀首虏多,为郎,骑常侍[4]"。"赵充国……以六郡良家子,善骑射补羽林[5]。"包括最早在西域屯田知名的"侍郎"郑吉也是良家子。然而随着"弛刑士"、"谪民"、"郡国恶少年"、罪犯等大批从军,以及军屯的大规模推广,虽然对边疆的开发、军粮的供应都做出了重大历史贡献,军人的地位却日益下降。东汉末年,朝廷已不直接管理西域,随着西域汉军聚屯于碛口高昌、楼兰二地和西域长史、戊已校尉都归隶凉州敦煌郡,屯田汉军的地位更进一步下降。戍边军人来自全国各地,西域屯兵来源更为复杂[6],原本存在着法定的更代制度,明确

〔1〕明屠乔孙、项琳辑崔鸿:《十六国春秋》卷70《前凉录一·张轨》。

〔2〕《汉书》卷49《晁错传》,页2288:"臣闻古之徙远方以实广虚也……先为筑室,家有一堂二内,门户之闭,置器物焉,民至有所居,作有所用,此民所以轻去故乡而劝之新邑也。为置医巫,以救疾病,以修祭祀,男女有昏,生死相恤,坟墓相从,种树畜种,室屋完安,此所以使民乐其处而有长居之心也。""其亡夫若妻者,县官买予之",不仅发给衣服、口粮,还要出资购买奴婢分配安家,以坚其志。"使先至者安乐而不思故乡,则贫民相募而劝往矣。"还要支边屯田人员安抚其家,有功者还要赐予重爵。"赐高爵,复其家。"

〔3〕《汉书》卷28《地理志》下,中华书局本,页1644。

〔4〕《汉书》卷54《李广传》,页2439。

〔5〕《汉书》卷69《赵充国传》,页2971。

〔6〕陈直:《摹庐丛著七种》,齐鲁书社1981年。

规定“远方之卒守塞，一岁而更[1]”，西域距内地遥远，不可能像内地一样推行严格的更代制度，这一制度形同虚置，进一步加强了军户身份的世袭化，社会地位与民户之间出现了明显的差异。加之军事编制存在着严格的等级制度，处在最底层的士卒，同上级军户之间的人身依附关系日益强烈。

军屯制度的特点是屯田军户没有独立生产者的身份、地位，一切生产活动都须在官府严密的监督下进行。“屯”是主持屯田的基本单位，各屯屯长是直接管理屯兵的基层军官。屯田军户及其家属都须编户造籍，上记屯兵及其家属的年龄段。汉代以七岁、十四岁为年龄分段标志，十四岁以上称大男、大女，七岁至十四岁为役男、役女，都属参加劳动年龄，七岁以下始称未役男、未役女。农具皆受自军府，《居延汉简》甲编页289:“出铸钱万五千，给吞远仓。”意为官府支予吞远仓一万五千钱，购买农具，可见官府包干所有生产资料，一切公有。屯田卒家属中有父母、妻子、弟妹、儿女等，都被遣发到屯田地区，并转化为屯田生产的重要劳动力。《罗布淖尔汉简》27记有“史隆家属畜产衣器物籍”，简28记有“□□□时簿”。这和《居延汉简》记的各种“簿录”相似，说明汉朝各屯田区都已建立各种籍簿。计簿，是统计各种事物数据的登记簿；算簿，是征收人头税的登记簿；田簿，是登记田亩产量的登记簿；食簿，是记屯田卒领取口粮的登记簿；器用簿，是记兵器和农具的登记簿；牛簿，是记耕牛的登记簿……以实现有效的管理。汉朝准许和鼓励屯田军民带家属。一切劳动均按军府计划分配，各有定额，并在官府严格监督下进行，出土的《作簿》《日迹簿》不仅仅限于烽燧士卒，也应推广到一切屯区，成为官府监督生产的记录。有一件罗布泊晋木简正面记载:“将张佥部见共甘一人，大麦二顷，已截二十亩。下床九十亩，溉七十亩。小麦卅七亩，已截廿九亩。禾一顷八十五亩，溉二十亩，锄五十亩。”《居延汉简》甲编页303还记:“第十部吏十人，载谷三十斛致官。”致官就是上缴官仓，说明屯田兵生产的粮食不许私留。正是这种

[1]《汉书》卷49《晁错传》，页2286。

大劳动量的官督生产,为屯田积累了大量粮食和财富。

廪食制是世袭军户的另一特点。“廪食”就是屯田士兵及其家属的口粮官府供应制,《居延汉简》和《罗布淖尔汉简》中就有许多这样的例子,供给制建立在最低的生活保证基础上。《居延汉简》甲编页248:“出麦五百八十石八斗八升,以食田卒剧作六十六人,五月尽八月。”清楚地记载这些屯田卒是向官府领粮。《居延汉简》甲编页89:“出盐二石一斗三升,给今八戍卒七十一人。”说明食盐也是定量分配,每人每月供应食盐三升,不许超额。“当食者”按性别、年龄,区分为大男、大女、役男、役女和没有任何劳动力的幼童——未役男、未役女,各有等差。《居延汉简》甲编页80:“卒李护宗,妻大女足年二十九,用各二石一斗六升大,子使男望年七,用各二石一斗六升大,凡用各四石三斗三升小。”可见大男标准高于大女,而大男、大女又高于役男、役女,则标准更低。《流沙坠简·杂事类》简版90、91,指出楼兰屯区自西晋泰始以后不断缩减吏士口粮供应标准的情况,由每人每日食糜一斗二升而逐渐减少至一斗、八升,减得最少时只食六升;官府也不断勒令“督将吏兵所食条所减”“宜渐节省使相周接”。由于楼兰屯区水资源的匮乏导致连年减产,官府唯一的办法就是不断降低屯田军户的口粮标准,最后简直到了饥饿难忍的生理极限。

前期以来,研究高昌、楼兰汉军屯田士卒生产、生活的资料根据主要依赖《罗布淖尔汉简》《居延汉简》《悬泉汉简》,20世纪80年代瓦因托尼出土的廪食简中更发现了明确记载这种廪食制度的《廪名簿》《食簿》《领取簿》《谷物出纳簿》,眉目更加清楚。陈公柔、徐芳苹合作完成的《瓦因托尼出土廪食简的整理与研究》是一篇具有重大价值的学术论文[1],其中公布了许多重要资料。兹转引如下:

《廪食名籍》,主要有《吏卒虞食名籍》和《家属廪食名籍》,如简(17):

第廿三部卒十二月廪名廿二人

[1]《文史》第13辑。

第廿三卒李婴　第廿三卒苏光　第廿三卒郭亥

第廿四卒成定　第廿四卒石间　第廿四卒张猛

第廿五座鲁建　第廿五卒韩意　第廿五卒张肩

……

第卅卒钟昌，　第卅卒高关

所谓《廪名簿》，就是食者享用廪食的资格凭证。简(17)是第二十三候长下辖各燧戍卒共22人十二月享廪食者的名单，即当月第二十三候长所能领到的粮谷，不得多于22人应廪谷物的总和。屯田士卒的家属同样参加屯田生产，也列入《廪名簿》的范围，如简(18)：

妻大女严年十七用谷二石俱起燧卒王并　一斗六升大

未使女毋知年二用谷一石　一斗六升大

凡用谷三石三斗三升大

《领取簿》则是持有《廪名簿》赴所在官府具体领取口粮时的登记簿册，简中也有反映，如简(19)：

章令史任根粟三石三斗三升自取

令史隗忠粟三石三斗三升少自取　　(142.9)

简(21)：

□沙燧长遗卿粟三石三斗三升少自取

卒吕延年粟三石三斗三升少自取

卒西门东粟三石三斗三升少吕延年取　(191.11)

《领取簿》不仅涉及屯卒本人，还包括屯卒家属，如简(22)：

第四燧卒张霸弟大男辅年十九

第使男勋年七

妻大女使年十九

见暑用谷七石八斗大　　(133.20)

为了防止发放粮食，候官和仓、食亭等官府发放机构也建有《谷出入簿》等出入账记录，如：

简(24)：

收虏仓河平元年七月谷出入簿　　(135.7)

简(26):

通泽第二亭正月食簿　(275.17)

另外,如简(27):

出粟一石九斗六升少,付殄北候官,以食驷望卒赵

(6.18)

简(28):

出粟……以食士吏以下卅七人七月食　(57.18)

可见《廪名簿》,或《廪食名籍》即领取口粮凭证,《领取簿》即领取人或代领人在领取时的登记,《谷物出入簿》则乃粮谷的实际发放情况的官府登记记录。环环相套,形成了屯田军户完整的口粮供应制。

以上屯田军和家属的口粮供应简表明,西汉时期,边疆屯田军,不带家属的过集体生活,带家属的一般过单身生活。生产高定额,生活低水平,家无余财,几类僮仆。正是在这一深刻的历史背景下,汉军的西域屯田制度发生危机,汉人世袭军户开始不满自身既是农民,又非民户的尴尬角色和不平等的社会地位,向往自由民户的潜流在暗中汹涌澎湃。由世袭军户解放为在籍民户的历史走向已成为势所必然。高昌是汉人军户的主要屯区,屯田范围包括今吐鲁番市的高昌垒与今鄯善县境的柳中城,魏、晋时期是主管西域屯田的最高长官戊己校尉直属屯区。世袭军户演变为在籍民户的社会变革就最先爆发于这一地区,而以高昌设郡为其历史标志。

2.4　东晋咸和五年庚寅非高昌郡始创之岁,实乃李柏伐赵贞兵败之年

进而探讨汤球《十六国春秋辑补》所记高昌郡始置于东晋咸和五年庚寅(前凉建兴十八年,330)的记载是否有据、可信。对此,笔者的回答是否定的,虽然迄今学术界对汤球这部辑书的信任度大都情有独钟。

关于高昌设郡的具体时间,清汤球《十六国春秋辑补》所署时间为

庚寅年。庚寅年所指乃咸和五年。参稽其他史料,笔者认为是不可信的。理由是:

(1)咸和五年并非张骏平定赵贞之岁,而是西域长史李柏击赵贞兵败之年。前引明屠乔孙、项琳所辑崔鸿佚书《十六国春秋》卷72《张骏传》中的记载和出土李柏文书纪年共同印证了这一史实。

(2)《晋书》卷7《成帝纪》明确记载咸和五年"秋八月,石勒僭即皇帝位……十二月,张骏称臣于石勒",《晋书》卷105《石勒载记》又记"凉州牧张骏遣长史马诜奉图送高昌、于阗、鄯善、大宛使,献其方物",张骏遣使称臣石勒与前凉使臣马诜奉呈献石勒是同一个意思,显然是同年、同月事。直至此岁年底,高昌使臣仍附同前凉使团一起入朝石勒,说明赵贞自署的高昌郡政权仍然存在,并仍得到前凉的包容。

(3)《资治通鉴》卷94,咸和五年:"张骏因前赵之亡,复收河南地,至于狄道,置五屯护军,与赵分境。六月,赵遣鸿胪孟毅拜骏征西大将军、凉州牧,加九锡。骏耻为之臣,不受,留毅不遣。"据此可知,咸和五年,仅为张骏复收河南地之岁[1],并非高昌设郡之年。

据此,咸和五年平定赵贞,创建高昌郡的记载可以否定。

进而深究,前凉张骏在位时期,除了高昌设郡之外,还发生了李柏出讨兵败事件,并有海头出土李柏文书为证,此事同高昌设郡相互间也存在着一定关联。反映出赵贞乘前凉兵败之际,擅权越限,自署高昌郡守,是前凉张骏无法容忍的。西域长史李柏率师出讨就是其政治回应。

前凉在西域有两大屯区,一是高昌,一是楼兰,都是汉军屯田基地,继承了汉、晋以来的二元化建置的政治传统。以赵贞任戊己校尉,驻高昌,以李柏为西域长史,驻楼兰屯区的海头(LK遗址),相互牵掣,相互监督。赵贞叛乱,平叛之责李柏自然责无旁贷。李柏出讨赵贞似乎两

[1]《晋书》卷86,页2238记云:"咸和初,惧为刘曜所逼,使将军宋辑、魏纂将徙陇西南安人二千余家于姑臧,使聘于李雄,修邻好。及曜攻枹罕,护军辛晏告急,骏使韩璞、辛岩率步骑二万击之,战于临洮,大为曜军所败,璞等退走,追至令居,骏遂失河南之地。初,戊己校尉赵贞不附于骏,至是,骏击擒之,以其地为高昌郡。"虽未署明确年代,却上接前凉复收河南地,与石勒分境事,暗示以此为高昌建郡的时间指标。以此判断,汤球辑本之所以系时间于咸和五年,可能就是源于《晋书》上述记载。

次,但见于史书记载却都是第一次,且几乎都属于历史追溯性质。有关史料主要有四:

其一,《晋书》卷86《张骏传》上承“西域诸国献汗血马、火浣布、犎牛、孔雀、巨象及诸珍异二百余品”。下记:

西域长史李柏请击叛将赵贞,为贞所败。议者以柏造谋致败,请诛之。骏曰:“吾每以汉世宗之杀王恢,不如秦穆之赦孟明。”竟以减死论,群心咸悦。

但未明署事件发生的准确年代。

其二,《册府元龟》卷226《僭伪部》宽恕条也记载了李柏出击赵贞兵败事:

前凉张骏为凉州牧,遣武威太守窦涛等,东会韩璞等攻讨刘曜所陷秦州诸郡,曜将刘裔来距,璞军粮竭,遣武兴太守辛岩督运於金城,刘裔率骑三千袭岩于沃子岭,败之,璞军遂溃,死者二万馀人,面缚归罪,骏曰:“孤之罪也。将军何辱,皆赦之。”西域长史李柏请击叛将赵贞,为贞所败,议者以柏造谋致败,请诛之。骏曰:“吾每以汉世宗之杀王恢,不如秦穆之赦孟明。”竟以减死论,群心咸悦。

此事上承韩璞迎战刘曜不利,张骏自责之文。此役导致前凉失河南地,改臣于刘曜,说明赵贞之叛,前凉第一次遣将李柏出师兵败应皆同年事,亦即晋咸和二年丁亥。然此年凉军主力东征惨败,绝不可能同年又西征赵贞。上述年代所指不过局限于东征。所叙李柏讨赵贞事,必非同年事。

其三,清汤球《十六国春秋辑补》卷69记:“戊子四年赦其境内,会刘曜东讨石生,长安空虚,大搜讲武,将袭秦雍。”为理曹郎中索詢谏止。其下接记:

西域诸国献汗血马、火浣布、封(犎)牛、孔雀、巨象,及诸珍异二百余品。西域长史李柏请击叛将赵贞,为贞所败。议者以柏造谋致败,请诛之。骏曰“吾每以汉世宗之杀王恢,不如秦穆之赦孟明”,竟以减死论,群心咸悦。骏观兵新乡,狩於北野,因讨轲没虏，破之……於是刑清国富。十二月刘曜为勒所擒。

此书所记年号皆为东晋年号咸和，然所署干支戊子实为咸和三年，亦即前凉建兴十六年，328 年。四年应为三年之误。以此判断，所记年代恐怕也未必正确。

其四，明屠乔孙、项琳所辑崔鸿佚书《十六国春秋》卷 72《张骏传》也记载了前凉张骏之西域长史李柏击赵贞兵败事，明确记载发生于咸和五年：

> 西域长史李柏请击叛将赵真，为真所败，让者以柏造谋致败，请诛之。骏曰"吾每念汉世宗之杀王恢，不如秦穆公之赦孟明"，竟以减死论，群心咸悦。骏观兵新乡，狩於北野，因讨轲没虞，破之。

传文中的"赵真"无疑就是赵贞。明屠乔孙辑本《十六国春秋》是迄今所见最好的辑本，其中保存了许多《晋书》失载的原始资料，参稽 LK 出土的李柏文书，证实李柏出师平叛时间是在延兴十八年。

李柏文书为 1910 年日本大谷探险队发现于罗布泊 LK 遗址[1]，乃一座长方形的土堡，规模仅次于 LA 遗址。位于 LA 西南约 50 公里，今尉犁县东南的帕塔里克库卫，古代塔里木河下游三角洲顶点，牢兰海（罗布泊）北端，当楼兰西南经伊循（今米兰）到鄯善（今若羌）的军事要冲，文书中发现了"海头"二字。出土有绝对年代和"西域长史"或"长史"字样的汉文木简、残纸文书，年代下限为"建兴十八年"，相当于东晋成帝咸和五年。文书总共 41 片，除两大片较为完整外，皆为残片，两大片分别编为 538A 和 538B，剩下 39 片编为 8001 ~ 8039 号，大体可归纳为一件表文，三件信稿，原件现藏日本龙谷大学。其中《李柏上张骏表稿》，断为若干片，明确标有日期的有"五月七日，西域长史关内侯李柏"，又有"逆贼赵"等言辞。《李柏致焉耆王书稿》（538A），总两篇，

[1]关于李柏文书出土地，主要有 LA 说（楼兰古城说）和 LK（海头说）两种，出现分歧的主要原因在于发现这一文书的日本大谷探险队考古工作进行得并不规范，出土地只有文字记录，缺乏地图标记。主张 LK 说的代表人物主要有日本人森鹿三，《李柏文书的出土地》，1959 年《龙谷史坛》45 期。（侯灿、奚国金：《关于李柏文书出土地点问题——与孟凡人同志商榷》，载《新疆社会科学研究》第 15 期，总第 163 期，页 1 ~ 10）本文宗此说。

第一篇凡9行，也是题署五月七日，另一也是《李柏致焉耆王书稿》(538B)，凡12行，同样署为“五月七日，西域长史关内侯柏顿首。”也是提及“北虏”及“逆贼赵”。其中的“北虏”无疑指匈奴刘曜，“逆贼赵”则指赵贞。李柏所率楼兰屯区兵力远较赵贞所统高昌兵力单薄，仅凭这支孤军绝非赵贞对手。因此，全力交结高昌的西邻焉耆。联兵焉耆，实现东、西夹击就是李柏制定的平叛基本方略。出土两件《李柏致焉耆王书稿》(538A，538B)最能反映李柏这一战略构想。

其一内容是：

五月七日，西域长史关内侯李柏顿首□□。阔久不知闻，□怀思想，不知亲相念，□见忘也。诏家见遣来慰劳诸国，月二日来到海头。未知王问邑邑天热，想王国大小平安！王使□逐俱共发从北虏中严参事往，不知到未？今□使符太往通消息。书不尽意，李柏顿首顿首。

五月七日，西域长史关内侯李柏五(下阙)

另一文书同样也署五月七日：

五月七日，□□西域长史关内侯李柏顿首顿首。□□□□恒不去心，今奉台使来西，月二日到此(图去“此”字，旁注“海头”二字)。未知王消息，想国中平安！王使回复罗从北虏中严参事往，想是到也。今遣使符往相闻，通知消息。书不悉意，李柏顿首。

此外，复原可读的李柏文书还有下署某月十五日的文书：

尚书

臣柏言焉耆王龙(下阙)

月十五日(下阙)

引人注目的是，同样内容、同为五月七日写成的文书，却有两件，反映发出这封重要书信经历了反复斟酌。但事与愿违，从后来前凉大举出征焉耆判断，焉耆非但没有出兵相助，反而与赵贞结盟，导致李柏兵败。其具体时间应是延兴十八年夏秋之际。可见咸和五年绝非高昌郡创立之岁，实乃李柏出平赵贞之乱兵败之年。

2.5　张骏追认既成事实与高昌列名沙州三郡

我国学术界有一种奇怪的现象，常以明人学风浮薄，不如清人崇尚朴学为由，在明人屠乔孙、清人汤球所辑两种《十六国春秋》辑本之间，过高评价汤球辑本，而忽略了明、清二代古代典籍存佚情况的巨大变化，忽略了屠乔孙辑本的重大学术价值。对此，《四库全书总目提要》卷66《史部·载记类》《十六国春秋》100卷安徽巡抚采进本条下重在指出对该书的评价须全面看待。一方面认为"旧本题魏崔鸿撰，实则明嘉兴屠乔孙、项琳之伪本也"，易言之，屠本《十六国春秋》并非崔鸿原本，而是辑本。另一方面却又明确指出"然其文皆联缀古书，非由杜撰。考十六国之事者，固宜以是编为总汇焉"。强调此书"非由杜撰"，而是"联缀古书"而成，对该书的史料价值予以充分肯定。进而深究，屠乔孙、项琳、汤球出身相似，都是出自徽州富商，拥有搜集当代古籍的充裕财力，但明、清两代，两相比较，古书的存佚情况大异。显然明优于清，断不可能清优于明。且稽之古史，《隋书》卷33《经籍志二·史部》所收崔鸿之书记为"《十六国春秋》一百卷，魏崔鸿撰"。书名、卷帙均与《魏书》《北史》完全契合，说明该书在隋代仍完整保存。又《旧唐书》卷46《艺文志》记"《十六国春秋》一百二十卷崔鸿撰"。《新唐书》卷58《艺文志》亦记"崔鸿《十六国春秋》一百二十卷"。而《旧唐书》的作者乃五代人刘昫、《新唐书》的作者欧阳修则乃北宋人，则不但证实五代、北宋时期《十六国春秋》尚存，而且其卷帙还由100卷增至120卷，其所据必为唐人版本，则又说明至迟隋、唐易代之际，已出现了增本《十六国春秋》。这一版本与隋时犹独存于世的百卷本崔鸿原著共同流传。以故北宋司马光撰写《资治通鉴》，同时代人李昉编撰类书《太平御览》皆大量引录该书资料，皆可说明崔鸿《十六国春秋》原本及120卷增本皆未亡佚。问题在于，清代大儒王鸣盛、钱大昕皆断言崔鸿《十六国春秋》原书，"盖当五代及宋初而亡"。钱大昕更明确断言，"宋人已无见此书者”,其根据却是两唐书皆有《十六国春秋》存目,至新、旧五代史及《宋史·艺文志》而失载,真是犯了基本年代学的错误。两唐书虽题名《唐书》,却是五代人刘昫与北宋人欧阳修所撰,《宋史》则为元人所修,岂可年代误置?南宋初孔传的《东家杂记》提及他曾读过《十六国春秋》,号称宋代四部目录书之一的《遂初堂书目》著录有《十六国春秋》,甚至明中期学者杨升庵也看到过《十六国春秋》,这比此后万历年间出现的《十六国春秋》残本要早。说明《十六国春秋》隋、唐时期全书健存,五代、北宋时期且有增补120卷本行世,自遭遇金灭北宋、元灭南宋两次大劫,该书始初遭散佚,直至明中叶仍有若干孤本或残本传世。可见屠乔孙所辑《十六国春秋》虽然并非崔鸿原本,却更为接近原本,虽然编辑体例有逊于汤球辑本,对于史料出处,也憾于加注,其史料价值优于汤本,却是毋庸置疑的事。对此,近人陈长琦、周群《〈十六国春秋〉散佚考略》一文也已觉察了某些现象,但仍囿于旧说,其结论陷入自我矛盾之中。[1]

据此,现存文献中最可信赖的史料就是明屠乔孙、项琳所辑崔鸿佚书《十六国春秋》。该书卷72《张骏传》出现了一个极为重要的纪年咸康元年甲午(335)。此岁重大事件很多,败赵将王擢于三交城,杨宣西征焉耆、龟兹,平定赵贞之叛,创立高昌郡,实行建置大改革,分敦煌、晋昌、高昌三郡及西域都护、戊己校尉、玉门大护军三营为沙州,皆在此年,非常重要,故引录如下:

咸康元年夏四月,宁戎校尉张瓘败赵将王擢于三交城。

为刺史。骏自称大都督、将军、假凉王,督摄三州事。……初戊己校尉赵贞,不附於骏,骏击擒之,以其地为高昌郡。

这段记载保存了许多其他史书失载或记载不清的重大历史事件。

---

〔1〕见《学术研究》2005年第7期,页95~100,该文一方面正确地指出:"明万历之前,我们仍然可以找到《十六国春秋》存在的踪迹。明初,陶宗仪《说郛》提到《十六国春秋》,但《说郛》对古籍的引用,多为二手材料,史料价值不高。明中期学者、号称著述之富为明代第一的杨升庵在自己的读书笔记中曾不经意地说道:'《容斋随笔》谓寒食禁火不由介推,其言似矣。近观《十六国春秋》,石勒下令,寒食不许禁火云云。'(《升庵集》卷68,文渊阁《四库全书》本)从其'近观《十六国春秋》'之语来看,升庵先生手边应该有是书。杨升庵生于弘治元年(1488),卒于嘉靖三十八年(1559)。也就是说,杨升庵所看到的《十六国春秋》,要比此后万历年间出现的《十六国春秋》残本早。清初,还可以看到《十六国春秋》的踪迹,但已经是残本。康熙时的吏部尚书宋荦,曾在京西慈仁寺的古籍市场上,购得一部《十六国春秋》的残本。宋荦对此残本,甚为珍贵,并曾赋诗为念。诗云:'华灯九陌挂春风,独买残编古寺中。蜡屐夙曾师谢客,细书今始识崔鸿。窗间冰雪归堪把,月下笙歌兴不同。明日又愁公事扰,西曹读律技偏穷。'(《藤阴杂记》卷7《西城上》)宋荦,字牧仲。家世学养深厚。世称他:'性嗜古,精鉴赏。'(《熙朝新语》卷7,文渊阁《四库全书》本)这部被称之为'残编'的《十六国春秋》,究竟是传世本,抑或是明万历年间所出的被人们称之为'屠本''何本'的书?惜未可知。但依理揆之,清初去明万历未远,'性嗜古,精鉴赏',且有累世家学的宋荦所珍视的这个残编本,应该不是明代万历以后被人们称之为'屠本''何本'的《十六国春秋》。"

另一方面,陈、周合撰之文又附和清代朴学家的普遍见解,强调"清代学者对《屠本》的评判基本正确,即:非崔氏之旧,属于伪书之列"。虽然承认"对《屠本》的史学价值不能因此而否定。因为尽管《屠本》的体例与崔鸿本传所言多有不合,列传内容又过于简略,但其取材皆有所据,并非杜撰。主要是以《晋书·载记》《张轨传》《凉武昭王李玄盛传》以及其他十六国人物传为基础,旁采群书之《十六国春秋》佚文和涉及十六国史事的南北朝著作而写成,实为辑佚之作",却又强调屠项本"体例与崔鸿本传不合,无赞、序之类,无《序例》《年表》,列传内容过于简略",悉见陈文第99页。以上所说屠项本无赞、序之类,无《序例》《年表》确乃事实,言其"列传内容过于简略"则与该书完全不符,细加勘比屠项本与汤球本,明显屠项本内容要比汤球本多得多。笔者认为其书是一部虽有瑕疵,却不失真实的明人辑本,至少其中保存了大量北魏崔鸿原著100卷或唐人120卷增本的若干原貌,是不可替代的原始资料。

要点如下:

(1)张骏平定赵贞,追认高昌军户解放为民户的既成事实。乃是前凉经过一段休养生息、武功转盛的历史产物,并非始于对羯赵称臣,复收河南地,而是始于咸康元年夏四月,宁戎校尉张瓘败赵将王擢于三交城。有力地遏制了羯赵势力的西侵,初步显示了前凉自身的实力。

(2)沙州刺史杨宣伐焉耆、龟兹与平赵贞同属此年事。而传文置杨宣西征事在先,并敦煌、晋昌、高昌三郡及西域都护、戊己校尉、玉门大护军三营为沙州在后,平赵贞、置高昌郡事更在此后,论述顺序明显颠倒。

(3)前凉所委伐焉耆、龟兹主将杨宣所领官衔是"沙州刺史"。史料中又明确记载沙州是由敦煌、晋昌、高昌三郡等组成。这个高昌郡绝不可能是被张骏视为异己势力的赵贞所主的高昌郡,而只能是张骏平定赵贞之后,重加建置的高昌郡。足以证实杨宣西征焉耆、龟兹必在平定赵贞、重置高昌郡之后。

(4)前凉平赵贞、重置高昌郡的主将虽然史无明载,但从张骏所言"吾每以汉世宗之杀王恢,不如秦穆之赦孟明"的典故,就已预埋下重新起用李柏的伏笔。孟明兵败后曾再次为将,终雪秦穆公之耻。说明平定赵贞之乱的主将仍是李柏。

(5)明辑本崔鸿《十六国春秋》卷75《前凉录六·张植传》记载"张植仕骏为西域校尉……从沙州刺史杨宣征西域。时值六月,至于流沙……遂平西域以功拜西域都尉",说明杨宣西征始自六月。并敦煌、晋昌、高昌三郡为沙州亦必此月,以此判断,赵贞被灭、高昌郡的创立必在咸康元年四月张瓘败赵将王擢之后,是年六月沙州刺史杨宣征西域之前,亦即咸康元年甲午五月至六月间,与李柏第一次伐赵贞的月份相同[1]。更资证实李柏伐赵贞实共二次,第一次失败,第二次成功。

---

〔1〕《册府元龟》卷221《僭伪部·勋伐一》,页2949记云:"张骏嗣其季父茂为凉州牧,观兵新乡,狩于北野,因讨轲没虏破之。又使其将杨宣率众越流沙伐龟兹、鄯善,於是西域并降。初戊己校尉赵贞不附于骏,骏击擒之,以其地为高昌郡。及石勒杀刘曜,骏因长安乱,复收河南地,至于狄道,置武卫、石门、侯和、漒州、甘松五屯护军,与勒分境。"这段文字上承杨宣西征事,说明二者时间相衔,暗示为同年事,而又混记与石勒分境。这条史料仅供参考,不可作为研究的主要依据。

(6)高昌郡的设立实际上存在两个时间：一是咸和二年赵贞自署高昌太守，始置高昌郡，立田地县，郡县合治，郡治在田地县，二是咸康元年五月张骏重置高昌郡，并敦煌、晋昌、高昌三郡为沙州，自此，高昌名列沙州三郡。这是咸和二年自署之高昌郡守赵贞所不能完成的。且有迹象表明，自此之后，高昌郡治已自今鄯善境内的田地县西移吐鲁番腹地的高昌垒。自此今高昌故城前身的高昌垒成为吐鲁番绿洲的政治、经济、文化中心。

(7)高昌郡正式创立完成了高昌—柳中屯区军户向民户的历史转变，成为西域郡县化的历史开端。军户编甿化之后，束缚生产力发展的官督生产、生活供应的廪食制都不复存在，从家无余财的军户到私有余财的民户之间的演变空前刺激了生产的积极性。前凉时期社会经济的高速发展、文化的空前繁荣都是这一深刻社会变革的结果。

(8)高昌屯区军户解放成为在籍民户和高昌郡的正式创立，必定对楼兰屯区产生了重大影响。随着楼兰屯区的荒漠化和楼兰(LA)、海头(LK)等屯区相继放弃，原楼兰屯区的军户也开始步高昌后尘，逐渐实现了民户化的历史演变，最终并入高昌郡，成为碛外汉人的主要聚居地。

(9)高昌的郡县化不但促进了本地区经济、文化的繁荣，也对前凉王朝的强盛起了巨大的促进作用。在前凉存在期间，都城姑臧一度取代长安成为丝绸之路的东部终点。东罗马金币、波斯萨珊王朝银币、天竺乐、于阗玉器，西域奇珍，咸集姑臧。张氏宫廷，名玩珍宝甲天下，后凉咸宁二年(晋隆安四年，400)有人盗发张骏墓，得真珠帘箔、云母屏风、琉璃榼、白玉樽、赤玉箫、紫玉笛、珊瑚鞭、马脑钟、黄金勒等“水陆奇珍不可胜计”。[1] 这些显然都是西域贡品，前凉主政的凉土富甲天下，誉满中土、江东，进入前凉政权的极盛时代。

综上所述，高昌的郡县化并非毕其功于一役，而是一个复杂的演变进程。其间出现了三个重要的时间坐标：一是晋咸和二年前凉戊己校

[1]明屠乔孙、项琳辑崔鸿：《十六国春秋》卷83。

尉赵贞乘前凉主张骏伐羯赵兵败,自署高昌郡守,率领部下世袭军户解放为自由民户,有史料将这一时间记载为高昌郡初创之年。二是咸和五年庚寅前凉西域长史李柏出讨赵贞兵败,进一步印证高昌军户解放为自由民户的历史趋势不可逆转,说明直至此年高昌地区犹未在前凉张骏的直接控制之下。三是咸康元年五至六月间,前凉整体形势顺转,全面加强了自身统治,在平定悍将赵贞、重新取得高昌的控制权的同时,追认高昌军户解放为自由民户的既成历史事实,并全面进行了全境的郡县制改革。由之高昌郡名列沙州三郡,完成了高昌郡县化的全过程,反映了高昌世袭军户到在籍民户的深刻社会变革。以上三个重要的时间坐标,必须进行全面分析。这就是本文的立论主旨与基本内容。

(原刊于《西域文史》第4辑,科学出版社,2010年)

3 麹嘉考

——兼论麹氏王朝的内外政策

麹嘉在高昌国历史中占有特殊地位。北魏太和二十年(496)麹嘉与马儒、巩顾礼一起策划了高昌历史上第一次国人暴动,成为马氏王朝的右长史。北魏景明二年(501)又策划了白棘城之变,推翻马氏王朝,创立麹氏王朝。麹嘉主政的主要特征就是夹缝中求生存,麹嘉推行的内、外政策成为一种世代相承的政治传统,有效地保证了麹氏王朝成为高昌五氏皇朝中享祚最长的皇朝。对此史书中并无明确记载,须予深入研究。

3.1 国人之变与白棘城之变中的麹嘉

麹嘉生平事迹主要见于《北史》卷97和《魏书》卷101《高昌传》,二传内容基本相同[1]。其称王前有关重要信息有四,从中初步显现了麹嘉的庐山真面目,并对他所创立的麹氏王朝加深了认识。

3.1.1 出身汉人豪门世家

《北史》《魏书》共同记载"嘉字灵凤,金城榆中人",出身金城麹氏(今甘肃兰州市榆中县)。麹氏传说是周王室姬姓的分支,弃子陶的后裔,始祖麹武本燕国大夫,以推荐荆轲于太子丹而留名史册[2]。《元和姓纂》记载汉哀帝时期有尚书令名鞠谭,位居九卿,后获罪免官,西徙凉州,分化为金城麹氏与西平麹氏两支,实皆同源,出自谱系可查,是血

〔1〕《魏书》原无《高昌传》,今中华书局本所收之《高昌传》,乃取《北史·高昌传》补足,见百衲本、中华书局本《二十五史》《二十四史》校注说明。

〔2〕《史记》卷86《荆轲列传》。原文为"太子丹患之,问其傅鞠武",索隐"上音麹,又如字,人姓名也"。

统纯正的汉人豪族。施新荣近又通过大量吐鲁番出土墓表的系统研究,证实麴嘉先祖全部出自金城麴氏[1],与正史记载相合。复据《晋书》卷89《麴允传》记载:"金城人麹允,与游氏世为豪族,当地谚云:'麹与游,牛羊不数头。南开朱门,北望青楼。'"按游氏先祖游楷曾任金城太守,见于《晋书》卷60《皇甫重传》,金城麴氏财势足与郡守宗族并列,且位在其先,更资证实早在原籍金城就已富甲一方、权势赫赫。其西迁高昌,似始自后凉时期。麟嘉五年(晋太元十八年,393)七月,"群议以高昌虽在西垂,地居形胜,外接胡虏,易生翻覆,宜遣子弟镇之。光以子吕覆为使持节镇西将军,都督玉门以西诸军事,西域大都护,镇高昌,命大臣子弟随之"。[2] 这是高昌建置史上重大事件,王子出镇高昌,领西域大都护,级别高于普通郡太守,标志着权力、级别的升格。因此,发遣河西许多豪族首领作为吕覆辅佐大员随行,金城麴氏落户高昌应当不会晚于此时。其后历经西凉李氏与北凉沮渠氏、阚氏、张氏诸家族主政高昌,已历多世,必在当地拥有重大影响。这就是麴嘉在高昌政治舞台上崭露头角的家族背景。

3.1.2 高昌国人暴动中的麴嘉

《北史》卷97记云:"敦煌人张孟明为王。后为国人所杀,立马儒为王,以巩顾礼、麹嘉为左右长史。"《册府元龟》卷966《外臣部·继袭一》亦记:"后魏时……敦煌人张孟明为王,为国人所杀,更以马儒为王,以巩顾[礼]、麴嘉二人为左、右长史。"《元和郡县志》卷40,系此事于太和二十年[3],即496年。阚氏臣属柔然连历三代,享祚31年(460—491),作为高车傀儡政权的张氏王朝却一世而亡,存在时间5年(491—496),充分说明高车的压榨远胜柔然,张孟明臣属高车不得民心。柔然是老牌的草原霸主,早在阚爽自署郡守时期就在高昌拥有强大的政治影响,且自七代君受罗部真可汗予成在位时期(464—485)就已建元永康,必有大批汉人参赞帷幄。此后历代国君都使用汉式年

[1]施新荣:《也谈高昌麴氏之郡望——与王素先生商榷》,载《西域研究》,2001年第3期。
[2]屠乔孙、项琳辑崔鸿:《十六国春秋》卷81《吕光》。
[3]《元和郡县图志》卷40《陇右道》下,中华书局点校本1983年,页1031。

号，使用汉文作为官方书面文字，高昌与柔然的关系源远流长。高车实为高车丁零的简称，本为柔然属部，乃以副伏罗部为核心建立的是西域历史上第一个操突厥语族群政权，自称为副伏罗，亦即西方载籍中的Avaers或Abares。随斛律可汗远征西域，落户于车师"前部西北"，或"焉耆之北"，即今玛纳斯河流域，至太和十五年（491）阿伏至罗、穷奇兄弟为正副首领时期始与柔然争雄西域，骤然崛起，役使高昌似乎比柔然要强暴得多，其武功盛衰也飘忽不定。其早已引起高昌国人的严重不满，这一事件并无任何外力参与，暴动必定酝酿已久。马氏比起阚氏、张氏、麴氏都算不得高昌世家大族，但马儒登高一呼，国人立即响应，说明此人在高昌汉人中必定素有威望，代表了这一族群的政治愿望与经济利益，并说明马儒就是这场高昌汉民起义的最高领导人。作为马儒主要助手的巩固礼、麴嘉也必然各自代表一种政治势力，参加了这场驱逐高车势力、推翻高昌地方豪宗张氏家族统治的暴动。马氏王朝由此诞生。麴嘉乃其第三号人物。

3.1.3 马儒东迁事件中的麴嘉

马儒称王之后，立即遣使北魏，谋求内徙。《册府元龟》卷969《外臣部·朝贡二》太和二十一年（497）条下记此年"十二月高昌国并遣使朝贡"。这是自建国以来，高昌向中央皇朝遣使的首次记录，反映出马儒是高昌国中亲北魏势力的真正代表人物。

举国东迁说明高昌面临灭亡的危机。其危机来源安在？论者多认为必来自高车[1]。笔者认为并非如此。前扶立张孟明之高车王乃同柔然争雄的阿伏至罗，而史载"阿伏至罗长子烝阿伏至罗余妻，谋害阿伏至罗，阿伏至罗杀之。阿伏至罗又残暴，大失众心，众共杀之，立其宗人跋利延为主"。[2] 同年嚈哒又击杀高车副王穷奇，兵逼焉耆，密迩高昌，新立之高车王跋利延为了对付嚈哒，复臣于柔然[3]。马儒之所以选择太和二十年起兵夺位，必与此事存在因果关系。以此判断，上述事

〔1〕王素《高昌史稿·统治编》即主此说。

〔2〕《北史》卷98《高车传》，《魏书》卷102《高车传》内容相同。

〔3〕参阅薛宗正：《高车汗国与西域》，载《喀什师范学院学报》，2000年第2期。

件也应发生于太和二十年,且时间略前。以故马儒率领国人擅杀高车扶立之王,并未遭受高车预料的报复。可见高昌面临的危机并非来自高车,而是来自嚈哒。“嚈哒国,大月氏之种类也,亦曰高车之别种。”[1]“都乌浒水南二百馀里,去长安一万一百里,其王都拔底延城,盖王舍城也。其城方十里馀,多寺塔,众可十万……号为大国。”[2]“其人凶悍,能战斗,西域康居、于阗、沙勒、安息,及诸小国三十许,皆役属之。”[3]高车副王穷奇就是被嚈哒所杀,已攻陷焉耆,毗邻高昌。当时,北魏崛兴,政治影响正在西域不断扩展,因此,作为高昌汉、魏遗黎的代表人物马儒力主内徙,一劳永安。

3.1.4 白棘城之变中的麴嘉

前引太和二十一年十二月高昌遣使入贡记录证实马儒就任高昌国王的当年末就已向北魏正式提出东徙要求,并立即得到孝文帝的批准。“二十一年,遣司马王体玄奉表朝贡,请师逆接,求举国内徙。孝文纳之,遣明威将军韩安保率骑千余赴之,割伊吾五百里,以儒居之[4]。”北魏时期的伊吾所指乃今巴里坤、伊吾一带,不是哈密。早在晋朝末年就已隶属河西诸凉王朝管辖,以故西凉灭亡之后,李氏王族后裔流亡其地,长达20年(422—442),其后一度为柔然下属的自治地区,齐永明六年(488)“十二月,柔然伊吾戍主高羔子率众三千以城附魏[5]”。此后变为北魏屯田区,北邻柔然更近,安全性比高昌还差。论者多强调高昌要求的内徙,乃是远徙河西,而北魏许诺的内徙实乃另行安置在伊吾。因此遭到“国人”的强烈反对[6],白棘城之变由此爆发。这当然是重要原因之一,但除此之外,似乎还有更为深层次的因素。因此,马儒的东徙计划整整策划六年,先后两次,极不顺利。第一次内徙因魏兵不至取消,“遣明威将军韩安保率骑千余赴之,割伊吾五百里,以儒居之。

[1]《北史》卷97《嚈哒传》,页3230。
[2]《册府元龟》卷958《外臣部·国邑二》,中华书局1960年影印版,页11275。
[3]《册府元龟》卷960《外臣部·土风二》,中华书局1960年影印版,页11296。
[4]《北史》卷97《高昌传》,页3213。
[5]《资治通鉴》卷136,齐永明六年,页4281。
[6]王素《高昌史稿·统治编》即主此说。

至羊榛水，儒遣嘉、礼率步骑一千五百迎安保。去高昌四百里而安保不至。礼等还高昌，安保亦还伊吾[1]”。第二次又遣重臣巩顾礼前往约会，然后马儒亲率国人东迁，爆发白棘城之变，马儒被杀，内徙流产。“安保遣使韩兴安等十二人使高昌，儒复遣顾礼将其世子义舒迎安保。至白棘城，去高昌百六十里。而高昌旧人情恋本土，不愿东迁，相与杀儒而立麴嘉为王[2]。”《资治通鉴》卷141系此事于齐建武四年（497），即北魏太和二十一年，似乎马儒在位时间仅为一年，经学者根据出土文书中麴嘉年号的考证，这一事件实乃发生于北魏宣武帝景明二年（501）。马儒真实的在位时间实为六年（496—501）。则自太和二十一年遣使求内徙算起，这场内徙行动整整谋划了六年，仍以失败告终。

依此判断，在高昌“国人”暴动中产生的马氏王朝实由两大派政治势力组成，一派恃内地皇朝为依归，忠实推行亲北魏政策，柔然君临高昌已有多年，必有其忠实追随者，彼此政见并不一致。仅在推翻高车政治傀儡张氏王朝暂时联合起来，及马儒提出东徙计划之后，两派政见分歧日益尖锐化。马儒代表的仅仅是其中的亲北魏势力。马儒内徙政策的主要执行者乃其左长史巩顾礼和司马王体玄等人，出使北魏、出使魏军都委任这些人牵头。而白棘城之变正是发生在巩顾礼出使不在，右长史麴嘉代之主掌兵权之时，并于此变之后，取代马儒为王。“既立，又臣于蠕蠕那盖[3]”，说明麴嘉就是白棘城之变的主谋，高昌汉人中的亲柔然派势力的代表人物，与马儒及其首辅巩顾礼实为政敌。因此，马儒被杀，麴嘉被推立为高昌国王之后，巩顾礼仍能凭借伊吾北魏军的协助，杀回白棘城，救出世子马义舒，明智地离开了高昌，投奔北魏，“顾礼与义舒随安保至洛阳[4]”。自此由麴嘉创立的麴氏王朝开始浮现于历史地平面。

---

〔1〕《北史》卷97《高昌传》，页3213。
〔2〕《北史》卷97《高昌传》，页3213。
〔3〕《北史》卷97《高昌传》，页3213。
〔4〕《魏书》卷101《高昌传》，页2244。

3.2 投倚强权、以变求生存的对外政策

吐鲁番学界流行的一种说法是，麴氏王朝存在着一王一元的历史传统，仅仅到了麴伯雅为王时才违背了这一传统。其实，麴氏王朝的创始者麴嘉就曾使用过两个年号，承平(502—509)与义熙(510—525)。年号的变化反映了对外政策的调整与推移。

高昌国孤悬碛外，生存环境极端恶劣，周围强邻环伺，国狭人少，战马短缺，远不能同山北柔然、高车等草原游牧强族相抗衡。麴嘉充分吸收高昌前代诸朝灭亡的教训，认识到其生存之道只能唯强是依，审势度力，与时俱进，以善变而应万变。随着周邻政治形势的推移，其对外政策大体可以划分为三个不同的历史阶段。

3.2.1 专臣柔然时期

麴嘉初立时，犹当柔然那盖盛世(492—505 年在位，年号太安)，而高车可汗跋利延(501—507 年在位)改行与柔然化敌为友的政策。此时柔然可汗已是那盖，“豆仑与叔父那盖为二道追之，豆仑出自浚稽山北而西，那盖出自金山。豆仑频为阿伏至罗所败，那盖累有胜捷。国人咸以那盖为天所助，欲推那盖为主。那盖不从，众强之[1]”。其汗号寓意“魏言悦乐也”[2]，因此，北魏宣武帝景明二年(501)麴嘉继立之后第一件大事就是重新臣属柔然，不过并不使用柔然太安年号，而是于继位次岁自建年号承平，保持自身政治上的独立性。这一年号一直使用了 8 年(502—509)。

3.2.2 由请内徙到转臣高车时期

高昌承平四年(505)那盖可汗死，伏图可汗继立(505—508 年在位，年号建昌)，形势为之一变，“嚈哒伐高车，将纳弥俄突，国人杀跋利

[1]《魏书》卷 103《蠕蠕传》，页 2297。

[2]《资治通鉴》卷 137《齐纪》，页 4322。

延，迎弥俄突而立之[1]"，此事应发生于正始四年（507）[2]，即高昌承平六年。高车王跋利延被杀，中亚强国嚈哒介入高车事务，扶立恃嚈哒为后盾的弥俄突为高车王，意味着柔然的西域霸权受到严峻挑战，必定引起高昌全境震惧。因此，永平元年（高昌承平七年，508）就派遣左卫将军、田地郡太守、王族成员麴孝亮出使北魏，要求内徙，但或许麴嘉要求的内徙地是河西，而北魏许诺的安置地仍是伊吾。鉴于马儒的被杀，麴嘉未敢贸然东徙，也许是麴嘉早已侦知东徙地将爆发柔然、高车大战，未敢东去。因此，北魏虽然很快派出原本屯兵伊吾的龙骧将军孟威发凉州兵三千出迎，却并未遇见高昌内徙的人群，却遇到了正在蒲类海大战的柔然可汗伏图与高车新可汗弥俄突。"弥俄突寻与蠕蠕主伏图战于蒲类海北，为伏图所败，西走三百余里。伏图次于伊吾北山。先是，高昌王麹嘉表求内徙，宣武遣孟威迎之。至伊吾，蠕蠕见威军，怖而遁走。弥俄突闻其离骇，追击大破之，杀伏图于蒲类海北，割其发，送于孟威[3]。"此事与麴嘉要求东徙同为永平元年事，自此，高车强而柔然衰，高车的盟友和后盾嚈哒也乘势扩张势力，麴嘉遂又改臣高车，实际上是通过高车结好中亚强国嚈哒。永平三年（510）改元义熙。利用嚈哒攻破焉耆，一度取得焉耆的控制权，以故前引《北史·高昌传》中出现了"初，前部胡人悉为高车所徙，入于焉耆，又为嚈哒所破灭，国人分散，众不自立，请主于嘉。嘉遣第二子为焉耆王以主之"的记载。在如此混乱的形势下，麴氏王朝非但化险为夷，而且还火中取栗，遣子主政焉耆。

3.2.3 再臣于柔然时期

永平元年伏图可汗死后，"子丑奴立，号豆罗伏跋豆伐可汗。魏言彰制也。自称建昌元年"。[4] 豆罗伏跋豆伐可汗丑奴是一个力挽狂澜的柔然英主，其在位时期（508—520），全力复仇。"熙平元年（义熙七

[1]《北史》卷98《高车传》，页3274。

[2]薛宗正：《柔然汗国与西域》，载《西域研究》，1995年第3期。

[3]《北史》卷98《高车传》，页3275。

[4]《魏书》卷103《蠕蠕传》，页2297。

年,516)西征高车,大破之,擒其王弥俄突,杀之,尽并其众,国遂强盛。"《魏书》卷103《蠕蠕传》,弥俄突死状甚惨,"系其足于驽马上,顿曳杀之,漆其头为饮器"。[1]《册府元龟》卷995亦记:"梁天监中,芮芮国破丁零,复其旧国。"所谓"尽平叛者""国遂强盛",所指必乃焉耆、龟兹诸国复臣于柔然。在此期间,又出现了一个新的强国介入西域争夺,这就是领疆跨有河源、河西的羌化鲜卑所建的吐谷浑,先曾为嚈哒占领的鄯善至迟于神龟二年(高昌义熙十年,519)已落入吐谷浑手中。柔然的西域霸权也似持续到此年。由此可见,麴嘉臣属柔然分为两段,第一段4年(501—505)、第二段10年(509—519)。

3.2.4 臣属北魏时期

柔然豆罗伏跋豆伐可汗丑奴早年可谓一代英主,然其晚年,娶女巫豆浑地万,"信用其言,乱其国政"[2]。自伏图倡导佛教以来柔然国内传统巫教势力已趋衰微,丑奴却又重新信用这种假托神鬼的巫教,势必再度激化国内的宗教矛盾与王族、豪酋间的内部矛盾,国势日衰。善于审时度势的麴嘉急速调整政策,转而臣属于魏。熙平三年(义熙九年,518):"嘉遣使朝贡,宣武又遣孟威使诏劳之。延昌中(义熙三年至六年,512—515),以嘉为持节、平西将军、瓜州刺史、泰临县开国伯,私署王如故。熙平初,遣使朝献。诏曰:'卿地隔关山,境接荒漠,频请朝援,徙国内迁。虽来诚可嘉,即于理未帖。何者?彼之甿庶,是汉、魏遗黎,自晋氏不纲,因难播越,成家立国,世积已久。恶徙重迁,人怀恋旧。今若动之,恐异同之变,爰在肘腋,不得便如来表也。'神龟元年(高昌义熙九年,518)冬,孝亮复表求援内徙,朝廷不许。"

以上所记麴嘉多次"求内徙",不过是故意做出对魏效忠姿态,并非真心。魏正光元年(高昌义熙十一年,520)弥俄突弟伊匐在嚈哒武装护送下还国[3],继立为王,高车势力复振。史载"阿伏至罗侵丑奴,

〔1〕《资治通鉴》卷148,天监十六年(517),页4630。

〔2〕《魏书》卷103《蠕蠕传》,页2298。

〔3〕《魏书》卷102《高车传》,页2311:"嚈哒听弥俄突弟伊匐还国。"

丑奴击之,军败还"。[1] 此之"阿伏至罗"应是高车新主伊匐之误,丑奴既败,威信荡然,正光二年(高昌义熙十二年,521)为其母后侯吕陵氏联合诸大臣所杀,从而结束了柔然汗国的中兴伟业。但此时的高车国势也非阿伏至罗、穷奇兄弟初建时的高车汗国可比,北魏的政治影响已远播西域,因此,专臣于北魏成为麴嘉晚年政策的突出特征。

综上所述,麴嘉的对外政策以多变为特征,唯强是依则是其实质。这种政策就是麴嘉成功运用的生存之道。

3.3 弘文固本、认祖归宗的对内政策

高昌国乃由晋高昌郡演变而成的地方政权,境内虽然种落、族群复杂,主体居民却仍以汉、魏屯田士卒后裔组成的汉人为核心。麴嘉深明弘文固本、凝聚民心的重要性,因此,对内政策与对外政策迥然不同。特点是高昌全境通行汉语、汉文,继续传承和大力弘扬以儒家为主体的汉文化。

《梁书》卷54:"国人言语与中国略同。有五经、历代史、诸子集。面貌类高骊。"《南史》卷79:"高昌国……国人言语与华略同。有五经、历代史、诸子集。面貌类高丽,辫发垂之于背。著长身小袖袍、缦裆仪。女子头发,辫而不垂,著锦缬缨络环钏。昏姻有六礼。"《册府元龟》卷961《外臣部 · 土风三》:"高昌国……国人言语与中国略同,有五经、历代史、诸子集,面类高丽……其风俗政令,与华夏略同。"《册府元龟》卷958《外臣部 · 国邑二》亦记高昌国"有八城,本皆中国人也"。"其都城周回一千八百四十步,於坐室画鲁哀公问政於孔子之像。"北朝史书所记内容略有区别,但仍大体相同。如《周书》卷50《异域记》高昌服饰:"丈夫从胡法,妇人略同华夏。兵器有弓箭刀楯甲矛。文字亦同华夏,兼用胡书。有毛诗、论语、孝经,置学官弟子,以相教授。虽习读之,而皆为胡语。赋税则计输银钱,无者输麻布。其刑法、风俗、婚

[1]《魏书》卷103《蠕蠕传》,页2298。

姻、丧葬,与华夏小异而大同。"《北史》卷97:"高昌……服饰,丈夫从胡法,妇人裙襦,头上作髻。其风俗政令,与华夏略同,兵器有弓、刀、箭、楯、甲、槊。文字亦同华夏,兼用胡书。有《毛诗》《论语》《孝经》,置学官弟子,以相教授。虽习读之,而皆为胡语。赋税则计田输银钱,无者输麻布。其刑法、风俗、昏姻、丧葬与华夏小异而大同。"《隋书》卷83《高昌传》亦记:"高昌国……其风俗政令与华夏略同。"可见麴氏高昌坚持奉行以汉文化凝结内部的政策,这种政策早在麴嘉建国伊始就全力贯彻执行。国中兴办学校,同内地一样设有博士、助教等学官,并曾向北魏遣使,求借典籍,延请内地名儒赴高昌讲学:"正光元年,明帝遣假员外将军赵义等使于嘉。嘉朝贡不绝,又遣使奉表,自以边遐,不习典诰,求借五经、诸史,并请国子助教刘燮以为博士,明帝许之。"[1]可见麴嘉创立的高昌麴氏王朝推行的内政制度、文化举措,同内地并无本质区别。

吐鲁番出土文书充分印证了上述记载,从中发现高昌尤重孝道,通过文化认同和维护家族制度进一步巩固自身在高昌的统治。早在黄文弼撰写《吐鲁番考古记》时,已收录了两种《孝经》残片,其一为《孝经·三才章》,其二为《孝经·□(开)宗明义章》,均出自哈拉和卓旧城中。近年来更有许多重大新发现,阿斯塔那313号墓出土麴嘉义熙元年辛卯(510)抄本《孝经解》残卷,阿斯塔那169号墓所出麴宝茂在位时期古《孝经》写本竟长达55行,起于"……后世,以显父母,孝之终",讫于"天性,父母生子,续莫大焉,君亲临之,厚莫……",全书无篇名、无注疏。

《孝经》一书,文简义浅,原书的写作时间不可确考,《吕氏春秋》中已征引此书,说明战国时已有儒门弟子私相传授,但西汉初年此书尚不知名,至平帝元始三年(3)始立于学官。在西汉末年,不过是初级学校的读本。至东汉随着举孝廉制度的推广,《孝经》的地位日益提高。至西晋皇朝建立,更把《孝经》与《论语》合为一经,共称十经,列入了国子

[1]《北史》卷97《高昌传》,页3214。

监生员的必读课程，并为之专设了《孝经》国子助教，以相传授。晋代以降，孝道被提高到空前的道德高度，高昌曾隶河西管辖，而以治《孝经》知名的大儒恰多出于河西，如《孝经经纬》作者郭瑀就是敦煌人，前凉酒泉名儒祁嘉也以此檀胜，曾“西游海堵，教授门生百余人……依《孝经》作《二九神经》”[1]，祁嘉所至之“海堵”，疑即毗邻大沙海的田地县，即今鄯善县境。又如武威姑臧人张谭为和宁令，以《孝经》化民，“百姓爱之如父母，号曰慈君”。[2] 高昌立国之后承袭了这一历史传统，并在新的政治条件下有了进一步的演变。鼓吹孝道的核心在于巩固以血缘关系为纽带的家族制度。高昌社会的基本细胞正是由这些汉人大、小家族组成。

除《孝经》外，高昌境内儒家五经俱全，其中《诗》《书》二经发现尤多，特点是出土《尚书》中的“民”字都写作“垐”，与隶古定《尚书》写本全同，而同今《十三经注疏》本有异，说明使用的是古文经系统的隶古定本，所发现的《诗经》则皆属《毛诗》郑笺系统[3]。阿斯塔那 524 号墓出土了义熙年间抄写的《周南》中的《关雎序》、《郑风》中的《缁衣》、《小雅》中的《湛露》《彤弓》《菁菁者莪》《六月》诸篇[4]，此外还发现了郑注《论语》，这些都是晋代盛行，而唐以后非常稀见的古文经抄本。我国经学史上有今、古文经之争，这一学术争辩，起自汉儒，直迄清末未衰。东汉尤争论激烈，至郑玄出，风气始一大变。郑玄，字康成，乃后汉大儒，出自古文经学大师马融门下，其治学特点乃杂糅今、古文两家之说，始破门户之见，较易为今、古两派所共同接受，故被尊为一代经师，但实质上仍多偏袒古文经学。他的学说到了魏晋南北朝时期更加发扬光大，前凉始终以晋臣自居，恪守晋制，高昌儒学因此完全沿袭西晋学风，在套路上自然偏于古文经学一派，逐渐与内地经学分源别流，形成

---

〔1〕汤球：《十六国春秋辑补》卷 75《前凉 · 祁嘉传》，页 531。

〔2〕汤球：《十六国春秋辑补》卷 97《北凉 · 张谭传》，页 673 ~ 674。又见于《太平御览》卷 268。

〔3〕如阿斯塔那 524 号墓出土的义熙抄本《毛诗 · 郑笺》残卷，见《吐鲁番出土文书》第 2 册，页 50 ~ 58。

〔4〕《吐鲁番出土文书》第 2 册，页 50 ~ 58。

独尊古文经的高昌儒学[1]。哈拉和卓96号墓出土的《功曹下田地县符为以孙孜补孝廉事》[2],更是清楚无误地表明高昌国时期存在着举孝廉制度[3],这种制度也是汉、晋遗风的历史继承。

哈拉和卓99号墓出土的《义熙五年道人弘度举锦契》[4]证实汉传佛教在麴氏王朝的存在,以及当地僧俗居民同内地一样以丝绸为高贵衣料,并可与金银一样在市场流通,作为交换手段:

[1]义熙五年甲午岁,四月四日道人弘度
[2]从翟然(?)远举西向白地锦半张,长四尺广
[3]四尺要到十月三十日还偿锦半张,即交
[4]与锦生布八纵一匹,若过其(期)不偿
[5]一月生布壹文,民有私要,□行二主
[6]各自署名为信,沾各半,倩书道护
[7]若弘度身无,仰申智偿
[8]时见
75TKM99:6B

义熙五年即514年,正当麴嘉在位时期。"道人"所指并非道士,而是高昌时期对佛教僧人的通称,文书中的弘度、申智、道护等都是佛教僧人,说明这件文书乃出自一座小型佛寺,可见麴氏高昌除儒家盛行之外,汉传佛教也同样流行。

正是由于高昌国主体居民的文化心理特征同内地汉人血脉相传,文脉相通,麴嘉在内政上全力传承和弘扬汉文化,就是深明本固枝荣的治国要旨,以汉文化作为加强自身统治的内部凝合剂。

3.4 麴嘉创立的二元化国策成为麴氏高昌的政治传统

麴氏王朝崛兴之前,高昌先后兴亡过沮渠氏、阚氏、张氏、马氏等四

[1]薛宗正:《以儒学为主体的高昌汉文化》,载《新疆文物》,1989年第1期。
[2]《吐鲁番出土文书》第1册。页87。
[3]薛宗正:《以儒学为主体的高昌汉文化》,载《新疆文物》,1989年第1期。
[4]《吐鲁番出土文书》第1册,页189~190。

氏皇朝,皆享祚短暂。麴嘉在位时期西域风云变幻,形势极端复杂,所推行的内、外有别的二元化国策,以善变而应万变,成功地在夹缝中生存,以庖丁解牛般的政治艺术,多次化险为夷。这成为麴氏王朝世代相承的一种政治传统,有效地保证了这一皇朝享祚长达139年(501—640)。

麴嘉在位时期,北魏尚强,因此,史书上还出现了一段时期高昌与北魏皇朝之间确实存在的政治蜜月,但自麴嘉崩逝,北魏渐衰,柔然衰而复兴,接着突厥崛起,北魏早已分裂为二,东魏、西魏很快又演变为齐、周二国,碛路交通开始全面阻绝。麴氏高昌虽是汉人皇朝,所奉行的政策只能是就近择强而臣,对内地中央皇朝却日益疏远。笔者搜集了自北魏宣武帝景明二年麴嘉创立麴氏王朝至隋炀帝大业三年(高昌延和六年,607)麴伯雅恢复对中原皇朝遣使之前(501—607)106年间全部朝贡记录,列为表4-3-1,足以说明这一问题:

据表4-3-1,在此106年间,高昌麴氏王朝朝贡仅18次,且主要集中于前期麴嘉、麴坚二王,其中麴嘉朝贡总8次,二代王麴光无朝贡记录,三代王麴坚4次,四代君麴玄喜、五代君和平王麴某亦无朝贡记载,六代君麴宝茂朝贡2次,七代君麴乾固朝贡2次,至八代君麴伯雅恢复对隋朝贡已是隋朝第二代君炀帝大业三年,其时隋朝早已崛兴28年。大象二年(580),杨坚创建隋朝至仁寿三年(603)。这就是说,即使是迄今被学术界誉为一代亲隋名王的麴伯雅在隋朝开皇年间,也始终没有一次对隋遣使。这就是为什么吐鲁番出土文书中麴伯雅之前的麴朝高昌王已有麴嘉、麴光、麴坚、麴玄喜、和平王麴某、麴宝茂、麴乾固等七代王,而留名《北史》《周书》《隋书》的高昌王仅有麴嘉、麴坚、麴伯雅三人的缘故。足见高昌麴氏王朝虽与内地汉民同文、同种,相互关系却非常疏远。

表 4-3-1 麴氏高昌对中原皇朝106年间朝贡记录

序号	中朝年号	高昌王及其年号	公元	史料摘要	史料根据
1	永平二年	麴嘉承平八年	509	正月高昌诸国并遣使朝贡……六月高昌国……并遣使朝献。	《册府元龟》卷969《外臣部·朝贡二》
2	永平三年	麴嘉义熙元年	510	二月高昌……并遣使朝献。	
3	延昌元年	麴嘉义熙三年	512	十月嚈哒、于阗、高昌……诸国并遣使朝献。	
4	延昌二年	麴嘉义熙四年	513	三月高昌国……并遣使朝贡。	
5	延昌四年	麴嘉义熙六年	515	九月邓至、高昌……十二月高车国,并遣使朝贡。	
6	熙平元年	麴嘉义熙七年	516	四月高昌……七月宕昌、高昌国并遣使朝献。	
7	熙平三年 神龟元年	麴嘉义熙九年	518	四月舍摩国、高丽、高车、高昌诸国……并遣使朝贡。	
8	正光二年	麴嘉义熙十二年	521	六月高昌国、勿吉国,八月伏罗国,十一月高昌国并遣使朝贡。	
9	普泰元年	麴坚章和元年	531	坚立……普泰初,坚遣使朝贡,除平西将军、瓜州刺史,泰临县伯,王如故。又加卫将军。	《北史》卷97《高昌传》
10	太昌元年	麴坚章和二年	532	六月高丽、契丹、库莫奚、蠕蠕、嚈哒、高昌等国,十一月蠕蠕国,并遣使朝贡。	《册府元龟》卷969《外臣部·朝贡二》
11	永熙中	麴坚章和三至四年间	533—534	永熙中,特除仪同三司,进为郡公。后遂隔绝。	《北史》卷97《高昌传》

续表 4－3－1

序号	中朝年号	高昌王及其年号	公元	史料摘要	史料根据
12	大统十四年	麴坚章和十八年	548	大统十四年，诏以其世子玄嘉为王。	《北史》卷 97《高昌传》
13	恭帝二年	麴宝茂建昌元年	555	恭帝二年，又以其田地公茂嗣位。	《北史》卷 97《高昌传》
14	武成元年	麴宝茂建昌五年	559	闰五月高昌遣使献方物	《册府元龟》卷 969《外臣部・朝贡二》
15	保定元年	麴乾固延昌元年	561	正月突厥、吐谷浑、高昌，二月突厥、宕昌，五月突厥、龟兹，并遣使献方物。	《册府元龟》卷 969《外臣部・朝贡二》
				保定初，又遣使来贡。	《北史》卷 97《高昌传》
16	大业三年	麴伯雅延和六年	607	炀帝大业三年……六月吐谷浑高昌突厥莫何可汗并遣使贡方物。	《册府元龟》卷 970《外臣部・朝贡三》
				六月己亥高昌"遣使贡方物"。	《隋书》卷 3《炀帝本纪》

与高昌对内地皇朝关系的冷淡恰成鲜明对比，自初代君麴嘉直至第五代君和平王麴某同西域草原霸主柔然、高车的关系却非常密切，其中柔然多次经历了衰而复兴，西域霸主的地位维持时间最长。如表4－3－2 所示：

表 4-3-2　麴氏高昌与西域霸主的关系

高昌王名	臣属大国	公元	中朝年号	高昌年号	臣属君主	大事佐证
麴嘉(501—525年在位,502年建元承平,510年改元义熙)	柔然	501—505	北魏景明二年至正始二年	?—承平四年	侯其伏代库者可汗那盖盛世(492—505年在位)	高车阿伏至罗被国人所杀,被推立的新可汗跋利延(501—507年在位)改行与柔然化敌为友政策,高车副王穷奇被嚈哒击杀,高车势衰
	高车	506—507	北魏正始三年至四年	承平五年至承平六年	高车王弥俄突(507—516年在位)	柔然伏图可汗在位期(505—508年在位)国势中衰,弥俄突在嚈哒援助下杀跋利延继主高车
	北魏	508	北魏永平元年	承平七年	北魏宣武帝	求内徙
	高车	509—516	北魏永平二年至熙平元年	承平八年至义熙七年	弥俄突	高车弥俄突恃嚈哒为援,独雄西域
	柔然	516—520	北魏熙平元年至正光元年	义熙七年至义熙十一年	柔然豆罗伏跋豆伐可汗丑奴	豆罗伏跋豆伐可汗丑奴在位时期(508—520)杀弥俄突,柔然国势复盛
	北魏	520—525	北魏正光元年至孝昌元年	义熙十一年至义熙十六年	魏明帝	正光元年高车王伊匐杀丑奴,柔然汗国一度灭亡。伊匐受魏册封为高车王,臣于北魏
麴光(525—530年在位),526年建元甘露(526—530)	柔然	525—530	北魏孝昌元年至建明元年	义熙十六年至甘露五年	柔然可汗阿那瓌	阿那瓌复称可汗,复兴柔然,进入后柔然汗国时期

续表4-3-2

高昌王名	臣属大国	公元	中朝年号	高昌年号	臣属君主	大事佐证
麴坚（530—548年在位），年号章和（531—548）	北魏	530—548	北魏建明元年至西魏大统十四年	甘露五年至章和十八年	柔然可汗阿那瓌	北魏分裂为东、西二魏，后柔然汗国再次雄霸漠北、西域。
麴玄喜（548—550年在位），年号永平（531—548）	柔然	548—550	西魏大统十四年至十六年	章和十八年至永平二年	柔然可汗阿那瓌	阿那瓌继续号令漠北、西域
和平王麴某（550—554年在位），年号和平（551—552）	柔然	550—552	西魏大统十六年至恭帝元年	永平二年至和平二年		突厥兴起，552年创建突厥汗国，击杀阿那瓌，柔然残余势力退至东部天山

至第六代君麴宝茂以后，柔然衰落，突厥崛兴，又改臣于突厥，麴乾固、麴伯雅、麴文泰、麴智盛皆世代承袭这一基本国策。虽然其间麴伯雅曾有亲隋表现，麴文泰初也曾为唐朝碛口耳目，毕竟都是昙花一现。此已超出本文的论述范围，理当别撰专文另论了。

（原刊于《新疆师范大学学报》，2008年第1期）

4 麴伯雅朝隋变服、归国改元解谜

高昌王麴伯雅生当北周入隋之世,享寿很长,早在周保定五年(565),已入主高昌东宫,佐父辅政,隋文帝仁寿元年(601)继承王位,卒于唐高祖武德六年(623),在吐鲁番出土文书中与此王有关的有延和、义和、重光等三个年号。而《隋书·高昌传》关于此王早年、晚年记载皆缺,独详记炀帝大业年间入隋朝觐及归国前颁令变服解辫事迹,显然是非常片面的。不少学者却据此立论,将麴伯雅简单地定性为唯隋是亲的高昌王,为此一度失位,后始借力复国。吐鲁番出土文书也证实此王义和改元恰当麴伯雅颁布变服令,离隋返国之后,重光改元又同麴文泰自西突厥返国,主政东宫事存在内在联系。由之"义和政变""重光复辟"诸说相继出现,似已成为隋代高昌史研究的主流。笔者却对此疑义重重,迄莫能解。

高昌作为四周强邻环伺的碛外小邦,虽然与内地主体居民语言、文化同出一源,为谋自身生存,其政策俯仰却必须以周邻大国的强弱盛衰为转移。麴伯雅一生周邻政治形势剧变:西域先是木杆—阿波汗系独霸东部天山,其间经历了突厥20年内战,东、西突厥的正式分裂,铁勒汗国的短暂崛起,西突厥汗国转入了室点密汗系,中原则经历了北周、隋、唐的三朝易代。麴伯雅入隋正当隋朝盛而复衰之时,其亲隋政策只能反映此人生命流程中的一个特定阶段,不足以以偏概全。吐鲁番出土大量墓志、文书证实麴伯雅背离高昌一王一元历史传统事出有因,每次改元,都是与周邻形势变化有关。因草斯文,以解麴伯雅朝隋变服、归国改元之谜。

4.1 延昌与延和初期
专臣木杆系突厥的高昌

《隋书·高昌传》是并非完全可以信赖的汉文史料,其中错误很多，如下记载就是大谬之例：

[麴]坚死，子伯雅立。其大母本突厥可汗女，其父死，突厥令依其俗，伯雅不从者久之。突厥逼之，不得已而从。

高昌国乃由高昌郡演变而来，继沮渠氏北凉西迁，据以为都之后，又有阚氏、张氏、马氏、麴氏四个王朝相继代兴，以麴氏王朝享祚最长。高昌虽乃魏、晋屯田士卒后裔在西域所建唯一的移民政权，语言、文字、历法、风俗与内地并无二致，然自北魏衰微以来，柔然、突厥先后雄霸西域，同中原隔绝已久，信息早绝。麴坚乃麴氏王朝第三代君，其后继承王位者先后又有麴玄喜（548—550，年号永平）、和平王麴某（550—554，年号和平）、麴宝茂（554—560，年号建昌）、麴乾固（560—601，年号延昌）等人，麴伯雅与麴坚之间相隔多代，实乃麴氏王朝七代君麴乾固之子。高昌麴氏王朝享祚最久的传国秘诀在于始终奉行生存第一、文化认同第二的原则。在强邻环伺的环境下求生存，尽管依旧承袭汉文化传统，以夷夏之辨、认祖归宗加强内部凝结，对外却必须务实畏势，政策俯仰全依周邻诸国的强弱为转移。和平王麴某之前，高昌历代国君本来都专臣于柔然，《宁朔将军麴斌造寺碑》[1]的出土证实至迟突厥木杆可汗在位初期，和平王麴某、麴宝茂易代之际，高昌已断然放弃了对柔然的忠诚，改而专臣于突厥。这一政策一直沿袭至麴乾固在位、麴伯雅以世子辅政的延昌年间（560—601）。

前引《隋书·高昌传》中最重要的一段文字就是关于麴伯雅遵循突厥烝婚制（收继婚）祖俗，续纳其“大母”突厥公主为妃事。清宣统三年（1911）出土，乙亥岁十二月（西魏恭帝二年，高昌麴宝茂建昌二年，555）刻成的《宁朔将军麴斌造寺碑》证实因高昌乃突厥初兴时最先归附的西域属国，特予厚遇，许嫁可汗女。此年正值木杆可汗在位时期（553—569），且在西征嚈哒之前，显然是木杆可汗女，不可能像某些史家所说的那样是室点密之女，因为当时室点密犹为突厥一叶护，尚未成

[1]原出吐鲁番三堡。有《新疆图志》旧本及黄文弼《吐鲁番考古记》新本两种，碑阳、碑阴皆有刻铭，今据黄文弼《吐鲁番考古记》新本。麴斌，又作麴斌芝。黄文弼认为斌为本名，斌芝为其字。

为主政西域的西面可汗。古代和亲,实为政治联姻,政治意义远远大于婚姻本身,所遣嫁之和亲公主,不过是双方结盟的一种政治象征,并不具有正室地位,实为媵妾侧室身份,[1]这位突厥公主配高昌后亦然。而突厥存在着收继婚的风俗,“父兄伯叔死者,子弟及侄等妻其后母、世母、母嫂,唯尊者不得下淫”。[2] 历代高昌王麴氏的正妃都是高昌汉族豪族张氏,则这位和亲高昌的突厥公主于配麴伯雅祖父之后又为其父麴乾固续纳为首席小妻(嫔),至麴伯雅已历三代,故云“大母”。所谓续纳,实际上也只是一种婚姻形式,其实质意义只在于以此婚姻形式肯定高昌与突厥的和亲关系继续存在,亦即高昌专臣于突厥的政治隶属关系不发生任何改变。新王登位早立世子,乃是麴氏高昌重要的政治传统,麴伯雅亦然。阿斯塔那24号墓所出《延昌酉岁屯田条例得横截等城葡萄园顷亩数奏行文书》中就出现了“中军将军高昌令尹麴伯雅”[3]这一只有世子才能领有的官衔。[4] 延昌年间的酉岁,应即565年(周保定五年,麴乾固延昌五年),至迟此年,麴伯雅已为高昌世子,佐父柄政无疑。册封世子,必随之为世子成家,册立世子嫔,并有媵妾佐之。《大慈恩寺三藏法师传》记玄奘西至高昌,当时的高昌王麴文泰曾“对母张太妃共法师约为兄弟”。麴文泰即麴伯雅之子,则张太妃必为麴伯雅正妃,成亲时必为世子嫔。这进一步验证了这位木杆公主的身份实为高昌王侧室嫔,位仅亚于高昌正妃。依此判断,麴伯雅续纳其“大母”突厥公主为妻,绝非发生于“其父死”后,而应发生在其父麴乾固死前,更确切地说,就在其册封为高昌世子,领高昌尹,领波多旱鍮屯发突厥封号,纳张氏为嫔之时。和亲突厥,乃高昌政治生存的前提。麴伯雅之父麴乾固在位时期长达41年(560—601),绝不可能直到仁寿二年(602)麴伯雅继位改元之后才续纳其大母为妻。其时木杆之女早

---

[1]和亲公主外嫁,除突厥阿史那公主嫁北周为皇后特例外,余之汉配乌孙之细君公主、解忧公主、唐配回鹘之宁国公主,配吐蕃之文成公主、金城公主,后东突厥汗国配突骑施之和亲公主等皆为侧室。

[2]《册府元龟》卷961《土风三》,页11310。

[3]《吐鲁番出土文书》卷5,页2~4。

[4]《周书》卷50《异域·高昌》,页914:“官有令尹一人,比中夏相国。”

成为老太婆，年龄悬殊太大，而世子既立，依礼必纳嫔，以其佐藤。只有这样，才会出现“突厥令依其俗，伯雅不从者久之。突厥逼之，不得已而从”的记录。

高昌自麴宝茂以来世与突厥和亲，至麴伯雅续继其大母，已历三代，足证高昌臣属突厥是实。但初建的突厥汗国存在着大、小可汗采邑分国制度，其西部地区也存在着不同的汗系，并非如长期以来学术界流行的说法那样，整个西域地区都归其西面小可汗室点密汗系独领。

史载突厥汗国第五代君沙钵略可汗继位以后，为防止西面可汗强藩震主形势的形成，推行广立诸侯以分其势的政策，改木杆可汗时代的大、小可汗四部分国制（指大可汗、东面可汗、西面可汗、北面可汗）为大、小可汗七部分国制[1]。周大象二年（高昌延昌二十年，580）增册木杆可汗之子阿波特勤大逻便及其弟贪汗特勤皆为可汗，分主金山、贪汗山一带，其中贪汗可汗属木杆系的南厢可汗，阿波为木杆系的北厢可汗。又分册室点密汗之子达头（Tartou）、潘那（Sparzeugoan）各为小可汗，另一子为都六设（Tourxanthos[2]、Touldikh），分领室点密汗旧封。以上沙钵略可汗增置之四小可汗的领地分隶木杆、室点密两系，其中木杆系的阿波、贪汗二小可汗领地皆在东部天山，室点密系的达头、潘那二小可汗与都六设三人领地皆在西部天山。高昌地在东部天山，显然属于木杆汗系的势力范围。吐鲁番出土的大量供食文书足以证实上述结论。

在吐鲁番出土文书中阿波可汗、贪汗可汗兄弟分别写作阿博珂寒与贪浑珂寒，例如1960年阿斯塔那307号墓出土的《高昌□善等传供食帐》（一）第3行记有“面五斗，供阿博珂寒铁师（指铁匠）”，同墓出土的《高昌竺佛图等传供食帐》（三）第3行记有“廿二日，合用五十六斤。次传七斤，供阿博珂寒使□”，该片文书第2行则有“卅日，合用三

---

〔1〕薛宗正：《西突厥开国史考辨》，载《新疆社会科学》，1985年第4期。《突厥史》，中国社会科学出版社1992年。

〔2〕内藤みとり《西突厥の一君主 Tourxanthosについて》中认为，Tour 即咄陆对音，xanth 即 xaγ，即设（xad）的音译，os 是后缀。载《西突厥史の研究》，页396～405，早稲田大学出版部1988年。这是一重大发现。

百一十五斤。次传九斤,供贪浑(汗)提懃(特勤)使(使)”云云。文书中的“阿博珂寒”显然就是汉文史料中的阿波可汗,“贪浑提懃”,应即贪汗特勤的异译。史载“贪汗可汗,素睦于阿波”,[1]昭示着阿波、贪汗二人皆出自木杆汗系,应是兄弟关系。而大逻便受册为阿波可汗乃北周大象元年事,这件文书必写成于此年,其时贪汗犹领特勤名号。至1973年在阿斯塔那517号墓中出土的《高昌都子等传供食帐》(二)第2行已出现了“迎贪旱珂寒使”,第4行又出现了“贪浑珂寒孤艮贪浑,上五人,尽廿(下缺)”的记载,该文书似写于隋开皇元年(581),至迟此年,贪汗特勤已正式受册为突厥小可汗。麴氏高昌臣属于阿波、贪汗可汗时期,已进入我国历史上的隋朝,开皇二年(高昌延昌二十二年,582),开皇三年(高昌延昌二十三年,583)沙钵略可汗两次犯隋皆败,激化了突厥汗国内部大、小可汗固有矛盾,木杆汗系的阿波、贪汗二可汗率先起兵叛乱,突厥内战爆发,开皇五年(高昌延昌二十五年,585)一度攻占漠北於都斤山大牙,自立为突厥大可汗。[2] 至六月“阿波浸强,东拒都斤,西越金山,龟兹、疏勒、伊吾及西域诸胡悉附之,号西突厥,隋主亦遣上大将军元契使于阿波以抚之”。高昌地在龟兹东、伊吾西,必定也属阿波属邦之一。可见隋朝创立之后,佐父辅政的麴伯雅并未改变专臣突厥木杆汗系的基本政策。

开皇七年(高昌延昌二十七年,587)阿波可汗败亡之后,突厥叛乱阵营的盟主虽已变为室点密系的达头可汗,木杆—阿波汗系在高昌的政治影响并未随之终结。“大逻便为处罗侯所执,其国立鞅素特勤之子,是为泥利可汗(nryx γ́n,尼利珂寒)。”[3]此汗利用达头可汗与中面大可汗两大集团血战正酣之际,明智地从内战漩涡中脱身,全力西方拓宇,扩大木杆系的势力范围,到达伊犁河流域。昭苏县城东南种马场小洪那海石人背面粟特铭文第7行中的“nryx γ́n”应即泥利可汗,而第6

[1]《隋书》卷84《突厥传》,页1868。

[2]《资治通鉴》卷176,开皇五年(585),页5482:“阿波浸强,东距都斤(都斤,突厥中山名。沙钵略初立,建牙于此山),西越金山,龟兹、铁勒、伊吾及西域诸胡悉附之。”

[3]《隋书》卷84《突厥传》,页1876。

行“mwx’nx’γ’n npy^{2}qnβγy’”意为“木杆可汗之孙，神圣的”[1]，可见泥利可汗也是出自木杆汗系。参稽昭苏县1997年发现的波马西突厥土墩墓，出土有大量金、银器和丝织品等珍贵文物，所出金面具两眼镶嵌两颗大型圆红玛瑙，面具色泽光艳夺目，面容威严庄重。还有工艺精致的镶嵌红玛瑙虎柄金杯、镶嵌红宝不带盖金罐、红宝石金戒指，都具有豪华的王家气派。同墓还出上了富昌锦、方纹绫、缀金珠绣锦等贵重织品。这都足以证实，至泥利可汗在位时期似已移牙伊犁河流域，昭苏古墓或即泥利可汗的陵寝，小洪那海石人铭刻或即此王的纪功碑，这座石人雕像或即泥利可汗本人形象的摹本。我国史书记载此汗不与达头可汗结盟，而是通过都蓝可敦大义公主，与中面大可汗都蓝秘密交结，隋开皇九年（高昌延昌二十九年，589）“平陈之后，上以陈叔宝屏风赐大义公主，主心恒不平，因书屏风为诗，叙陈亡自寄……上闻恶之。礼赐益薄。公主复与西面突厥泥利可汗连结”。[2] 可见泥利可汗在突厥内战中一度站在大汗都蓝可汗一边。

泥利可汗在吐鲁番出土供食文书中被写作尼利珂寒，例如阿斯塔那122号墓出土了尼利珂寒的供食文书，其第1行留有“崇保传范寺使人供尼利珂寒（原作“蜜”）使”字样，第3行又有“即日，史阿愿传波演寺使人供□□珂寒使”，珂寒使前所缺之□□必为尼利。此外，该文书第4行还有“董寺使人供公主客”字样，所记之“公主”应指突厥公主，虽然有研究报告显示，麴氏高昌也曾出嫁一女予突厥，但高昌国君仅称国王，其王储仅称世子而非太子，则其女仅能称郡主，而不能称公主，则此公主，必指麴伯雅“大母”的突厥木杆可汗公主。该文书第2行有“马寺使人伍塔使人供卑失蛇婆护使”，第6行又有“使人供卑失蛇婆护”等记录，经考证，此卑失蛇婆护乃《隋书》中之“婆实特勤”，即泥橛处罗可汗亲母向氏之后夫。根据这件供食文书，泥利可汗（尼利珂寒）在位时期（隋开皇七年，高昌延昌二十七年至隋仁寿四年，麴伯雅延和

[1]大泽孝著、于志勇译：《新疆伊犁河流域的粟特文题铭石人——关于突厥初世王统的资料》，载《新疆文物》，2001年第1、2合刊。

[2]《隋书》卷84《突厥传》，页1872。

三年,587—604)高昌仍然恪守专臣突厥木杆汗系的祖制,与突厥达头汗系及隋朝都不相往来。《隋书》卷83记至开皇十年(高昌延昌三十年,590)"开皇十年,突厥破其四城,有二千人来归中国"。高昌乃泥利可汗属邦,说明这次兴兵伐高昌的"突厥"必为室点密汗系的"突厥"[1],很可能就是达头可汗。

突厥内战进行了整整20年(开皇三年至仁寿三年,583—603),在隋朝远交近攻、离强合弱政治分化和直接军事干预下,终于结束,达头可汗败亡吐谷浑,隋朝扶立的原北方可汗突利可汗被册封为启民可汗,接管了大漠南北。西突厥汗国的创建者应即泥利可汗。《北史》卷99《突厥传》明白无误地将"西突厥"之名同泥利可汗紧密相连:"公主复与西突厥泥利可汗连结,上恐其为变,将图之。"在此之前,汉文史籍中涉及突厥汗国西部地区时仅有"西面可汗""西方可汗"等语言表述,从未出现过"西突厥"一词,充分说明西突厥汗国始创于泥利可汗,而泥利可汗正是阿波的后裔。由此可见,麴氏高昌臣属的突厥实乃木杆系突厥,阿波可汗、泥利可汗都出自此支汗系,而与西面可汗室点密系无干。

以上所述都是麴伯雅任世子时期事迹,从中看不出任何亲隋迹象。

隋文帝仁寿元年(高昌延昌四十一年,601),执柄国政长达42年的高昌王麴乾固薨,麴伯雅继位,次岁(602),改元延和。突厥汗国统一体面临全面解体。隋仁寿三年(高昌延和二年,603)突厥内战结束,西突厥汗国正式创立。至隋仁寿四年(高昌延和三年,604),泥利可汗之名已消失于史册,其子泥橛处罗可汗继承了西突厥汗位。这时,隋朝的政治影响虽已远播西域,麴伯雅却毫无反应,依然照旧奉行专臣于突厥木杆汗系的传统国策。

泥橛处罗可汗在吐鲁番出土文书中被写作恕逻珂寒,阿斯塔那329号墓出土的《高昌虎牙元治等传供食帐》[2](一)第8行有"供恕逻

---

[1]薛宗正旧作:《西突厥开国史考辨》,载《新疆社会科学》,1985年4月。误为都蓝败达头的指征,今予修正。

[2]《吐鲁番出土文书》第3册,页342~345。

珂寒都伦大官"[1]的记载,按东、西突厥皆有处罗可汗,此处之"恕逻珂寒"之名,应即西突厥之泥橛处罗可汗。该文书第15、16行还分别出现了"珂寒使吐屯"及"吐屯大官"的记载。吐屯(turtun)乃突厥汗国派向属国的监税官。凡突厥治下的属邦、属部,一般都须进驻吐屯。高昌因乃最先归降的西域城邦,结有甥舅和亲之谊,其礼遇有异于其他诸国。因而历木杆、阿波、泥利三代,都未见向其国派遣吐屯。值得注意的是,泥橛处罗可汗时代已开始向高昌派遣吐屯,说明此汗在位时期对高昌加强了政治经济的全面控制。

综上所述,麴氏高昌臣属突厥木杆汗系已历三代,自麴伯雅任高昌世子到亲政初期,直至开皇、仁寿年间,仍然恪守这一历史传统,从未同隋朝发生任何政治交往。《隋书·高昌传》中所记录的麴伯雅仅仅是其生平中一个片断,以其生平事迹综合考察,其主政原则始终以高昌麴氏政权的生存为前提,而置文化、族体认同于次要地位,其一切政治举措实质上全依周邻形势的变化为屈伸。

4.2 延和后期的政策调整与麴伯雅入隋

隋仁寿四年(604)正当西突厥泥利可汗、泥橛处罗可汗易代之际,文帝薨,炀帝立,次年(高昌麴伯雅延和四年,605)改元大业。是岁西突厥木杆系的泥橛处罗可汗政权中衰,莫何可汗契苾歌楞创立了西域铁勒汗国。西突厥故境形势大变。

泥橛处罗可汗在位前期骁勇善战,其父难于镇压的铁勒暴动在他的统治下曾经平定下来,包括契苾、薛延陀等强悍部落皆向其臣服。达头一系的咄六叶护之子射匮可汗亦已失势,"附隶于处罗"。进而远征石国,杀其王,而有其国[2]。创立独具西突厥特色的大、小可汗分国制度,自为大可汗,下辖两小可汗,建牙龟兹北鹰娑川上(今大裕勒斯河

[1]《吐鲁番出土文书》第3册,页342~345。

[2]《新唐书》卷221《石国传》,页4246记"隋大业初,西突厥杀其王,以特勒(勒乃"勤"之误)匐职统其国"。

谷)的室点密系后裔射匮可汗即为二小可汗之一[1]。但这一武功盛世却只是昙花一现,旋即陨灭。炀帝大业元年(高昌延和四年,605),西突厥处罗可汗击铁勒诸部,厚税敛其物,又猜忌薛延陀等,恐为变,遂集其魁帅数百人尽诛之,招致了无可挽回的恶果:"由是一时俱叛,拒处罗,立俟利发、俟斤契弊歌楞为易勿真莫何可汗,居贪汗山,复立薛延陀内俟斤也咥为小可汗。"[2]"居燕末山北"[3]创立了西域第一个非阿史那氏突厥语族政权——以契苾、薛延陀氏为核心的铁勒汗国。自此,西突厥泥橛处罗可汗的西域统治发生动摇,原来臣属于他的西面小可汗室点密系后裔射匮可汗开始拥兵自重,不再听从他的号令。西突厥汗国故境出现了鼎足三分的形势:建牙金山的泥橛处罗可汗,建牙鹰娑川的射匮可汗和建牙贪汗山的铁勒国易勿真莫何可汗契苾歌楞,相互攻战。高昌原本接受泥橛处罗可汗派来的吐屯监国,内政、外交都受其制约,至此,这种来自外界的控制渐趋松弛化。铁勒汗国继承了高车汗国的双王制度,以契苾歌楞为大可汗,建牙贪汗山北,即可汗浮图城(今北庭故城);以薛延陀·也咥为小可汗,建牙燕末山。[4] 可见铁勒汗国兴起后已夺取了金山至贪汗山一带木杆汗系世袭封地。阿斯塔那33号墓出土的《高昌众保等传供粮食帐》(二)[5]第1行就有"五斗,麨五斗,供延蟨珂顿"的记载,第4行又有"桧子传,面五斗,麨一斛,供浑珂顿使",第5行有"通事(译语人)索斌传,面一斛,供会长史司马"等文字,[6]这件文书中的"珂顿"无疑即可敦的音译,突厥汗国时期,"延蟨"及"浑"等铁勒部落首领之妻不可能称为可敦。"延蟨"即"延陀",

[1]拙作《石国考述》(《中亚研究》,1989年第4期)中指出"大业初年西突厥的国君即为泥橛处罗可汗,可知正是此汗在位时期实现了石国的征服,自此石国的王统已由原来的粟特人易为西突厥人。又依突厥制度:'特勤'乃是高层显爵,出任此爵者必是王族阿史那氏,其他异姓突厥不能染指,又可进一步到自隋初石国主已易为西突厥阿史那氏"。

[2]《册府元龟》卷995《外臣部·交侵》,页11685。

[3]《旧唐书》卷199下《铁勒传》。页5344。

[4]钱伯泉:《铁勒国史钩沉》,载《西北民族研究》,1992年第1期:"'义",燕音近,'末'字当为'禾'字之误,'燕末(禾)山'即今'义和山'。"

[5]《吐鲁番出土文书》第2册,页284。

[6]《吐鲁番出土文书》第2册,页284。

乃铁勒汗国的主体部落之一，其首领也咥即为这一汗国的北厢小可汗，则延鏧珂顿应即也咥可汗之妻[1]。铁勒汗国的南厢大可汗应是莫何可汗契苾歌楞，依理宜有鸡弊（契苾）珂顿，但却独独没有，是否这位浑珂顿即为契苾歌楞之妻，而依其妻所出部落称呼，沿突厥仆固小可敦之例呢。引人注目的是，这次叛乱的铁勒部落，见于有关吐鲁番出土文书者有婆瓠（仆骨），乌浑（乌护，Arγu，今译阿尔胡）[2]、鸡弊（契苾）、思纥（思结）、阿都纥或阿都瓠（阿嘀、阿跌）[3]，这些部落同仁寿三年漠北、西域铁勒暴动中出现的思结、伏利具、浑、斛萨、阿拔、仆骨等部落名相一致，大约都活动于木杆—阿波—泥利可汗封地附近，至此已聚合为西域一大政治势力。史载，"处罗可汗既败，莫何可汗始大。莫何勇毅绝伦，甚得众心，为邻国所惮，伊吾、高昌、焉耆诸国悉附之"。[4] 这一汗国效法突厥，在其属国、属部中普遍推行吐屯监国制度，开始插手高昌事务，力图控制这一位居碛口的重要城邦。因此，《隋书》卷83《西域·高昌传》记云："伯雅先臣铁勒，而铁勒恒遣重臣在高昌国，有商胡往来者则税之，送于铁勒。"说明高昌国的确一度臣于此国。

炀帝好大喜功，大业元年甫继帝位，就创建了四方馆，开始筹划经略西域：[5]它本是一个主管对外贸易的业务机构，后来演变为全面负责四境民族、外事的政治机构，其中西戎使者裴矩力主开西域，深得炀帝器重。[6]裴矩亲至张掖主持互市，杜行满远使河中安国（今布哈拉）而返，[7]"引致西蕃至者十余国"。[8] 高昌自然是炀帝招抚的重要对

---

〔1〕钱伯泉：《铁勒国史钩沉》，载《西北民族研究》，1992年第1期。

〔2〕薛宗正：《〈突厥语词典〉中的新疆史事》，载《新疆大学学报》，2001年第1期。

〔3〕姜伯勤：《高昌文书中所见的铁勒人》，载《文物》，1986年第2期。

〔4〕《隋书》卷84《铁勒传》，页1880。

〔5〕《隋书》卷28《百官志》，页798："东方曰东夷使者，西方曰西戎使者，北方曰北狄使者，各一人，掌其方国及互市事。"

〔6〕《隋书》卷67《裴矩传》，页1580："每日引矩至御座，亲问西方之事……将通西域。""四夷经略，咸以委之。"

〔7〕《册府元龟》卷662《奉使部·绝域》，页7926："杜行满，为司隶从事，炀帝即位之后，遣行满使于西域，至安国，得五色盐而还。"

〔8〕《隋书》卷84《西突厥传》。此事当发生于大业元年西突厥泥橛处罗可汗政权初衰之时，《资治通鉴》系此于大业三年，必误。

象。当时突厥虽衰,领疆跨有流沙东西的羌化鲜卑所建吐谷浑汗国仍然相当强大,成为隋开西域的主要阻力。大业三年(607)二月,隋朝派遣崔君肃出使西突厥牙庭,[1]以泥橛处罗可汗生母向氏为人质相挟,征召西突厥,图谋联兵讨伐吐谷浑。泥橛处罗可汗虽然被迫向隋称臣,[2]却因担心吐谷浑一旦为隋所灭,西突厥必直接暴露于隋朝的威胁之下,表面敷衍,实未发兵。是岁十月,隋与新兴的铁勒汗国发生了首次接触[3],裴矩遂亲赴铁勒,与之结盟,"讽令击吐谷浑。铁勒许诺"。[4] 此年,高昌同铁勒莫何可汗契苾歌楞的使臣一起开始向隋朝贡,"六月,吐谷浑、高昌、突厥莫何可汗并遣使贡方物"。[5] 这是自麴宝茂以来,高昌首次向中央王朝入贡。自此,隋朝势力开始渗入高昌。大业四年(608)隋朝第一次对吐谷浑发起进攻,此年七月,铁勒发兵"击吐谷浑,大破之,吐谷浑可汗伏允东走,入西平境内,遣使请降求救"。[6] 炀帝派出大将安德王杨雄兵出浇河,许公宇文述兵出西平,伏允可汗又被迫向西逃亡,宇文述率军追击,攻夺了曼头、赤水等两座吐谷浑名城[7]。可见隋朝不过利用铁勒与吐谷浑交攻,乘虚占领吐谷浑领土,并未真心结盟,自此同铁勒关系恶化。四年高昌王伯雅"遣使贡献,帝待其使甚厚。"[8]在这一形势巨变下,麴伯雅开始调整政策,开始显现出亲隋姿态。

---

[1]《资治通鉴》卷181,大业四年(608),页5636:"春正月……裴矩闻西突厥处罗可汗思其母,请遣使招怀之。二月,己卯,帝遣司朝谒者君肃赍诏书慰谕之。"参稽波马西突厥古墓及小洪那海石人,处罗可汗牙庭地望就在今昭苏境内。

[2]《册府元龟》卷657《奉使部·机变》,页7872~7873。

[3]"铁勒寇边,帝遣将军冯孝慈出敦煌击之,不利。铁勒寻遣使谢罪,请降。"铁勒击败隋军,迅速谢罪,说明不愿开罪于隋。

[4]《册府元龟》卷973《外臣部·助国讨伐》。《资治通鉴》卷180,系此事于大业三年,即麴伯雅延和六年。

[5]《册府元龟》卷970《外臣部·朝贡三》。《资治通鉴》卷180,大业三年更明确记载为"六月……己亥,吐谷浑、高昌并遣使入贡。"《隋书·炀帝纪》亦记高昌使者入贡的准确时间是大业三年六月己亥(二十二日)

[6]《资治通鉴》卷181,大业四年(608),页5641。

[7]《资治通鉴》卷181,大业四年(608),页5641:"伏允南奔雪山,其故地皆空,东西四千里,南北二千里,皆为隋有,置州、县、镇、戍,天下轻罪徙居之。"

[8]《隋书》卷83《高昌传》,页1847。

大业五年(609)炀帝对吐谷浑发动总攻,征召泥橛处罗可汗发兵,不从[1]。隋朝遂独力出师。《册府元龟》卷113《帝王部·巡幸二》详细记载了此役全过程:“[大业五年]三月己巳西巡河右……六月癸卯至大斗拔谷……丙午,次张掖,丙辰,御观风行殿,盛陈文物,奏九部乐,设鱼龙曼延,宴高昌王、吐屯设于殿上,以宠异之,蛮夷陪列者三十余国,九月,入长安,十一月丙子,幸东都。”吐谷浑汗国一度灭亡,仅伏允可汗逃逸。同年在吐谷浑故境创建了鄯善、且末、西海、河源四郡。[2]其中鄯善、且末二郡在西域,引起高昌全方位的政策调整。当年六月,炀帝自大斗延谷返回张掖之后,麴伯雅就与伊吾吐屯设率先亲身入隋,赴张掖朝觐炀帝,改而推行全力亲隋政策。听讲《金光明经》时,还以发布地,任张掖隋僧慧乘践其发而登法座[3],这虽然是一种佛教仪式,但也是一种对隋表示恭顺的政治姿态。正是在兼领河源、河西、西域三地的吐谷浑汗国灭亡,西突厥木杆汗系的泥橛处罗可汗统治即将覆灭的历史大背景下,麴伯雅第一次入隋。

《隋书·高昌传》所记麴伯雅大业五年偕子麴文泰入隋,大业“八年冬(612)归蕃”有误。所指仅为质子麴文泰滞留隋朝的时间。根据学术界的最新研究成果,麴伯雅入隋实为前、后两次。第一次朝隋为大业五年,实为送子麴文泰为质,经长安,而达东都洛阳。复据《册府元龟》卷963《外臣部·封册》记载:“炀帝大业五年,高昌王麴伯雅来朝,拜左光禄大夫,车师太守,弁国公。”亦必是此行事。[4] 而留子麴文泰于隋境,至大业六年三月二日癸亥,炀帝南下江都,麴伯雅、麴文泰父子皆未随行。说明麴伯雅一度返国,麴文泰被隋朝留在东都为质。这是

[1]《隋书》卷84《西突厥传》,页1878记云:“帝将西狩,六年,遣侍御史韦节召处罗,今与车驾会于大斗拔谷。其国人不从,处罗谢使者,辞以他故。帝大怒。”按炀帝西狩大斗拔谷乃大业五年六月事,大业六年吐谷浑战事早已结束,韦节使泥橛处罗可汗事必在此前,这一记载必属追溯性质,应发生在炀帝西巡之前的大业四年至大业五年初。

[2]《隋书》卷29《地理志》。又《隋书》卷24《食货志》:“谪天下罪人,配为戍卒,大开屯田,发西方诸郡运粮以给之。”

[3]《续高僧传》卷24《慧乘传》。

[4]王素《高昌史稿·统治篇》系此事于大业八年“十一月己卯(二日),隋加封麴伯雅为左光禄大夫、车师太守、弁国公”,与配华容公主系于同年、同月、同日,不知何据。

麴氏父子第一次入隋朝觐。具体而言,始于隋大业五年六月十七日壬子(609 年 7 月 23 日)。至迟大业六年三月二日癸亥(610 年 4 月 1 日)前已返回高昌。易言之,此行麴伯雅滞隋时间仅半年有余。之所以中道返国,除安排国事外,还肩膺招抚泥橛处罗可汗归隋的特殊政治使命。

就在麴伯雅第一次朝隋期间,隋与铁勒之间的战争全面爆发,其契因在于对伊吾的争夺。伊吾历史上曾为汉军的屯田基地,汉人不少,北周以降,又有不少粟特人入居其地,势大财雄,伊吾城主似早已变为粟特人。铁勒汗国崛兴,为其役属。大业五年伊吾吐屯设与高昌王麴伯雅一起亲至张掖朝隋,史载"五年,六月,伊吾吐屯设等献西域数千里之地"。[1]"吐屯"乃突厥、铁勒派往监国诸部的官员,伊吾城主而称吐屯设,显然是铁勒所册,改而降隋自然为铁勒所不容,由此进一步演变为隋与铁勒之间的战争。次岁(大业六年,610),隋朝委任名将薛世雄为玉门道大将军,从铁勒占领下攻取了伊吾,创立了伊吾郡[2],隋朝在西域创立的郡县化建置已有鄯善、且末、伊吾三郡,自此结束了铁勒汗国在东部天山的霸权,使之趋于衰亡。

大业六年,隋朝又再次遣使韦节来见泥橛处罗,约其与隋会师大升拔谷(大斗拔谷),此汗仍托以他故,不肯从命,说明泥橛处罗可汗企图利用铁勒汗国的衰亡,规复西突厥失地,重振昔日雄风。隋朝遂采纳裴矩献策,利用西突厥自身存在的两大汗系、两厢部落的固有矛盾,推行"以计弱之"的政治分化政策,改册西突厥小可汗射匮为大可汗。"裴矩为黄门侍郎,大业中炀帝遣将筑伊吾城,令矩共往经略,矩又白状,令反间射匮潜反处罗。"[3]"称射匮有好心,吾将立为大可汗,令处兵诛处

〔1〕《册府元龟》卷 977《外臣部·降附》,页 11479

〔2〕《隋书》卷 65《薛世雄传》,页 1533~1534 记云:"以[薛]世雄为玉门道大将[军]……孤军渡碛。伊吾初谓隋军不能至,皆不设备,及闻世雄兵已渡碛,大惧请降,诣军门上牛酒,世雄遂与汉旧伊吾城东筑城,号新伊吾,留银紫光禄大夫王威以甲卒千人戍之而还。"《资治通鉴》卷 181 系此于大业四年是错误的,《沙州、伊州地志残卷》明确记载了该郡的创立时间"伊吾郡……隋大业六年置。"

〔3〕《册府元龟》卷 411《将帅部·间谍》,页 4887~4888。

罗,然后当为婚也。帝取桃竹白羽箭一枝以赐射匮,因谓之曰:'此事宜速疾如箭也。'使者返……射匮闻而大喜。"[1]射匮可汗出自室点密汗系,乃达头可汗之孙,咄六设之子,本为泥橛处罗可汗治下,"世为小可汗",[2]正式接受隋朝册封之后,"兴兵袭处罗;处罗大败,弃妻子,将数千骑东走,缘道被劫,寓于高昌东,保时罗漫山。高昌王麴伯雅上状"。[3] 麴伯雅同突厥木杆汗系关系素睦,泥橛处罗可汗是其中最后一代可汗,"上状"既是双方传统关系的历史反映,又是隋朝所授特殊政治使命。隋朝始遣使裴矩携向氏迎之入朝,[4]可见泥橛处罗可汗的东奔降隋,并不是因为败于铁勒,而乃败于射匮可汗所致。这一事件同隋伐铁勒、置伊吾郡前后相接,也发生于大业六年。

麴伯雅第二次入隋发生于铁勒汗国业已灭亡,西突厥木杆系泥橛处罗可汗政权即将灭亡的历史大背景下,因此,其入隋时间与泥橛处罗可汗内徙同时。对此,有明确史料记载:"[樊子盖][大业]六年,……朝于江都宫。……还,除民部尚书。时处罗可汗及高昌王款塞,复以子盖检校武威太守,应接二蕃。"[5]而据《隋书·炀帝纪上》:武威太守樊子盖任命为民部尚书乃大业七年五月四日戊子以后事,可见麴伯雅陪同泥橛处罗可汗再次入隋实乃始于隋大业七年五月四日戊子(611 年就月 19 日)之后。十二月八日己未(612 年 1 月 16 日),麴伯雅陪同西突厥处罗可汗,由隋武威太守樊子盖护送,抵达涿郡之临朔宫。这时隋伐高丽的战争已经开始,"七年冬,处罗朝于临朔宫,帝享之"。[6] 炀帝为之设宴,又有记载:"七年十二月西突厥处罗多利可汗来朝,上大悦,

---

[1]《通典》卷 199 下《边防十五》,《北狄六》,《突厥》下,页 5453 ~ 5454。

[2]"据董衡《唐书释音》,'射',夤夜切,'匮',居委切,复原唐音为'yabgu',近似于突厥语'叶护'之原音'yabγu',可见射匮可汗亦即叶护可汗。盖以始祖室点密受封西面可汗之前,原爵叶护,故其后裔多采用'叶护'为汗号。"见薛宗正《突厥史》第五章《西突厥汗国》,中国社会科学出版社 1992 年。

[3]《资治通鉴》卷 181,大业七年(611),页 5655。

[4]《册府元龟》卷 990《外臣部·备御三》,页 11633 上 ~ 11633 下:"帝遣裴矩将向氏亲要左右,驰至玉门关,晋昌城,矩遣向氏使诣处罗所,论朝廷弘养之义,叮咛晓谕之,遂入朝,然每有快快之色。"

[5]《隋书》卷 63《樊子盖传》,页 1491。

[6]《隋书》卷 84《突厥传》,页 1878。

待以殊礼。"[1]麴伯雅乃陪同此汗同至,必亦受到这一殊礼接待。高昌与内地同样使用汉语、汉文,作为高昌王的麴伯雅显然具有相当高的水平。《类要》引《大业略记》收有麴伯雅《圣明来献乐歌》一首:"千冬逢暄春,万夜睹朝日。生年遇明君,欢欣百忧毕。"[2]这是此王适应形势变化,从独臣突厥到唯隋是尊政治转变的第一次明确表态。

至于麴文泰滞隋的时间为大业五年至大业八年冬。在此期间"从隋帝历东、西二京,及燕、代、汾、晋之间"[3],遍历内地诸州,学习政事,结交要员,其政治意图非常明显,即一方面培养王储,以为其传承亲隋政策的接班人,另一方面,归国正式确定亲隋为其基本国策,在此政治基础上重新安排国事,提拔亲信,保证在国王、世子空缺的情况下,国政运转正常。高昌国实质上是麴氏一族的家产国家,其国中要职悉由麴氏王族近裔出任,即使外姓强宗,也莫能染指。麴伯雅不止一妻、一子,除世子麴文泰出任高昌令尹外,国中另外两个要职交河公与田地公,亦必出自麴氏王族,很可能也是麴伯雅子嗣。据此判断,麴伯雅父子入隋时,高昌国政就由此二人代理,且二人共同主政,恰好相互掣制,保证继续忠于国王本人。

但是,这时的隋朝虽貌似强大,实际上已是危机四伏。因此,麴伯雅入朝后,并未遣其立即返国,而是偕其从征高丽,直至大业九年(613)初才遣令返国,羁留隋境时跨二年。对于主政一方的西域国君来说,这是极不放心的表示。这时,隋朝已开伊吾郡,留王威[4]统兵驻守,伊吾西距高昌只有咫尺之遥。这隐约透露出,麴伯雅二次朝隋,似有暂时扣为人质,以武力相"慑惮",以伊吾郡驻军监控高昌国政的意味了。

---

[1]《册府元龟》卷999《外臣部·入觐》,页11718。

[2]王素:《新发现麴伯雅佚诗的撰写时地及其意义——〈高昌史稿·统治编〉续论之二》,载《西域研究》,2003年第2期。

[3]《大慈恩寺三藏法师传》卷1《麴文泰谓玄奘语》。

[4]据《大唐创业起居注》,王威后来调为太原监军,监视唐高祖李渊举止,李唐起兵时被杀,可知此人乃深受隋朝信任的监政特工。

4.3 变服令、义和改元是否“政变”

迄今为止，有关麴伯雅的研究多忽略其早期佐父推行亲突厥政策事迹，都将聚焦点置于其所颁布的变服令，以及随之发生的所谓“义和政变”“重光复辟”方面。似乎此王辞阙返国前所颁变服令势必引起高昌国中巨大的社会震动，义和政变则是对变服令的政治反弹，但所颁变服令究竟是真心民族文化认同的显现抑或仅乃谋求归国的一时变通之计，以及这一政令是否真的实行，麴伯雅归国后改臣于西突厥是势所必然，还是真正因变服令所招致的后果，改元义和是高昌真正发生了一场政变，还是麴伯雅返国后自行进行的政策调整，凡此种种，就是本节研究的重点。

麴伯雅第二次入隋，本为执行隋朝所委护送西突厥泥橛处罗可汗降隋的重任，却羁留隋境长逾两载。这时，隋朝已开始东征高丽，非但未能如炀帝预期的那样，炫耀其辉煌武功，反而连遭惨败，民怨沸腾，沿边豪强纷纷北附突厥，农民则揭竿而起，隋朝盛世很快化作过眼云烟。正是在这一历史背景下，大业九年麴伯雅返国前颁布了解辫削衽的诏令，其真实意图究竟何在，不能不令人生疑。据记载，麴伯雅第二次入隋后，直趋涿郡炀帝行宫，大业八年三月参加了辽东伐高丽的战役。返回东都后，炀帝以后周宇文氏女玉波册为华容公主，嫁之，结为和亲，“伯雅来朝，炀帝以宇文氏女玉波为华容公主妻之”。[1] 这时的内地形势如何呢，据《资治通鉴》卷181，大业八年记当年初“四方兵皆集涿郡……骆驿引途，总集平壤，凡一百一十三万三千八百人，号二百万，其馈运者倍之”，虽军容浩大，“近古出师之盛，未之有也”，但出师并不顺利。

> 三月……癸巳，上始御师，进至辽水。众军总会，临水为大陈，高丽兵阻水拒守，隋兵不得济……帝命工部尚书宇文恺造浮桥三

[1]《元和郡县图志》卷40《陇右道·西州》。

道于辽水西岸,既成,引桥趣东岸,桥短不及岸丈馀。高丽兵大至,隋兵骁勇者争赴水接战,高丽兵乘高击之,隋兵不得登岸,死者甚众。麦铁杖跃登岸,与虎贲郎将钱士雄、孟叉等皆战死。乃敛兵,引桥复就西岸……命少府监何稠接桥,二日而成,诸军相次继进,大战于东岸,高丽兵大败,死者万计。诸军乘胜进围辽东城,即汉之襄平城也。车驾渡辽,引曷萨那可汗及高昌王伯雅观战处以慑惮之。

麴伯雅毕竟是一国之君,应有足够的政治洞察力,在这种战局下,怎能令他真正对隋朝的军事实力有所"慑惮"呢。接下去的战局发展更惨,大军数量太多,未至平壤,粮食已尽,大将宇文述不得已撤军:"高丽四面钞击,述等且战且行。秋,七月,壬寅,至萨水,军半济,高丽自后击其后军,左屯卫将军辛世雄战死。于是诸军俱溃,不可禁止。将士奔还,一日一夜至鸭绿水,行四百五十里。将军天水王仁恭为殿,击高丽,却之。来护儿闻述等败,亦引还……初,九军渡辽,凡三十万五千,及还至辽东城,唯二千七百人,资储器械巨万计,失亡荡尽。"七月癸卯(二十五日),隋伐高丽失败,麴伯雅遂携子文泰,陪同炀帝,由涿郡启程,经大同、太原、临汾,回到东都洛阳。是年天下大旱,民怨鼎沸,隋朝已是一片风雨欲来风满楼的景象。炀帝为了防止麴伯雅叛隋,改而由威慑变为怀抚,祭出了和亲法宝,是年底"一月,己卯,以宗女为华容公主,嫁高昌"。[1] 正是在这一历史背景下,麴伯雅演出了一场下令国中改服制,恢复传统华夏衣冠,袭缨解辫,削衽曳裙的政治剧,变服令全文收录于《隋书》卷83《高昌传》:

夫经国字人,以保存为贵,宁邦缉政,以全济为大。先者以国处边荒,境连猛狄,同人无咎,被发左衽。今大隋统御,宇宙平一,普天率土,莫不齐向。孤既沐浴和风,庶均大化,其庶人以上皆宜

[1]《资治通鉴》卷181,大业八年(612),页5666。

解辫削衽。[1]

炀帝随即颁诏麴伯雅，嘉奖高昌这一“变夷从夏”[2]、加强民族认同感的果敢行动，派遣专臣送去“衣冠之具”和“制造之式”：

> 彰德嘉善，圣哲所隆，显诚遂良，典谟贻则。光禄大夫、弁国公、高昌王伯雅识量经远，器怀温裕，丹款夙著，亮节遐宣。本自诸华，历祚西壤，昔因多难，沦迫獯戎，数穷毁冕，翦为胡服。自我皇隋平一宇宙，化偃九围，德加四表，伯雅逾沙忘阻，奉赆来庭，观礼容于旧章，慕威仪之盛典。于是袭缨解辫，削衽曳裾，变夷从夏，义光前载。可赐衣冠之具，仍班制造之式。并遣使人部领将送。被以采章，复见车服之美，弃彼毡毛，还为冠带之国。[3]

对于麴伯雅所颁变服令的评价，日本人嶋崎昌、大谷胜真皆深信《隋书》的记载，认为是民族文化感认同的体现[4]，因劳民伤财，遭到人民反对而失败。按高昌一向习于耕织，改辫发为结髻，改左衽为右衽，很容易做到，不同于草原牧族改毳毛为麻帛那么困难，谈不上什么劳民伤财。更有人说是为了加强君权，更是风马牛不相及。其实检验此令真伪的关键在于此令是否真正实行。据推算，炀帝使臣最早到达高昌，也应在大业九年的下半年，[5]而使臣到达高昌后，却没有见到解辫削衽的任何迹象。说明这一变服令纯属一纸空文。其实，以削衽解辫迎合隋朝者并非高昌一国、麴伯雅一王，善于做出亲隋假象的东突厥汗国

[1]关于麴伯雅变服令颁发时间，嶋崎昌认为发生于隋大业八年岁末返国后，见《〈隋书〉高昌传解说》，原载《游牧社会史探究》第15册，1961年，现收入《隋唐时代の东トルクスタン研究——高昌国史研究を中心として》，东京大学出版会重印本，1983年，页322。姜伯勤认为：伯雅的改革之“令”，应为“朝见隋炀帝后于大业八年所下”，见《高昌文书中所见的铁勒人》，载《文物》，1986年12期，页55；又《高昌麴朝与东西突厥——吐鲁番所出客馆文书研究》，载《敦煌吐鲁番文献研究论集》第5辑，北京大学出版社1990年，页40。关尾史郎认为：炀帝下“诏”，到达高昌，最早也应在伯雅返国翌年的下半年。笔者认为变服令应下于延和十一年秋，自隋返封之前。

[2]《隋书》卷83《高昌传》，页1848。

[3]《隋书》卷83《高昌传》，页1847。

[4]见嶋崎昌：《〈隋书〉高昌传解说》，332～333页。大谷胜真：《高昌麴氏王统考》，页33、43注30。

[5]王素：《麴氏高昌“义和政变”补说》，载《敦煌吐鲁番研究》，北京大学出版社1995年。

启民可汗也曾演出过同样的戏剧[1]。可见麴伯雅也不过是同样对隋玩弄政治游戏。因此,《资治通鉴》未收此二诏令《通典》卷191《车师传附高昌》亦仅记:"炀帝大业五年,伯雅来朝。因从击高丽,还,尚宗女华容公主。八年,归蕃。"也只字未提解辫削衽事。又《隋书·高昌传》,将麴伯雅返国后,其所颁诏制未能实行归咎于"然伯雅先臣铁勒,而铁勒恒遣重臣在高昌国,有商胡往来者,则税之送于铁勒。虽有此令取悦中华,然竟畏铁勒而不敢改也",而铁勒汗国仅存在于605年至611年,及麴伯雅返高昌,已是大业九年,铁勒汗国早已不复存在。征辽的败绩已导致隋朝的衰落,一度被隋灭亡的吐谷浑又已复国,西海、且末、鄯善三郡撤废。史载薛世雄创建伊吾郡之后,遣将王威率兵千人留守,另据《大唐创业起居注》,至"炀帝后十三年,敕帝(指唐高祖李渊)为太原留守,仍遣虎贲郎将王威、虎牙郎将高君雅为副"。说明至迟隋大业十三年(617)伊吾郡正式撤废,以王威为主将的隋伊吾驻军都已调返河东。与此同时,西突厥已为室点密系的射匮可汗所重新统一,势力复振。射匮可汗骁勇善战,"既立,拓地东至金山,西至海,遂与北突厥为敌,建庭于龟兹北三弥山"[2],重新完成了两厢十姓的政治统一,雄霸西域。自此,西突厥汗国发生了自木杆汗系向室点密汗系的历史性转移。此汗于击败泥橛处罗可汗,接管了伊犁水流域之后,必进一步进取天山北麓东段,即铁勒汗国盘踞的金山至贪汗山一带。至迟到了大业七八年间,铁勒汗国业已解体:"突厥射匮可汗复强,二部(契

[1]《隋书》卷12记大业"三年正月朔旦,大陈文物。时突厥染干朝见,慕之,请袭冠冕。帝不许。明日,率左光禄大夫、褥但特勤阿史那职御,左光禄大夫、特勤阿史那伊顺,右光禄大夫、意利发史蜀胡悉等,并拜表,固请衣冠。帝大悦,谓弘等曰:'昔汉制初成,方知天子之贵。今衣冠大备,足致单于解辫,此乃卿等功也。'弘、恺、善心、世基、何稠、阎毗等赐帛各有差,并事出优厚。"又《隋书》卷84《突厥传》记:"大业三年,四月,炀帝幸榆林,启民及义成公主来朝行宫……上表曰:'……臣今非是旧日边地突厥可汗,臣即是至尊臣民。至尊怜臣时,乞依大国,服饰法用一回华夏。臣今率部落,敢以上闻,伏愿天慈,不违所请。'"炀帝虽然未允所请,但在所颁诏制中仍以此而沾沾自喜,大加炫耀,这一"梯山航海,请受正朔,袭冠解辫,同彼臣民"乃是大隋"功格区宇"的伟业。

[2]《唐会要》卷94《西突厥》,页1692。据日本学者松田寿男《西突厥王庭考》(《古代天山の历史地理学的研究》,增订版),三弥山即张华《博物志》中的且弥山,汉属且弥国地,亦即唐之阿羯田山。参稽徐松《西域水道记》及《皇舆西域图志》卷21,清代称之为汗腾格里山。

苾、薛延陀)黜可汗号往臣之,回纥、拔野古、阿跌、仆骨、白霫在郁督军山者,东附始毕可汗,乙失钵在金山者,西役叶护可汗。"[1]契苾部东迁金山,薛延陀部远走漠北,分别臣服于西、东两突厥。姜伯勤最早指出了西域形势这一巨大变化,因此,"麴伯雅又抛弃了这一政策。这与继处罗可汗继位的西突厥射匮可汗的崛起有关"。[2]姜先生的意见无疑是值得重视的,反衬西突厥的势力开始深入高昌。据此判断,重新挟制高昌的势力实乃西突厥而非铁勒。

伴随着麴伯雅返国与变服令的实际废止,麴伯雅继位之后一直沿用的延和年号突然废止,出现了新的义和年号,"义和"年号似寓有义和邻邦之意,昭示着外交政策已发生了从亲隋到亲突厥的重大历史转变。其中最早的文书乃《义和元年十一月十九日高怀孺物名条疏》,研究者多推断改元发生于延和十三年(隋大业十年,614)秋冬之季。而《隋书·炀帝下》记大业十一年(义和二年,615)春正月,炀帝大宴百僚,二十六国使者来朝,而高昌不预。证实伴随着义和年号的诞生,高昌同隋朝的朝贡关系业已正式断绝。同义和年号的出现相联系,阿斯塔那206号墓又出土了《唐故伪高昌左卫大将军张君(雄)夫人永安太郡君麴氏墓志铭》,1981年,吴震先生在其名文《麴氏高昌国史索隐——从张雄夫妇墓谈起》[3]中,根据张雄墓志中以下一段文字,率先提出了义和改元是一场反强制推行变服令的宫廷政变:

> 属奸臣作祸,伪祚将颠。公出乾侯,兵缠绛邑。君执奉羁鞫,经始艰难;功冠却燕,勋隆复郢。伪王返国,宠命偏优,拜威远将军兼都官郎中,答勤劳也。

张雄(隋开皇四年至唐贞观七年,高昌延昌二十四年至延寿十年,584—633),[4]妻麴氏,出身王族,以82岁高龄卒于唐垂拱四年(688)。

[1]《新唐书》卷217下《回鹘传》下,《薛延陀》,页6134。

[2]姜伯勤:《高昌麴朝与东西突厥——吐鲁番所出客馆文书研究》,页40。

[3]吴震:《麴氏高昌国史索隐——从张雄夫妇墓谈起》,载《文物》,1981年第1期。

[4]张雄出身世与高昌王麴氏联姻的张氏家族,乃麴伯雅原配张妃之侄,与世子麴文泰为姑表兄弟,其妻麴氏则为高昌王族女,但不敢肯定是否麴伯雅之女。历仕麴伯雅、麴文泰,后又降唐。

张雄夫妇合葬此墓及撰写墓志时,上距高昌国灭已历多年。故追叙张雄仕高昌事皆加“伪祚”“伪王”等字样,叙其功业则以典故隐语表达。吴震据墓志中“乾侯”“绛邑”“却燕”“复郢”诸典,推断麴伯雅自隋返国后,一度发生政变,被迫偕子麴文泰、张雄等亡奔异邦,义和、重光二年号更替之际始借兵复国。其文发表后,立即得到唐长孺的肯定和赞同,进入20世纪90年代,宋晓梅[1]、姜伯勤[2]、郑学檬[3]、王素[4]、孟宪实[5]、姚崇新[6]、张铭心[7]、关尾史郎[8]等研究高昌史的中外学者又在义和政变说的基础上,进一步发展出重光复辟、延寿改制等一系列新说。虽具体解释各异[9],但都公认义和改元是麴伯雅颁发变服令的政治反弹。笔者先也曾相信义和政变说,但经仔细研究了先贤著述之后,却不禁产生了若干疑点。

(1)延和十一年麴伯雅归国前颁发的变服令与归国次年发生的“政变”及又次年的改元义和之间并无必然的因果联系。义和政变说的支持者大都指责变服令产生了劳民伤财的严重恶果,引起豪宗和平

---

[1]宋晓梅:《麴氏高昌国张氏之仕宦——张氏家族研究之一》,载《西北民族研究》,1991年第2期。《高昌国——公元五至七世纪丝绸之路上的一个移民小社会》第五章《麴氏王国历史上的一次政变》,中国社会科学出版社2003年。

[2]姜伯勤:《敦煌吐鲁番文书与丝绸之路》,文物出版社1994年。

[3]郑学檬:《隋与高昌王朝关系考察》,载《祝贺胡如雷教授七十寿辰中国古史论丛》,河北教育出版社1995年。

[4]王素:《麴氏高昌“义和政变”补说》,载《敦煌吐鲁番研究》卷1,北京大学出版社1996年;《高昌史稿·统治编》,文物出版社1998年。

[5]孟宪实:《关于麴氏高昌晚期纪年的几个问题》,载《学术集林》卷10,上海远东出版社1997年。

[6]孟宪实、姚崇新:《从“义和政变”到“延寿改制”——麴氏高昌晚期政治史探微》,载《敦煌吐鲁番研究》第2卷,北京大学出版社1997年。

[7]张铭心:《“义和政变”与“重光复辟”问题再考察》,载《敦煌吐鲁番研究》第5卷,北京大学出版社2001年。

[8]关尾史郎:《“义和政变”前史——高昌国王麴伯雅の改革を中心として》,载《东洋史研究》第52卷第2号,1993年,页153~174。及其另作:《“义和政变”新释——隋、唐交替期の高昌国、游牧势力、中国王朝》。

[9]大体可分为外力论、内力论、内外合力论三种。外力论中先流行受制于铁勒说,后来大都改而归因于西突厥射匮可汗在高昌施加的政治影响。内力论又分为王族麴氏内争与地方豪宗的崛起两种,而以前者居于主导地位。内外合力论则认为政变发生于王室内部亲西突厥派与亲隋派之间斗争,而放弃麴伯雅前所奉行的亲隋政策,改而臣属于西突厥室点密汗系。

民的共同不满，其所蕴涵的亲隋政策更引起草原强权的外部干涉，因而爆发政变。但根据前文所述，这一变服令，不过一纸空文，根本没有实行，绝不会招致严重的社会动荡。至于麴伯雅奉行亲隋政策，不过短短六年，综观麴伯雅生平事迹，至迟麴乾固延昌五年（565）麴伯雅已被立为高昌世子兼高昌令尹，佐父柄政，直到隋大业元年（605）以前一直臣属于突厥木杆汗系长达 40 年，可见其人奉行亲突厥政策的时间远比亲隋时间要长得多，原则是始终以政治生存为第一位，审时度势，与时屈伸。他羁留内地数年，目睹隋朝国势的兴衰，不可能不及时调整政策。因此，归国前后政治举措迥异，乃至另建年号以示改弦更张，都属势所必然，没有非发生政变不可的历史必要性。

（2）麴氏高昌严格实行父子相传的王位继承制度，早立世子以固国本，自麴嘉、麴光、麴坚、麴玄喜、麴□□、麴宝茂、麴乾固、麴伯雅等八代君，除麴宝茂一代因周邻形势巨变，麴□□过早退出王位，其世子亦不得继承，麴宝茂以田地公得登王位乃是非常时期发生的非常特例，此外，都严格遵循着高昌国的历史传统。麴伯雅不仅以世子辅政长达 40 年，自 601 年继位至改元义和时继承高昌王位也已长达 13 年（601—614），与继承王位仅数年的和平王麴□□又有所不同，国中早已遍布羽翼。又高昌为防外姓强宗觊觎王位，除册拜长子为世子外，又册拜王子分为交河公与田地公，地位相平，相互牵掣，以保证政治平衡，匡翼王室，其王位相当巩固，难以动摇。因此，麴伯雅敢于偕世子两次入隋，国中政治不乱，与此有关。及麴伯雅返国，非但任何非王室豪宗不敢有所作为，即使委以国政的交河、田地二公，权平势分，也不敢发动反对父王、违反高昌以孝为治国根本的政变。而且义和年号总共使用六年（隋大业十年至武德二年，614—619），《吐鲁番出土文书》第 3 册收有使用这一年号的墓葬有义和四年（617）文书见于阿斯塔那 113 号墓、义和六年（619）见于阿斯塔那 331 号墓。《吐鲁番出土文书》第 4 册收有这一年号的文书更多，如阿斯塔那 151 号墓之《高昌义和元年（614）高怀孺物名条疏》《高昌义和二年（615）七月马帐》《高昌义和二年（615）都官下始昌县司马主者符为遣弓师侯尾相等诣府事》《高昌义和二年参军庆岳等条例高昌鞍韉帐》《高昌义和三年(616)张相熹夏床田券》《高昌义和三年汜马儿夏田券》《高昌义和五年(618)阿愿残文书》等,都未发现同此前使用延和年号时期发生政治、经济等制度上的任何改变,变化的只是外交上已改专臣于隋为专臣于西突厥室点密系的射匮可汗。因此,与其将改元义和解释为高昌国中发生了一场政变,不如将这一时期由臣隋变为臣于西突厥的变化解释为麹伯雅进行的政策大调整。

(3)义和政变说的要害在于始终没有证据证明有一个具有确切姓名的义和王。《张雄夫妇合葬墓志》仅言"奸臣作祸",而非"奸雄窃国",则归咎之祸首仅乃助纣为虐的"奸臣",而非自为魁首的"奸雄",说明义和改元后的高昌国君仍然是原来的麹伯雅。作为一场推翻麹伯雅的政变,迫之流亡西突厥长达六年,在此期间王位空缺,理应有一或出身麹氏宗族,或出自其他强宗的新国王,但这位义和王仅存在于推理之中,迄今仍然查无姓名。王素《高昌史稿·统治篇》中曾列举出阿斯塔那151号墓出土《高昌义和二年(615)十月都官下始昌县司马主者符为遣弓师侯尾相等诣府事》,证明"义和政权有王",似亦证据不足:

[1]令 吴善熹传

[2]敕始昌县司马主者:彼县今须弓师侯尾相、侯

[3]元相二人,符到,作具、粮食自随,期此月九日来诣府,

[4]不得违失。承 旨 奉 行。工相儿

[5]义和二年乙亥岁十月 日起□□□侯阿伯凌江将军兼都官事史 洪信

按"王言曰令",该文书第1行顶格书有"令"字,说明发令者确为高昌国王,但当时麹伯雅仍健在,所谓此人已逃奔西突厥,也只是推测,怎见得发此令者不是麹伯雅而是另有其人呢,如有,其姓名安在?仍然无法得到解释。此外,王素又列举了上海图书馆藏高昌义和五年十月十一日和伯姬所写《〈妙法莲华经〉题记》中第2行有"义和五年戊寅岁十月十一日,清信女夫人和氏伯姬,稽首归命"字样,而这位和伯姬的身份是"夫人",亦即王之姬妾,但作为高昌国王麹伯雅的配偶亦绝非

一两个，安知这位和夫人伯姬不是麴伯雅的夫人？

（4）《张雄夫妇合葬墓志》中唯一涉及政变的证据就是"属奸臣作祸，伪祚将颠。公出乾侯"等三句。该墓志乃入唐后的追述，张雄乃麴文泰亲信，以年龄论，并非麴伯雅旧臣，所言"奸臣"所指应是麴文泰政敌，未见得就是麴伯雅的反对者。"伪祚将颠"者，指随着隋朝国势中衰，射匮可汗一统西突厥，其政治影响日益扩散，高昌的政治抉择势将危及麴氏社稷，明明这一切理应由麴伯雅的亲隋政策承担，却归咎于"奸臣作祸"，即麴伯雅入隋后所委处理国政的交河、田地二公，则隐喻"为尊者讳"的春秋大义与儒家宗旨。"公出乾侯"[1]之句，确实反映了麴氏王朝某位重要人物出走异邦，但是否包括麴伯雅本人，仍值得仔细推敲。"公"者，所指显然是墓志主人张雄、世子麴文泰的姑表兄弟与政治亲信，亦不足以确证包括国王麴伯雅本人。如果真发生了反对麴伯雅亲隋、政变者力主改亲西突厥，则西突厥同政变者利益一致、政见一致，就不应接纳麴伯雅父子避难其国。反之，如果接纳麴伯雅父子避难其国，则明显反映与其臣属国怀有二心，不利于双方宗藩关系的建立与巩固。综合以上三句判断，虽然反映麴伯雅返国之后，因奉行亲隋政策失败，王族内部确实爆发内争，但此三句与后接的"兵缠绛邑""却燕""复郢"诸文字比较，却没有那么充满刀光剑影，不过是一位王族成员另邑乾侯而已。可见《张雄夫妇合葬墓志》只能表明，同张雄关系密切的麴文泰曾亡奔异国，并借兵反攻，却没有足够证据表明，麴伯雅也曾有这段流亡生涯。义和年号末年，曾被改涂为延和年号，倒是表明，麴伯雅仍在高昌，否则这一年号更动毫无意义。

（5）既云政变，必定离不开刀光剑影与血腥的政治清洗，无论是前引《张雄夫妇合葬墓志》还是其他使用义和年号的吐鲁番出土文书都

[1]《春秋·公羊传》记昭公二十五年（前517）原文是"昭公将弑季氏，告子家驹曰：'季氏为无道，僭于公室久矣，吾欲弑之，何如？'子家驹曰：'诸侯僭于天子，大夫僭于诸侯久矣。'昭公曰：'吾何僭矣哉？'子家驹曰：'设两观，乘大路，朱干，玉戚，以舞《大夏》，八佾以舞《大武》，此皆天子之礼也。且夫牛马，维娄季己者也而柔焉，季氏得民众久矣，君无多辱焉。'昭公不从其言，终弑而败焉"。昭公先弃国奔齐，至"二十有八年（前514）春，王三月……公如晋，次于乾侯"。自此昭公在晋国得到安置。

不见此迹象。依"为尊者讳"的儒家传统,高昌国内亲西突厥派势力的矛头所指断不会是主政近半个世纪、威望素孚的国王麴伯雅,因为这样做势必动摇麴文泰的世子地位。由于麴伯雅仍然安居王位宝座,则这场政争的结果虽然必须以牺牲世子为代价,但手段很可能是相对和平的。依笔者判断,这次内争不会动摇麴伯雅的国王地位,而很可能以滞留隋境多年,被留委主政高昌的麴氏王族成员指责为亲隋派祸首的麴文泰成为替罪羊,被废黜了世子地位,改册新世子,而将其作为人质,连同其亲信张雄等人一起作为人质,和平遣送至西突厥。麴伯雅随即顺水推舟,改元义和。但是,凡事总要留有后路,预作狡兔三窟、弈棋三测之计。有一细节不可忽视,即实为宇文氏女的隋赐华容公主,其子麴文泰却也有同样名号的宇文氏公主,依笔者推测,应即他入质西突厥前,依突厥俗收继[1]。这位公主作为同中原和亲的象征,对于放弃亲隋政策的麴伯雅固已无用,但转授麴文泰,则非但有助于转移矛盾,为自身预留后路,而且埋伏和开启高昌外交的广阔前景。这足以证实麴伯雅绝非短视、平庸之辈,实乃一位老练、明智的政治家。

综上所述,所谓"义和政变",实质上是麴伯雅因其推行亲隋政策失败而舍车保帅的政策大调整,是一场遵循"为尊者讳"的原则,并不危及麴伯雅国王地位,而以入隋质子麴文泰为替罪羊的普通改元事件。

4.4 "重光复辟"抑"重光政变"

义和年号只使用了六年(隋大业十年至唐武德二年,614—619),至唐武德三年(620)高昌纪年已一律改为重光年号,其后国王虽然仍然是麴伯雅,但麴文泰却以世子兼高昌令尹实监国政,成为高昌政治舞台上最为活跃的人物。这次改元被学术界普遍称为"重光复辟",但所引起的社会变动似乎比被称为政变的义和改元更大,值得进一步关注。

义和改元后,隋朝日益衰落,义和元年"春,二月,辛未,诏百僚议

〔1〕王素《高昌史稿·统治编》断言麴伯雅、麴文泰父子所尚华容公主乃不同的两宇文氏女,并无实据。依其相同名号,唯一的解释即依突厥俗,父之小妻由其子收继。

伐高丽，数日，无敢言者，……秋，七月，癸丑，车驾次怀远镇。时天下已乱，所征兵多失期不至”。[1] 义和二年炀帝北巡，始毕发兵南下，包围于雁门。隋朝的虚弱已暴露无遗。义和三年北方已大乱，炀帝南巡江都。义和四年沿边豪强皆北附东突厥，农民则揭竿而起，是岁，唐高祖李渊起兵太原，进军关中。立隋宗室代王，建元义宁以为号召。义和五年炀帝被宇文化及弑于江都，同年，李渊自废义宁帝自立，隋朝灭亡，唐朝正式创立。这时，西突厥也进入射匮、统叶护二可汗易代之际。射匮可汗的卒年虽史无明载，但《隋书》卷67《裴矩传》记，大业十二年初，“射匮可[汗]遣其犹子率西蕃诸胡朝贡”，可知该年射匮尚在。而唐武德元年统叶护可汗已名显于世，则射匮之卒似在大业十三年至武德元年间。随着汗位的更迭，对高昌的政策必随之发生变化。按义和改元的前几年，麴伯雅仍为高昌国王，唯其世子麴文泰已被遣入西突厥为质，其入隋时期委以国政的交河、田地二公继续为之辅佐，这两个重要职位都须出身王族莫属，很可能也是麴伯雅的子嗣。按麴文泰自大业五年随父入隋，留为人质，大业八年返国，寻又遣入西突厥为质，虽然世子名号犹存，但国内的政治影响逐渐减弱，而久秉朝政的交河、田地二公则党羽渐丰，又深得射匮可汗信任，威信日著。而麴伯雅年龄渐老，国王已纯属名义，逐渐对麴文泰王储地位形成威胁。只是这时，麴氏王族内部的矛盾才变得不可调和。根据吴震先生的研究[2]，进入义和五六年间，吐鲁番出土的某些义和纪年文书，却出现了后被涂抹、仅存干支的现象，诸如义和五年涂改为延和十六年，义和六年涂改为延和十七年。这反映高昌王麴伯雅被虚置的舆论渐兴，久质西突厥的高昌世子麴文泰似已取得统叶护可汗的高度信任，在其幕后策动下，开始制造权臣乱政的清君侧舆论。至619年末，遂被遣送回国，除张鼻儿、张雄等随同入质的亲信悉给武装之外，不排除西突厥也出动了一定的兵力护送，以清君侧之名，行夺权之实。《张雄夫妇合葬墓志》中追叙张雄功

[1]《资治通鉴》卷182，大业十年，页5691。

[2]吴震：《麴氏高昌国史索隐——从张雄夫妇墓志谈起》，载《文物》，1981年第1期。

绩时使用的“兵缠绛邑”“功冠却燕,勋隆复郢”等一系列典故足以印证上述结论。其中“绛邑”典出《春秋·左传》,庄二十六年(前608)“传二十六年,春,晋士蔿为大司空。夏,士蔿城绛,以深其宫”,此后晋以绛为都城。乃以绛邑影射高昌都城。说明麴文泰、张雄一行返国,以兵包围了高昌都城。“却燕”“复郢”分别典出《史记·燕世家》与《春秋·公羊传》,燕昭王二十八年(前284)燕将乐毅伐齐,攻破齐都临淄,除聊、莒、即墨三城外,齐国诸地,悉为燕军占领,后田单以火牛破燕阵,齐国复兴。“复郢”指定公四年(前506)楚国一度为吴所灭,申包胥乞师于秦,借外国兵力,光复祖国。这两个典故借喻麴文泰在西突厥统叶护可汗强大武装护送下,一路破竹,进入高昌都城。不少研究者将墓志中的“伪王返国”,错误理解为麴伯雅,但“伪王”句并非上承自隋返封,不足以证实麴伯雅亡走西突厥。张雄墓志成文时,早已是高昌国不复存在的唐朝,作为追叙性文字,所指“伪王”断非隋世之麴伯雅,而是唐世之麴文泰,尽管当时此人身份不过是高昌世子。且以文字叙述顺序来看,此句犹在“兵缠绛邑”“功冠却燕,勋隆复郢”之后。据此足证,麴文泰的返国,实乃借助西突厥的支持,通过兄弟相残,巩固了其世子地位。在这个意义上,所谓“重光复辟”才是以“清君侧”名义,进行的一场真正意义的政变。必须指出的是,高昌对内一直坚持儒家传统,以孝治国,讲究“为尊者讳”,尽管麴文泰借西突厥改朝换代之际,借兵返国,旨在夺取政权,却不能真正以其父开刀,只能另行寻找替罪羊。很可能受麴伯雅委任,长期主事高昌的交河、田地二公注定充当了这一角色。于是改元重光,以示高昌大地重浴光明之意。参稽《资治通鉴》卷187,武德二年(己卯,619)“七月……乙酉,西突厥统叶护可汗、高昌王麴伯雅各遣使入贡”的记载,这场实质性的政变应发生于武德二年(619)七月之前。这次西突厥统叶护可汗和高昌王麴伯雅同月遣使入唐,也许就是为了通知这一事件。这时的高昌实权显然已落入麴文泰之手,但对唐通使却仍须托以其父麴伯雅名义。出土的吐鲁番文书还进一步证实,麴文泰结束了长期为质的流亡生活,返回高昌之后,还曾进行了大规模的政治清洗,其中包括许多麴氏的高昌王族。阿斯塔那

519 号墓出土文书《高昌麴季悦等三人辞为请授官阶事》[1]共 7 行,上部皆残缺:

[1](上缺)麴季悦、麴相岳三人等辞

[2](上缺)官,加是麴王族姓,依旧法时,. 若

[3](上缺)即得异姓上品官上坐,若得内官者兵马下

[4](上缺)[岁]已来,至今尽是白民。今蒙

[5](上缺)依旧阶品与官。诸官无一人

[6](上缺)到司马前头诉已,司马许为

[7](上缺)浠愍旧阶。请裁。谨辞

这件文书显然产生于麴文泰返国之后,内容是麴季悦、麴相岳三人原本在朝中为官,又都出自麴氏王族,后来却都变成了无官无职的"白民",深为此不平,要求复其官位。参稽阿斯塔那 151 号墓出土《高昌义和二年七月十六、十八日马帐》中所记麴伯养、麴凌江、麴郎欢悦都曾在义和年间任职,足以说明麴文泰恢复世子地位之后的重光年间,曾对在义和年间的同族进行了大规模清洗,罢官多人,直到延寿年间,他正式成为高昌国王,政权完全巩固之后,才重新予以起用。

据《旧唐书》卷 198"武德二年,伯雅死,子文泰嗣,遣使来告哀,高祖遣前河州刺史朱惠表往吊之"。武德二年即义和六年,延和十七年,是年麴文泰已自西突厥返国,次岁改元重光。据此,则重光已是麴文泰年号,但前引《资治通鉴》记载武德二年七月前麴伯雅仍然健在,如果麴伯雅死亡,亦必在七月之后,但阿斯塔那 364 号墓出土的《高昌重光四年(623)二月辅国将军领宿卫事麴某残启》(三)明白记载,直到重光四年(唐武德六年,623)癸未岁二月二十四日麴伯雅仍然健在。该文书前、后均缺,仅存 4 行:

[1]　　　　行中兵校郎事麴　　　□

[2]重光四年癸未岁二月廿四日

[3]　　　　辅国将军领宿卫事麴　□

[1]《吐鲁番出土文书》卷 4,页 126

[4] 东宫□[1]

文书题解说"本件盖有朱印两处,印文为'虔恭上启'",而文书落款为"东宫"二字,表明该文是上启东宫世子,这时的世子只能是麴文泰,则说明直到武德六年二月二十四日(623 年 3 月 20 日)之前,麴伯雅仍然健在,其国王的地位亦未发生任何动摇。说明重光仍是麴伯雅年号,而非麴文泰年号,尽管是他借兵西突厥,通过战争和血腥的政治清洗,已以东宫世子的身份,柄掌实权,但至少名义上的国王仍然是麴伯雅。则麴伯雅的时代仍未完全结束。

关于麴伯雅的卒年,《新唐书》卷 221《高昌传》中所记亦很含糊:

武德初,伯雅死,子文泰立,遣使来告,高祖命使者临吊。

但武德初究系何年,作者也没有十足的把握。唯司马光《资治通鉴》卷 190 明确系于武德六年(重光四年):

九月,……乙未……高昌王麴伯雅卒,子文泰立。

武德六年九月乙未,即 623 年 10 月 21 日,这是高昌使者赴唐告哀之日,麴伯雅之死、麴文泰继位必在此日之前,次岁改元延寿,彻底结束了高昌麴伯雅时代。

(原载《敦煌学辑刊》,2007 年 2 期《麴伯雅生平析疑》,有补改)

[1]《吐鲁番出土文书》第 3 册,文物出版社 1981 年,197 页。

5 高昌国的汉文化传统

高昌的汉文化传统是中华民族古代文化的重要组成部分，它的独立发展和地方特色是晋末至唐兴这一特殊历史时期祖国统一体趋于分裂的产物。吐鲁番大量出土文书为此提供了丰富的实物证据，本文试就此进行一番初步的探讨。

5.1 血缘情结与古老信仰

汉人具有强烈的血缘情结，存在着认祖归宗、重姓氏、重家族的历史传统。

姓氏是高昌人的重要特征。古代华夏族就是由“百姓”组成的，每个姓，在古代都是一个部落，同姓意味着血统相同，异姓意味着血统不同，因此，古代汉人又有同姓不婚的禁忌。同姓人拥有共同的宗祠、共同的祖规、共同的家法、共同的族谱，后代的家谱就是由古代族谱演变而来，任何个人都隶属于本家族、本姓氏。因此，汉人的命名方式大有异于其他族群，不是名在前，父名、祖父名在后，而是姓在前，名在后，以突出个人隶属于本姓，姓的重要性要高于名的思维特征。这反映出强烈的祖先崇拜和家族观念。因此，除了崇拜华夏共祖之外，还盛行本家族的祖先崇拜，各有自身家族的公用墓地，在人世间，同姓家族共聚，进入冥界，仍然是同一家族共享一个公用墓地，以保持本家族的团结。根据吐鲁番学者对出土文书中人名的研究，高昌国时期的主要姓氏如下：

阚、马、张、麴、赵、李、王、孟、田、阿、汜、阴、冯、瞿、刘、范、索、郭、白、宋、杨、严、左、孙、樊、贾、辛、竺、牛、董、隗、郑、侯、卫、杨、和、车、相、武、吴、周、姜、焦、善、苟、匡、陈、袁、婆、苏、黄、龙、朱、唐、罗、符、窦、浑、巩、富、双、祝、师、良、崇、吕、徐、蔡、形、孔、季、夏、姚、鄯、屈、傅、羊、乐、冠、秦、串、成、坞、鲁、屠、钱、程、祁、任、延、隆、胡、康、安、何、史、石、曹、令狐、司空等。

其中阚、马、张、麴四姓乃高昌四朝王姓所出,李、赵、阴、隗、辛皆河西汉人大姓,张、赵、麴、王等姓氏出现频率最高,都是正统的汉魏屯田兵的遗黎,车姓为汉化的车师后裔,吕为氐姓,阿姓为西突厥阿史那氏,安、史、曹等姓多为汉化的九姓粟特人。唐西州时期又增加了大批来自内地的移民,姓氏结构略有变化。张、赵、麴、王等姓氏出现的频次仍居其他各姓之首。同姓中又有班辈之分,有的大家族具有严格的班辈,一般人名的第二字乃辈分的标志,如麴智盛、麴智湛应即兄弟关系,余类推。同一姓氏中又有不同郡望的区别,郡望大体类似今天的籍贯,如麴氏中既有金城麴氏,又有西平麴氏,说明他们的祖籍有所不同。

高昌国乃西域唯一的汉晋屯田士卒后裔所建移民政权。《魏书·高昌传》追溯其建郡、建国缘由时说:"高昌者,车师前王之故地也……昔汉武帝遣兵西讨,师旅顿弊,其中尤困者,因住焉……其地有汉高昌垒,故以为国号……汉西域长史、戊己校尉,并居于此。晋以其地为高昌郡,张轨、吕光、沮渠蒙逊据河西,皆置太守以统之……国有八城,皆有华人。"《梁书》《北史》《隋书》,诸书所列之高昌传,叙述文字虽异,主旨皆同。唐朝定高昌,置为西州,对于当地居民,也未觉察到有任何种族差异,更加确证高昌的主体居民是汉人。唐将姜行本伐高昌时所镌之纪功碑中说得更为明确:"高昌国者,乃是两汉屯田之壁,遗兵之所居也。"《文馆词林》卷664所载之《贞观年中巡抚高昌诏》中亦云:"高昌之地,虽居塞表,编户之氓,咸出中国,自因隔绝,多历年所。"早在汉太初三年(前102)汉武帝西征大宛时,已将今吐鲁番地区作为安置病弱兵员的居留营地,始筑高昌壁,汉宣帝神爵二年(前60)西域都护府建立以后,高昌由于地当碛口,位扼枢要,更成为汉军屯驻重镇,或携带眷口,或同当地妇女通婚,衍生胤裔,人丁日旺,汉语、汉文随之广泛传播于西域,可见两汉盛世,高昌曾作为汉族西徙和汉文化西播的桥梁,及汉祚中衰,赤县纷扰,原来星罗棋布散居于西域各地的汉军戍卒,纷纷东撤。临碛已不得归,遂纷纷聚拢于此,耕植自给,结众自保,魏、晋代兴，设戊己校尉以统其众。吐鲁番绿洲的自然条件本来得天独厚，“气候温暖，厥土良沃，谷麦一岁再熟，宜蚕，多五果[1]”，遂被建设成为汉人的碛外新故乡。至东晋咸和二年（前凉建兴十五年，327）张骏平赵贞之乱，置高昌郡，这是高昌建郡的历史开端。前秦凉州刺史署其亲信杨翰为高昌太守，后凉崛兴，晋太元十四年（后凉麟嘉元年，389）又创西域大都护，以其王子吕覆出任，镇高昌，都督玉门以西诸军事。其后，西凉、北凉都因袭高昌郡的建置不变。晋义熙十一年（北凉玄始四年，415）沮渠蒙逊曾任命隗仁为高昌太守[2]。及北魏攻占河西，北魏太平真君二年（441）北凉王裔沮渠无讳退守敦煌，先遣其弟沮渠安周渡流沙，三年（442）沮渠无讳弃敦煌，率大军继至，与前军会合，攻取了高昌，据以为都，史称后北凉，又称沮渠氏高昌，及沮渠氏亡，遂独立为国。可见高昌国实源于汉高昌壁、晋高昌郡，与之一脉相承，先后兴起了阚氏、张氏、马氏、麴氏 4 个王朝，国君都出自汉人血统。其中阚氏王朝存续 21 年（北魏和平元年至太和五年，460—481），历阚伯周（460—475）、阚义成（475—477）、阚首归（477—481）三君，灭于高车。张氏王朝存续 15 年（北魏太和五年至二十年，481—496），仅一君张孟明。马氏王朝存续 5 年（北魏太和二十年至景明二年，496—501）。而以麴氏王朝享国时间最长，始于北魏景明二年（501），终于唐贞观十四年（640），国祚长达 139 年，历麴嘉（501—525，年号承平、义熙）、麴光（525—530，年号甘露）、麴坚（530—548，年号章和）、麴玄喜（548—554，年号永平、和平）、麴□□、麴宝茂（554—560，年号建昌）、麴乾固（560—601，年号延昌）、麴伯雅（601—613，年号延和）、麴□（613—620，年号义和）、麴文泰（620—640，年号重光、延寿）、麴智盛（640，年号不详）等 11 位君主，直至唐置西州，才结束了这一段合而又分、分而又合的历史。共存在 180 年（460—640）。

高昌既为汉魏遗黎所建之国，自然通行汉语、汉文，保持华礼、华

〔1〕《魏书》卷 101《高昌传》，页 2243。

〔2〕以上史料皆据汤球辑崔鸿：《十六国春秋辑补》，参稽《晋书》，四库全书本屠乔孙、项琳辑崔鸿《十六国春秋》。

风。对此,史书中也有明确记载。如《北史·高昌传》记其国:“风俗、政令,与华夏略同,兵器有弓、箭、刀、盾、甲、矟,文字亦同华夏……其刑法、风俗、婚姻、丧葬,与华夏小异而大同。”《梁书》卷54记高昌“国人言语皆与中国略同,有五经、历代史、诸子集,面貌类高丽……姻有六礼”。其所用历法也同于中原,所异者乃高昌国王各有自己颁发的年号,如承平、义熙、甘露、章和、永平、和平、建昌、延昌、延和、义和、重光、延寿等,皆取吉祥字眼,这本来也是我国帝王所立的老规矩。其职官则多因袭晋制,朝中设有诸部郎中、长史、谏议郎,地方设有郡守、县令、司马、参军、主簿、诸部曹,武官设有卫将军、护军大将军、冠军将军、建威将军、龙骧将军、奋威将军、宁朔将军等[1]。这是因为高昌地区同祖国整体的游离实始自晋末,以故晋朝的官制对高昌地区的影响至深。

高昌独立为国,已当南北朝后期,中原、河西诸王朝国势皆已衰颓,无力策应西域,高昌汉人无异被遗弃的碛外孤儿,面临四周强邻环伺,先后受制于柔然、高车、突厥、西突厥、铁勒等草原游牧民族,例如沮渠氏亡于柔然,阚氏王朝亡于高车,另行扶立张氏为王。其后马氏王朝代兴,以周邻环境险恶,曾求北魏纳其内徙而不果行,麴氏王朝的创立者麴嘉也同样曾求北魏接应其内迁,终未实现。其后突厥崛兴,迫其武力,不得不向其称臣,而突厥又乘势向其施压,迫高昌汉人辫发胡服,而女子幸免,得以仍服汉装。

古代的华夏部落联盟乃由众多的部落组成,俗称百姓,每个姓氏、部落都有自身的神祇,必须容纳这些渊源各异的信仰,由此,出现了汉人的多元信仰形成的万神殿。阿斯塔那307号墓出土《高昌买羊供祀文书》明确记载“供祀诸神”,亦即多神祭祀、多神崇拜。阿斯塔那524号令狐孝忠及其二妻合葬墓出土《高昌章和五年(535)取牛羊供祀帐》中记“章和五年三月十一日羊一口,供风伯,羊一口供祀树石……五月廿八日,供祀清山神”,可知高昌祭祀的“诸神”中既有风伯,即风神,还

〔1〕参阅侯灿:《麴氏高昌官制研究》,载《文史》22辑,及日人嶋崎昌:《隋朝时期的东突厥斯坦研究》(日文版)。

有树石神、山神。高昌和平元年(551)的墓中,发现黄纸朱书的符箓,上端画一神,左手持刀,右手持叉,下端书符箓,开头四字为“黄天帝神”,结尾为“急急如律令”,折叠成一小块存放在一个绢囊中,佩戴这一符箓的是麴氏王朝的民部参军赵令达。这反映出高昌人同内地汉人拥有同样的古老信仰。

阿斯塔那332号墓出土唐写本《五土辞》《祭五方神文》《祭神文》《祭土伯神文》《犯土禁忌文》《犯诸鬼禁忌文》《祭诸鬼文》,全面反映了高昌时期古老的神、鬼信仰,其中最高的神不是一个,而是五个,与五方、五行相配。具体指东方青帝、南方赤帝、西方白帝、北方黑帝、中央黄帝,与人间五帝(五个实际存在的王)的命运相联系,是一种汉代以前盛行、东汉以后逐渐衰落的谶纬学说的重要内容。东汉末年太平道教就曾以“苍天已死,黄天当立,岁在甲子,天下大吉”的谶言发动黄巾起义。其后中原绝迹,但在高昌民俗中仍然保存着这种古老的信仰。

5.2 高昌儒学的古文经特色

儒学是汉文化的主体与核心。种种迹象表明,高昌奉行的儒学严格师承东汉、魏、晋以来国子经师所传承的古文经学家法。

儒家的主要经典有5种:《诗》《书》《礼》《易》《春秋》,其中《诗》《书》二经发现最多,黄文弼《吐鲁番考古记》中收有《尚书·大禹谟》残纸,出自吐鲁番雅尔湖旧城中,仅存3行:

禹曰:于帝念

在养坙　叹而中　上谷惟修　言

念重其　养

校以现行《十三经注疏》本,“民”字写作“坙”,与隶古定《尚书》写本全同。因此,黄文弼先生考证此经“犹是魏晋以来相传古本,未经唐天宝间卫包所窜改者”。另据报道,近年来,吐鲁番地区还曾发现《尚书·甘誓》,也应属于这一系统的本子。

至于《诗经》,发现更多,皆属《毛诗》郑笺系统,早在黄文弼赴吐鲁番考察时期已出土了《毛诗·简兮》残片,出自1930年吐鲁番旧城中,即麴氏高昌之交河郡城中,仅存《旄丘》四章"章四句"三字,及《简兮》三章下半段,及《泉水》章上半段,止于"饯于祢",共九行,特点是只有毛传与郑笺,而无正义,足为唐前遗物的坚证。新中国成立以来,随着新疆大规模田野挖掘工作的全面展开,又发现了一批更为完整的《毛诗》本子,其中《吐鲁番出土文书》第一册所收阿斯塔那59号墓出土的编号为66TAM59:4/1a的《古写本关雎序》保存字数最多:

[1]关雎,后妃之德也。风之始所以风天下而

[2]正夫妇也。故用之乡人焉,用之邦国焉,风风

[3]□教也。风以动之,教以化之,诗者志之形所

[4]志也。在心为志,发言为诗,情动于忠,而形

[5]□言,言之不足,故作叹之。▭

[6]□不知手之舞之,足▭

[7]之音,治世之音,安以▭

[8]□□其上乖,亡国之▭

又同书第二册还收有《毛诗郑笺残卷》3种,其一也是《周南·关雎序》,但残破殊甚,仅6行,28字;二为《郑风·缁衣》,存4行9字;三为《小雅》中的《湛露》《彤弓》《菁菁者莪》《六月》等,存字多达72行正文,疏笺各备,例如《六月》"戎车既餝(食方),四牡骙骙"句下:

戎服也,笺云,记六月者,盛夏出兵,命▭

等也,其五

等也,其有五等戎车之常服韦▭

又如"戎车既安,如轾如轩"句下:

轾,执中也,结,下也。笺云,戎车之安也,犹后稷之……

"受让"句下:

让,福也。笺云,吉甫既伐玁狁而来归,天子以燕礼乐之,则欢喜矣。又多受赏赐也。

除五经外,《论语》是儒门弟子对孔子言行的记录,自晋朝以来也

被列入大学讲席。此书在吐鲁番发现尤多，虽然皆为残卷，但有的章节却仍相当完整，例如1964年阿斯塔那27号墓出土的《郑注论语》，现有残片8件，皆附以经义对策，共七问、七对，包括《子张》《八佾》《乡党》《雍也》诸篇。还有1969年同样在阿斯塔那出土的唐景龙四年抄本《论语郑氏注》，包括《为政》《八佾》《里仁》《公冶长》诸篇，保存更为完好。引人注目的是，这些《论语》都系郑玄注本，表明该注本自高昌郡、高昌国，直至唐西州时期一直传承未衰。

以上发现的儒家经典有力地印证了高昌以儒学为主体的传统文化一直沿袭不绝，这在史料中也可找到大量相互参证的记载。曾经在高昌置郡的前凉、前秦、后凉、西凉、北凉诸王朝皆礼重儒生，推崇孔学。例如前凉主张祚师事“明究群籍，特善史书”的名儒郭荷[1]，“遣使者以安车束帛，征为博士祭酒”[2]，张天锡又以“安车蒲轮，送还张掖东山[3]”；郭荷卒，其弟子郭瑀传承其学，“及天锡灭，苻坚又以安车征瑀定礼仪，会父丧而止，太守辛章遣书生三百人就受业焉[4]”；西凉王李暠又重礼纳郭瑀之婿，儒学世家出身的刘昞，“征为儒林祭酒”[5]；西凉亡，北凉主沮渠蒙逊同样礼重刘昞，下令“敦煌刘彦明，学冠当时，道先区内，可授玄虚先生，拜以三老之礼，起陆沉观于东苑以处之[6]”；敦煌名儒阚仁以“博通经传，聪明过人，三史群言，经目则诵，时人谓之宿读。注王朗《易传》，学者籍以通经，撰《十三州志》，行于世”[7]，以此深为北凉主沮渠蒙逊礼重，常侍左右，“访以政治损益，拜秘书考课郎中，给文吏三十人，典校经籍，刊定诸子三十卷”[8]，名重一时。从这些事例中可以窥知，诸凉王朝（包括前秦）时期崇尚儒学已蔚为一代风

〔1〕汤球：《十六国春秋辑补》卷74《前凉·郭荷传》，页525。

〔2〕汤球：《十六国春秋辑补》卷74《前凉·郭荷传》，页525。

〔3〕汤球：《十六国春秋辑补》卷74《前凉·郭荷传》，页525。

〔4〕《晋书》卷94《隐逸传》，页2455。

〔5〕汤球：《十六国春秋辑补》卷93《西凉·李暠》，页641。

〔6〕汤球：《十六国春秋辑补》卷96《北凉·沮渠蒙逊》下，页665。刘彦明，即刘昞之字。又屠乔孙、项琳辑崔鸿《十六国春秋》亦记曰“筑陆沉观于西苑，躬往礼焉”。

〔7〕屠乔孙、项琳辑崔鸿：《十六国春秋》卷97《北凉录》。

〔8〕屠乔孙、项琳辑崔鸿：《十六国春秋》卷97《北凉录》。

气,高昌既为其所属的诸郡之一,当然受其影响,故至高昌建国以后,仍以崇儒为其基本国策,例如《隋书》卷8记称高昌国王于其深宫坐室画鲁哀公问政于孔子之像。可见高昌历代国君,皆尊钦孔子,室画问政孔子之像,隐喻以儒治国之意,其中六经俱全,目皆列学官。对此,《北史·高昌传》中明确记载:"[高昌]有《毛诗》《论语》《孝经》,皆学官弟子,以相教授。"近年来的考古发现印证高昌确有学博士的建置,侯灿根据《延寿十一年(634)唐阿明墓表》所书的交河岸上"博士、四曹参军"头衔推测,属高昌官制中的第七等级,但这个唐阿明所任不过是交河岸上的一个博士,中央一级的博士品级之高可以想见。《北史·高昌传》中还有如下一段记载,足为明证:

> 正光元年(620),[北魏]明帝遣假员外将军赵义等使于[麴]嘉,嘉朝贡不绝,又遣使奉表,自以边遐,不习典诰,求借五经诸史,并请国子助教刘燮以为博士,明帝许之。

由此足证,高昌自中央到地方都设立了学官,各设博士,最低七品,同田曹参军同级,至于厚礼延请的刘燮之类的硕学鸿儒,自然更加礼重了。

进而深究,以上考古发现的《毛诗》、郑注《论语》、隶古定的《尚书》汉以迄魏、晋皆属东晋、北朝盛行的古文经学派。

我国经学史上有今、古文经之争,这一学术争辩,起自汉儒,直迄清末未衰。所谓今文经,指"秦火之后,西汉之初,学问皆由口耳相传,其后乃用当时通行文字,著之竹帛,此后人所称为今文经者也"。[1] 又清人皮锡瑞《经学历史》[2]有如下一段话,足为参证:"两汉经学有今、古文之分,其先由于文字之异。今文者,今所谓隶书,世所传熹平石经及孔庙等处汉碑是也。古文者今所谓籀书,民所传岐阳石鼓刀《说文》所载古文是也。隶书,汉世通行,古当时谓之今文,犹今人之于楷书,人人尽识者也。籀书,汉世已不通行,故当时谓之古文,不能人人皆识者也。

---

〔1〕吕思勉:《经子解题》,商务印书馆民国15年(1926)版,页2。

〔2〕〔清〕皮锡瑞:《经学历史》,初刊刻于1907年,今传世本主要有周予同点校、商务印书馆1928年本,笔者所使用者乃中华书局1981年本,页87。

可见汉初所立之博士皆属今文经，如伏生之传《尚书》，齐、鲁、韩三家之传《诗》，鲁高堂生之传《易》，公羊、谷梁之传《春秋》。《论语》初本非经，然也有了齐论、鲁论之别，此皆可目为今文经派。古文经的兴起略迟，皆以另古文写本为据，西汉末年始盛，王莽改制，重用刘歆，制造复古改制舆论，古文经学始大盛。这一学派的代表人物有孔安国本《尚书》，据说为坏孔子壁所得，又有毛公苌所注的《诗》、左氏传之《春秋》，并以《周礼》代三礼，《论语》中也出现了与齐、鲁两家相异的古论。此派学说至东汉已正式立于学官，与今文经学互诋对方为伪，争执不休，汉人学问最重门派师承，'世世递嬗，师师相承，谨守训辞，毋得改易'[1]，一字不敢在所出入，及郑玄出，风气始一大变。"郑玄，字康成，乃后汉大儒，出自古文经学大师马融门下，其治学特点乃杂糅今、古文两家之说，始破门户之见，较易为今、古两派所共同接受，故被尊为一代经师，但实质上仍多偏袒古文经学。他的学说到了魏晋南北朝时期更加发扬光大。

高昌至前凉始立为郡，而前凉的创业主张轨则乃西晋王朝所正式册拜的最后一任凉州刺史，而且不但其本人终其一生如此自命，直至其末代孙张天锡仍以晋之西疆守吏自居，恪守晋制。高昌儒学因此完全沿袭西晋学风，在套路上自然偏于古文经学一派，至南北朝分立，南朝虽自命华夏正统，其学术风尚实已玄学盛而经学衰，北朝士人则依然继承着魏晋遗风，北朝名魏刘燮被延请至高昌主讲席，所讲的也依然是古文经学一派。由此足证，高昌儒学继承了东汉、魏晋、南北朝以来的学术正脉，丝毫未受玄学的污染，这是值得注意的一大地方特色。

5.3 《孝经》的流行及其社会蕴涵

在高昌流行的儒家经典中，《孝经》占有独特的地位。近年来吐鲁番出土文物中《论语》《孝经》发现最多，甚至在随葬衣物疏中，也有列

[1]皮锡瑞：《经学历史》，中华书局1981年周予同点校本，页169。

出以《孝经》随葬的。[1] 这表明高昌历代国君继承了东汉、魏晋以来的传统，大力推行以孝治国，即以大家族为社会基本凝聚力的方针。

早在黄文弼撰写《吐鲁番盆地考古记》时，已收录了两种《孝经》残片：其一为《孝经·三十章》，出自吐鲁番哈拉和卓旧城，已被剪为鞋样，存七行，起"而成"，讫"臣若"，其注与《经典释文音义》本相同，表明亦系郑玄注本。其二为《孝经·□宗明义章》，出自哈拉和卓旧城中，用公文旧纸两面写，字甚潦草。一面写着"□宗明义章第一""子曰先生有至"，一面写着"曾子待子，要迈以顺天第二"共十一字，亦系郑玄注本。近年来更有许多重大新发现，《吐鲁番出土文书》第2册收有《孝经》两种，一为阿斯塔那169号墓出土的古《孝经》写本，长达55行，起于"后世，以显父母，孝之终"，讫于"天性，父母生子，续莫大焉，君亲临之，厚莫"，全书无篇名，无注疏，同墓出土者还有《高昌建昌四年(558)张孝章随葬衣物疏》，可知确为麴氏高昌时代遗物，其时高昌国王为麴宝茂。

另在阿斯塔那313号墓中还发现了高昌王麴嘉在位时期义熙元年辛卯(510)抄本《孝经解》，残卷一本，为古所未见：

[1]《孝经解》

[2]释比丘戒妙　　　孝经一

[3]孔子于鲁襄公二十二年十一□

[4]公元十六年夏四月卒于己丑□

[5]毕命七十右(有)二

[6]义熙元年辛卯

[7]□□正□□

以上大量《孝经》写本的发现，反映了高昌儒学的另一大地方特色。

《孝经》一书，文简义浅，原书的写作时间不可确考，《吕氏春秋》中

[1]吐鲁番文书整理小组、新疆维吾尔自治区博物馆：《吐鲁番汉—晋墓葬出土文书概述》，收入新疆社会科学院考古研究所《新疆考古三十年》。

已征引此书，说明战国时已有儒门弟子私相传授，但西汉初年此书尚不知名，至平帝元始三年(3)始立于学官。对此，《汉书》卷12《平帝纪》载：

[夏]立官稷及学官，郡国曰学，县、道、邑，侯国曰校，置师一人，乡曰庠，聚曰序，庠、序置《孝经》师一人。

由这段记载来看，《孝经》在西汉末年，不过是初级学校的读本，至东汉随着举孝廉制度的推广，地位日益提高，至西晋王朝建立，更把《孝经》与《论语》合为一经，共称十经，列入了国子监生员的必读课程，并为之专设了《孝经》国子助教，以相传授。晋代以降，孝道被提高到空前的道德高度，吕思勉《读书札记》九品中正条云：

马贵与论九品中正，谓其法太拘，引陈寿遭父丧，有疾，使婢丸药，客见之，乡里以为贬，坐是，沈滞累年，谢惠连爱幸会稽郡杜德灵，及居父丧，赠以五言诗十余首，坐废，不豫伍。阎缵父卒，继母不慈，缵恭事弥谨，而母疾之愈甚，乃诬缵盗父时金宝在侑司，遂被清议十余年。

由此可见当年重视孝道的时代风气。因此，关于《孝经》的著述很多，有晋一代尤丰，笔者查阅了清人秦荣光《补晋书艺文志》、丁国钧《晋书艺文志补遗》《晋书艺文志附录》、吴士鉴《补晋书经籍志》、黄逢元《补晋书艺文志》等五书，所列有关注解《孝经》的书目已多达数十种。如《孙氏孝经注》、荀昶《孝经注》、郭瑀《孝经经纬》、虞喜略《孝经注》、殷仲文《孝经注》、孔光《孝经注》、车胤《孝经注》、杨紘《孝经注》、谢万《集解孝经》、东阳太守袁敬仲《集议孝经》、虞般佐《孝经注》、王献之《孝经注》、谢安《孝经注》、谢稚《孝经图》等，真是不胜枚举，足见晋朝对《孝经》的特殊重视和斯学研究之盛。引人注目的是写作《孝经经纬》的郭瑀就是敦煌人，曾为前凉主张天锡以蒲轮征之，其师郭荷、其婿刘昞三代皆为河西名儒，其学说曾在河西、碛西产生重大影响是可以想见的。此外，以治《孝经》而知名的学者、官吏还不止于此。例如名儒祁嘉也以此擅胜："祁嘉，字孔宾，酒泉人也……博通经传，神究大义，西游海堵，教授门生百余人，张重华征为儒林祭酒。性和裕，教授不倦,依《孝经》作《二九神经》,在朝卿士,郡县守令,彭正和等,受业独拜林下者二千余人,天锡谓为先生,而不名之。"[1]祁嘉所至之"海堵",有人考证是高昌郡的蒲昌县,可见此人曾讲学至高昌境内,又如官吏张谭以《孝经》为政,名扬四方:

> 张谭,字元庆,武威姑臧人也,为和宁令,政以德化为本,民有过者,读《孝经》及忠臣孝子传训导之,百姓爱之如父母,号曰慈君。[2]

凡此种种,足以表明早在高昌郡时期,《孝经》已在诸儒家经典中占有独特的位置,高昌立国之后承袭了这一历史传统,并在新的政治条件下有了进一步的演变。进而深究,高昌崇扬孝道、独尊《孝经》,具有以下深刻的社会蕴涵。

(1)孝道的特征在于宣扬祖先崇拜,作用在于加强家族观念,巩固血缘关系。这固然是儒家思想的基本内容之一,对于孤悬碛外的汉人移民国家来说更具有特殊的作用。它启发国人不忘黄炎先祖,维护世代相承的汉文化传统,凝固民族意识,有利于保家保国,共御外侮,自立于险象环生的恶劣生存环境,进而推孝及忠,由齐家而达治国,推行"治平"之道。风气所向,高昌人以孝为名者蔚为时尚,其例极多,如孙孝忠、□宣孝、张文孝、□孝顺、张孝忠、□孝恕、念狐孝忠等,不一而足,甚至连僧人中也有以孝字为法号的。这些人似乎都出自高昌的名门巨室,或官宦人家。因为维护孝悌之道乃是维持这些巨大家族的内部和睦的必要前提之一,而只有这些家族内部不发生纠纷和内争,才可以长久维持这些家族的昌盛不衰,并进一步保持高昌国的内部统治和政治稳定。

(2)有迹象表明,《孝经》的流行同高昌追步晋朝遗轨、存在着举孝廉制度有关。对此,资料还不够充分,只能做一合理推测。本来,东汉时期《孝经》的盛行就是同举孝廉制度相伴而生的,故有"举秀才,不知

---

〔1〕汤球:《十六国春秋辑补》卷75《前凉·祁嘉传》,页531。

〔2〕汤球:《十六国春秋辑补》卷97《北凉·张谭传》,页673~674。又见于《太平御览》卷268。

书，举孝廉，父别居”的民谣。魏、晋皆因其制，最早在高昌建郡的前凉王朝创始者张轨家族即“家世孝廉，以儒学显”[1]，及其主政凉土，似乎也推行这一选士制度。自前凉以迄后凉、西凉、北凉，率多后代继承前代，相因相袭，高昌既为诸凉王朝之一郡，当然继承了这一汉、晋遗制。《吐鲁番出土文书》中收有阿斯塔那50号墓出土的《某氏谱》，原件本为纸鞋样，现存八片，不相连属，其中书写人的方框，有的上边画紫、红或黄色，有的左边画绿色，有的方框涂红底、黄底，或白底不等。这一家族的始祖就曾“察中孝廉，除郎中氐道令”，其中还有一位先人是“孝廉”“□部从事”。据此判断，那位任氐道令的孝廉固然是高昌建国之前的历史追溯，而那位任“□部从事”的“孝廉”应当就是高昌建国之后的事了。《吐鲁番出土文书》第1册所收的哈拉和卓96号墓出土的《功曹下田地县符为以孙孜补孝廉事》更是清楚无误地表明高昌国时期存在着举孝廉制度：

[1]▭田地县主者，今以孙孜补孝廉，符到

[2]▭奉行

[3]▭□曹书佐▭王□

由此可见，不仅高昌郡时期存在过举孝廉制度，而且在高昌国时期也曾经存在过举孝廉制度。这正是《孝经》广泛流行的重要原因。

(3)《孝经》变为高昌死者的随葬品，并被赋予了吉祥祛邪的性质。前叙《孝经》就是作为随葬品入土和出土的。《吐鲁番出土文书》中还收有不少随葬衣物疏，其中有的就在其名单中列有《孝经》，如该书第4册收有《高昌延昌三十七年(597)武德随葬衣物疏》与《张毅墓志》同时出土，且纪年相同，可知墓主武德即为张毅别名：

[1]帽一颜，白绫褶裤一具，白练裤衫一具，被锦一百张

[2]彩帛一千段，金银二百文，鸡鸣枕一枚，文刀一口

[3]弓箭一具，《孝经》一卷，笔研一具，石灰一斛

---

[1]汤球：《十六国春秋辑补》卷67《前凉·张轨传》，页481。

[4]焦谷八筐,玉肫一双,脚足靡一两,攀天系百万九千文

[5]延昌三十七年丁巳岁闰六月十三日日德比丘

[6]法海敬移五道大神,佛弟子持佛五戒,专

[7]修十善,宜向(享)遐龄,永赐难老,昊天不佑,忽而

[8]殒殂,迳涉五道,幸勿可留,任意听过,倩

[9]书张坚固,时见李定度,若欲求海东头

[10]若欲觅海面壁,不得奄过□□事事依移[1]

以《孝经》随葬,始自晋代,《太平御览》卷610,引王隐《晋书》谓皇甫鉴《督终论》曰"气绝之后,以蘧除裹尸,泽不毛之地葬焉。则无以自随,唯赍《孝经》一卷,示不忘孝道也",高昌风俗应即渊源于此。但是,这位以《孝经》随葬的墓主不仅仅是位儒生,而且还是一位"佛弟子",这里体现出儒家与佛教的巧妙结合,却是前所未见的。在另一文书阿斯塔那116号墓高昌重光二年(621)《张头子随葬衣物疏》中记载也有《孝经》随葬,其中又有"佛学张头子持佛五戒,专修十善"等词,末尾还有"急急如律令"等词,则又出现了道教的某些因素。可见《孝经》不但同佛教,而且同道教结合了起来。这样,《孝经》日益离开了人间,走上了天国,被涂上一层光怪陆离的神秘色彩,并且同咒语合而为一,仿佛真的古代先灵下降凡世,发挥祛邪扶正的作用,这正是孤悬碛外的高昌汉人特有的社会心理现象。可见,研究《孝经》在高昌广泛流传的社会心理意义是十分重大的,它不仅具有政治的、伦理的价值,而且还有深刻的社会心理价值。

唐朝的西州本质上是高昌国的继续,不同的是高昌已不再是一个独立的政权,而是大唐帝国郡县化地区的一部分,国内一统,流沙东西已完全合为一体,儒家作为唐朝的主导文化,在西州地区又有了进一步的发展。这一时期儒家经典出土更多,仅《吐鲁番出土文书》所收,就有不同墓葬出土的各种不同抄本的《诗》《书》《论语》《孝经》,还出现了高昌国时期未曾见过的《礼记》,说明这些经书的研习面较高昌独立

---

[1]《吐鲁番出土文书》,非图录版,文物出版社,页4~5,73,TAM517:24。

为国时期更为广泛，而且发现了唐代官定的经学注解《正义》，以及专为应付科举考试而出现的经义、对策，如阿斯塔那27号墓出土的《唐经义〈论语〉对策残卷》，说明随着举孝廉制的废除，经学研习已同全国一样，被纳入科举考试的轨道。但是，这些变化并未根本改变吐鲁番绿洲自身的学术传统。《正义》虽已传入，但并不流行，真正支配这一地区经学界的仍然是那种根深蒂固的古文经学，因为郑玄的各种经书注本依然流行不辍。

5.4 汉传大乘佛教及其反传西域

吐鲁番地区早已传入了佛教，在车师前部时期就存在着大量的崇佛证据，但自晋迄唐，随着汉人主体民族地位的形成，这里的佛教已发生了本质的变化。高昌—西州的佛教同车师的佛教本质有异。前者主要以小乘佛教为主，后者则主要是以大乘佛教为主，前者反映了佛教自西而东传播的正常轨迹，但高昌—西州的佛教却是反映了汉传佛教自东而西的逆向反传痕迹。

《魏书·释老志》载："凉州自张轨后，世信佛教，敦煌地接西域，道俗变，得其旧式，村坞相属，多有塔寺。"其时，高昌乃属前凉一个郡，自然风气受其影响，可见佛教在汉人地区的流行始于晋末前凉时期。其后，前秦实现了短暂的政治统一，而前秦的崇佛是众所周知的，后凉似乎并不太热心佛教，但也不反对原先存在的信仰。其后西凉又开始崇佛，《梁高僧传》记法显西行，正当西凉李暠主敦煌，"敦煌太守暠供给渡沙河"，这意味着答应给予资助，以故法显一行本已到达傍夷国（焉耆），复遣弟子智严、慧简、慧嵬中道折回，"返向高昌，欲求行资"，足见西凉也是奖掖佛教的。北凉代兴，崇佛尤甚，王室沮渠氏家族中就有志在苦行、出家为僧的成员沮渠京声。高昌地接西域诸佛教国，更易集中经典，延揽名僧，成为北凉大开译场之地，高僧法众于此译出《大方等陀罗尼经》4卷，沮渠京声也在北凉玄始年间（412—427）于高昌得《观世音》《弥勒》二经各一卷，并译为汉本，由此可知高昌佛教较内地更为先进。1965年哨安加勒克南郊出土了《金光明经》卷2,现藏新疆博物馆,尾跋云:"庚午岁八月十三日于高昌城东胡天南太后祠下为索将军佛子妻息写此《金光明》一部,断手讫。"陈世良引用此件,认为胡天南太后祠是佛寺,乃沮渠蒙逊为其母车氏所建。但"胡天"明明是指祆教,可见此祠实非佛寺,但却可以在这里给索将军写佛经,足以说明佛教势力的强大。这时高昌依然是北凉的一个郡。复据《开元释教录》卷4《名僧传钞》记名僧智猛由印度返国,曾途经 高昌,高昌沙门年19,受智猛启发,偕伴29人,也沿智猛故道远赴印度,学成而归,于北凉作《菩萨投身饿虎起塔因缘经》一卷。又足以说明高昌礼佛已蔚为风气。尚有素为沮渠蒙逊礼重的凉州高僧法进之弟子法朗及僧遵皆高昌人,其中法朗学法时勤苦精励,后远赴龟兹受其国王礼重,殁于其国,为之起塔,僧遵亦蔬食节行,善《十诵律》,诵《法华》《般若》诸大乘,咸为一时所宗。

随着北凉王室沮渠氏退守高昌,包括张掖高僧法进[1]在内的大批河西名僧也纷纷西迁,汉传佛教开始反传西域。后北凉王朝承袭的河西佛教本质上是迥异于西域佛教的汉传佛教,虽兼容小乘,而以大乘为主。沮渠安周尤大力崇佛,继其造寺碑出土之后,吐峪沟又出土了其写经残卷四种。其后阚氏高昌、张氏高昌、马氏高昌、麴氏高昌都继承了这一历史传统。高昌沙门道普,曾遍历西域诸国,巡拜佛之遗迹,解梵语,通六国语言,后下江南,衔宋太祖命,西行求《大涅槃经》后部,至长广郡船破,伤足,病逝。高昌沙门法绪,旅蜀,以精励禅定闻名。高昌沙门智林,精于杂心,乃《成实论义疏》的作者道亮弟子,曾来长安灵基寺说法。高昌还是编译经的重地,流传西域很广的《贤愚经》13卷,就是凉州沙门昙学、威德二人于高昌辑成的。高昌沙门法惠早年远赴龟兹出家,修学禅律,及还高昌,住仙窟寺,宣扬小乘,其后又去龟兹,从直月悟道,复还高昌,改行大乘法,推广达摩禅功,开一时风气之先。麴氏高昌名僧慧嵩,受王遣入北魏,有"毗昙孔子"的盛誉,召而不返,被夷灭

[1]《高僧传》卷13。

三族。公元589年南印度沙门达摩笈多经北道诸国至高昌，客游诸寺，记此国僧侣众多，皆说汉语，所诵习的佛经显然都是汉传译本。历代高昌王都虔诚地礼佛敬僧，史载麴伯雅于隋世至张掖，听高僧慧乘讲《金光明经》，伯雅竟以发布地，请慧乘践之，其子即前述之麴文泰，听玄奘说法时也以同样的虔诚，跪地为凳，使玄奘踏之上升法座。高昌国时期国中塔寺如林，不仅有官办的大寺，还有众多家办的小寺，如张寺、冯寺、弘室寺、善和寺、万寿寺、崇室寺、观音寺等，不计其数，皆见于吐鲁番出土文书。这一王朝还大量开凿石窟寺，柏孜克里克千佛洞的开凿就是这一王朝开始的，高大的洞窟与精美的壁画就是高昌国时代佛教兴隆的盛况。入唐后，不但佛教继续保持繁荣，而且从内地又传来一些新的大乘教派，高昌僧人释玄觉就是因为学慕法相宗，而追随玄奘，成为其高足弟子之一。《西州图经》中记载了西州佛寺兴隆的盛况：

山窟二院。

丁谷寺有寺一所，并有禅院一所。右在柳中县界，至北山廿五里丁谷中……见有名额，僧徒居焉。

宁戎窟寺一所。右在前庭县界山北，廿二里，宁戎谷中……见有僧祇，久著名额。

古塔五区。

圣人塔一区。右在州子城外东北角，故老传阿育王所造也……其塔内有故碑碣，与道俗同，故此俗称圣人塔。

丁谷寺即今吐峪沟千佛洞，乃高昌郡时期所建，后北凉时期为其国寺，位于鄯善县西南40公里吐峪沟的东西山崖上，是吐鲁番地区开凿最早的千佛洞，形似丁字，古称丁谷。虽然90%的洞窟已毁，但在仍有壁画残存的8个洞窟中画法大异于西域流行的龟兹风，而是用墨线勾轮廓的汉人画法，开创了吐鲁番地区石窟寺壁画的独特传统。约自前高昌郡时期一直延续到高昌回鹘时期，西北区3号窟外层方格中绘有反映渐进成佛的坐禅僧，是新疆众多石窟寺中仅见的一幅前高昌郡壁画，东南区的4号窟则乃高昌郡时期的典型代表。还曾发现元康六年(296)的《诸佛要集经》写本以及前秦甘露二年(360)沙门静志写的

《维摩经义记》等佛典。

宁戎寺即今木头沟之柏孜克里克千佛洞,乃麴氏王朝的国寺,位于吐鲁番市东北约60公里的火焰山中段木头沟河谷西岸的断崖上。"伯孜克里克"维吾尔语意为美丽装饰的地方,一说山腰之意,古称宁戎寺,为高昌国寺。今存洞窟83个,已编号有57个,今存壁画40余窟,壁画面积约1200平方米,是吐鲁番地区今存最大、保存较好的一处石窟寺群。始凿于高昌国时期,为麴氏王朝国寺、唐西州主寺,一直延续到高昌回鹘时期。今存洞窟虽然都经高昌回鹘改绘,但仍然沿袭汉风传统。窟群北区以中心柱式的早期洞窟为主,中区和南区多方形窟和长方形窟,礼拜窟、禅窟、僧房、罗汉窟俱全。壁画内容以经变画、供养图为主,并有大量的千佛像,充满大乘色彩,兼有密宗。在艺术风格上汉风色彩很重。近年来出土了木质斗拱等和数量可观的汉文、梵文、波罗谜文、粟特文的佛教、摩尼教文献和世俗文书。

西谷寺,即雅尔湖石窟寺,位于吐鲁番市西12公里的交河西岸半腰崖壁上,南距车师前国王城——交河古城仅1公里,自晋高昌郡一直延续至唐西州时期。今多残破。共有7窟,其中1窟为毗诃罗窟,余6窟为支提窟。窟中存有壁画2处。中有"己丑年七月二十九日(缺)到此西谷寺"题记残留,证实古称西谷寺。其中最东自晋高昌郡一直延续至唐西州时期。其中7号窟四壁画的通肩式大衣与双领下垂式大衣的佛像,突出体现了汉风艺术特色。

除此有古名可查的石窟寺之外,高昌境内现存石窟寺尚有吐鲁番的胜金口石窟寺、鄯善的苏贝希石窟寺等,也都存在着浓厚的汉风色彩,如胜金口石窟寺中绘有莲花、枯木寒鸦图、葡萄满枝和垂柳成荫图等壁画,峡谷最北方的小窟原存壁画同命鸟图,上绘童男、童女,悉着唐装,天真可爱,近似今杨柳青年画风格。至于地面佛塔,更是遍及城乡。其中迄今仍存的佛塔遗址有高昌故城的正方形基座佛塔。今称台藏塔,边长20米,高约20米,平顶,中空。四面开双层佛龛,每层6龛,是今新疆境内最大的佛塔之一。交河古城中的大塔,周围不仅有四塔环绕,而且还有高低大小完全不同的棺木式土塔,形成蔚为壮观的塔林。

余如残高 21 米的土尔尕列孜土尔塔，也是方形塔基造型，建筑轮廓清晰。汉都夏大墩塔、二唐沟佛塔等皆乃逐级收缩的方形佛塔，其中二唐沟佛塔是一座残高 14.25 米的中心柱形空心建筑，都位于今鄯善县境。

高昌故境现存佛寺以交河古城中发现最多，据最新统计，交河城共有大小佛寺 50 余座，最小的佛寺仅 1 平方米，这与吐鲁番文书中有关佛寺的记载相一致。已知寺名不下数十个，其中既有以姓氏命名的家办小寺，如牛寺、张寺、冯氏等，又有规模可观的大寺，如弘宝寺、普和寺、树支寺、万寿寺、玄觉寺、崇宝寺、崇福寺、观音寺、西窟寺等。现存最大的地面佛寺遗址首推交河大佛寺，约建于麴氏高昌时期（502—640），位于今吐鲁番市西 10 公里处的交河古城中央大道北端。南北长 88 米，宽 59 米，有钟鼓楼，后为佛殿，两侧为僧房，皆为版筑层楼。佛殿高 3 层以上，中央为土夯塔柱，1.1 米高的须弥座上方塔柱四周开设佛龛，有泥塑、彩绘佛菩萨像。后为方阵形百余座舍利塔。沿院墙的东、西、南三面都有廊庑建筑。寺院中还发现了莲花瓦当，表明是全城唯一用瓦的建筑，直至唐朝香火仍然很盛。城西崖边高坡上又有一较大佛寺，由 25 间房屋组成，全院布局是以中央正殿为轴心，分前院、后院，左右有对堂屋，寺院外有土墙环绕。长方形，南北长约 88 米，东西宽 59 米，院大门正对正殿，正殿长 7.75 米，宽 7.2 米，南北各有土台阶，南有厢房两排，每排四间，正殿北紧靠崖边有房六间，其间有空地广场。这是新疆现存结构最为完整的佛寺。参稽吐鲁番出土文书，每座寺院都拥有自己的土地，包括农田、菜田、葡萄园，有的还开有质铺，放高利贷。寺中僧众成群，奴婢众多，僧侣内部也教阶森严，有寺主、上座、维那、僧众之别。根据阿斯塔那出土的一件官牒反映，仅高昌一县就有僧众 141 人、尼姑 32 人，仅此一斑，足窥全州。至于佛寺的总数，宋朝使臣王延德使高昌曾记载，计有佛寺 50 余座，都有唐朝所赐匾额，足见其盛况。直到西州沦陷前夕，主管伊、西、庭三州的北庭大都护杨袭古还大兴土木，营造廊、窟等佛教建筑。

唐代西州佛教较之高昌国不仅在于佛寺的增多，而且在于教理学的发展和进步。高昌佛教虽号称发达，但从流行的经、论而言，如《金光明经》《贤愚经》《七女经》等大都以说故事的形式，宣扬佛教教义，相当肤浅，而入唐以后，则更重理论的提高和创新。汉传佛教主要是大乘教派，但此教派中复又分为空、有、密三宗，至唐此三宗经典都已齐备。大乘空宗源于印度龙树，其重要经典为《大智度论》，吐鲁番文书证实西州一座寺院中明确规定低级僧侣须通读《法华经》，而高级僧侣则必须通读《大智度论》。大乘有宗一作瑜伽行派，源出印度无著、世亲，玄奘西行就是为了寻求此派经典，其代表经典为《唯识论》，由之形成了唯识宗，或称法相宗。此派经典也已在唐西州墓中发现。密宗的崛起反映为观世音崇拜的盛行与千佛的崇拜，严格说来，密宗已超脱小乘、大乘分野之外，另为一大门庭。越到后来，此派的信徒越多。对此，唐西州已同内地完全一样了。

综上所述，自晋迄唐，吐鲁番绿洲的文化以汉文化为主导倾向，而儒、佛并举是高昌政治思想的主要特征。儒学以立国，佛教以驭民，自高昌以至唐西州，相承不辍，并对后世高昌回鹘产生了深远的影响。

（原载《新疆文物》，1989 年第 1 期《以儒学为主体的高昌汉文化》，有增改）

6　高昌出土的伏羲、女娲像与昊天上帝崇拜

《北史》卷97记高昌国的宗教信仰云："俗事天神，兼信佛法。"《魏书》卷103、《周书》卷50、《隋书》卷83及《册府元龟》卷961《外臣部·土风三》记皆同。说明高昌国时期存在着天神信仰，且在佛法之上。但高昌佛教的证据比比皆是，所留遗址，亦处处皆存，独高昌信仰的天神究竟是什么？学术界争论已久，迄今未决。自陈垣名作《火祆教入中国考》[1]发表，首倡高昌崇祀的天神为祆教胡天说，日本人羽田亨《天と祆と祁连论な》[2]观点相同。20世纪80年代中期王素重新提出这一问题[3]，林悟殊[4]立刻予以反驳，学术争论全面展开，姜伯勤[5]、饶宗颐[6]、张广达[7]、陈国灿、陈世良[8]等学界名家都卷入这场争论，其中绝大多数似都属于祆教天神的支持者，相对而言，力主汉土天神论者人数不多。[9]笔者则认为高昌虽然汉土天神与祆教胡天两种天神共存，却以汉土天神为当地汉民的主要信仰，祆教天神"大坞阿

[1]《陈垣学术论文集》第1集，中华书局1980年。

[2]《史林》第9卷第1号，1924年1月。

[3]王素：《高昌火祆教论稿》，载《历史研究》，1986年第3期。

[4]林悟殊：《论高昌"俗事天神"》，载《历史研究》，1987年第4期。

[5]姜伯勤：《吐鲁番所出土高昌"祀天"文书考》，载《吐鲁番学新论》，新疆人民出版社2006年。

[6]饶宗颐：《穆护歌考——兼论火祆教、摩尼教人华之早期史料及其对文学、音乐、绘画之影响》，载《选堂集林》（中），中华书局1982年。

[7]张广达：《吐鲁番出土汉语文书中所见伊朗语地区宗教的踪迹》，载《吐鲁番学新论》，新疆人民出版社2006年。

[8]陈世良：《祁连之天与祆教之祆》，载《敦煌研究》，1990年第4期。

[9]林悟殊：《论高昌"俗事天神"》，载《历史研究》，1987年第4期（又收入作者《波斯拜火教与古代中国》，台北：新文丰出版公司，1995年）；陈国灿：《从葬仪看道教"天神"观在高昌国流行》，《魏晋南北朝隋唐史资料》第9、10辑，1988年。

摩”“丁谷天”及祆教祠庙“胡天南太后祠”“清辉堂”的存在都是事实,信仰者主要是境内胡人或过境胡商,并非高昌主体居民汉人的信仰,不宜主客颠倒。特撰就此文,以纠正于方家。

图4-6-1 高昌伏羲、女娲合体像

6.1 古代汉人崇祀的本土天神乃昊天上帝

“高昌国者,用是两汉屯田之壁遗兵之所居”,[1]“高昌之地,虽居塞表,编户之甿,咸出中国,自因隔绝,多历年所”,[2]“国人言语与中国略同。有五经、历代史、诸子集”,[3]“著锦缬缨络环钏。昏姻有六礼”,[4]“其风俗政令,与华夏略同”,[5]“有八城,本皆中国人也”。[6]

以上大量文献记载共同证实汉人是高昌国的主体居民。而祆教在汉人中并不流行,即使确有汉人信仰祆教,也属个别少数。汉人信仰的天神绝非祆神,理当是汉地早已流行的传统信仰。但迄今有关研究成果并不多,林悟殊、陈国灿乃少数坚持上述理念的学者,但二人的观点略有不同。林先生“排除了高昌天神系指祆神的可能性,而认为它可能是属于天体自然崇拜一类的信仰”,最先将“昊天”信仰与伏羲、女娲神话列为重要佐证[7],却没有将这两者结合起来,深入发掘其文化蕴涵,尽管如此,却已对笔者的研究思路产生了重大启发。陈先生也坚持这一理念,并通过葬俗,尤其是随葬衣物疏及冥界护府、咒语的研究,志在复原高昌人的生前精神世界,同样值得敬佩。但却无视汉人信仰的天神有一个复杂发展的历史进程,强调高昌汉人具有“道家”天神观,并大量引证《道藏》以为论据。[8]其实,先秦的“道家”与东汉以后才形成的“道教”是两回事,道家乃我国先秦学派之一,与宗教无涉。道教虽托名老子,实乃杂糅古代巫师、巫术、汉代方士、阴阳、五行学说及儒

---

〔1〕《姜行本纪功碑》,原立于巴里坤松树塘关帝庙,今藏新疆博物馆,录自《乌鲁木齐事宜》,吴江吴氏辑刊本。

〔2〕《文馆词林》卷664,《贞观年中巡抚高昌诏》,适园丛书本。

〔3〕《梁书》卷54《高昌传》,页811。

〔4〕《南史》卷79《高昌传》,页1983。

〔5〕《册府元龟》卷961《外臣部·土风三》,页11303上~11304上。

〔6〕《册府元龟》卷958《外臣部·国邑二》,页11274下。

〔7〕“从吐鲁番出土文书看,汉人已经把本民族关于天的观念带到高昌。高昌国时期的《随葬衣物疏》多提到‘昊天’二字。”“古代中国人也把天神人格化,世代流传着伏羲、女娲的神话。被中国古人人格化了的天的观念,也传入了高昌。”

〔8〕陈国灿:《从葬仪看道教“天神”观在高昌国的流行》,载《吐鲁番学研究专辑》,1990年。

家谶纬之学形成的本土宗教[1],萌芽于东汉中叶,至东汉末年张角创太平道、张鲁创五斗米道、于吉避乱江东始初具雏形,在中国古代宗教中起初不过是一个小教派,对西域影响不大,至唐因李氏与老子同姓,始由附庸蔚为大观。至于道藏,据考证,两晋时期,道教典籍始逐渐增多,虽然效法佛教,开始称"藏",却远未达到藏的规模,北宋政和(1111—1117)年间始有《万寿道藏》镂版刊行,不可能对高昌葬仪产生如此重大影响。陈先生所说的"道家"天神,实为晚期的道教天神"玉帝""玉皇大帝",这一道教天神产生时代甚晚,没有资格成为华夏先祖崇祀的古代天神。

六经皆史,《诗》《书》《礼》《乐》《易》《春秋》等六部周以前典籍虽被儒家尊为自家专利经典,实与初本作为周末私学流派之一的孔子所创儒家无干,除了《春秋》乃鲁国古史,与孔丘有关,《乐》早佚以外,余之四经原本就是夏、商、周三代古史,被尊为经乃是作为私学流派儒家的一家之言。上述四经实为四部先秦古史,不受孔子"子不语怪力乱神""天道远,人道迩"实用主义理论的干扰,忠实地保存了古代信仰原貌。其中关于昊天上帝的信仰最引人注目,广泛见于上述四经,时间亘夏、商、周三代,其中周代已是这一信仰逐渐转衰的时期。诸如:

《尚书》中的《尧典》:"乃命羲和,钦若昊天。"

《诗经》中的《昊天有成命》篇:"昊天有成命,二后受之。"同书《节南山》篇:"不吊昊天,不宜空我师!"

《诗经·云汉》篇中更明确将"昊天"称为"昊天上帝"。又云:"昊天上帝,宁俾我遁?"

据此可知,汉人信仰的本土天神名为"昊天",又名"昊天上帝","昊天"又简称为"天",亦见于先秦典籍。如《尚书·泰誓下》"天有显道,厥类惟彰",《尚书·仲虺之诰》"钦崇天道,永保天命",《诗经·天作》"天作高山,大王荒之。彼作矣,文王康之。彼徂矣岐,有夷之行,子孙保之"。就连平时"不语怪力乱神"的孔子,在《论语·季氏》篇中

[1]参阅傅勤家:《中国道教史》,上海书店1984年。

也说“君子有三畏：畏天命，畏大人，畏圣人之言”。可见昊天上帝就是汉人信仰的本土天神。

昊天上帝的信仰不但流传于三代时期的我国北方，令人惊奇的是，江南楚域王统也是出自夏后氏苗裔，屈原《离骚》开篇自叙家世为“帝高阳之苗裔”，高阳氏即颛顼，轩辕氏之裔，夏亦出自轩辕氏，可见昊天上帝的崇拜源远流长，又屈原名作《天问》中也明确提及昊天上帝信仰：

惟昊天兮昭灵，阳气发兮清明。

风习习兮和暖，百草萌兮华荣。

足证昊天上帝的信仰不但可以上溯至夏、周二朝，而且还可以上溯至诸夏共祖的轩辕氏。秦、汉、魏、晋都继承了这一天神信仰。明代意大利基督教士始来华传教，翻译《圣经》时将“耶和华”“主”都翻译成“上帝”，就是渊源于此。[1]

引人注目的是，“昊”字乃由日与天的合成字，说明昊天上帝乃太阳崇拜与天神崇拜的合成体，与突厥人信仰的天神 tängri[2]、蒙古人信仰的腾格里，具有同样的特征，天为神名，日为神相。这种崇拜一般被认为起源于夏，复盛于周，唯有东方族群创建的殷商王朝所信仰的“天”别属另一系统，后羿射日传说应即反映东方部族反对信仰昊天上帝统治的斗争。

汉人本土天神信仰必定在高昌葬俗中有所反映。吐鲁番出土随葬衣物疏与出土砖志都共同印证了高昌国时期存在昊天上帝崇拜。例如《高昌永平元年(549)田元初墓表》中留有以下文字：

永平元年，岁在鹑

尾，三月朔丙辰，廿

四日己卯。交河郡

镇西府兵曹参军。

---

〔1〕[意]利马窦、金尼阁著，何高济等译：《利马窦中国札记》，中华书局1985年。

〔2〕薛宗正：《突厥史》第十章《突厥的文化》，中国社会科学出版社1992年；杨富学：《回鹘宗教史上的萨满巫术》，载《世界宗教研究》，2004年第3期。

但昊天不吊,享年
六十有四,字元初
田氏之墓表。[1]

《高昌延昌十五年(575)张买得墓表》:

延昌十五年乙未岁,七月
癸丑朔,九日辛酉。镇西府
散望将,追赠功曹吏,昊
天不吊,春秋五十有六,字买
得张氏之墓表。[2]

《高昌延昌十九年(579)画儒子墓表》:

延昌十九年己亥岁,八月
己未朔,十七日寝疾卒。
昊天不吊,享年廿有
七,友朋悼伤,乡间悲悛。廿日
葬于墓字儒子。[3]

"昊天"大神的名字还在随葬衣物疏中屡屡出现,如《高昌延和四年(605)某甲随葬衣物疏》:

天糸万匀九千丈。延和四年乙丑岁正月十九日……昊天不富,以此月忽然命遇。迳涉五道,幸莫呵留,任度。急令如律令。[4]

又《高昌延和六年(607)碑儿随葬衣物疏》亦载:

攀天糸万今九千丈。延和六年丁卯岁四月廿九日……而昊天不吊,以此月廿四日奄丧盛年。经涉五道,幸勿呵留……急急如律令。[5]

《高昌延和十二年(613)缺名随葬衣物疏》:

---

〔1〕侯灿、吴美琳:《吐鲁番出土砖志集注》上册,巴蜀书社2003年,页42。
〔2〕侯灿、吴美琳:《吐鲁番出土砖志集注》上册,巴蜀书社2003年,页129。
〔3〕侯灿、吴美琳:《吐鲁番出土砖志集注》上册,巴蜀书社2003年,页144。
〔4〕编号64TAM23:16,载《吐鲁番出土文书》第3册,页9。
〔5〕编号73TAM520:4,载《吐鲁番出土文书》第3册,页21。

攀天糸万令九千丈,石灰一九(斛),五谷具。

延和十二年癸酉岁五月四日……而昊天不吊,以此月三日奄丧。[1]

《高昌延寿十年(633)元儿随葬衣物疏》:

樊(攀)天糸万专九千丈。

延寿十年癸巳岁五月九日,大德比丘敬移五道大神……号(昊)天而不遑,以此月戊日奄唐(丧)盛年。行(幸)物(勿)呵留,任意听过。倩书张坚固,时见李定土。若欲求海东头,匿(?)欲觅海西辟(壁),不得奄案留亭(停),急急如律令。[2]

凡此种种,足以反映高昌信仰昊天大帝的普遍性。这一信仰显然与内地的昊天崇拜同出一源,历史非常古老,且已深深渗入高昌汉人的民俗文化,支配着其现实与冥界生活。直至唐朝,这一信仰仍然见于明确文献记载:"昊天上帝、五方帝、皇地祇、神州及宗庙为大祀,社稷、日月星辰、先代帝王、岳镇海渎、帝社、先蚕、释奠为中祀,司中、司命、风伯、雨师、诸星、山林川泽之属为小祀。"[3]可见这一记载仍然在汉人地区广泛流行。

6.2　高昌出土伏羲、女娲合体像即昊天上帝

汉人传统宗教信仰的重要特征就是自然神与祖先神的合一,汉人先祖的神格化,反过来说,任何自然神也是自然力的人格化。昊天上帝也具有同样性质。

黄文弼《吐鲁番盆地考古记》收有伏羲、女娲神像图彩绘画一幅,高 144 厘米,宽 102 厘米,上绘二神,乃 1928 年出自吐鲁番哈拉和卓麴氏王朝古墓,始发现时该画乃死者身上的覆盖物,具有明显的吉祥祛邪

〔1〕编号 67TAM370:1,载《吐鲁番出土文书》第 3 册,页 59。

〔2〕编号 72TAM173:1,载《吐鲁番出土文书》第 3 册,页 267。

〔3〕《旧唐书》卷 21《礼仪志》,页 819。

意味。伏羲、女娲皆为中原汉人祭祀的神灵,在吐鲁番阿斯塔那墓葬中出土了数十幅麻质或绢质的《伏羲女娲图》,它们用木钉钉在每座墓室的顶部,画面朝下,面对死者,二人皆人首蛇身,尾相缠绕,左男右女,上绘日,日中有三足金乌,下绘月,月中有琼树、玉兔、蟾蜍。伏羲、女娲是古代华夏传说中的人文始祖和天地人三界的造物主,相传伏羲作卜,女娲补天,一男一女,既为兄妹,又为夫妻。女娲手执画圆的矩(曲尺),伏羲手执画方的规(方尺),象征着天圆地方,造天造地,下身蛇尾相交,象征着男女交合,衍生人类。结合近代人类学研究成果,将伏羲、女娲解释为兄妹婚时期的人物,这幅蛇尾相交像被定性为古华夏的人文始祖。但却忽略了二人手持规、矩的深刻含义,规指圆规,矩指方矩,象征天圆地方,造天造地,可见这幅墓室中供奉的男女合体神绝不只是古华夏的人文始祖神,还是最高造物神,是天地人类的共同创造者。这一古老信仰在两汉时期非常流行,但后世渐衰,高昌汉人虽然与中原隔绝已久,却始终保持着这一古老信仰,反映强烈的认祖归宗感,自认为华夏共祖的伏羲女娲后裔。这一风俗,直到唐西州时期,未尝少衰,反映了高昌汉文化传统的源远流长。

伏羲、女娲的事迹见于古老的神话传说。有关文献几乎都已成为佚书,早已亡失,仅有片言只语,保存在《山海经》《太平御览》等典籍中。《太平御览》卷78《皇王部三》庖牺氏条,引佚书《帝系谱》记"伏牺,人头蛇身",又引佚书《皇王世纪》曰:"太昊帝庖牺氏,风姓也,蛇身人首……后世音谬,故或谓之。宓牺,一解云:宓古伏字。"同书同卷女娲条则记:"女娲氏,亦风姓也……亦蛇身人首,一号女希,是为女皇。"《山海经》亦云:"女娲,古神女而帝者,人面蛇身。"曹植《女娲赞》中对女娲的描写也是"人首蛇形"。所绘伏羲、女娲形象,同文献记载完全契合。引人注目的是,二神一男一女,同为风姓,出自同族,确为兄妹,出土绢画所绘交尾缠绕之形,暗示二人又是夫妻,这种兄妹婚乃是人类早期特有的婚姻形式,证实伏羲、女娲崇拜确乃上古华夏文明的历史遗存。这仅是伏羲、女娲合体像深刻蕴涵的第一层次。尤引人注目的是持规者并非男性神伏羲,而是女性神女娲,则其这一造神运动产生的时代又进一步逆推至更为古老的母系氏族社会时代。进入父系家长制家族时代,男性地位上升,女性地位下降,伏羲、女娲进一步演变为合体神,伏羲成为这一合体神的主要代表。参稽《史记》卷6《秦始皇本纪》所记:“古有天皇,有地皇,有泰皇。”句下索隐按:“泰皇,太昊也。”司马迁深受儒家“子不语怪力乱神”影响,所撰《史记》以存在翔实史料的《五帝本纪》开篇,对于充满神话色彩的“三皇”概未收录,这是研究我国古史的憾事。三皇,依《春秋运斗枢》[1]所记:“宓牺、女娲、神农,是谓三皇也。皇者,合元履中,开阴布纲,指天画地,神化潜通。”其中宓牺即指伏羲。另一说为天皇、地皇、人皇(或泰皇),其中天皇、地皇皆无事迹,实指天地初辟。至人皇时期始进入传说时代。《太平御览》卷78《皇王部三》列伏羲、女娲于人皇部,位于燧人氏之后,炎帝神农氏、黄帝轩辕氏之前。可见伏羲、女娲时期的古老,揆其时间,应为母权时期,说明女娲地位曾经高于伏羲。然至父权制时代来临,伏羲地位提高,成为人皇的代表,并上升为天日合一的上帝太昊氏。《史记》卷12《汉武帝本纪》“昔大帝兴神鼎一”句下索隐颜师古曰:“大帝即太昊伏牺氏,以在黄帝之前故也。”可见伏羲亦即太昊。

太昊伏羲即昊天大帝还有另一侧面佐证。《史记》卷12《汉武帝本纪》“泰帝使素女”句下索隐曰:“亦谓太昊也。”《正义》亦云“泰帝谓太昊伏羲氏”。同传记武帝封禅泰山,“先祠泰一”,泰一,即太一,屈原《九歌》中收有《东皇太一》,证实同中原一样敬事昊天上帝的楚国盛行东皇太一崇拜,内容主要是歌颂太阳,“吉日兮辰良,穆将愉兮上皇。抚长剑兮玉珥,璆锵鸣兮琳琅。瑶席兮玉瑱,盍将把兮琼芳。蕙肴蒸兮兰藉,奠桂酒兮椒浆。扬枹兮拊鼓,疏缓节兮安歌,陈竽瑟兮浩倡。灵偃蹇兮姣服,芳菲菲兮满堂。五音纷兮繁会,君欣欣兮乐康”。参稽《春秋内事》曰:“伏牺氏以木德王天下……天地开辟,五纬各在其方,至伏牺乃合,故以为元。”据我国古代盛行的五行说与五德终始说,东方甲乙木,色主青,则木德,即东方,可见东皇太一,即主木德的泰皇伏

[1]《太平御览》卷78《皇王部三》引录。

羲,亦即古代华夏最高天神昊天大帝。

兹据文献所载二人事迹,两相对比如下:

表4-6-1　女娲、伏羲二人事迹对比

神名	事迹	史料录文	史料出处	备注
女娲	补天,安地,止水患	往古之时,四极废,九州裂;天不兼覆,地不周载;火爁炎而灭,水浩洋而不息;猛兽食颛民,鸷鸟攫老弱。于是女娲炼五色石以补苍天,断鳌足以立四极,杀黑龙以济冀州,积芦灰以止淫水。苍天补,四极正;淫水涸,冀州平;狡虫死,颛民生;背方州,抱圆天;和春阳夏,杀秋约冬,枕方寝绳;阴阳之所壅沈不通者,窍理之;逆气戾物、伤民厚积者,绝止之。	《淮南子》卷6《览冥训》	
	以泥造人,衍生人类	俗说天地开辟,未有人民,女娲抟黄土作人,剧务,力不暇供,乃引绳于泥中于举以为人。故富贵者黄土人也,贫贱者絙也。	《风俗通》[1]	
伏羲	结网狩猎捕鱼	曰:古者庖牺氏之王天……结绳而为网罟,以畋以渔,盖取诸《离》。	《易下·系辞》	
	以画代书	宓牺方牙苍精作《易》,无书以画事。	《易通卦验》	
	作卦	伏牺乃则象作《易》卦。	《礼含文嘉》	
	创八卦	木德风姓,八卦创焉。	曹植《庖牺赞》	

由此可见,伏羲主要的事迹是以画代书、作八卦,事实上是我国文字的萌芽,所建功业的重点都是人间事。女娲的事迹则乃炼五色石补天,断鳌足安定大地,以黄泥造人,并为人类治理了淫水,实乃天界大神、人文始祖,其神通、功业都高于其夫伏羲。前引佚书《皇王世纪》女娲条明确记载女娲"一号女希,是为女皇"。依此判断,汉人本土信仰

〔1〕《太平御览》卷78《皇王部三》引《风俗通》。

的昊天大帝很可能经历了三个发展阶段：第一阶段，仍然保存母权制下天神信仰的本来面目，天神为女相，亦即女娲；第二阶段为男女合体神，伏羲、女娲共为昊天；第三阶段乃其晚期形态，随着男权制的上升，伏羲始取代了女娲的昊天大神地位。伏羲作卦，既是汉人占卜术的起源，又孕育着汉字的诞生，甘肃天水伏羲庙至今仍存，岁祀不绝。女娲是中国神话中保留下的唯一母系社会祖先神，以泥土捏成人形，人类由此诞生，女娲庙在骊山，当地人已改称为骊山老母，进一步演变为后世的送子娘娘，曾是西北地区共同崇拜的祖先神。伏羲、女娲都是属于中国西北系始祖神话。后来中原地区黄帝神话独盛，伏羲、女娲崇拜渐衰，吐鲁番出土的这些绢画完整地复原了汉人这一古老始祖崇拜原貌，具有重大意义。

必须补充的是，陈国灿先生曾列举吐鲁番阿斯塔那303号墓出有一件原定名为《符箓》的文献，黄纸朱书，上绘一右手持戟、左手执幡武士，中有符文，其下有文字4行[1]，他认为原录文有误，更录为：

[1]天帝神符　役煞百

[2](图)　子死鬼，斩后必道鬼：

[3]不得来近，护令迁

[4]若头上，急急如律令也。[2]

据此，高昌汉人对昊天大帝的信仰深入灵魂，相信即使人死后，天帝仍然通过神符保佑亡灵，驱役百鬼。此处的天帝，显然就是昊天大帝。陈文又引证《照宝领教济度金书》卷261所载《告文》，以为佐证。录文是：

维某国某年某月某日，某处某观，道士死灭度，欲归蒿里，依仪送终所在诸庙山川社稷，沿路，一切神祇，不得妄有呵留。急急如太上女青诏书律令敕。[3]

---

[1]《新疆出土文物》第70图有原片图版。

[2]原录文见《吐鲁番出土文书》第2册，文物出版社1981年，页33。

[3]陈国灿：《从葬仪看道教天神观在高昌的流行》，载《吐鲁番学研究专辑》，乌鲁木齐新疆人民出版社1990年。

引人注目的是,该敕令乃“女青”所发,类似的“女青诏书”还见于北齐高侨为妻王江妃所写疏板,板文有“敕汝地下女青诏书,五道大神、司坂之官;江妃所赍衣资杂物、随身之具,所迳之处不得下留”字样,源出《女青鬼律》。有了女青诏书,便可“万鬼不干,千神宾伏,奉行如律”。陈文认为“此女青诏书是天上玉帝专门下给地下五道大神等的诏书,它就可令其对死者不得留难”。笔者则认为,此与道教之玉帝无关。此“女青”既能发“诏书”,其本身必为“女皇”,而我国天界唯一的“女皇”只有女娲一人。且史书明载风氏女娲、伏羲夫妇主木德,共主天界,亦主人间,木色青,故昊天亦可谓之青帝,则女青者所指必为女娲,所谓女青诏书者,实乃女娲号令诸鬼之敕令也,与道家、道教均无涉,却恰好证实作为男女合体的昊天大神(伏羲、女娲合体神)乃是高昌汉人信仰的本土天神。

古代“国之大事,唯祀与戎”,高昌既然盛行汉土天神昊天上帝崇拜,理应除反映在汉人葬仪以外,还必定在高昌祀部祭典中有所表现。阿斯塔那524号墓[1]出土文书似乎就透露出某种迹象。其一是《高昌永平元年(549)十二月十九日祀部班示为明正一日知祀人上名及谪罚事》(74TAM524:32/1-2):

(前略)

[10]明正一日当敬祀诸神,诸上名者,今十二……

[11]殿里宿

(下略)

[15]……使闻知

[16]……十二月廿九日祀部　　　　班

[17]将军兼祀部事汜　　恢芝。[2]

这件文书写于高昌永平元年十二月二十九日大年除夕,第二日即永平二年元正日,新年伊始,须“敬祀诸神”,故严令祀部主事官员当夜

[1]该墓为令狐孝忠及其二妻合葬墓,见《吐鲁番出土文书》第2册,文物出版社1981年。

[2]《吐鲁番出土文书》第2册,文物出版社1981年,页181~182。

不许回家，集中在王宫大殿住宿，以便次日清晨主祭。昊天上帝乃"敬祀诸神"之首，必在元正日祭祀之列。类似文书还有同墓出土之《高昌永平元年(549)十二月十九日祀部班示为知祀人上名及谪罚事》(73TAM524:32/1－1)，节录如下：

(前略)

[2]……虎牙训已、虎牙绍和，右三从知祀楼头

[3]……诸神，诸上名者，今十九日暮悉诣殿里宿，若

(下略)

□平元年已[巳][岁]，十二月十九日祀部班

……[汜]恢芝。[1]

这件文书也是写于高昌永平元年十二月二十九日大年除夕，第二日即永平二年元正日，令祀部主事官员集中在王宫大殿住宿，说明正日要举行大祭。更有代表性的是同墓出土的《高昌永平二年(550)十二月三十日祀部班示为知祀人名及谪罚事》(3TAM524:32/2－2)，全文引录如下：

[1]谏议乾茂、参军惠穆、主簿处顺、将厕奴、吏孝定、右六人[知][祀]□□

[2]谏议僧祐　参军祐义、中郎忠达、虎牙广达、将鼓奴、吏寥敩早，右六人，知祀风伯

[3]仓部司马　中郎忠贤、参军崇宗、将兴老 主簿众义、吏元(?)右六人知祀[西][门]

[4]参军崇德、参军□□ 将元智……右六人知□□□

[5]……[通]事元琛、通[事]……

[6]□郎张孝忠、参军智运……

[7]校郎孟孝、通事[元]□……

[8]□郎师奴、参军忠顺、将禅奴……

[9]虎牙孝恕、萨簿□□、虎牙孟义……

〔1〕《吐鲁番出土文书》第2册，文物出版社1981年，页45～47。

[10]明正月一日当敬……十二月三十日……

(下略)

[15]□□□□庚午岁十二月三十日祀部　班

[16]长史虎威将军兼祀部事麴□贞。[1]

这件文书写于高昌永平二年十二月三十日大年除夕,内容同样是筹备第二日元正日的祀部大典,主祀官员为高昌国长史虎威将军兼祀部事麴□贞,属高昌王族成员,级别很高。参加大典的官员阵容强大,包括谏议、参军、主簿、中郎、校郎、虎牙、孝恕、萨簿、通事、将、吏等各色文臣、武将,充分体现了高昌麴氏王朝对"敬祀诸神"的重视。虽然中有阙文,主敬之神,恰在阙文之内,但昊天上帝既为"敬祀诸神"之首,所缺之文,理当包括在内,且高昌上承晋制,远袭古风,《晋书》卷19《礼志》记载"太康三年正月,帝亲郊祀,皇太子、皇子悉侍祠",说明祭天的时间必在正月。《册府元龟》卷586《掌礼部·奏议》记载武周天授二年十月春官郎中韦叔夏上奏"请每岁元日唯祀天地大神,配以帝、后,其五岳以下,请依礼于冬、夏二至,从方丘圆丘,庶不烦黩,从之",更明确记载祭天神的时间就是每岁元正日。以此判断,主祭昊天上帝的时间就在每年元正日,届时举行郊祀、柴燎、告类之礼,应与内地无异。

6.3　高昌的汉土传统多神崇拜与丁谷山祭典

多神崇拜、兼容并包本来就是汉人传统宗教信仰的另一重要特征。高昌建国丝路交通孔道,境内胡汉共存,多族聚居,必定各带来自身的传统信仰,共同兴建了高昌国独具特色的万神殿。祆教当然也占有重要地位,但绝并非主导地位。这在阿斯塔那524号墓出土的《高昌章和五年(535)取牛羊供祀帐》中有所反映。这件供祀帐经常为力主祆教天神论者所援引,文书首尾完整,主要文字计6行,全文如下:

[1]《吐鲁番出土文书》第2册,文物出版社1981年,页45~47。

[1]章和五年乙卯岁正月　日,取严天奴羊一口,供始耕。次三月

[2]十一日,取胡未驹羊一口,供祀风伯。次取麴孟顺羊一口,供祀树石。

[3]次三月二十四日,康祈羊一口,供祀丁谷天。次五月二十八日,取白彭

[4]羊一口,供祀清山神。次六月十六日,取屠儿胡羊一口,供祀

[5]丁谷天。次取孟阿石儿羊一口,供祀大坞阿摩。次七

[6]月十四日+取康酉儿牛一头,供谷里祀尸。[1]

据此,这次发生于章和五年由高昌祀部(相当于中朝的礼部)在丁谷(吐峪沟)隆重举行的祭祀大典,文书中涉及的神名先后有始耕、风伯、树石、丁谷天、清山神、大坞阿摩等。《晋书》卷19《礼志》记载成帝咸和八年正月颁诏规定天、地郊祀除主神天、地外,俱有诸神陪祀,其中“天郊则五帝之佐,日月、五星、二十八宿、文昌、北斗、三台、司命、轩辕、后土、太一、天一、太微、句陈、北极、雨师、雷电、司空、风伯、老人,凡六十二神也”。地郊亦然,主要陪祀神乃大山、大河,凡四十四神。可见汉人的传统信仰就是以昊天大帝为主的万神殿。高昌境内除汉人之外,还有许多改用汉姓的胡人血统居民及过境胡商。高昌王室为了辑和内部诸族的政治需要,也必然吸收了一些胡人信奉的神灵进入这一万神殿。被陈垣先生率先提出的祆教就在其中,确乃事实。以故这件文书曾被力主高昌崇奉的天神即祆教胡天说者大多次征引。其实,以上诸神中绝大多数都是与祆教无干的自然神,应当属于汉土信仰的多神内容,今逐一分析如下:

(1)始耕,乃祭祀稷神的重要节日。汉人是农耕族群,在汉人信仰的万神殿中仅次于天神昊天上帝的神灵是地祇,而“民以食为天”,农民食物的构成主要是种植的谷类,地祇在同供应万民食物的谷类结合

[1]《吐鲁番出土文书》第3册,文物出版社1981年,页37~38。

在一起就称为"社稷",社者土地神也,稷者谷神也。二者合称具有江山,政权的含义,可见稷神的重要地位。一年之中始耕之日乃祭祀稷神的最佳时光,祭始耕亦即祭稷神,无疑是汉人传统信仰的神灵之一。

(2)风伯:前引《晋书·礼志》明确记载是祀天的陪祭62自然力诸神之一,位在雨师、雷电之后。有学者将风伯也解释为祆教神祇,张广达先生对此颇存游疑,一方面将风神比作祆教的大气之神(Weshparkar),另一方面又不排除丁谷山所祀之风神是一种地方神。对此,笔者宁肯相信是地方神,而不相信是作为祆教次神的大气之神。高昌建国西域,雨少,雷电也稀见,而吐峪沟所在的田地县或田地郡位居沙海之口,临近著名的大风口。《宋史》卷490记宋使王延德使高昌,明确记载"至鬼谷口避风驿,用本国法设祭,出诏神御风,风乃息。凡八日,至泽田寺。高昌闻使至,遣人来迎。次历地名宝庄(蒲昌音转,今鄯善县境)",足以说明今鄯善县境地当风口,故风神高于众多自然神,地理位置决定了风神的特殊地位,必是当地久已存在的地方神,与波斯之大气神无关。

(3)树石:是明显的原始动植物、自然矿物崇拜,当然属于汉人传统多神崇拜之一,与祆教无关。

(4)清山神:今吐峪沟古名丁谷山,以山中谷形如丁字故也。清山神无疑就是丁谷山的山神,依前引《晋书·礼志》所记,也应属于汉人传统信仰的众神之一。姜伯勤教授是力主高昌祆教胡天说的代表学者之一,他仔细查对了图录本《吐鲁番出土文书》第4行原文图片,发现在上引文书第4行"羊一口,供祀清山神"旁有"清辉堂"字样,而《永乐大典》中有清晖堂即清辉堂的记载,因而断言清山神也属祆教神祇。其说虽然并非言之无据,但似乎仍有些牵强。因为即使承认清晖堂或清辉堂是祆教祠庙,也只有当丁谷山发现了这种祆教祠庙才能算数,庙名不能取代神名,说明清晖堂或清辉堂与清山神之间并不存在必然的内在联系。上引文书并没有记载在清晖堂或清辉堂举行祭祀大典,只说祭祀清山神。祆教中根本没有山神,则这个清山神只能解释为汉土传统山神。

6.4 高昌胡人信仰的祆教天神

祆教传入高昌,并在高昌多元宗教信仰中占有一定地位,是无可争议的史实,问题在于怎样评估祆教的群众基础及祆教胡天在高昌万神殿中所占地位。

首须指出,高昌存在祆教天神崇拜乃是陈垣以来众多吐鲁番学专家、学者研究的重要成果,应予尊重。祆教是世界上最古老的世界性宗教,发祥于波斯,创立者为公元前6世纪前巴拉赫人琐罗亚斯德(Zoroaster),因而又称为琐罗亚斯德教,《大唐西域记》卷11波斯剌国之为提那跋外道,应即琐罗亚斯德的急读和音译。公元前4世纪波斯阿契美尼德王朝被尊为波斯国教,萨珊王朝继续了这一历史传统。祆字从"示"从"天",崇拜天神阿拉胡·玛兹达,祭坛上燃烧着不熄的长明火,天神之意,即天神的省译,故称祆教,又称拜火教。以《阿维斯塔》为经典,一度佚失,阿尔达希尔在位时期(226—240)重辑本总21卷,由天国书(伽萨尼克)、人世书(达蒂克)、天人关系书(哈塔克·曼斯里克)组成,共34.45万字,今又佚,今本《阿维斯塔》又经搜辑,仅存8.3万字,总9卷,由圣歌、颂歌、教仪、驱鬼术、教法学等诸编组成。祆教徒佩戴三巾,象征善思、善言、善行。祆教圣山曰哈拉山,与我国古代圣山——昆仑山古音相同。祆教除了天神崇拜之外,还有7个大天使与众多的小天使,并吸收了波斯古老的自然崇拜产生的众多自然神祇,如大气之神等。祆教在西域的流行与波斯文化的扩散同步,塞人有可能是最早接受祆教的族群。在我国古史记载的西域36国中,塞人占有重要的位置,考古资料也证明祆教确已传入古西域地区。例如,于阗塞语中umaysdan(太阳神)一词就同祆教的最高神祇阿胡拉·玛兹达读音非常相近,于阗塞语中"大地"(ysama-ssandai)同祆教中的大地守护神spntaarmte密切相关,后世佛教徒还曾用伊兰神祇ssandramate来翻译印度女神śri的名字,这些显然都是祆教的历史遗痕。又如吐鲁番古车师国故境曾发现一座塞人女性贵族墓,墓里出土了一件铜质方盘,内铸相向而立的二异兽,下有喇叭形器托,应即祆教的祭台,有学者认为佛教中的绕柱礼拜的礼仪就是承自祆教。祆教早就传入中亚地区,正统的祆教徒本来盛行天葬,经过粟特人改造过的祆教已是天葬与土葬共存,出现了祆教徒特用的陶瓮葬具。祆教最早在晋末乱世随匈奴所虏中亚羯奴传入中原,羯赵定鼎河洛,始建胡天祠,据《太平御览》卷120《偏霸部四》引崔鸿《十六国春秋·后赵录》石虎条记"龙骧将军孙伏都、刘铢等结羯士三千人伏于胡天,亦欲诛闵等……不克。闵、农攻斩伏都等,自凤阳门至琨华,横尸相枕。诸胡羯无少长斩之,死者二十馀万人,于时高鼻多须至有滥死者"。《晋书·石季龙载记》中也有类似记载,此为"胡天祠"在我国史料中之首见,胡天即祆教天神阿胡拉·玛兹达。北魏灵太后下令废诸淫祠,而胡天神独不在其列。《北史·西魏文帝纪》记:"大统四年,春正月,拜天于清晖室,终帝世遂为常。"清晖堂就是祆教祠堂,清晖堂在《永乐大典》本《河南志》中又被记为"清徽堂"。北周、北齐之世,为招徕胡贾,乃至朝廷设"拜胡天制,皇帝亲焉"。[1]《文献通考》卷90《社考》祠淫祠条记载北齐、北周之世,"拜胡天"尤详"北齐后主末年,祭非其鬼,至于躬自鼓舞,以事胡天。邺中遂多淫祠,此风逮唐不绝。后周欲招来西域,又有拜胡天制,皇帝亲焉。其仪并从夷俗,淫僻不可纪"。可见古代祆教影响范围之广、势力之大。然而祆教在长期传播、演变的过程中,其自身形态也在不断发生改变,早已不再是原生态的波斯祆教,出现了明显差异。同一个祆教大神阿胡拉·玛兹达在高昌却分别出现了三个不同译名:"胡天""大坞阿摩"与"丁谷天",反映了这种差异。

(1)胡天:是祆教天神的最通用汉译名,广泛见于史书记载,但在吐鲁番出土文书中尚不多见,仅见于1965年安伽勒克古城(安乐城)出土的《金光明经》(65TIN:29),即卷二残卷题记,[2]内书"庚午岁

〔1〕《隋书》卷7《礼仪志》,页149。

〔2〕吐鲁番文书整理小组、新疆维吾尔自治区博物馆:《吐鲁番晋—唐墓葬出土文书概述》,载《文物》,1977年第3期;《新中国出土文物》,外文出版社1972年,图版122。题记录文见池田温:《中国古代写本识语集录》,东京大学东洋文化研究所1990年。

(430)为索将军佛子妻息合家抄写于高昌城东胡天南太后祠下”。又见于《高昌高乾秀等按亩人供帐》[1](67TAM88:25),其中第1行明确记载“玄领寺一半(一半当为一亩半之略语)”,下有双行小字作“十二月十五日,一斛付阿□□祀胡天”。可见祆教天神阿胡拉·玛兹达早在内地流传的过程中就被意译为胡天。

(2)大坞阿摩:这是高昌与内地隔绝之后出现的地方性译名。前引文书阿斯塔那524号墓出土《高昌章和五年(535)取羊供祀帐》4~5行所载“次六月十六日……次取孟阿石儿羊一口,供祀大坞阿摩”即为其证。西方学术界经过精密的语言学研究证实将阿胡拉·玛兹达译为大坞阿摩者与粟特语文最为接近,则祆教天神阿胡拉·玛兹达之名被音译为汉名大坞阿摩亦必始于粟特人。高昌国乃由晋高昌郡演变而来,高昌郡创立之后,随着诸凉王朝鼓励丝路贸易,原住河中、以经商见长的粟特人又大批东徙,留住高昌,高昌户籍中有许多以安、康、米、曹为姓的人户,多是粟特人的后裔。《通典》卷193引《西蕃记》康国“俗事天神,崇敬甚重”,《新唐书》记康国“祀祆神”,《慧超行记》记“安国、曹国、史国、右骡国、米国、康国,此六国总事祆教,不识佛法”,可见祆教乃河中粟特诸城邦的主导信仰。及其负贩东来,必定将祆教信仰带入新居留地。这就是高昌祆教天神崇拜的广泛群众基础。易言之,附籍高昌或过境豪商九姓粟特就是祆教大神大坞阿摩的主要崇祀者。但粟特迁入高昌的历史最早只能追溯至晋前凉至高昌郡时期。祆教大神大坞阿摩成为高昌崇祀对象不可能早于此前,应是附籍高昌的粟特人所用译名。

(3)丁谷天:似为早已改姓车氏,附籍为高昌编户的古车师后裔所信奉的神祇。历史上吐鲁番盆地的原住民不是粟特人,也不是汉人,而是古族车师,初译姑师。最早出现史册于西汉武帝元封三年(前108),《汉书》卷96《西域传》记云:“楼兰、姑师当道,苦之……于是武帝遣从票侯赵破奴将属国骑及郡兵数万击姑师……破奴与轻骑七百人先至,

[1]《吐鲁番出土文书》第1册,文物出版社1981年。

虏楼兰王，遂破姑师……于是汉列亭障至玉门矣。”汉开西域的历史序幕自此揭开。根据这段原始记载，姑师初与楼兰连名并提，必相互为邻，楼兰建国于今罗布泊水域，姑师在其北，当在今鄯善县境。汉将赵破奴仅率轻骑七百就顺利虏楼兰王，“破姑师”而归，只能是奇袭，绝不可能深入吐鲁番盆地腹部的交河城，只能取道历史上的大海道，穿越敦煌至鄯善的茫茫大沙海，进军至今鄯善境内，初“破姑师”而止，迅速南下，再次发动奇袭，俘楼兰王而归。据此判断，姑师(车师)的原住地应在今吐鲁番市之东，即鄯善县境，西迁至吐鲁番腹地的交河，筑城而居，应在赵破奴此次进军之后。确切地说，应是国名由姑师改译为车师或车师前部的历史产物。在此之前，姑师人未必有都城，今名吐峪沟的古丁谷山很可能就是其牙庭所在地。新疆考古研究所藏有一件被记载出土于当地一座塞人墓中一件铜质方盘，内铸相向而立的二异兽，下有喇叭形器托，推断此为波斯祆教的祭台。墓室相当豪华，说明其贵族身份，该墓发现于车师国境，时间为战国至汉，其族属是否真是塞人，这是另一问题，至少说明汉代车师境内已存在祆教信仰，很可能就在今吐峪沟。与前引高昌祀部文书祭祀丁谷天的记载相合，在其历史演变过程中已呈现出不同于粟特人所崇拜祆教天神的某些特征，并同车师人的先祖崇拜融合为一体，祭祀丁谷天已同车师人的先祖崇拜融为一体，故其所信奉的天神与祖先神称为丁谷天。

由此可见，祆教天神确已传入高昌，但主要流行于胡人粟特与具有胡族血统的车师后裔，本质上属于胡人信仰，在汉人中并不流行。有学者援引阿斯塔那一号墓(高昌郡时期)出土的《某人条呈为取及买毯事》，及哈拉和卓91号墓出土的《无马人名籍》中列有以“奣”命名的“杨奣”等汉人名。[1] “奣”字由“天”“明”二部分构成，“天”即火祆教在中国的俗称，“明”即火祆教崇拜的对象[2]。据此推断，高昌郡时期已有汉人信奉祆教，窃以为非。老舍《四世同堂》中有一汉人名马约翰

[1]《吐鲁番出土文书》第1册，文物出版社1981年，页18、173。

[2]王素：《高昌火祆教论稿》，载《历史研究》，1986年第3期。

者，其名极欧化，其人不过是“英国府”（英国驻华使馆）一仆役，既不信基督，也不懂英语，以此类比，这个名叫杨奣的汉人，很可能是祆教寺院的雇员，不足以证实高昌汉人改宗祆教。

（4）德国考察队在吐峪沟发现墙上圆徽形纹饰中绘有雄野猪头像，认为这种图像代表祆教的胜利军神，象征信仰的胜利，说明丁谷山中有可能存在祆教祠庙遗迹。但遗址早已荡然无存，早已无法找到祆教寺院的有力证据。

进须指出，胡人信仰的祆教天神“大坞阿摩”与“丁谷天”虽然名备高昌祀部祭典中的万神殿，但地位并不高。根据前引祀部文书中的祭祀顺序，并非先祭天神，而是先于正月祭始耕，完全符合中朝惯例，次于三月十一日祭风伯。无论是丁谷天，还是大坞阿摩都屈居其下。其后又于春季三月二十四日和夏季六月十六日两度祀丁谷天，并在六月十六日供祀丁谷天之同日供祀大坞阿摩。说明迄今仍被学术界说成是同一个祆教天神不同译名的丁谷天与大坞阿摩并非同一个神，其中对丁谷天的祭典多于大坞阿摩。丁谷天与大坞阿摩同日分别祭祀，只能做如下解释：它们分别是不同族群信仰的主神。其中“丁谷天”明明是一个特定地域的天神，祭礼却分外隆重，很可能因丁谷是车师的发祥地，后代的车师人渐已不再信仰祆教，却始终不忘丁谷乃其发祥地，祭丁谷天，实乃为车师祭祖，至于大坞阿摩经对音研究，乃粟特人信仰的祆教大神已成定论，兼而祭之。看来主持高昌祀部的汉人官员，本身并不信仰祆教，对祆教本身也知之甚少。之所以隆重举祭，正是儒家“为政不难，不得罪于巨室”[1]观念的具体反映，举行这种祭祀的政治意义远大于宗教意义，恰是高昌诸朝对外唯倚强权、对内辑和诸族政策的具体反映。

最后遗留的祆教文化现象就是天葬习俗消亡与祭苟（狗）问题。

波斯信仰的祆教本来盛行天葬，《阿维斯塔》第1部《辟邪经》第3章第45节记载死者必须由狗噬鸟啄，实行天葬，《通典》卷193引隋人

〔1〕语出《孟子》。

韦节《西蕃记》记康国人“俗事天神,崇敬甚重……国城外,别有二百余户,专知丧事。别筑一院,其内养狗。每有人死,即往取尸;置此院内,令狗食之。肉尽,收骸骨埋殡,无棺椁”,说明祆教与狗确实存在一定的联系,狗是送灵的使者,又是人的朋友,因此,狗不同于一般动物。但由狗送灵,到供狗,又是一个新的历史发展,高昌不存在天葬,只存在土葬,即使信仰祆教的车姓人或粟特人,都已改从汉俗,可以确定与祆教有关的供物乃“苟”,即狗。据张广达先生对《高昌乙酉(625)丙戌(626)岁某寺条例月用斛斗帐历》第7、15、24、29~30、36~37、39、45、57~58行的深入研究,该寺不见佛事活动,却每月动用麦五升的开支买肉,进行同佛教教义不相容的祭祀活动,主要是祀天,且供用祆教视为神圣的狗。按月祀天,说明高昌有一些以佛寺名义存在的祆教寺院。但这恰好说明高昌祆教信仰正处于衰落时期,以至祆教寺院不敢以独立名义出现,不得不托名佛寺,进行秘密活动。祆教由合法宗教转为地下活动本身就是祆教天神地位日益沉沦的表现。可见将祆教的天神抬高到高昌主神的地位有违史实。

(原载《中南民族大学学报》,2009年第5期《论高昌的天神崇拜》,有改写)

7 丝路贸易中的汉式铜币与丝绸
——兼论丝绸贸易中的帛本位制度

自汉迄唐,货币和丝绸同时作为交换媒介出现于商品交易过程中,这是研究西域贸易史、货币者面临的一种令人困惑的现象。早在西汉末年中原铜币已通行于今新疆地区,此后又出现了本地仿中原形式的铜币,外国的金、银币也相继输入。然而如此漫长的货币化过程并未根绝以物易物的传统贸易形式。丝绸作为一种特殊的商品,既未丧失自身的使用价值,而又成为交换价值的重要体现,进而保证了我国铸造的各种铜币(包括中原铜币和本地铜币)价值的稳定性与通行的权威性,迫使外国的金、银币反倒在我国铜币面前丧失其价值优势。这是由于我国铜币和丝绸存在着一种内在的互补关系。铜币的通行是以雄厚的绢帛资源为后盾,而绢帛则乃铜币的价值保证。易言之,我国古代通行的铜币实质上是一种帛本位货币,[1]它同外国金、银币之间的交换体现了以绢帛换取金银的商品贸易过程,反映了它就是凝结流沙东西的经济纽带。

7.1 东西丝绸贸易的兴起,与中原铜币的通行西域

汉、唐时期的西域,基本上与今新疆范围大体相当,位于联结欧亚大陆各古老文明中心的绿洲走廊地带,商品贸易早已非常发达,并已初步媒介化了。而其基本媒介物就是原产于中原的丝绸。

在地理上考察,汉、唐西域实乃由大沙漠包围的若干大、小绿洲组

[1]原载《新疆文物》,1987年第1期。

成,每一绿洲古代都是一个小王国,合称西域三十六国,而各绿洲皆限于自身条件,产品、资源有限,相互间势必产生了商品交换的要求,由之贸易勃兴。西域人善于经商,早已驰名遐迩,其中尤以居住在塔里木盆地的城邦诸国为最。罗马作家梅拉(Pomponius Mela)就曾记载了东方一个重要的商业民族——赛里斯人:

赛里斯国界居两山之间,其人诚实,世界无比,善于经商。[1]

赛里斯(Seris)一名后来演变为西方人对中国或者对汉人的专称,其原始含义却未必如此。因为汉人聚居、栖息的中原地区并非"界居两山之间",且罗马作家明确记述赛里斯人"身材高大,过于常人,红发碧眼,声音洪亮"[2],这种特征也非汉人所具有。经有关学者研究,这一记载恰与汉文典籍《史记·大宛列传》所述西域塞人"深目、高鼻、多须"的体质特征相合,而西域城邦诸国所栖息的塔里木盆地,北为天山,南倚昆仑,恰好"界于两山之间",则罗马作家所记"善于经商"的赛里斯人应即塔里木盆地的古代居民。罗马人称蚕为 Ser,与赛里斯之名具有词源关系,意即丝人,则古代塔里木盆地居民之所以闻名,原因就在于丝绸,而丝绸的原产地实为中原,古代塔里木居民不过是丝绸的转贩者,可见古代塔里木人由于"善于经商"而成为丝路贸易的垄断者,并由此致富。根据近百年来的考古发现,丝绸不仅出土于新疆,而且流入中亚、西亚,其时代皆在汉通西域之前。丝绸价值高昂,又质地轻柔,便于携带、流通和储存,在货币出现之前,显然是最佳的商品交换媒介,其历史作用不仅是其自身的商品属性而已。

货币既是脱离任何商品使用价值的纯交换媒介,又是一定政治主权的物化形态。新疆商品贸易的货币化始于汉西域都护府的建立,其最早通用的货币乃中原汉皇朝铸造的半两、五铢、货泉、大泉五十、小泉直一等铜钱。西汉半两是迄今所知新疆发现的最古货币,特点是在圆形方孔钱面上铸有篆书"半两"二字,铜质,依制每钱应重半两,始铸于

[1]亨利玉尔:《古代中国见闻录》卷1,页196,见《中西交通史料汇编》第1册。

[2]白里内:《博物记》,见《中西交通史料汇编》第1册。

秦,本为统一六国之后颁铸的法定铜币,谓之秦半两。汉兴,依其形制,重铸半两钱,名之汉半两。新疆已发现这种半两钱共9枚,其中5枚出自奇台东汉古城遗址——石城子。[1] 此城据笔者考证当即东汉名将耿恭屯垦据点和抗击匈奴的要塞疏勒城。西汉属车师后国境,而汉西域都护府的创立正是郑吉破车师,降匈奴日逐王的结果,始置于神爵三年(前59年,旧说神爵二年,前60年),《资治通鉴·汉纪十八》明确记载:"[郑]吉既破车师,降逐日,威震西域,遂并护车师以北道,故号都护……匈奴益弱,不敢争西域,僮仆都尉由此罢。都护督察乌孙、康居三十六国动静,有变以闻……汉之号令,班西域矣。"货币既是交换媒介,又是政治主权的物化形态,以上5枚半两钱皆发现于西域都护府的有效管辖地区,虽数量不多,却足以反映中原货币通行西域的开始,西域的商品交换进入了新的历史阶段。

对西域影响最大的汉代货币当推五铢钱。这是有汉一代最通行的一种铜币,其发现范围最广,数量也最多。据斯坦因《古代和阗》一书记载,出土这种铜币的遗址有和田的约特干遗址、尼雅、哈拉墩、阿克斯比尔、丹丹乌里克,其中约特干遗址就出土了470枚,复据黄文弼《塔里木盆地考古记》《罗布淖尔考古记》《吐鲁番考古记》《新疆考古发掘报告》四书所记,出土地点又有沙雅西北的大望库木旧城附近古址、羊达克沁遗址、沙鲁勒克以北古址、古楼兰孔雀河岸等地,其中仅孔雀河沿岸,黄文弼即"曾在一地方周不及一里,拾五铢钱六百余枚",又蒋其祥报道和田北布盖奥依遗址附近古渠、古刹废墟中,汉五铢钱触目皆是,李遇春报道和田买立克阿凡提遗址中一次发现45公斤汉五铢钱,可见数量之大。以上皆属天山以南,至于天山以北的奇台、木垒等地也发现了这种汉代铜币。足以说明随着西域纳入汉代版图,当地的商品交换迅速结束了以物易物的原始交换形态,而开始货币化、媒介化了。汉朝所铸的铜币以其不可辩驳的权威性质通行于天山南北,执行着交换媒介和价值尺度的有效功能。还应提到的是,两汉皇朝之间还曾出现过

---

[1]薛宗正:《新疆奇台县出土的中原古钱》,载《新疆文物》,1997年第1期。

一个王莽所创立的新朝。这一皇朝在历史上虽只是昙花一现,存在时间很短,但却另行铸造了具有自身特点的货币“货泉”“大泉五十”“小泉直一”等,这些铜币也曾通行于西域。奇台发现过货泉、大泉五十,天山南麓的哈密、库车、楼兰、和田等地上述三种铜币也都有所发现。它们说明即使在两汉政府,东汉未兴的王莽改制时期,西域亦初受其号令。《资治通鉴·汉纪二十九》,页1176记载始建国元年(9)“秋,遣五威将王奇等十二人,班符命四十二篇于天下,德祥五事,符命二十五,福应十二,五威将奉符命,并印绶,王侯以不及吏官名更者,外及匈奴、西域,徼外蛮夷,皆即授新室印绶……西出主西域,尽改其王为侯”。天凤三年(16)“是岁,遣大使五威将王骏、西域都护李崇、戊己校尉郭钦出西域,诸国皆郊迎,送兵谷”。[1] 可见王莽新朝在西域的统治也至少维持了7年。即使在焉耆诸国叛乱后,李崇等犹“收余士,还保龟兹”。[2] 可见龟兹仍在西域都护的管辖之下,库车等地发现的新朝铜币或即这一历史印证。

应当指出的是,汉代铜币之所以迅速通行于西域,不仅由于政治上这一地区已纳入汉朝版图,而且是由于这些铜币乃是一种财富标记,其经济后盾即为滚滚而来的精美丝绸。因此,铜币的流通并不意味着彻底结束物物交换形态,丝绸依然作为它的重要补充形式发挥着商品交换媒介的功能。事实上,体现汉朝财力的经济支柱并不是这些铜币,而是所拥有的雄厚绢帛储备。史载张骞通使西域,官不过中郎将,而所率使团“牛羊以万数,赍金币直千巨万,多持节副使,道可使,遣之它旁国”。[3] 乌孙之所以迅速附汉,即因与“贪汉财物”[4]有关,其后每次遣使,皆“散财帛以赏赐,厚给以饶给之,以览汉富厚焉”。[5] 傅介子至楼兰,传译其王,“汉使者持黄金,锦绣行赐诸国,王不来受,我去西国

[1]《资治通鉴·汉纪十二》,新朝天凤三年(16),页1212。

[2]《资治通鉴·汉纪十二》,新朝天凤三年(16),页1213。

[3]《资治通鉴·汉纪十二》,元鼎元年(前115),页656。

[4]《资治通鉴·汉纪十二》,元鼎元年(前115),页656。

[5]《资治通鉴·汉纪十三》,元封六年(前105),页696。

矣”。[1] 常惠发乌孙等西域诸国兵破匈奴“捷闻，上复遣常惠持金币还赐乌孙贵人有功者”。[2] 可见两汉西域开拓事业的辉煌成功并非全然由于军事上的原因，而很大程度上凭借其雄厚的经济优势。前述引文总是“金、币(帛)”并提，而“金”又作“黄金”，但西域各国看重的并非是“金”“黄金”，而是“币”，即绢帛、锦绣，即丝绸。因为汉朝并非黄金的富产国，甚至连铜都很少，因此，汉朝的铜钱仅仅通行于西域东部地区，即西域都护府治下的今新疆境内，及汉使到达乌孙以西地界，已“非出币帛不得食，不市畜不得骑用”“得汉黄金，辄以为器，不用为币”[3]。由此可知，即使所带来的“黄金”也不过是铜的异称，而且当然不可能带去铜块，只能是铜币。而铜本来也不是什么贵重金属，西域诸国根本看不上眼，所以“辄以为器，不用为币”了。而丝绸在我国不过是普通农民上缴的税物，在西方则是价格昂贵的珍品。维吉尔时代的罗马，丝绸简直是无价之宝，得之者皆为显贵，“当时罗马人只是把丝绸用作一些小装饰品，并且染成紫红色或刺绣，然后嵌镶在内长衣上或绣在白毛线的托片上”[4]，称之为赛里斯纱，安息较罗马得到丝绸为早，因此竭力阻挠汉通罗马，致使汉使甘英，临西海而归。在此重利诱惑下，西域商贾皆争相进行丝绸贸易，各国入贡者率多，“欲通货市买，以献为名”[5]，从而实现了“商贾贩客，日款于塞下”[6]的壮观。则又从另一角度印证了我国铜币之所以在西域都护府直辖疆域的新疆地区通行无阻，即在于这些铜币的背后拥有一定价值的丝绸为其物质保证。

正因为铜币的价值不在于铜币本身，所以丝绸不仅作为一种商品，而且作为一种交换媒介与铜币同时并用，《流沙坠简》释一收有楼兰出土的汉简，上书“黄旃褶一领，贾彩三匹”，又有记载“窦侍中令载杂彩

[1]《资治通鉴·汉纪十五》，元凤四年(前77)，页772。
[2]《资治通鉴》卷24，本始三年，页800。
[3]《汉书》卷96《西域传》，页3896。
[4]布尔努瓦：《丝绸之路》。
[5]《汉书》卷96《西域传》，页3886。
[6]《后汉书》卷88《西域传》，页81。

七百匹,白素三百匹,欲以市月氏马、苏合香"[1],皆为其例。近年来,新疆各地出土了大量汉代丝绸,其中还有织作精美的汉锦,复据夏鼐统计[2],其出土地点不仅包括今新疆境内的吐鲁番、库车、楼兰、尼雅、和阗、拜城、巴楚等地,还涉及巴尔鼎、肯科特、撒马尔罕、木鹿、刻赤、哈来比、杜拉欧罗波、婆都奥克、的尔米拉等中亚、西亚乃至欧洲的地方,可见丝绸贸易的繁荣。西域商品贸易的媒介化,中原铜币和丝绸的进入祖国西陲,打破了沙漠绿洲的封闭系统,促进了区域性的政治统一,加强了流沙东西的经济联系,为历史的进步、发展起了重大的作用。

7.2 魏晋南北朝西域的多元化货币体系与丝绸对铜币的保值作用

社会的发展是由物(经济)、心(文化)、力(政治)三种能量构成的综合运动,其中经济(物)的结合力尤为巨大。历史进入魏晋南北朝时期,内地纷争,南北分裂,政治号召力已远逊两汉,尽管西域东部地区在河西五凉王朝存在时期仍为其领疆的一部分,但焉耆、龟兹以西地区则已叛附不定,并逐渐合并其周邻诸小王国,成为几个较大的区域性政权。至于突厥兴起以后,葱岭东西的广大地域皆已并入突厥汗国以及独立后的西突厥汗国,而同我国中原皇朝割断了政治纽带。然而经济纽带的亲和力却更胜于政治上的权力。在此期间,帛本位的我国内地铜币依然在西域发生重大影响,西域本地铸造的货币皆继续仿照内地形式,仍以铜为质。外国的金、银币虽已大量输入,并已成为一股强大的货币冲击波,然而始终未能取代和结束传统铜币的历史地位。汉五铢钱曾经代表了西域都护府存在期间的历史辉煌岁月,及汉祚中衰之后,其影响仍然深刻留在西域各族人民的记忆中,其余响即为这一时期新疆本地开始出现了两种仿五铢钱的铜币——汉龟二体钱及汉佉二体钱。汉龟二体钱又称龟兹五铢,或称龟兹小铜钱,乃是直接在汉五铢影

[1]《艺文类聚》卷85,《太平御览》卷814、卷982,转引自《全后汉文》。
[2]《新疆新发现的古代丝织品——绮、锦和刺绣》,见《新疆考古三十年》。

响下的产物。本来,汉西域都护府就设置在龟兹附近,而龟兹一带矿产丰富,早就有"能铸造,有铅"的记载,以故汉朝铜币不足所用,多就地铸冶。近年来巴楚脱库孜萨来古城遗址出土了汉五铢钱范足以证明上述事实。与钱范一起出土的还有坩埚,范上钱模复有他、小两种,足以证实此地确为汉五铢的铸造地点。及汉祚衰微,龟兹独立以后,就开始自铸钱币,正面仍铸篆文铢二字,背面则另铸龟兹文,质为红铜,正是新疆本地所产。[1] 汉佉二体钱,一作和田马钱,乃古于阗国所铸铜币,上铸汉文与佉卢文两种文字,形制分大钱、小钱两种。小钱上镌汉文六铢钱,元六铢钱,汉文上镌"贝符,重二十四铢铜钱""元,重二十四铢铜钱"。可见亦乃接受汉五铢钱的强烈影响,而用西方打压法铸造,则又带有浓烈的贵霜色彩。这种铜币似乎都是金元175—220年于阗国王尉迟秋仁在位时期铸造的,故上镌之佉卢文皆乃"大王,都尉之王秋仁之(钱货)""大王、众王之王,都尉之王秋仁(钱货)"。汉龟二体钱、汉佉二体钱的出土,反映了历史进入南北朝时期,原西域三十六小国已演变为几个较大的区域性的地方政权,其中龟兹、于阗二国尤为强大,开始在丝绸之路的转贩贸易中发挥重要的作用。以故各自铸造货币,保护其本国利益,其中龟兹称雄时间最早,历史亦最长。前凉政权的政治影响西止于焉耆、于阗,而独不及此国,说明其时已称霸一域,前秦吕光大举伐之,经历血战,始破其国,记其国城,规模宏伟,"城有三重,广轮与长安城等,城中塔庙千数,帛纯(龟兹王)宫室壮丽、焕若神居"。[2] 又记其人富庶,"胡人奢侈,家有蒲桃酒,或至千斛,经十年不败",[3] 国中拥有大量"外国珍宝及奇伎异戏,殊禽怪兽"。[4] 凡此种种,显然都同垄断丝绸贸易、获利丰厚有关,于阗亦为西域大国,位扼南道咽喉,我国僧徒行纪中屡记其国寺院宏伟,香烟鼎盛,从中可知其国亦富庶非常。这些佛寺实际上也非清净去处,而是靠接待过往商旅、香客牟利,

〔1〕蒋其祥:《新疆古代钱币的发现与研究》,张平:《汉龟二体钱及其有关问题》,载《中国钱币》,1987年第1期。

〔2〕汤球:《十六国春秋辑补》卷81《后凉·吕光》,商务印书馆1958年,页567。

〔3〕汤球:《十六国春秋辑补》卷81《后凉·吕光》,商务印书馆1958年,页567。

〔4〕汤球:《十六国春秋辑补》卷81《后凉·吕光》,商务印书馆1958年,页567。

接受贵人、巨贾、信徒发达的。此国在政治上一直对内地皇朝保持着宗藩关系。从其国王尉迟秋仁自称“都尉之王”称号中得到明确的印证。“都尉”即西域都尉，则尉迟秋仁实以中原皇朝的西域都尉自诩，号令西域。以故柔然兴起，遣使求援于北魏。从中又可得知，于阗称臣于北魏，取得丝绸，而魏与于阗结盟，共抗柔然，以保证丝路的畅通，由此可知，龟兹、于阗二国自铸铜币流通的物质保证也是丝绸。易言之，汉龟二体钱、汉佉二体钱本质上也是一种帛本位货币。

六朝对文五铢钱大量流入新疆则又反映尽管中朝已衰，而由于丝绸贸易的继续盛行，流沙东西的经济联系依然继续发展和稳固。对文五铢，一作剪轮五铢，《宋书·颜峻传》云此钱乃“剪凿古钱以取其铜，钱稍薄小，稍违官式……乃立品格薄小，无轮廓者，悉加禁断”。则剪轮五铢初为剪旧钱而成，至宋孝武帝以降，依其形制，另钱无廓之五铢，俗称剪边钱，又曰鹅眼钱，亦称对文五铢，已知发现地点有库车之黑汰沁古城、苏巴什古城、哈拉墩古城，新和之色当沁古城、奇台羊塔什库尔干沟石城子古城，古属龟兹、高昌二国。按南朝并未直接统治西域，而吐谷浑、沮渠氏后高昌皆臣于南朝，奉其正朔，假道益州，与之交通，《梁高僧传》中还记载不少西域僧侣挂锡南朝，这批南朝铜币应即这一时期西域与南朝经济、文化继续发展的实物证据。此外新疆还曾发现北齐的常平五铢钱，则又是新疆同北朝相交通的产物。

外国金银币的输入新疆，乃是这一时期另一引人注目的现象。其中主要有东罗马的金币和波斯萨珊皇朝的银币。东罗马金币首见于我国文献始于咸和五年(330)。是年五月前凉主张骏乘刘曜亡于羯石后赵，出兵东伐，收复河南地，与石勒分疆，招致西域商贾。“时西胡致金胡饼，皆拂菻，作奇状。”[1]此之拂菻金胡饼应即东罗马金币，其特点通体圆形如饼，无孔，无廓，以打压法铸成，上铸人物头像，即所谓“作奇状”的金胡饼。吐鲁番阿斯塔那墓葬出土过这种金币，我国史书谓西罗马为大秦，东罗马为拂菻，一作拂懔，其后大秦又与拂菻之名合二为

[1]汤球:《十六国春秋辑补》卷67《前凉·张轨》，商务印书馆1958年，页486。

一，始见于《隋书》。《旧唐书》将之列为专传，记其国“在西海之上，东南与波斯接，列城四百，邑居连属”，“土多金银奇宝……凡西域诸珍宝，多出其国”。东罗马是古代最富庶的国家，也是丝绸的最大买主。东罗马金币流入河西诸凉境内(吐鲁番所在的高昌当时也是河西诸凉的一部分)，足以反映西域商贾已把丝绸销向东罗马，换回其金币，复诣凉土购货的历史过程。

魏晋南北朝时期输入我国最多的外国货币当推波斯萨珊皇朝的银币，萨珊皇朝存在于魏文帝黄初五年至唐高宗永徽二年(224—651)，历时400多年，是西亚最强大的国家，波斯皇朝建立以后，继承了安息的历史传统，以银为钱，钱如其王面，王死，辄更钱效王面焉。萨珊银币都是正面为半身王者像。新疆出土这种银币不但数量多，而且范围广。据夏鼐先生统计[1]，有吐鲁番阿斯塔那墓群、高昌古城、雅尔湖古墓、库车苏巴什古城、乌恰出土尤多，一次计出土947枚，内容包括波斯12位国王，尤以沙卜尔二世(310—379)、阿尔达布二世(379—383)、卑路斯一世(459—484)、库斯洛二世(590—628)诸王的铸币最多。波斯与我国的外交接触也最早，北魏文成帝在位时期已遣韩羊皮奉使波斯，自此以迄于隋、唐，两国关系一直不断，而其重要经济纽带之一就是丝绸。马尔柯姆(Malcolm)《波斯史》记库斯洛奴尔细汪在位时，中国皇帝遣使馈赠假豹一只，乃以珍珠络成，两眼以红宝石嵌之，天青色绣锦袍一件，光彩华丽夺目，上有金丝刺绣，以金箱盛之。可见我国馈赠波斯王的礼品即为丝绸织锦。公元6世纪突厥崛兴以后，迅速扩张势力于西域，从而与波斯发生了密切联系，双方曾合力攻灭嚈哒，南北分疆，但不久就化友为仇，刀兵相向了。其原因也在于丝绸贸易是争执。据东罗马史家弥南《希腊史》残卷所记，突厥西面可汗室点密曾遣使臣马涅亚克赴波斯，要求其国给予突厥丝绸(实乃转贩自中原的丝绸)，以过境的方便，假道销往东罗马，而其时波斯本国也已发展起丝绸生产，为了

〔1〕夏鼐:《中国最近发现的萨珊皇朝银币》《综述中国出土的波斯萨珊朝银币》，见《中国考古三十年》。

保护其本国利益,坚决拒绝了突厥的要求,并将突厥使臣所带来的中原丝绸全部付之一炬[1]。据此可知,历来同波斯的交涉都同丝绸有关,则此大量萨珊皇朝银币的输入显然同丝绸贸易存在着深刻的内在联系。

金银币都是价值远胜于我国传统铜币的真正硬货币,即使失去其真正法定货币资格,以其金、银质地本身亦非铜币所能抗颉。然而这场有力的金、银冲击波始终无力摧毁我国铜币,至多不过是同来自中原的帛冲击波相互抵消而已。这时我国的丝绸生产仍在全世界占有领先地位,历代中原政权凭此雄厚的丝帛资源足以与任何拥有金银货币的势力相抗衡。《资治通鉴·宋纪》记元嘉十四年(北魏太延三年,437)"十一月,魏主复遣散骑常侍董琬、高明多赍金帛使西域,招抚九国",胜利完命而归。又北魏惠生、宋云西行取经,"初发京师之日八皇太后敕付五色百幡千口,锦香袋五百枚,王公卿士幡二千口"。[2] 这些都是精美的丝绸织品,及惠生从于阗至乾陀国,"所有佛事悉为流布,至此顿尽"。可见丝帛依然保持着其亚货币功能。至于民间的丝绸交易之盛,在吐鲁番出土的随葬衣物疏中更是得到有力的印证。在这些文书中,"帛千匹""锦千匹"的记载触目皆是。《流沙坠简》中有一记载:"□人三百一十九匹,今为往人买来四千二百廿六匹",所记显然是丝绸转贩商人的事迹。尼雅出土佉卢文书中更明确记述,"彼已买妇女一名,名苏祇莎,买价为四十一匹绢"。[3] 按尼雅本通行汉佉二体钱,则绢帛与此种铜币同时流通,充作交换媒介,基本上仍然因袭着两汉以来的历史传统。

7.3 唐代铜币通行碛西与帛本位货币的历史尾声

唐朝的建立结束了魏晋南北朝以来的混乱、分裂局面,实现了华夷

[1]沙畹:《西突厥史料》,冯承钧译,中华书局1958年版,所收之《西突厥史略》,页191~280。

[2]《宋云行纪》,见杨建新主编《古西行记选注》,宁夏人民出版社,页41~61。

[3]王广智译:《新疆出土佉卢文书》,新疆民族研究所内部出版。

大一统的盛世，唐朝的领疆已东极朝鲜，北跨大漠，西穷里海，西南濒乌浒水。《新唐书》卷111《办烈传》记唐平西突厥以后，“由是修亭障，列烽燧，定疆畛，问疾收胔，唐之州县，极西海矣”。藏文史料《赞普传》卷7亦记“彼时，唐朝国威远震，北境突厥等亦归聚于唐，[西]直至大食国以下，均为唐廷辖土”。唐朝于碛西创置安西、北庭两大都护府，于阗、疏勒、龟兹、碎叶、焉耆诸地设置唐朝军镇，原来的东、西突厥，河中的粟特诸城邦，乃至吐火罗等乌浒水域诸国都被列置为唐朝的羁縻州府，实现了空前的政治统一。这种统一局面一直维持了一个半世纪以上，从而为商品交换的进一步发展铺平了华美的地毯。

在此期间，唐朝所铸的各种铜币乃是通行于碛西各地的唯一通用货币，其种类有开元通宝、乾元重宝、大历元宝、大历通宝、建中通宝等。开元通宝并非玄宗朝钱币，而乃高祖李渊所始铸。《新唐书·食货志》载，“高祖入长安，民间行线环钱，其制轻小，凡八九万，才满半斛，武德四年铸开元通宝，其文以八分篆嗗隶二”。丁福保《古钱大辞典》下，页1930，引洪遵曰“余按开元钱，唐高祖始铸，其后高宗乾封、肃宗乾元，以至大历、建中、咸通各因其年以名钱，然行之不久，惟开元钱一百年冶铸相继，故流行甚多”。开元钱并非一代所铸，形制亦异，有左挑钱、双挑钱、篆字钱之别。乾元重宝则乃肃宗时所铸，《新唐书·食货志》载“肃宗乾元元年，经费不给，铸钱使第五琦铸乾元重宝钱，径一寸，每缗重十斤，与开元通宝参用，以一当十，亦号乾元十当钱”。大历通宝据《古钱大辞典》下页1340，洪遵引《代宗实录》大历四年正月丁酉，关内道铸钱等使第五琦上言请于绛州汾阳、铜源两监增置五炉铸钱，许之。大历元宝当即此岁所铸。建中通宝则及德宗时期铜币，其铸造情况尚不明。笔者在奇台曾发现高祖开元通宝（元字第二横皆上钩）32枚，玄宗开元通宝21枚，肃宗乾元重宝3枚，又于奇台唐朝疙疸遗址墙缝中发现唐代宗大历元宝1枚（已折为二）。复查阅黄文弼三大考古记及《新疆田野考古发掘报告》中发现开元通宝的地点计有焉耆曲惠古城、唐王城、库车龟兹城、哈拉墩、库车苏巴什古城、库车哈拉墩、吐鲁番哈拉和卓古墓、沙雅西北通古斯巴什、沙雅羊达克沁古城、喀什河域的托和沙赖遗址、余如阿图什、和田、吉木萨尔北庭故城、阜康破城子、木垒破城子、昌吉古城，其余乾元重宝、大历通宝的发现地点表列如下：

表 4-7-1 唐代铜币发现地点及种类

发现地点	钱币种类
库车哈拉墩遗址	建中通宝、大历元宝
库车大黑汰沁遗址	大历元宝、建中通宝
库车苏巴什古城	大历元宝、建中通宝
沙雅羊达克沁古城	大历元宝
昌吉古城	大历元宝
木垒古城	大历元宝、建中通宝

在唐代铜币的影响下又出现了本地铸造的铜币——突骑施铜钱。对此，国内最有研究的学者当推蒋其祥先生。他曾撰文指出这种钱币为青铜质，仿开元通宝式样铸造，正面铭文采用粟特文，由四个单词组成，译成汉语是“天(神)的突骑施可汗钱”，这是直译，确切译法应是“天可汗突骑施钱”[1]。背后有类似弓形的图案纹饰，对其含义，说法不一。苏联学者斯末尔诺娃提出这是表示突骑施族徽的一种印戳符号，这可能是符合历史情况的一种解释。目前我国发现仅有七枚，其中黄文弼 1928 年于新疆获得一枚，近年来在木垒还出土一枚，苏联学者断为莫贺达干所铸，蒋其祥则认为乃 8 世纪上半叶突骑施汗国最为盛强时所铸，亦即此乃铸于苏禄可汗时代。突骑施汗国乃唐朝治下一个地方民族自治政权，唐朝岁馈缯帛万计，这种铜币显然也是以绢帛为其保值的。

唐朝空前的政治稳定和统一加强了唐朝铜币的权威性质，大量资料足以证明，商品流通的全部过程是折合成货币计算的。日本大谷探险队在吐鲁番获得一比西州市易文书，上面一切商品都标明了价

〔1〕蒋其祥：《新疆古代钱币的发现与研究》，载同氏钱币学专著《西域古钱币研究》，新疆人民出版社 2006 年 7 月第 1 版，页 1～32。

格[1]。例如3051号文书：

次绵紬壹尺上直钱肆拾贰文

次肆拾文，下叁拾捌文

鹿绵紬壹尺上直钱叁拾柒文，次叁拾伍文

下叁拾文

……

这里的丝织品的品种都已折算成货币，又如3083号文书：

组(?)州布壹端，上直钱肆伯伍拾文

次肆伯文下叁伯捌拾文

火麻布壹端上直钱伍佰文

次肆伯玖拾文下肆伯捌拾文

……

赀布壹端

次伍伯肆拾文下伍伯文

小水布壹端

次壹伯贰拾文次叁伯文

……

3097号文书：

大练壹匹，上直钱肆伯柒拾文

次叁伯陆拾文下肆伯玖拾文

橦州小练壹匹上直钱叁伯玖拾文

次叁伯捌拾文下陆伯叁拾文

……

生绢壹匹上直钱肆伯柒拾文

次肆伯陆拾文下肆伯伍拾文

以上商品皆为纺织物，皆明码标价，且依其质量优劣分为上、中、下三等，价格由官府裁定督察市场执行。可见铜币与丝绸之间是存在着

[1]仁井田陞：《吐鲁番出土的唐代交易法文书》，见《敦煌学译文集》。

法定比价的。唐朝销入今新疆地区的丝绸种类很多，如河南府生絁、蒲陕州絁、樟州小练等，足见丝路贸易的兴盛，而且明码标价的不仅是纺织品，余如生产、生活用具，乃至粮食、菜籽，无不可以用铜币购买。如3100号文书：

釜壹孔重三斤，上直钱壹伯壹拾文

次壹伯文下玖拾文

三寸钉壹枚上直钱壹文贰分

次壹文下捌分

小锯靶壹上直钱叁拾文

次贰拾伍文下贰拾文

铜食刀一口上直钱玖拾文

次捌拾文下柒拾文

钢镰一口上直钱伍拾伍文

次伍拾文上直钱肆拾伍文

……

值得注意的是，当购买大件或贵重物品，以及购买牛、马、奴婢时，作为交换媒介的已非铜币而是丝绸了。例如《吐鲁番文书》第八册所收阿斯塔那188号唐墓出土之市马文书：

赤敦七岁，直壹拾伍匹

□大练捌匹

该书第六册阿斯塔那4号墓唐墓出土的左幢熹买奴契则乃帛、钱并用，以帛为大数，以钱为小数：

龙朔元年五月廿三日高昌县崇

化乡人前庭府卫士左幢熹交用

水练陆匹钱伍文柳中县五道乡蒲

昌县卫士张庆住边买奴壹人

字申得年拾伍□不□奴及

练到日交相付□

叁日得悔□

者壹□□

为信……

这是因为铜币价值无几，而购买大件商品或贵重物品所需铜币数量太多，失去货币携带方便的优点，不如直接以绢帛为交换媒介，更加有利于商业活动。因此，有唐一代继续因袭着钱帛并用的历史传统。例如唐初玄奘西行求法，途经高昌，临行，高昌王麴文泰馈赠了“黄金一百两、银钱三万、绫及绢等五百匹，充法师往返所用之资”[1]，显然玄奘一行所带去的五百冰绢帛，其主要用途并非自身使用，而是作为交换媒介的。唐代绢帛具有货币的职能不仅表现在商品交易中，还反映为绢帛同钱币一样可以直接转变为借贷资本。在吐鲁番出土文书中我们不仅可看到大量的举钱契，还可看到大量的举练契。阿斯塔那4号墓出土唐龙朔元年龙惠奴举练契即为其例：

龙朔元年八月三日安西乡人龙惠奴

旋崇化乡人右幢熹（疑为左幢熹）边举练叁

拾匹、月别生利练肆匹，其利若出

月不还，月别罚壹练入左，如幢

熹须练之月日并须酬还，若身

东西无仰，妻儿收后者偿人有正

法人无私契，两和立契，获指为信

练主左

举练人龙惠奴

保人男隆绪

知见人魏石

知见人樊石德

保人康文熹

众所周知，举钱，即借钱，债主须向举钱人收取利息，举练亦即借绢，债主亦可向举练人收取练息。可见绢帛同货币一样，可以直接转化

[1]《大慈恩寺三藏法师传》。

为高利贷资本。

唐朝继续汉代以来的历史传统，铜币的价值保证还是丝绸，其财政支柱也是丝绸，唐朝奉行的外交政策、羁縻政策无不以丝绸为后盾。这是因为铜币本身价值不高，根本无力同拥有大量金银的国家相抗衡，而丝绸至唐仍能维持其优势地位。突厥儒尼文《阙特勤碑》南面第5行记云："唐人富有金、银、粟、帛，往往用其甜言，且拥有致人衰弱之财富，供其挥霍……又招引远方民族与之接近，迨至彼等住落，遂亦习为奸猾。"可说切中唐朝传统奉行贿买政策要害。内说唐人富有金银是假，唐朝皇室显贵所用器皿也不过是金银错镂，纯金银的器皿绝少，富有粟帛是真，绢帛既是战时军资，又是班赐结恩的基本手段，唐将苏海政统兵出征，仅班赐阿史那弥射部属即"赉物数百万段"[1]。杜甫诗云："勃律天西采玉树，坚昆碗器最来多，旧随汉使千堆宝，少答胡王万匹罗。"可见朝贡亦须以缯帛为酬，动辄万匹、百万匹。由于安西四镇的建立，天山南北丝路畅通，沿途驿站相连，守捉相望，万里无烽，丝绸贸易也呈现出空前繁荣的景象，"边戍暮雨雁初飞，芦笋初生渐欲齐，无数驼铃遥过碛，应驮白练到安西"。诗人张籍的这首名篇应即唐朝丝路贸易繁荣的生动写照。

应当指出的是，即使在古代，我国也算不得真正的"富厚"。我国数千年来一直使用铜质铸币，即因短缺金、银资源所致。所幸蚕丝乃我国先祖的伟大发明，自汉迄唐，一直专利于世界，足与拥有金银的富国相抗。一个贫瘠的农业民族演变为一个雄于亚洲的泱泱大国，与此攸关。然而时至唐中叶，中亚、波斯、阿拉伯的蚕丝业也相继发达起来，这一传统优势已渐趋消失，而失去丝绸保值的铜币自然很难同金银币相抗。及宋末至明，我国中央政府对新疆的政治影响力远不及汉、唐，恐怕并非出自单纯的政治、军事原因，经济实力的下降应当也是一个重要因素。

还应提及的是，即使是汉、唐时期我国明明拥有雄厚的缯帛资源，

---

〔1〕《册府元龟》卷449《将帅部·专杀》，页5324。

并且担当着开辟和维护丝绸之路的主角重任，但是，丝绸贸易的获利者却并非丝绸的生产者而乃其中间转贩者。因为重农抑商政策一直是我国历代传承不辍的传统国策，依制汉商不许贩货遐方，而朝廷则遵照“正其道而不谋其利，明其道而不计其功”的原则，即只算政治账，而不算经济账，只把丝绸当作馈赠品和赏赐手段，结果利皆归于西域商胡及漠北强国，以至汉开西域，而国益贫，致有轮台罪己诏的颁发，唐开碛西，国亦未富。而丝绸之路的豪商大贾皆为“利所在，无不至”[1]的粟特人所独享。随着丝绸优势的丧失，帛本位铜币在货币竞争中也渐居劣势。至宋，阿拉伯人用金币，哈剌汗朝用银币，而宋朝依然用铜币，相形之下，实在有些黯然失色了。

（原刊于《新疆钱币通讯》，1990年7月第24期）

〔1〕《新唐书》卷221《康国传》，页6244。

索　引

A

阿波可汗
81,82,91,573,574,576
阿博珂寒　573,574
阿伏至罗
91,555,558,560,561,568
阿克贝希姆遗址　238,252,255
阿史那拔布　243,275,276
阿史那都支
198,237,261,262,273,304,319
阿史那贺鲁
163,193,234－237,261,265,270－272,297,298,303,304,429,433,440,441,444,446
阿史那斛瑟罗
203,240,241,273－276,278,311
阿斯塔那
97,101,105,108,146,147,168－170,178－180,182,204,282,562,563,572－576,578,589,591,592,596,597,602－605,608,611－613,617,626,629,630,632,637,638,648,649,654,655
阿悉吉薄露　275,276
安得
116,117,124,127,138,354,355,388,395
安得汉夫人　127
安西
8,34,65,100,101,103－106,108,109,162,175,182,186,188,189,193－196,198－206,210－212,215－233,235－249,252－255,261－263,271－273,276－278,280－282,289,294,305,311,320,380,396,424,446,464,504,651,655,656
安西大都护府
184,188,192－199,204,206－208,210－218,220,222,223,225－230,232,236,238,239,244,245,248,250,254,261,446,495
安西都护府
160,174,193－196,198－200,

202, 203, 206, 211, 212, 214, 217, 227, 228, 234 – 237, 242, 261, 271, 272, 297, 424, 454
安义公主　84

B

白鞣城
13, 171 – 174, 553, 556, 557
白芳城
13, 161, 170, 171, 174, 176
白力城　75, 171 – 174
白水涧道
269, 277, 279, 280, 287, 291, 319, 321, 323, 329
白寺城　187, 191, 192, 210, 226
北传佛教　385, 396, 503
北道桥古城
279, 289, 290, 303, 306 – 308
北凉
56 – 59, 68 – 76, 78, 91, 143, 145, 154, 156, 166, 168 – 170, 173, 174, 356, 357, 482, 491, 519 – 529, 536, 554, 563, 571, 601, 605, 610, 611, 613, 614
北庭都护
100, 103 – 106, 108, 109, 120, 133, 163, 244, 246, 253, 260, 272, 273, 277, 278, 281 – 283, 286, 290, 300, 310 – 312, 318, 325, 505
比胥犍　173
彼岸世界　404, 407, 421
毕勒哥　324, 325, 327, 328
变服令
92, 570, 584 – 587, 589 – 591
别失八里
12, 259, 265, 285 – 287, 289, 290, 292, 293, 299, 300, 302, 307, 308, 316, 320, 321, 324, 325, 327, 331
帛本位　641, 646, 648, 650, 657
步迦可汗　84, 85
部派佛教
372, 396, 397, 446, 491

C

曹全碑　376
册立波斯王暨安抚大食使　237
岑参
100, 101, 104, 105, 107, 108, 119, 174, 205, 259, 318, 319
昌八里
259, 269, 285 – 287, 290 – 292, 296, 310
昌吉古城
189, 251, 259, 260, 269, 283 – 285, 290 – 293, 295, 296, 310, 318, 321, 652

长孙无忌

426,437,441,444,447,462

常惠

5,6,11,115,389,644,645

常乐公主　159

怊怙厘寺　397

车师

5－7,10－12,15－18,42,74,77,91,113－118,120,122－125,127,128,131,135－143,147,153,158,163,164,166,168,170,173,174,176,319,366,371,375,378,388,523,530,555,581,588,600,613,616,635,637－639,643

车师后部

12,114－116,118,121－125,131,139－142,368,375

车师前部

12,55,63－65,69,72,73,75,78,90,114－117,128,135－140,173,368,375,414,613,638

车伊洛　77

臣槃

365,371,372,375－377,382,383,394,397

陈睦

116,119,121,127,128,138,367

谶纬之学　470,477,499,621

弛刑士　375,538

褚遂良　442,447,531

处木昆　242,274

处一　473,493,494,499

慈氏越古　494,496－498

此岸世界　404,407,421

葱岭

61,67,193,248,345,366,372,381－383,396,397,408,425,429,646

D

达头可汗

82,83,91,92,574－576,583

大乘佛教

212,213,355－359,380,402,406,407,409,411,415,421,490,491,505,613

大都护府

8,118,163,194,196,206,212

大鸿胪　19,20,23－30,38

大龙沟古城　121－123

大宛

3,4,7,10,60,63,64,91,113,114,337,342,366,378,386－388,395,410,536,543,600,642

大行令　19－24,27,28

大行人　19,20

《大云经》
212,213,254,470,477 - 480,482,484 - 497,499,501,502
典蕃署　31
东突厥汗国
88,97,98,158,242,244,278,279,281,285,304,424,572,587
董宝亮　199,202
都担　245,280,311,312
都蓝可汗　83,84,575
豆勒豆尔奥库尔
184 - 187,189,190,192,212 - 216,218,220 - 222,228
窦况　41
窦林　42
独山
133,260,263,264,269,299,300,302
杜怀宝
199,202,203,237,239 - 241,253,255,257,258,271
敦煌伊循都尉　10

E

二唐沟塔　157
二元化国策　159,564,565
贰师将军
3,4,91,128,167,388

F

蕃务
19,20,24,25,27,30,31,33
方矩　626
伏牺　626 - 628
伏羲　619 - 621,625 - 630
苻坚
54,56,62 - 66,69,143,144,385,399,410,414 - 416,523,605

G

伽师祇离　365,381 - 384
高昌
12,13,15 - 18,53,60,61,64 - 68,71 - 73,75 - 78,83,87,89 - 94,96,97,135 - 137,141 - 154,156,159 - 177,179,180,184,193 - 195,200,210,211,233,234,236,271,297,298,304,320,321,323,324,326,327,339,357,367,378,399,424,425,453,454,504,513,519,520,522 - 528,530 - 538,540,542,543,546,549 - 608,610 - 626,629 - 640,648,649,654,655

高昌壁
14,16 - 18,90,117,122,124,136 - 139,141 - 144,368,537,600,601
高昌故城　138,142,551,616
高昌国
17,90,92 - 94,135,141,146 - 148,150 - 153,155,159,161,162,164,165,167,169,173,174,176,178,179,210,211,226,324,424,503,525,553 - 558,561,562,564,566,571,575,579,584 - 586,588 - 592,594 - 597,599 - 602,605,606,608,610 - 612,615 - 617,619,621,623,632,637
高昌沮渠氏皇朝　73
高昌郡
17,53,61,62,78,91,135,141,143 - 145,150,153 - 155,158,160,161,165 - 169,174,176,503,519,524 - 526,530,532 - 537,542,543,546,549 - 552,561,571,600,601,605,610,611,615,616,637,638
高昌阚氏皇朝　91
高昌垒
137,144,166,537,542,551,600
高昌马氏皇朝　91
高昌张氏皇朝　91
高车
74,91,172,554 - 561,566 - 568,578,601,602
高羔子　556
高明　74,379,650
高台寺　503 - 505,510 - 513
高仙芝
34,100,101,190,220,222,230,247,396
高贤　199 - 201
耿秉
42,115,116,138,139,368
耿恭
17,116 - 119,121,124,126 - 129,131,133,135,138,139,163,367,643
耿忠　115,522
巩顾礼　172,553,554,557
姑师
113,114,116,136,370,386 - 388,637,638
姑臧
53 - 55,57,61,66,68 - 73,75,76,91,116,142,388,414,484,520 - 522,525,527,529,543,551,563,610
古塔巴　286,289,290,292,293

古文经学
563,603,606,607,613
顾野王　143,530,531,534
关宠
116,119,128,131,133,135,137－139,367
关帝庙　621
观世音崇拜　470,501,618
贯友　44
光化公主　86
广德　15,200,349,350,366
广韵　13
贵霜
337,339,370－372,375,382,385,394,396,397,647
国人之变　553

H

哈拉和卓
135,136,144－146,167,171,519,524,562,564,608,611,625,638,651
海头　543,545,546,551
海屯行纪　287,288,290,307
韩安保　172,556
韩皓　46
韩融　343
韩羊皮　649
汉都夏大墩塔　156,617
汉金满城　18,124
汉明帝
115,117,343,350,367,390,394
汉疏勒城
124,129,134,308,313
汉文化
325,331,410,415,422,450,517,528,561－564,571,599,600,603,610,618,626
汉武帝
4,22,25,39,114,136,137,345,385,386,408,600,627,637
汉宣帝
14,23,25,114,136,137,141,389,600
郝遮镇
252,279,289,290,303,305－307,329
郝遮镇城　297,308,313
昊天上帝
619,621－623,625,627,630－633
和恭　367
河源郡　88
横截
144－147,149,150,165,167－171,173,176,572
横截城
75,161,165,167,169,172,173

横截郡
148,161,165,167,169 - 171,176
横截县 145,165,168 - 170
弘法
346,348,351,372,380,387,396,401,404,409,414,416,417,419 - 421,432,445,503
鸿胪卿 19,23,25,29 - 38
鸿胪寺
19,30 - 33,35 - 38,427
鸿胪寺丞 36
侯霸 45
侯君集
147,159,160,162,174,175,194,298,304
后北凉
71 - 78,91,524,526,527,601,614,615
后凉
54 - 56,58,59,61,62,65 - 69,78,144,166,410,415,416,523,524,551,554,601,605,611,613,647
后西凉
68,71,72,74 - 76,519,520,523,524,526 - 529,613
后赵
60,61,63,106,401,534,535,636,648
呼衍王
115,140,141,375,522,523
胡畤 46
胡广 52
胡天 614,619,620,633 - 637
互市监 31,32,37
护羌校尉
39 - 59,62,66,69,523
护鄯善以西使者 6 - 8
护西戎校尉 75,76,529
华容公主
92,158,581,585,586,588,594
华严宗 212,470,500,501
黄帝 603,627,629
浑邪王 22,40
货泉 642,644
霍光 4,6,9,388,389

J

吉尔吉斯斯坦
249,254,255,260
吉木萨尔小西沟古城
17,18,120
己校尉
135 - 138,141,163,367
坚昆 245,656
姜维 50
姜行本 159,600,621

绛宾　385－387,389,410
交河壁　17,18
竭叉　371,377,379－381,383
羯猎颠
193－195,210,235,236,446
解琬
243,244,274,275,277,278,311
解忧公主　5,389,572
今文经学　607
金城麴氏　553,554,600
金方道经略大使　281
金附
10,117,118,120,121,126,138
金华寺　399
金满
18,117－119,123,131,163,259,270－272,282,297－299,302,304,305,319,367,503,505
金满城　117,123,124,135,138
金蒲城
17,116－119,121－123,126,128,138,163
金山
81,87－89,91,93,174,201,203,237,239,240,245,251,253,260,271,278,279,287,289,307,319,483,510,523,528,558,573,574,578,588,589
净土宗　470,501
鸠摩罗什
67,373,380,397,399,401,402,404－422,491
沮渠安周
72,73,77,78,91,172,173,526,601,614
沮渠茂虔
70,72,74,75,527,529
沮渠蒙逊
55－57,67－70,72,73,168,484,520,521,525,530,531,600,601,605,614
沮渠无讳
72,73,75,91,145,173,526,527,529,601
俱兰城　251
俱六守捉城　310
瞿萨旦那国　339－341,357
军户
165,166,216,530,534－537,539,540,542,550－552
军屯
9,12,14,16,17,47,76,136,137,208,215,271,328,507,537－540,543,600
君得　343

K

喀什绿洲　365,366,369,381

阚爽
72,73,91,143,168,173,519,524-527,536,554
珂顿　578,579
可敦
36,81,83,98,325-327,575,578,579
可汗浮图
123,124,159,271,272,304,324,578
库木吐喇千佛洞　226
狯胡王　65
昆弥　5,25,115

L

来济
198,261,304,437,444
来俊臣　472
赖丹　3-6,137,388,389
牢兰海　164,545
礼宾院　37
李柏
60,142,530,536,537,542-546,550,552
李宝
56,69,71,73,75-77,94,519-524,526-529
李崇　207,391,393,644
李翻　71,94,520,521
李暠
55-57,67-72,306,520,522-524,528,531,605,613
李广利　3,4,6,23,91,388
李栖筠　106,108
李嗣业　106,108,220
李息　21-23,39-41
李歆
55,56,69,71,144,166,520,522,524,526,529
李秀璋　109
李恂
56,57,69,70,144,166,520-522,524,525
李义府　437,442,444
李遮匐　237,261,262
李治
184,422-424,436-438,440,441,444-446,449,450,462,464-466,470,472,498
李祖隆　199,203,240
里移得建河
250,251,260,279,290-293,309-312,327,328
莲花砖　264,265,269,284,285
梁熙
54,63,66,143,144,523
梁胤　66
梁宰　105,106,108

猎骄靡　386
廪食　540－542,551
泠征　48
领取簿　540－542
刘盱　43
刘曜
60,63,532,534－536,543－546,550,648
柳骞之　86
柳中
12,117,119,128,131,133,135－140,142,143,150,154,157,158,160－162,165,166,179,180,182,367,375,537,551
柳中城
116,124,131,135－139,141－144,147,152,160,176,537,542
柳中县
103,135,147,153,158,160,162,164,165,176,179,615,654
龙兴
189,212,230,278,400,471,482,503－505,519,524,526－529
龙兴帝李显　212
楼兰
9,10,18,60,87,113,114,116,137,140,142,164,167－169,298,345,354,375,378,386,387,527,538,540,543,545,546,551,637,638,643－646
庐陵王　212,471,479
吕光
54,56,62,64－69,143,144,395,397,399,410,414,415,519,523,530,531,554,600,647
吕隆　68,416
轮台
3－6,12,107,137,229,252,254,259,260,267,269－273,277－279,282－287,289－291,296,302－305,310－312,318－320,388,395,657
轮台县
189,250,251,259,260,267,269－271,273,277,282,285,286,290,291,310,311,318,320,321,388
罗布淖尔　155,539,540,643
洛浦热瓦克佛寺　360
洛水瑞谶　477
骆宾王　472

M

马儒
91,94,172,553－557,559
马邑　21,22,40

玛纳斯楼南古城 309,313-316,318,321-323,329
孟威 94,559,560
弥俄突 558-560,568
密宗 351,361,380,485,501,507,616,618
民户 165,166,168,178,215-217,223,225,301,530,534-539,542,550-552
明府城 215,223,224,227-229
莫何可汗 82,89,93,567,577-580
木杆汗系 92,93,158,573-578,581,583,588,591

N

南厢可汗 573
呐龙侯 65
尼利珂寒 574,575
泥橛处罗可汗 32,87-90,92-95,152,575-583,585,588
泥利可汗 83,85,87,89,93,574-577,579
泥流 65
泥师城 194
聂壹 21
牛邯 42
牛角山佛寺 352
牛师奖 311
女娲 619-621,625-630

P

盘橐城 366-368
庖牺 626,628
裴寂 33
裴矩 32,85-87,89,90,432,454,579,580,582,583,595
裴氏王朝 381,382
裴行俭 194,199-202,237,239,262,263,273,304,319
裴炎 471,472
皮朗古城 184,193,195,196,198,207,208,210,211,215,230,402,403
平远府 146,150,176,178,179
婆罗门 353,375,406,434-436,440,450,453,455,456,458,461,462,467-469,490,491,493

蒲昌
13,161 - 164,174,176 - 180,182,183,297,298,634
蒲昌城　13,163,183
蒲昌府　161,171,176 - 183
蒲昌海
13,88,161,163,164,298
蒲昌郡　177,183
蒲昌县
13,133,161 - 165,170,171,174,176 - 179,181 - 183,270,297,298,610
蒲类海
115,163,270,298,305,366,522,523,559
蒲类县
118,123,133,163,189,260,263,265,270,283,289,290,297 - 308,310,313,329,441
蒲类镇城　297,308,313
奇台东地东大墩
312 - 316,318,322,323,329
启民可汗
84,85,88 - 90,94,95,98,576,587
契苾
87,89,93,96,97,298,441,495,577 - 580,588,589
千佛洞
124,125,154,156,185,186,189,190,206 - 209,212,215,229,232,395,397,399,400,409,503,505 - 511,513,515,615,616
前凉
52 - 57,59 - 66,68,69,78,135,142 - 144,153,154,165,166,168,339,358,525,530,532 - 538,542 - 546,550 - 552,563,601,605,607,609 - 611,613,637,647,648
且固城　121 - 123
穷奇　555,556,561,568
丘神勣　471,472
麴宝茂
149,151,562,565,567,569,571,573,580,591,601,608
麴伯雅
89 - 92,94,96,152,558,565,567,569 - 577,580 - 598,601,615
麴嘉
91,94,172,553 - 562,564 - 568,591,601,602,608
麴坚
565 - 567,569,571,591,601

麴氏王朝

97,147 - 149,151,152,159,553,557 - 559,562,564,565,571,593,601 - 603,616,625,632

麴文泰

152,158 - 160,175,176,424,569,570,572,581,584,589,590,593 - 598,601,615,655

麴孝亮　149,559

麴智盛

160,174,175,569,600,601

渠犁

3 - 6,10 - 12,115,118,137,388,395

渠沙

365,369 - 371,376,377,379 - 383,394

Q

龟兹

4 - 6,33,54,60 - 62,64 - 67,74,76,77,91,116,117,127,128,138 - 141,143,148,155,167,173,184,186,189,191 - 200,204,206 - 220,223,226 - 230,234 - 236,238,241,242,246,248 - 250,254,261,273,282,285,324,342,347,349,350,366 - 371,375,377 - 382,385 - 391,393 - 406,408 - 416,419,421,425,429,433,446,464,484,491,495,523,549,550,560,567,574,577,588,614,615,644,646 - 648,651

R

热海

189,234,240,247 - 252,257,271

任尚　43,45,139

日逐王　6 - 8,11,115,137,643

柔然

70 - 75,77 - 79,91,94,146,151,173,289,520,521,523 - 529,554 - 561,565,567 - 569,571,602,648

茹茹　174,523

蠕蠕

71 - 73,75,76,78,172,173,521,523,525,526,557 - 560,566

芮芮　523,560

睿宗李旦　279

月氏

43,64,116,131,139,168,337 - 339,367 - 372,388,391,397

S

塞人
116,210,338－347,351,354,357,369－371,382,388－391,393－395,635,638,642
赛里斯 642,645
赛里斯人 642
三受降城 261,277
桑弘羊 3－5,388
僧怀义 474,495,497,498
沙钵守捉城 265
莎车
7,8,10,12,339,342,343,349,350,366－370,375,376,380,390－394,397,400,406
莎车王康 393
莎车王贤
342,343,349,350,393,394
莎车王延 391,393
山北六国 114,116
鄯善郡 87
射匮可汗
88－90,92－96,234,235,425,429,433,441,577,578,583,588－590,592,593,595
神皇
194,205,212,275,473,475,477,479－481,486,489,496－498,501
神农氏 627
石窟寺
154－156,186,189,190,352,372,397,404,409,501,503,506,508－510,513,515,615,616
石勒
60,61,401,415,531,532,534－536,543,548,550,648
石万年 158,424
使者校尉
3－9,11,12,14,16
世伏 86
世居汉人 211,216
世袭军户
166,530,535,537,540,542,552
室点密汗系
92,570,573,576,583,588,590
释迦成道节 402
守海
144,164,167,169,170
受罗部真可汗予成 554
疏勒
12,17,74,100,101,113,124－128,131－134,138－140,193－198,203,206,215,230,235,236,238,240,242,246,248,250,254,273,282,349,365－

385,394,396,397,406,408,429,433,464,495,574,643,651
疏勒王成　366,367,394
疏勒王忠　367,368
疏榆谷　125
恕逻珂寒　97,576,577
说法
3,4,12,16,20,123,124,148,166,188,189,235,238,252,299,348,352,375,385,400,404,406,411 - 414,416,419,421,425,483,486,491,513,557,573,614,615,652
说一切有部
399,404 - 406,409,410,413,419,425
丝绸
63,342,357,403,408,564,641,642,644 - 650,653,654,656,657
丝绸之路
75,186,214,229,338,408,414,504,551,590,645,647,657
丝路
6,7,9,18,41,60,64,73,90,114,136,248,250,282,285,291,351,358,365,366,387,396,406,408,424,425,453,632,637,641,642,648,654,656
四方馆
30 - 32,37,85,432,579
俟斤
197,202,253,270 - 272,441,578
俟利发　151,578
苏贝希墓地　153
苏禄
246,247,281,282,652
苏榆勒　349
苏则　51
素叶　233,248,255
粟特
74,109,158,193,209,220,225,226,234,280,378,446,574,577,582,600,616,636 - 640,651,652,657
粟特商人　94,282
碎叶
184,189,199,200,202,203,206,212,222,233 - 255,258,260 - 263,267,271,273 - 280,282,286,291,300,311,312,319,320,651
碎叶—庭州道
260 - 262,278 - 280,282,291
娑葛
244,245,247,253,279,281,311
娑摩若僧伽蓝　355,356

索靖　143,536

T

他地道
17,119,120,125,505
他匐　240,241
它乾城　368,369
塔木禾勒克塔西佛像刻石　157
贪浑珂寒　573,574
贪汗可汗　81,573,574
贪旱珂寒　574
唐朝墩古城
133,163,189,265,272,283,289,290,297,300 - 303,305,310
唐和
56,69,73,75 - 77,94,172,277 - 279,311,429,471,505,520,521,526,528
唐契
56,69,71,73,75,94,173,520,521,525,526,528
唐太宗
160,197,271,424,425,431,436,462
唐休璟　205,206,241
唐谿　71,173,521,526
陶大有　199,201,202
特罗堡　289,298,305,307
特勤
83,85,90,245,247,251,279,280,305,320,573 - 575,577,587,656
天后
86,194,203,212,470,471,479,500
天皇
184,193,194,261,422,423,434,436,440,441,444 - 450,462,464 - 467,470,471,627
天可汗
282,422,423,428,429,434,436,437,440,450,652
天山北麓
12,17,87,113 - 119,121,123,125,128,134,135,163,164,202,238,244,248,259,263,269,271 - 273,279,280,289,291,292,298,300,302 - 304,308,312,319,324,325,328,329,367,375,503,505,506,509,513,522,588
天山县
103,162,164,165,200,204
天神丁谷　158
天圆地方　331,626
天竺
62,63,230,289,307,347,356,

379,380,383,396,401,405,409,410,414,422－425,430,432－436,446,448,451,453－456,458－468,484,486－488,490,551

田地城
135,142,150,152,157,159,160,176,537

田地公
135,146,149－151,176,179,567,584,591

田地县
135,141,143－146,148,152,153,157,166,167,530,536,537,551,563,564,611,634

田千秋　23,24

田晏　48

田扬名　243,276

铁勒
80,82,85,87,89－97,177,441,528,574,577－580,582,583,586,588－590,602

铁勒汗国
89,92,93,95－97,570,577－580,582,583,588

庭州
109,117－119,133,163,164,184,189,198－200,202,203,238,248,250,251,259－262,265,267,270－273,277,282,285,286,289,291,292,295,297－305,307,310,319,320,433,441,442,503,505

庭州—碎叶道
259－261,269,282,291,296,318,319,329

统叶护可汗
96,158,159,233,234,424,595,596

突厥汗国
30,81,83,85,88,89,98,151,381,569,573,574,576－578,646

突利可汗染干　84

突骑施
206,222,240－247,250,251,273－275,277－282,311,312,572,652

突骑施钱　652

突骑施苏禄　281

突骑施娑葛
244,277－279,311

突骑施乌质勒
243,273－276,311

突骑施遮弩　279

土尔尕列孜土尔塔　156,617

吐谷浑
31,56,69,70,74,80,85－89,

93－95,197,358,379,455,458,560,567,576,580,581,588,648
吐虎玛克古城　303,306
吐火仙　247
吐峪沟
153－156,169,170,506,614,615,633,634,638,639
吐峪沟千佛洞
154,156,509,510,615
暾叶护可汗　243,275,276
屯田
3－18,44,46,52,60,62,88,91,93,94,113,115,117－119,121,122,132,137,139,140,142,143,163,165,167,182,214,216,240,254,259,273,286,293,325,326,375,388,403,522,523,530,534,535,537－543,556,561,571,572,581,582,600,621
屯田校尉
3,6,8,9,11,12,14－16,137,403

W

万度归　76,77
王恩生　74,379,525
王方翼
199,202,203,237－241,252－255,257,263,271
王果　194,199,203
王皇后　437,444
王恢
21,22,40,60,113,114,387,544,545,550
王骏　391,394,644
王莽
19,25,41,115,343,352,390－394,607,644
王猛　63,64
王体玄　172,556,557
王统
64,73,89,98,337,338,340－343,365,367,371,377,381,383,385,387,389,393－396,523,528,574,577,587,623
王威
32,95,98,582,584,588
王孝杰
199,200,204－206,210－212,242,273,276,495,496
王玄策
424,432－436,453,455－469
王延德行纪　504,513
王正见　104,222,247
韦后　279
位侍　342,343,348,349

尉迟氏王朝
339,341－343,345,348－350
尉屠耆　9
魏延　49,50,525,527
温恢　51
温宿
65,140,195,207,217,368,375,395,400,408,409,412
温序　42
翁归靡　25
乌拉泊古城
259,269,270,279,283－285,287,291,303,310,318－322,329
乌孙
4－7,11,15,18,23,25,74,114,115,123,163,337,347,378,385－387,389,572,643－645
乌质勒
206,241－244,273－275,277,311
吴棠　42
吴祉　44,45
五塘沟　123,125,126
五铢钱
120,121,354,643,646－648
武承嗣
470,472,474,475,478,492
武昭仪　444
武照　470,478,501
武曌
205,212,273,275,277,279,311,437,444,445,462,470－475,478,481,485,487－489,492,494－502
武周革命
189,199,205,212,213,470,475,477－479,481－483,488－490,492,494
戊己校尉
3,14－18,39,51－53,57,60－62,67,73,78,91,115－119,132,135,137,139,141－143,165,166,168,368,391,523,530,532,534－538,542,543,549－551,600,601,644
戊校尉
17,116,121,122,135,138
务涂谷
113,118,123－126,128,134,138

X

西突厥汗国
88,96,233,234,381,570,576,578,583,588,646
西域
3－15,17,31,32,37,39,41,42,

51 - 54,57 - 68,70 - 79,83 - 88,90 - 96,100,104,107,113 - 119,121 - 125,131,135 - 144,147,153,155,156,158 - 160,163,166,168,177,180,185,189,192 - 198,200,201,203,205,206,209,212,213,215,216,221,222,224 - 226,228,229,232,233,235 - 237,239,241,242,244,246,249,254,261,263,271,273 - 275,280 - 283,285,286,292 - 294,298,299,304,312,316,320,324 - 326,328 - 331,335,337 - 343,345,346,348 - 353,355,357 - 359,365 - 372,375,376,378 - 383,386 - 400,402,408 - 410,413,414,416,421 - 425,427 - 433,435,437,439,441,442,444 - 446,453 - 456,458 - 462,464 - 467,470,476,495,499,500,503,512,517,523,525,528,530,536 - 539,542 - 546,550 - 552,554 - 556,558 - 561,565,567 - 574,576 - 582,584,588,589,600 - 602,613 - 615,622,634 - 638,641 - 650,652,657

西域都护
3,7 - 9,14 - 16,39,53,64,65,67,78,115 - 117,121,127,136 - 139,142,166,338,367,368,386,391,393,402,549,550,600,642 - 647

西州
47,52,133,135,143,147,153,156,160 - 166,171,174 - 184,189,193 - 195,199 - 206,209 - 212,216,226,227,234,236 - 238,241,249,250,262,271,272,291,297 - 300,304,319,424,453,454,476,503,505,522,530,585,600,601,605,612,613,615 - 618,626,652

西州都督府
178,179,181,194,200,201,206,210,211

希利发　151

夏和吐尔　184 - 188,190,191

小乘佛教
156,207,351,355,380,397,400,401,405 - 412,414,416,421,491,613

小月氏
43,339 - 341,345,351,370,371,387 - 389,393,395

孝经　561 - 563,606 - 612

谢艾　53,54,61,62,358
辛庆忌　6,41
休屠王　22,40
玄奘
233,234,340,351,352,356,357,361,373,375,383,397,399,400,402,422－434,436－438,440－451,453,455,458,459,465,481,500,502,572,584,615,618,655
玄照　465－469
薛延陀
87,89,97,175,577,578,588,589

Y

盐泽
3,113,114,161,164,338
阎温古
194,199,203,205,241,476,492
雁门　21,22,95,595
燕末山　578
阳巴勒噶逊　290－295
杨翰　66,143,144,523,601
杨休明　109
杨预　109,305
仰吉八里
259,285,286,290－293,295,296,321,327,329
瑶池　275,339,345
瑶池都督
243,274,277,440
瑶池都督府
265,319,441,444
嚈哒
79,88,234,379,555,556,558－560,566,568,571,649
伊吾吐屯设
87,90,94,581,582
伊循　7,9－11,545
伊循司马　10
乙毗咄陆可汗
159,234,271,304,424,429,453
义和政变
152,570,585,587,590,592,594
异姓突厥
80,206,244,246,273,311,320,577
尹太后　71,521－523
泑泽　164
于阗
34,53,60－62,67,68,80,83,118,141,193－197,200,206,215,217,230,235,236,238,240,242,246,248,249,253,254,273,282,320,324,326,330,337－359,361,364,366－368,370,375,376,378,379,

381, 385, 394, 396, 397, 402, 408, 424, 425, 429, 433, 453, 454, 466, 484, 495, 500, 536, 543, 551, 556, 566, 635, 647, 648,650,651
于實
337, 338, 340, 343, 349, 350, 370,376
於都斤山大牙
81,84,91,574
玉曲吐尔
184, 185, 187, 188, 190, 191, 208,209,225,226,228,229
圆规　626
咎斌　204

Z

赞摩寺
348,351,352,355,359
贼疙疸梁古城　117,303
张堡
250, 259, 260, 262, 263, 267, 279, 285, 289 – 293, 295, 296, 309,310,327
张堡古城　295,321
张瓘　54,62,166,549,550
張瓌　109
张轨
52,53,59,60,68,142,153,530, 531, 536, 538, 548, 600, 607, 611,613,648
张骏
53, 54, 60, 61, 142, 143, 145, 153, 166, 339, 358, 530 – 537, 543 – 546,549 – 552,601,648
张灵耀　54,62
张孟明　91,172,554,555,601
张骞
3,6,23,24,337,385 – 387,644
张虔勖　471,472
张仁亶　277 – 279
张寔　53,142
张天锡
29,54,59,62,66,605,607,609
张雄
152,169,589,590,592 – 596
张玄靓　54,62
张纡　43
张植　53,60 – 62,65,550
张重华　54,61,62,609
张祚　54,62,605
彰八里
259, 269, 285, 286, 289 – 293, 310,321
赵充国　538
赵冲　46,47
赵崇玭　100,101,103 – 109
赵光烈　104,108

赵破奴
113,114,386,387,637,638
赵贞
53,60,61,143,145,165,166,530,532-537,542-546,549-552,601
遮卢舍那佛　470,501
柘厥关
186-192,210,226,229
郑吉
6-11,14,115,118,136,137,280,538,643
质子
9,121,237,327,372,390,393,397,581,594
治所
16,18,40,41,45,119,121,123,124,135,136,138,141-143,161,163,165,171,176,179,184,192-195,197-200,202-204,206-208,210,214,215,221,226-228,230,232,236,237,240,248,299,321,325,338,402,503,508,537
重光复辟
152,570,585,590,594,596
重光政变　594
周鲔　45
周兴　244,472
周以悌　244,253,278
周逸　109
朱士行　353,354
总破一切法　408,410,412,413

欧亚历史文化文库

林悟殊著:《中古夷教华化丛考》 定价:66.00 元

赵俪生著:《弇兹集》 定价:69.00 元

华喆著:《阴山鸣镝——匈奴在北方草原上的兴衰》 定价:48.00 元

杨军编著:《走向陌生的地方——内陆欧亚移民史话》 定价:38.00 元

贺菊莲著:《天山家宴——西域饮食文化纵横谈》 定价:64.00 元

陈鹏著:《路途漫漫丝貂情——明清东北亚丝绸之路研究》 定价:62.00 元

王颋著:《内陆亚洲史地求索》 定价:83.00 元

〔日〕堀敏一著,韩昇、刘建英编译:《隋唐帝国与东亚》 定价:38.00 元

〔印度〕艾哈默得·辛哈著,周翔翼译,徐百永校:《入藏四年》 定价:35.00 元

〔意〕伯戴克著,张云译:《中部西藏与蒙古人——元代西藏历史》(增订本) 定价:38.00 元

陈高华著:《元朝史事新证》 定价:74.00 元

王永兴著:《唐代经营西北研究》 定价:94.00 元

王炳华著:《西域考古文存》 定价:108.00 元

李健才著:《东北亚史地论集》 定价:73.00 元

孟凡人著:《新疆考古论集》 定价:98.00 元

周伟洲著:《藏史论考》 定价:55.00 元

刘文锁著:《丝绸之路——内陆欧亚考古与历史》 定价:88.00 元

张博泉著:《甫白文存》 定价:62.00 元

孙玉良著:《史林遗痕》 定价:85.00 元

马健著:《匈奴葬仪的考古学探索》 定价:76.00 元

〔俄〕柯兹洛夫著,王希隆、丁淑琴译:《蒙古、安多和死城哈喇浩特》(完整版) 定价:82.00 元

乌云高娃著:《元朝与高丽关系研究》 定价:67.00 元

杨军著:《夫余史研究》 定价:40.00 元

梁俊艳著:《英国与中国西藏(1774—1904)》 定价:88.00 元

〔乌兹别克斯坦〕艾哈迈多夫著,陈远光译:《16—18 世纪中亚历史地理文献》(修订版) 定价:85.00 元

成一农著:《空间与形态——三至七世纪中国历史城市地理研究》
定价:76.00 元
杨铭著:《唐代吐蕃与西北民族关系史研究》 定价:86.00 元
殷小平著:《元代也里可温考述》 定价:50.00 元
耿世民著:《西域文史论稿》 定价:100.00 元
殷晴著:《丝绸之路经济史研究》 定价:135.00 元(上、下册)
余大钧译:《北方民族史与蒙古史译文集》 定价:160.00 元(上、下册)
韩儒林著:《蒙元史与内陆亚洲史研究》 定价:58.00 元
〔美〕查尔斯·林霍尔姆著,张士东、杨军译:
《伊斯兰中东——传统与变迁》 定价:88.00 元
〔美〕J. G. 马勒著,王欣译:《唐代塑像中的西域人》 定价:58.00 元
顾世宝著:《蒙元时代的蒙古族文学家》 定价:42.00 元
杨铭编:《国外敦煌学、藏学研究——翻译与评述》 定价:78.00 元
牛汝极等著:《新疆文化的现代化转向》 定价:76.00 元
周伟洲著:《西域史地论集》 定价:82.00 元
周晶著:《纷扰的雪山——20 世纪前半叶西藏社会生活研究》
定价:75.00 元
蓝琪著:《16—19 世纪中亚各国与俄国关系论述》 定价:58.00 元
许序雅著:《唐朝与中亚九姓胡关系史研究》 定价:65.00 元
汪受宽著:《骊靬梦断——古罗马军团东归伪史辨识》 定价:96.00 元
刘雪飞著:《上古欧洲斯基泰文化巡礼》 定价:32.00 元
〔俄〕T. Б. 巴尔采娃著,张良仁、李明华译:
《斯基泰时期的有色金属加工业——第聂伯河左岸森林草原带》
定价:44.00 元
叶德荣著:《汉晋胡汉佛教论稿》 定价:60.00 元
王颋著:《内陆亚洲史地求索(续)》 定价:86.00 元
尚永琪著:
《胡僧东来——汉唐时期的佛经翻译家和传播人》 定价:52.00 元
桂宝丽著:《可萨突厥》 定价:30.00 元
篠原典生著:《西天伽蓝记》 定价:48.00 元
〔德〕施林洛甫著,刘震、孟瑜译:
《叙事和图画——欧洲和印度艺术中的情节展现》 定价:35.00 元
马小鹤著:《光明的使者——摩尼和摩尼教》 定价:120.00 元
李鸣飞著:《蒙元时期的宗教变迁》 定价:54.00 元

〔苏联〕伊·亚·兹拉特金著，马曼丽译：
《准噶尔汗国史》（修订版） 定价：86.00 元
〔苏联〕巴托尔德著，张丽译：《中亚历史——巴托尔德文集
第 2 卷第 1 册第 1 部分》 定价：200.00 元（上、下册）
〔俄〕格·尼·波塔宁著，〔苏联〕B. B. 奥布鲁切夫编，吴吉康、吴立珺译：
《蒙古纪行》 定价：96.00 元
张文德著：《朝贡与入附——明代西域人来华研究》 定价：52.00 元
张小贵著：《祆教史考论与述评》 定价：55.00 元
〔苏联〕К. А. 阿奇舍夫、Г. А. 库沙耶夫著，孙危译：
《伊犁河流域塞人和乌孙的古代文明》 定价：60.00 元
陈明著：《文本与语言——出土文献与早期佛经词汇研究》
定价：78.00 元
李映洲著：《敦煌壁画艺术论》 定价：148.00 元（上、下册）
杜斗城著：《杜撰集》 定价：108.00 元
芮传明著：《内陆欧亚风云录》 定价：48.00 元
徐文堪著：《欧亚大陆语言及其研究说略》 定价：54.00 元
刘迎胜著：《小儿锦研究》（一、二、三） 定价：300.00 元
郑炳林著：《敦煌占卜文献叙录》 定价：60.00 元
许全胜著：《黑鞑事略校注》 定价：66.00 元
段海蓉著：《萨都剌传》 定价：35.00 元
马曼丽著：《塞外文论——马曼丽内陆欧亚研究自选集》 定价：98.00 元
〔苏联〕И. Я. 兹拉特金主编，М. И. 戈利曼、Г. И. 斯列萨尔丘克著，
马曼丽、胡尚哲译：《俄蒙关系历史档案文献集》（1607—1654）
定价：180.00 元（上、下册）
华喆著：《帝国的背影——公元 14 世纪以后的蒙古》 定价：55.00 元
П. К. 柯兹洛夫著，丁淑琴、韩莉、齐哲译：《蒙古和喀木》 定价：75.00 元
杨建新著：《边疆民族论集》 定价：98.00 元
赵现海著：《明长城时代的开启
——长城社会史视野下榆林长城修筑研究》（上、下册） 定价：122.00 元
李鸣飞著：《横跨欧亚——中世纪旅行者眼中的世界》 定价：53.00 元
李鸣飞著：《金元散官制度研究》 定价：70.00 元
刘迎胜著：《蒙元史考论》 定价：150.00 元
王继光著：《中国西部文献题跋》 定价：100.00 元
李艳玲著：《田作畜牧
——公元前 2 世纪至公元 7 世纪前期西域绿洲农业研究》
定价：54.00 元

〔英〕马尔克·奥莱尔·斯坦因著,殷晴、张欣怡译:《沙埋和阗废墟记》 定价:100.00 元
梅维恒著,徐文堪编:《梅维恒内陆欧亚研究文选》 定价:92 元
杨林坤著:《西风万里交河道——时代西域丝路上的使者与商旅》 定价:65 元
王邦维著:《华梵问学集》 定价:75 元
芮传明著:《摩尼教敦煌吐鲁番文书译释与研究》 定价:88 元
陈晓露著:《楼兰考古》 定价:92 元
石云涛著:《文明的互动——汉唐间丝绸之路中的中外交流论稿》 定价:118 元
孙昊著:《辽代女真族群与社会研究》 定价:48 元
尚永琪著:《鸠摩罗什及其时代》 定价:70 元
薛宗正著:《西域史汇考》 定价:136 元(上、下册)
石云涛著:《丝绸之路的起源》 定价:83 元(暂定)
〔英〕尼古拉斯·辛姆斯-威廉姆斯著:《阿富汗北部的巴克特里亚文献》 定价:163 元(暂定)
张小贵编:《三夷教研究——林悟殊先生古稀纪念论文集》 定价:100 元(暂定)
许全盛、刘震编:《内陆欧亚历史语言论集——徐文堪先生古稀纪念》 定价:90 元(暂定)
余太山、李锦秀编:《古代内陆欧亚史纲》 定价:122 元(暂定)
王永兴著:《唐代土地制度研究——以敦煌吐鲁番田制文书为中心》 定价:70 元(暂定)
王永兴著:《敦煌吐鲁番出土唐代军事文书考释》 定价:84 元(暂定)
李锦绣编:《20 世纪内陆欧亚历史文化论文选粹:第一辑》 定价:104 元(暂定)
李锦绣编:《20 世纪内陆欧亚历史文化论文选粹:第二辑》 定价:98 元(暂定)
李锦绣编:《20 世纪内陆欧亚历史文化论文选粹:第三辑》 定价:97 元(暂定)
李锦绣编:《20 世纪内陆欧亚历史文化论文选粹:第四辑》 定价:100 元(暂定)
馬小鶴著:《霞浦文書研究》 定价:88 元(暂定)
林悟殊著:《摩尼教華化補說》 定价:109 元(暂定)

淘宝网邮购地址:http://lzup.taobao.com